Wilhelm Eggerer / Heinz Pröstler · die Erörterung

MANZ AUFSATZ-BIBLIOTHEK
Herausgeber: Wilhelm Eggerer

Wilhelm Eggerer · Heinz Pröstler

die Erörterung

Sekundarstufe

MANZ VERLAG MÜNCHEN

Bearbeiter:
Wilhelm Eggerer, Gymnasialprofessor a. D., Erding
Heinz Pröstler, Studiendirektor, Deisenhofen bei München

12. Auflage 1996

Umschlagentwurf: Ingeburg Rothemund, München
Gesamtherstellung: Verlag und Druckerei G. J. Manz AG, München/Dillingen
Printed in Germany

ISBN 3-7863-0608-7

Vorwort

Die Erörterung ist das Darlegen, Begründen und Beurteilen von Sachverhalten und Problemen. Deshalb gilt die Erörterung als die schwierigste Aufsatzart in der Schule und als die wichtigste für das Berufsleben.
Im ersten Kapitel dieses neuartigen Aufsatzbuches wird der Weg vom Thema zum Aufsatz beschrieben und an Beispielen erläutert. Dabei werden alle Arten der Erörterung berücksichtigt.
In zehn weiteren Großkapiteln werden in Problemkreisen moderne Aufsatzthemen angesprochen und als Gedankensammlung, Gliederung und Ausführung behandelt. Die Arbeit mit Erschließungsfragen und mit Wortfeldern wird gezeigt. Themen werden erschlossen und Begriffe geklärt, als wichtige Voraussetzungen für einen guten Aufsatz. Texte zu den einzelnen Themen erleichtern die eigene Arbeit. Einzelne Karikaturen sollen als Erörterungsanstöße dienen.
Drängende Anfragen aus dem Leserkreis unserer AUFSATZ-BIBLIOTHEK zeigen uns, was die Leser von diesem Band erwarten und wie sehr sie auf diesen Band warten.

Wir hoffen, diesen Erwartungen zu entsprechen, und wünschen viel Erfolg.

Wilhelm Eggerer — Heinz Pröstler

März 1983

Inhaltsverzeichnis

I. Schulprobleme

II. Jugend – heute

III. Staat – Politik

IV. Gesellschaft

V. Zeitung und Fernsehen

VI. Arbeit und Beruf

VII. Natur – Umwelt

VIII. Technik

IX. Freizeit und Sport

X. Literatur

Die Erörterung ist das Darlegen, das Begründen, das Beurteilen von Sachverhalten und Problemen

VOM THEMA ZUM AUFSATZ

Von der Diskussion zur Erörterung

Hund oder Katze?

A. Eine Familie diskutiert darüber, ob ein Hund oder eine Katze in die Hausgemeinschaft aufgenommen werden soll. Die Ansichten gehen auseinander. Deshalb werden die Argumente für und gegen die Hund- oder Katzenhaltung besprochen.

B. I. Gründe für die Haltung eines Hundes:
1. ....
2. ....
3. ....
4. ....

II. Gründe gegen die Hundehaltung:
1. ....
2. ....
3. ....

III. Gründe für eine Gemeinschaft mit einer Katze:
1. ....
2. ....
3. ....

IV. Gründe, die gegen eine Katze im Haushalt sprechen:
1. ....
2. ....
3. ....

V. Das Abwägen der Gründe und Gegengründe und die Entscheidung.

C. Die Verhältnisse in dieser Familie sprechen für diese Entscheidung. Unter anderen Wohnungs- und Arbeitsverhältnissen kann sich eine andere Entscheidung ergeben.

Vorschlag: Versuchen Sie, die Gliederung zu dieser Erörterung nach Ihren Verhältnissen und Vorstellungen zu ergänzen.

Wandertag oder Museumstag?

A) An unserer Schule wird zur Zeit diskutiert, ob ein weiterer Wandertag durchgeführt werden oder ob dafür ein sogenannter Museumstag eingeführt werden solle. Die Meinungen darüber sind geteilt. Das Für und Wider wird immer wieder erörtert.
Die Befürworter des Wandertages weisen darauf hin, daß . . .

B) I. Argumente für den Wandertag:
1. ....
2. ....
3. ....

II. Gegenargumente, d. h. Argumente für den Museumstag:
1. ....
2. ....
3. ....
4. ....

III. Entscheidung der Streitfrage oder Kompromiß
1. ....
2. ....
3. ....

C) Manche Gegner der Entscheidung haben sich von den Argumenten doch so weit überzeugen lassen, daß sie die Entscheidung annehmen. Es wird viel von der Art der Durchführung abhängen, ob die Diskussion im nächsten Jahr wieder aufflammt oder nicht.

Der Verfasser einer Erörterung muß Argumente und Gegenargumente suchen, ordnen, gegenüberstellen und abwägen.

Hauptschule, Realschule oder Gymnasium?

A) Wenn ein Kind 10 Jahre alt wird, müssen die Eltern und das Kind miteinander die Frage erörtern, ob das Kind in die Hauptschule, in die Realschule oder in das Gymnasium übertreten soll. Es müssen die Argumente, die für den Besuch der betreffenden Schule sprechen und die dagegen sprechen, überlegt werden. Es muß anhand dieser Argumente und Gegenargumente die Entscheidung getroffen werden, die für dieses Kind für die beste gehalten wird.

B) I. Für den Besuch der Hauptschule sprechen folgende Gründe:
1. ....
2. ....
3. ....
4. ....

II. Für den Übertritt an eine Realschule sprechen folgende Argumente:
1. ....
2. ....
3. ....

III. Für den Besuch des Gymnasiums können folgende Gründe angeführt werden:
1. Veranlagung des Kindes
2. Wille des Kindes
3. Örtliche Verhältnisse
4. Berufsvorstellungen oder Gegebenheiten der Eltern
5. ....

IV. Entscheidung:
1. Welche Gründe geben den Ausschlag?
2. Möglichkeiten des Schulwechsels

C) Diese Entscheidung bestimmt das Leben des Kindes bis zur Volljährigkeit und darüber hinaus.

Vorschlag: Ergänzen Sie die Gliederung zu der Erörterung des Themas.

Schulbus oder Fahrrad?

A) Viele Schüler haben einen weiten Schulweg, besonders wenn sie aus einer Landgemeinde kommen. Für sie ist der Schulbus oft die einzige Gelegenheit, zur Schule zu kommen. Aber auch das Fahrrad ist für den Schulweg sehr praktisch. Bei manchen Schülern, für die beide Möglichkeiten in Frage kommen, ist die Antwort auf die Frage „Schulbus oder Fahrrad?“ nicht einfach.

oder:

A) Claus und Dieter, zwei Brüder, besuchen die gleiche Schule. Vor Beginn des Schuljahrs wird im Familienkreis darüber diskutiert, ob sie mit dem Schulbus oder mit dem Fahrrad zur Schule fahren sollen.

B) I. Claus ist für die Fahrt mit dem Schulbus, weil
   1. dieser mehr Sicherheit bietet,
   2. die Fahrt bequemer ist,
   3. die Fahrt unabhängig von der Witterung ist,
   4. pünktliche Ankunft ziemlich sicher ist.

II. Dieter will mit dem Fahrrad fahren, weil
   1. er das Radfahren auch für sicher hält,
   2. ihm das Gedränge im Bus unbequem ist,
   3. er nicht wetterempfindlich ist,
   4. er von der Abfahrtszeit unabhängig ist.

III. Die Argumente werden gegeneinander abgewogen:
   1. Der Vermittlungsvorschlag, daß sie getrennt fahren sollen, wird abgelehnt.
   2. Entscheidung: Die Brüder fahren im Sommer mit dem Rad, im Winter mit dem Bus.

C) Jeder der beiden Brüder mußte einen Teil der Argumente des anderen anerkennen. Es wird eine neue Diskussion entstehen darüber, wann für die beiden der „Winter“ beginnt.

Beachten Sie die beiden möglichen Einleitungen:
eine **allgemeine** Einleitung
eine **persönliche** Einleitung.

Vorschlag: Ergänzen Sie aus eigener Erfahrung die Argumente für und gegen Schulbus bzw. Fahrrad!

Diskussion

Verschiedene Diskussionspartner bringen Argumente und Gegenargumente vor, verteidigen sie, beweisen sie, veranschaulichen sie, suchen zu überzeugen. Wenn alle Diskussionsteilnehmer einer Meinung sind, gibt es keine Diskussion.

Erörterung

Der Schreiber einer Erörterung muß Argumente und Gegenargumente sammeln (Stoffsammlung), ordnen (Stoffordnung) und gegenüberstellen. In der Erörterung werden auch die Argumente möglicher Diskussionspartner dargestellt. Der Schreiber einer Erörterung muß sich vor einseitiger Darstellung hüten.

Die Erörterung in der Schule

Wie die Erörterung in die Lehrpläne der Schulen eingeordnet ist, sollen Zitate aus einem Lehrplan zeigen:

„Ziel der **8. Jahrgangsstufe** ist noch nicht die Erörterung als Aufsatzform, sondern sind vorerst die Möglichkeiten der Stofferschließung, -aufbereitung und -gliederung sowie der eindeutigen inhaltlichen Zuordnung durch Ober- und Unterbegriffe."

9. Jahrgangsstufe

„Aufbauend auf der Einführung in der 8. Jahrgangsstufe, wird die Erörterungstechnik anhand von stofflich klar strukturierten Beispielen in den schriftlichen Bereich ausgeweitet und gefestigt. Dabei sind anfängliche Hilfsstellungen (z. B. Gliederungsvorgabe) schrittweise abzubauen, so daß der Schüler am Jahresende befähigt sein sollte, ohne vorherige Behandlung von Themenkreisen eine einfache Erörterung anzufertigen."

„Am Ende der **10. Jahrgangsstufe** soll der Schüler in der Lage sein, einen ihm zugänglichen, umfassenderen Sachverhalt oder Problemkreis in inhaltlich logisch-konsequenter Abfolge und in sprachlich überzeugender Argumentation schriftlich darzulegen, konträre Meinungen ausgewogen zu beleuchten und gegebenenfalls zu einer persönlichen Wertung zu gelangen. Die Aufsatzart „Erörterung" soll nicht einem isolierten Selbstzweck dienen, sondern dem Schüler helfen, seine natürliche und soziale Umwelt in geistiger Ordnung zu erfassen und seinen eigenen Standpunkt in der Gesellschaft zu finden, in der er lebt."

Lernziele und Lerninhalte (in den Lehrplänen der Realschule)

8. Jahrgangsstufe	9. Jahrgangsstufe	10. Jahrgangsstufe
Einblick in die Erörterungstechnik Fähigkeit, überschaubare Stoffgebiete aus dem Erfahrungs- und Interessenbereich der Schüler sinnvoll zu gliedern **Technik der Erörterung** Maßnahmen zur Stoffaufbereitung: – Stoffsammlung – Stoffordnung – Ober- und Unterbegriffe – Gliederung (inhaltliche, sprachliche und formale Anforderungen Fähigkeit, eine Behauptung für den Leser (Zuhörer) anschaulich und logisch begründet darzustellen **Argumentatives Sprechen und Schreiben** – Aufbau eines Argumentationsschrittes (Behauptung, Beispiel, Folgerung) – Besonderheiten der sprachlichen Gestaltung (z. B. Anknüpfungen, Überleitungen)	Fähigkeit, Sachfragen und Probleme aus dem Erfahrungs- und Interessenbereich der Schüler zu erörtern **Erörterung** Stoffaufbereitung: – Materialsammlung – Begriffsklärung – Stoffauswahl – Stoffordnung Gestaltung der Gliederung: – formal – sprachlich – inhaltlich Ausarbeitung: – Einleitung und Schluß (Gestaltung und Möglichkeiten) – Aufbau des Einzelkapitels (Behauptung, Beispiel, Folgerung) – Überleitungen – sprachliche Mittel – äußere Form	Fähigkeit, Sachfragen und Probleme aus einem erweiterten Erfahrungs- und Interessenbereich der Schüler zu erörtern **Erörterung** Stoffaufbereitung: – Analyse des Themas (Themabegriff, Einschränkungen, geforderte Darstellungsart) – Materialsammlung – Begriffsklärung – Stoffauswahl – Stoffordnung Gestaltung der Gliederung: – formal – sprachlich – inhaltlich Ausarbeitung: – Einleitung und Schluß (Gestaltung und Möglichkeiten) – Technik der Argumentation – Abwägen der verschiedenen Positionen – wertende Beantwortung der Themafrage – Überleitungen – Sprachstil – äußere Form

Lernziele und Lerninhalte (in den Lehrplänen des Gymnasiums)

9. Jahrgangsstufe	10. Jahrgangsstufe	11. Jahrgangsstufe
Fähigkeit, einfache Fragen und Sachverhalte zu erörtern. **Schwerpunkte:** – Erfassen des Themas – Sammeln und Sichten des Stoffes – Ordnen und Gliedern des Stoffes – Formulieren von Argumenten – Unterstützen der Argumente durch überzeugende Beispiele und ggf. durch Entkräften möglicher Gegenargumente – Entwickeln einer einfachen Argumentationsfolge (steigernd oder dialektisch) – Ggf. Formulieren einer Stellungnahme – Angemessene sprachliche Darstellung	Fähigkeit, Sachverhalte oder Probleme zu erörtern. **Schwerpunkte:** – Erfassen des Themas, Klären von Begriffen – Erschließen des Themas durch Leitfragen, Ordnen und Gliedern des Stoffes – Formulieren von Thesen, Stützen der Thesen durch Argumente, Veranschaulichung durch geeignete Beispiele, Entkräften möglicher Gegenargumente – Entwickeln einer Argumentationsfolge (steigernde oder antithetische Anordnung) – Formulieren eines Ergebnisses bzw. einer Stellungnahme, Möglichkeiten für Einleitung und Schluß – Angemessene sprachliche Darstellung	Fähigkeit, eine Erörterung zu verfassen. **Schwerpunkte:** 1. Erfassen des Themas (Art der Fragestellung, Definition der Leitbegriffe, sachlicher Hintergrund) 2. Erschließen des Themas durch Leitfragen 3. Sammeln und Ordnen des Stoffes 4. Funktionsgerechtes Gliedern des Stoffes 5. Themenbezogenes, folgerichtiges Entwickeln der Gedanken: – sachgemäßes Formulieren von Thesen – Stützen der Thesen durch Argumente – Entwickeln von Argumentationsreihen – Aufeinanderbeziehen der Argumente – Absichern und Veranschaulichen der Argumentation durch Beispiele – Einbeziehen von möglichen und geäußerten Gegenargumenten [. . .)

Kollegstufe

Aus den curricularen Lehrplänen für das sprachlich-literarisch-künstlerische Aufgabenfeld

Lernziele	Lerninhalte
3. Schriftliche Erörterung	
3.1 Fähigkeit, eine Erörterung unter Berücksichtigung wesentlicher Darstellungsprinzipien zu verfassen. **(Einübung auch in den folgenden Kurshalbjahren!)**	**1. Aufbau und Methode** – Methodisch bewußtes, der Aufgabenstellung gemäßes Vorgehen – Funktionsgerechte Gliederung – Verwendung und Auswertung von Beispielen – Sinnvoller Gebrauch von Zitaten – Zweckentsprechender Gebrauch von Materialien und Hilfsmitteln. **2. Gedankenführung und Argumentationsweise** – Themenangemessene, folgerichtige, am Gegenstand orientierte Entwicklung der Gedanken – Herstellung von Begründungszusammenhängen – Schlüssige Beweisführung; Unterscheidung von These, Beispiel, Argument, Beweis - Klare Bestimmung und Abgrenzung von Begriffen – Begründete Wertung **3. Sprachverwendung** – Syntax: angemessen komplexer und variabler Satzbau, Überschaubarkeit von Satzverzweigungen, gliedernder Gebrauch von Konjunktionen und Interpunktion, sinnvoller Tempus- und Modusgebrauch – Semantik: verständliche und sachangemessene Ausdrucksweise, funktionsgerechter Gebrauch des Wortschatzes, richtiger

Lernziele	Lerninhalte
	Gebrauch von Fachbegriffen – Pragmatik: aufgabenbezogene Wahl der Stilebene, funktionsgerechter Gebrauch von Stilmitteln – Rechtschreibnorm: Beachtung der Regeln der Rechtschreibung und Zeichensetzung
3.2 Fähigkeit, Erörterungen anhand von Texten zu verfassen. **(Einübung auch in den folgenden Kurshalbjahren!)**	Fachspezifische Texte mit informierender, argumentierender und wertender Absicht. **Schwerpunkte:** **1. Verstehen des Inhalts des Textes** – Wiedergabe des Themas, des Problems, der Hauptgedanken, der Argumente des Textes – Erläuterung wichtiger Begriffe und Aussagen des Textes **2. Erkennen des Verwendungszusammenhangs des Textes** – Erläuterung der Absicht des Verfassers – Beschreibung der Situation **3. Erfassen der Struktur des Textes** – Beschreibung der Argumentation unter Einbeziehung der Darstellungsform – Aufzeigen der Struktur des Textes **4. Stellungnahme zum Problem** – Beurteilung der Aussagen des Textes – Begründung eines eigenen Standpunktes, ggf. Entwicklung alternativer Standpunkte und Lösungsmöglichkeiten
3.3 Fähigkeit, Erörterungen mit fachspezifischen Themen ohne Textgrundlage zu verfassen. **(Einübung auch in den folgenden Kurshalbjahren!)**	Das Thema wird den Gegenständen des Deutschunterrichts entnommen, orientiert sich an seinen Lernzielen und fordert Auswahl und selbständige Verarbeitung der im Unterricht erworbenen Kenntnisse.

Schwerpunkte:

1. Erfassen des Problems
- Formulierung des Problems
- Aufzeigen des Gesamtzusammenhanges, in dem das Problem steht

2. Analysieren des Problems
- Klärung strittiger Standorte
- Herausarbeiten der Zusammenhänge von Ursachen, Bedingungen, Wirkungen
- Gewichtung der einzelnen Faktoren

3. Stellungnahme zum Problem
- Begründung eines eigenen Standpunkts
- Entwicklung alternativer Standpunkte (soweit möglich)

Unterrichtsverfahren	Lernzielkontrollen
Zu 3.2	
Lektüre, Erschließung und Erörterung von Texten im Unterrichtsgespräch. Wiedergeben, Erläutern und Erörtern von Textabschnitten in schriftlicher Form unter Beachtung der Darstellungsprinzipien (Lernziel 3.1). Steigerung von kurzschrittigen Arbeitsaufträgen bis zum Verfassen eines abgeschlossenen Aufsatzes, wobei der Kollegiat Aufbau, Gedankenführung und Darstellung selbständig entwickelt.	Schriftliches Zusammenfassen des Inhalts eines Textes. Schriftliche Stellungnahme zu einzelnen Textabschnitten. Erörterung ohne Vorgabe der einzelnen Arbeitsschritte.
Zu 3.3	
Unterrichtsgespräch: Formulieren von Fragen, mit denen ein Problem methodisch erfaßt oder ein Gesamtkomplex aufgegliedert werden kann. Üben der Technik des Argumentierens. Schriftliche Gliederung, schriftliches Formulieren eines Problems, eines Arguments. Kurze schriftliche Stellungnahme zu einem Argument. Siehe auch 2. Kurshalbjahr, 3.: Facharbeit!	Gliederungen. Kurze schriftliche Stellungnahmen. Verfassen eines abgeschlossenen Aufsatzes (Klausur).

Das Thema

Lesen Sie das Thema genau! Schreiben Sie es Wort für Wort pedantisch genau ab! Ein Abschreibfehler kann dem Thema einen anderen Sinn geben! Achten Sie auf die Satzzeichen! (Satzzeichen beeinflussen den Sinn eines Satzes.)
Nicht das Thema verändern! (Auch nicht in Gedanken!)
Beim Erfassen des Themas ist es sehr wichtig, zuerst den Begriff zu suchen, der im Mittelpunkt steht, den Themabegriff. Er muß erfaßt werden, geklärt werden, bevor die Themafrage beantwortet werden kann.

1. Beispiel:

Bei dem Thema **„Was bindet die Menschen an die Heimat?"** muß zuerst der Begriff „Heimat" geklärt werden. „Heimat" ist nun ein Begriff, der nicht eindeutig ist, der regelrecht erschlossen werden muß, damit man seinen Umfang erkennt. Sie selbst haben vielleicht eine andere Vorstellung von „Heimat" als Ihr Nebenmann.

2. Beispiel:

Bei dem Thema **„Was bindet uns an die Heimat?"** muß geklärt werden, wer mit „uns" gemeint ist: die Menschen, die Jugend, die Deutschen, ich als Individuum?

Erschließen eines Begriffs

Beim Themabegriff „Heimat" suchen wir zuerst die **Wortfamilie:**

heimatlich – Heimatgefühl – Heimatmuseum – Heimatdichter – Heimatfilm – Heimatforscher – Heimathafen – Heimatliebe – heimatkundlich – Heimatstaat – Heimatlosigkeit usw.

Wir suchen zu „Heimat" **das Wortfeld:**

Geburtsort – Geburtsland – Aufenthaltsort – Ort, wo man die Jugend verbracht hat – Ort, an dem die Eltern wohnen – Gegend, mit der man sich verbunden fühlt – das Zuhause – Wohnsitz – das Daheim –

Wir suchen **gegensätzliche Begriffe:**

Fremde – Ausland – entwurzelt –

Wir suchen **Redensarten, Sprichwörter, Zitate,** damit wir erkennen, wie der Begriff „Heimat" aufgefaßt wird:
seine alte Heimat wiedersehen – meine zweite Heimat – eine neue Heimat finden – die Heimat aufgeben müssen – seine Heimat verteidigen – an der Scholle kleben = nicht die Heimat verlassen wollen – draußen in der Fremde – „Der ist in tiefster Seele treu, der die Heimat liebt wie du" (Theodor Fontane) – „Die wahre Heimat ist eigentlich die Sprache." (Wilhelm von Humboldt) – „In der Heimat, in der Heimat, da gibt's ein Wiederseh'n" (Soldatenlied) – „Weh dem, der keine Heimat hat." (Friedrich Nietzsche)

Bedeutet „Heimat":

Nestwärme – Schutz – Sitten und Bräuche – Zugehörigkeit – Gewohnheit –

Naturverbundenheit – Sprache – Elternhaus – Vaterland – Verbundenheit – Kindheitserinnerungen – Vertrautheit – Familie und Verwandtschaft –?

Nachdem Sie so den Themabegriff geklärt haben, können Sie die Themafrage „Was bindet die Menschen an die Heimat?“ beantworten.

Erschließungsfragen

Man kann ein Thema auch durch gezielte Fragen erschließen.
Beispiel: **Warum gehen wir in ein Schullandheim?**
In dieser Formulierung ist das Thema eine „Sachfrage“. Wir erschließen das Thema durch Fragen:

1. **Was** ist ein Schullandheim?	Ein Heim auf dem Land, in dem unterrichtet wird = Unterricht + Verpflegung + Übernachtung
2. **Wer** geht in ein Schullandheim?	Schüler und Lehrer (Klassen)
3. **Wo** kann ein Schullandheim liegen?	In einem Dorf, an einem See, auf einem Berg
4. **Wann** wird es aufgesucht?	Während des Schuljahres für eine Woche oder länger
5. **Wie** lebt man dort?	Neben dem Unterricht sind Wanderungen und Besichtigungen vorgesehen. Aus der Unterrichtsgemeinschaft wird eine Wohn- und Lebensgemeinschaft.
6. **Welche Wirkungen** hat der Aufenthalt in einem Landschulheim?	Wir lernen die Klassenkameraden auch außerhalb des Unterrichts kennen. Wir können mit den Lehrern ungezwungen sprechen. Wir lernen Pflichten der Gemeinschaft kennen. Wir erleben Land und Leute eines anderen Lebensraums. Wir vermissen die Familie und das Elternhaus.

Klärung des Begriffs „Aggression“

Aggression [lat.; zu aggredi (2. Partizip: aggressum) = heranschreiten, sich nähern, angreifen], ◇ im älteren Völkerrecht Bez. für ↑ Angriff. ◇ im militär. Bereich svw. ↑ Angriff. ◇ in der Psychologie jedes, insbes. das affektbedingte Angriffsverhalten des Menschen, das auf einen Machtzuwachs des Angreifers und eine Machtminderung des Angegriffenen zielt. Als Reaktion auf wirkl. oder vermeintl. Bedrohung der eigenen Machtsphäre, v. a. als Reaktion auf ↑ Frustration, ist die A. ein vitales Movens in allen sozialen, auch den sexuellen Beziehungen des Menschen, mit einer breiten Skala von Aggressionsäußerungen. Dabei richtet sich die A. in erster Linie gegen andere Menschen, gegen Sachverhalte und Institutionen, wie z. B. Staat, Gesellschaft, Kirche, Schule, aber auch gegen die eigene Person (*Autoaggression:* als Selbstverachtung, Selbsthaß, Selbstmord, Masochismus), wenn sie mit der Realität und den Forderungen der Gesellschaft kollidiert oder sich im Prozeß der sozialen Anpassung aus ihrer Machtsphäre verdrängt sieht. In der Psychoanalyse (S. Freud, A. Adler) wurde die A. auf eine einheitl. Antriebsquelle, den ↑ Aggressionstrieb, zurückgeführt.
[– – –]
Pädag. gilt es, die Bedeutung der A. v. a. im Interaktionsgeschehen zwischen Zögling und Erziehern zu sehen. Problem der Erzieher ist es, A. als vitales Grundvermögen des Zöglings zu akzeptieren. Ein Anspruch auf Sozialisierung des kindl. Verhaltens ist berechtigt, dabei fördert aber überstrenges bzw. unterdrückendes wie alles gewährendes Erziehungsverhalten die A. entweder direkt oder den übergroßen ↑ Gehorsam als ihre verleugnete Form. Beides verhindert eine gesunde Ich-Entwicklung. Ein ausgeglichenes Verhältnis zwischen ↑ Angst und A. fördert die Leistungsfähigkeit des Zöglings, und A. erweist sich dann v. a. als Fähigkeit, sich einer Aufgabe zu bemächtigen und Weltbezug herzustellen. Während der normalen Entwicklungskrisen steigert sich die Aggressivität; dies stellt Erziehung und Gesellschaft vor besondere Aufgaben: der Anspruch auf bloße ↑ Anpassung genügt nicht. [– – –]
◇ in der *Verhaltensforschung:* 1. zusammenfassende Bez. für alle Angriffshandlungen (von Tieren), die darauf zielen, einen Rivalen zu schädigen oder in die Flucht zu schlagen. Bei Arten, deren Angehörige untereinander regelmäßig kämpfen, sind im Laufe der Stammesgeschichte bestimmte Kampfweisen entstanden, die schwerere Verletzungen weitgehend ausschließen (↑ Kommentkampf). 2. eine bestimmte Stimmungslage, eine innere Bereitschaft zum Angriff, die bis zum inneren Drang, den Rivalen zu suchen (↑ Trieb), gehen kann. Nach K. ↑ Lorenz ist der A.strieb teilweise angeboren, nach J. ↑ Dollard die Folge von Enttäuschungen (Frustrationen) durch erzwungenen Verzicht oder Versagung von Befriedigung. [. . .)

Meyers Enzyklop.-Lexikon

Aggression (lat.) Angriff 1. Völkerrecht: der Angriffskrieg. 2. Psychologie: affektbedingtes Angriffsbedürfnis; in der Tiefenpsychologie bes. als Kompensation verdrängter Triebe oder Frustrationen angenommen.

Der Neue Brockhaus

Aggression, die; -; -en (lat. aggression = Angriff): 1. (völkerr.) rechtswidriger milit. Angriff auf ein fremdes Staatsgebiet: die Verurteilung einer Aggression verlangen. 2. (Psych.) a) affektbedingtes Angriffsverhalten des Menschen, das auf einen Machtzuwachs des Angreifers bzw. eine Machtverminderung des Angegriffenen zielt; b) feindselige, ablehnende Einstellung o. ä.: dies führte nach und nach dazu, daß Aggressionen gegen mich aufkamen . . .

DUDEN

Wie schwierig es sein kann, einen Begriff, der weltpolitische Bedeutung hat, zu definieren, zeigt folgender Bericht mit Kommentar aus dem Jahr 1974.

UNO definiert Begriff der Aggression

Vollversammlung nimmt Kommissionsentwurf an / China distanziert sich

New York (AP)

Die Vollversammlung der Vereinten Nationen hat am Samstag eine Definition des Begriffes „Aggression" angenommen. Der Entwurf der Begriffsbestimmung war nach sich nahezu über 25 Jahren erstreckenden Verhandlungen im April von einem aus Vertretern von 35 Staaten gebildeten Sonderausschuß fertiggestellt worden, dem alle Großmächte mit Ausnahme Chinas angehörten. Sie umfaßt rund 500 Wörter, ist im Inhalt stark dehnbar und der Auslegung des Weltsicherheitsrates unterworfen, in dem die fünf Großmächte das Vetorecht haben.

Der Beschluß wurde im Wege des allgemeinen Konsensus ohne formelle Abstimmung gefaßt. Der Vertreter Chinas distanzierte sich von dem Verfahren und erklärte, wenn der Entwurf zur Abstimmung gestellt worden wäre, hätte er sich nicht daran beteiligt.

In den acht Artikeln wird Aggression wie folgt definiert:

1. Aggression ist die Anwendung von Gewalt mit Waffen oder in einer anderen nicht mit der UNO-Charta zu vereinbarenden Weise seitens eines Staates gegen Souveränität, territoriale Integrität oder politische Unabhängigkeit eines anderen Staates.
2. Wer als erster bewaffnete Gewalt anwendet, gilt „prima facie" als Aggressor, es sei denn, daß der Sicherheitsrat zu einer anderen Auffassung gelangt.
3. Als Aggressionsakte gelten unter anderem Invasion oder Angriff eines Gebiets, Annexion, Bombar-

dierung, Blockade, Angriffe auf die Streitkräfte eines Landes, rechtswidrige Verwendung von Truppen in einem anderen Land, die Entsendung „bewaffneter Banden, Gruppen, Freischärler oder Söldner“ zur Ausführung solcher Handlungen oder eine „beträchtliche Verwicklung“ in derartige Handlungen.

4. Der Sicherheitsrat kann beschließen, daß noch andere Handlungen eine Aggression darstellen.
5. Aggression kann nicht mit politischen, wirtschaftlichen oder anderen Motiven gerechtfertigt werden. Sie ist ein Verbrechen gegen den internationalen Frieden, und aus ihr entstehende Gebietsgewinne sollen für unrechtmäßig gelten.
6. Die UNO-Charta einschließlich ihrer Bestimmung über die rechtmäßige Gewaltanwendung bleibt von der Definition unberührt.
7. Die Definition läßt auch das Recht auf Selbstbestimmung, Freiheit und Unabhängigkeit jener Völker unberührt, denen dieses Recht gewaltsam vorenthalten wird, ferner das Recht dieser Völker, für ihre Freiheit zu kämpfen.
8. Alle Bestimmungen dieser Definition stehen in Bezug zueinander und müssen im Zusammenhang interpretiert werden.

Ein amerikanischer Sprecher bezeichnete die Definition als einen nützlichen Leitfaden für den Sicherheitsrat, dessen Annahme nach so vielen Jahren als ein historisches Moment angesehen werden könne. Auch Vertreter Großbritanniens und Frankreichs begrüßten den Kompromiß, betonten dabei jedoch, daß er den Sicherheitsrat nicht binde. Ein sowjetischer Sprecher sagte, die Definition werde jene Kräfte abschrecken, die Pläne für neue militärische Abenteuer hegten und die Welt in die Zeit des kalten Krieges zurückführen wollten.

Der chinesische Delegierte hingegen meinte, die Definition habe viele Schlupflöcher und Mängel, die zur Rechtfertigung einer Aggression mißbraucht werden könnten. Dies sei das Ergebnis der Sabotage und Obstruktion seitens der beiden Supermächte. In der vorangegangenen Debatte hatte er beklagt, daß in der Definition die Begriffe Subversion und wirtschaftliche Aggression fehlten.

Vertreter von Binnenstaaten zeigten, obwohl sie sich dem Konsensus anschlossen, Unzufriedenheit darüber, daß eine Beeinträchtigung ihres Zugangs zum Meer nicht als Aggressionsakt eingestuft wurde.

Von der Stoffsammlung zur Stoffordnung

Welche Begriffe fallen Ihnen ein, wenn Sie an „Verkehrsmittel" denken?

Stoffsammlung

Auto
Eisenbahn
Straßenbahn
Flugzeug
Untergrundbahn
Triebwagen
Moped
Motorrad
Limousine
Wasserfahrzeug
Passagierschiff
Traktor
Segelboot
Segelflugzeug
Autobus
D-Zug
Hubschrauber
Luftschiff
Ruderboot
Lokomotive
Kraftfahrzeug
Freiballon
Flugboot
Fährschiff
S-Bahn

Stoffordnung nach Oberbegriffen:

1. **Landfahrzeuge:**
   a) Straßenfahrzeuge:
      Auto, Moped, Motorrad
   b) Schienenfahrzeuge:
      Straßenbahn, Triebwagen,
      Untergrundbahn, S-Bahn

2. **Wasserfahrzeuge:**
   Passagierschiff
   Segelboot
   Ruderboot
   Fährschiff
   . . .
   . . .

3. **Luftfahrzeuge**
   Hubschrauber
   Luftschiff
   Flugzeug
   Segelflugzeug
   Freiballon
   Flugboot

In der Stoffsammlung können Oberbegriffe enthalten sein. Sie sollen als solche erkannt werden. Zu den gefundenen Oberbegriffen lassen sich dann leicht weitere Unterbegriffe finden.

Musikinstrumente: Blasinstrumente (Oberbegriff)

Unterbegriffe		**Oberbegriffe**
Querflöte Piccoloflöte Blockflöte	→ Flöten	→ Holzblasinstrumente
Altklarinette Barretthorn Baßklarinette	→ Klarinetten	→ Holzblasinstrumente
Normaloboe Englischhorn Schalmei	→ Oboen	→ Holzblasinstrumente
Trompete Baßtrompete Aida-Trompete Jazztrompete Kornett Flügelhorn Waldhorn Tuba Helikon Posaune Lure Zinke		→ Blechblasinstrumente

Vorschlag:
Suchen Sie die Unterbegriffe zu dem Oberbegriff „Streichinstrumente"!

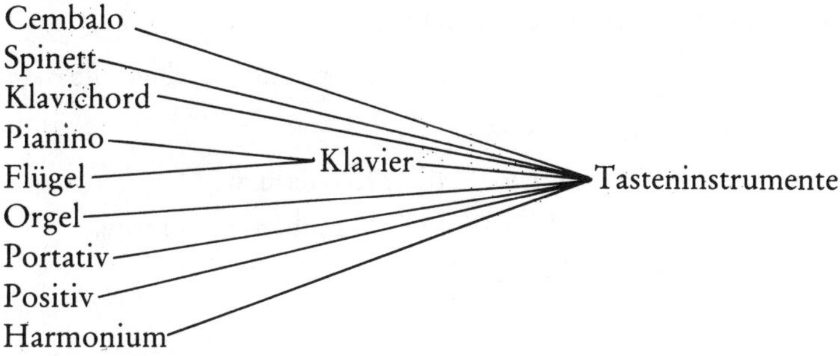

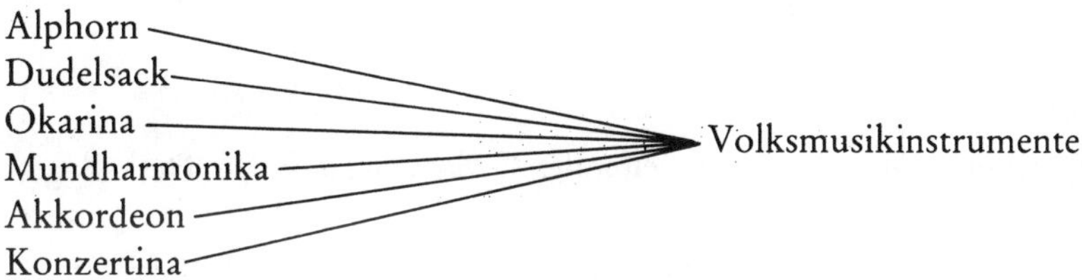

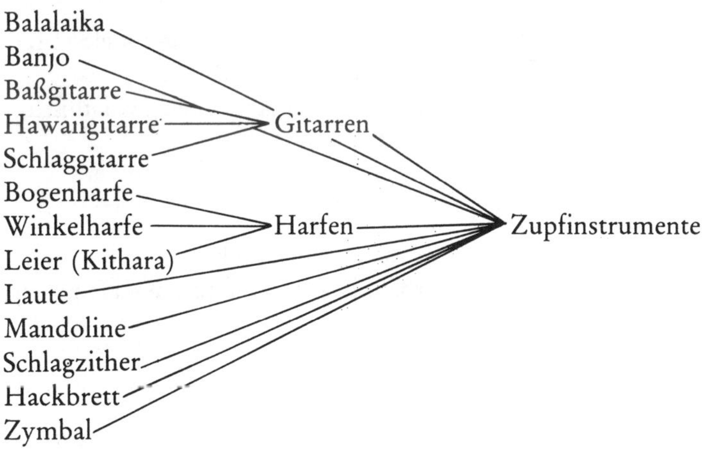

Vorschlag: Suchen Sie die Unterbegriffe zu den Oberbegriffen
a) Elektrische Instrumente
b) Schlag und Geräuschinstrumente

Eine andere Einteilung der Musikinstrumente ist:

1.	Idiophone:	Kastagnetten, Becken; Xylophon, Glocken, Rasseln
2.	Membranophone:	Trommel, Pauke
3.	Chordophone:	Harfe, Cembalo, Zither, Klavier usw.
4.	Aerophone:	Trompete, Flöte, Orgel, Mundharmonika usw.
5.	Elektrophone:	Hammondorgel, Syntesizer

A. Die Einleitung

Die Einleitung soll zum Thema führen. Deshalb soll sie drei „Gedanken" haben:

a) den Einleitungsgedanken,
b) die Überleitung,
c) das Thema.

Es fällt manchmal schwer, einen einleitenden Gedanken zu finden. Deshalb gibt es einige Hilfsmittel:

1. Sie können ausgehen von der Klärung des Themabegriffs z. B. Freizeit.
2. Sie können mit einem ähnlichen Themabegriff beginnen, z. B. Wochenende.
3. Sie können von einem Zitat oder einem Werbespruch ausgehen, z. B. Für die schönste Zeit des Jahres.
4. Sie können einen aktuellen Anlaß benützen, z. B. eine Zeitungsmeldung.
5. Sie können einen gegensätzlichen Begriff suchen, z. B. Streß.
6. Sie können über den geschichtlichen Hintergrund zum Thema vorstoßen.

Warnung:

Nicht zwei Einleitungen schreiben!
Schreiben Sie in der Einleitung nichts, was zum Thema gehört!
Die Einleitung darf nicht lang sein. Verhältnis zum Umfang des Hauptteils beachten!

Beispiel:

Der Ausfall des Fernsehgeräts ist für viele Menschen eine Freizeitkatastrophe.
– Einleitungsgedanke

Andere Leute schalten den Fernseher nur selten ein.
– Überleitungsgedanke

Welche Bedeutung hat das Fernsehen in unserer Zeit?
– Thema (meist in Frageform)

B. Die Gliederung

Die geordnete Stoffsammlung ist noch keine Gliederung, denn die gefundenen Oberbegriffe müssen nach ihrer Wertigkeit gegliedert werden. In der Gliederung wird der Aufsatz aufgebaut, d. h. in seiner Darstellung stufenweise gesteigert. Die Gedanken müssen logisch fortschreiten, damit sich ein Gedanke aus dem vorhergehenden entwickeln kann. Der Gedankengang kann sich bewegen

vom Allgemeinen	zum Besonderen
vom Leichten	zum Schweren
vom Äußeren	zum Inneren
vom Nächstliegenden	zum Ferneren
vom Materiellen	zum Ideellen
vom Bekannten	zum Unbekannten
vom einzelnen Menschen	zur Menschheit
vom Ich	zum Wir

Bei der Themafrage „Was bedeutet uns das Fernsehen?" können wir gliedern:

I. für mich	I. für die Allgemeinheit
II. für meine Familie	II. für die Familien
III. für die Allgemeinheit	III. für den einzelnen

Schema einer Gliederung

A. Einleitungsgedanke

B. Thema in Frageform oder als Behauptung

1.	oder:	I.	oder:	1. ....
1.1		1.		a) ....
1.2		2.		b) ....
1.3		a)		c) ....
2.		b)		2. ....
2.1		3.		a) ....
2.2		II.		b) ....
3.		1.		3. ....
4.		a)		4. ....
4.1		b)		a) ....
4.2		c)		b) ....
		2.		

C. Schlußgedanke

Bitte beachten Sie:
Nach Ordnungszahlen steht ein Punkt: 1. .... 3. ....
Nach Buchstaben steht eine Klammer: A) – – – a) – – – b) – – –
Nach einem a) muß ein b) kommen.
Nach einem 1. muß ein 2. kommen.
Bei 1. steht die Zusammenfassung von a) – b) – c) –
Bei 1. steht die Zusammenfassung von 1.1 – 1.2 – 1.3 –

C. Der Schluß

Der Schluß einer Erörterung kann aus zwei Teilen bestehen:

1. einer kurzen Zusammenfassung des Hauptteils,
2. einem eigenen Schlußgedanken, der Folgerungen oder eine Nutzanwendung bringen, einschränken und weiterführen kann.

Für den Schlußgedanken gibt es also verschiedene Möglichkeiten.

1. Sie können nach der Zusammenfassung des Inhalts, daraus eine **Folgerung** ziehen, z. B. Einer weiteren Entwicklung des Fernsehens kann man also getrost entgegensehen.
2. Sie können das Ergebnis der Erörterung **einschränken,** z. B. Das gilt selbstverständlich nur, wenn . . .
3. Sie können **vergleichen,** d. h. die Erkenntnisse des Hauptteils bzw. der Zusammenfassung mit Ergebnissen anderer Untersuchungen vergleichen, z. B. mit den Lesegewohnheiten.
4. Sie können die Ergebnisse der Erörterung **weiterführen** und andeuten, daß sie auch auf anderen Gebieten Gültigkeit haben könnten, z. B. für die Zeitung.

Beispiel:

Die Untersuchung hat gezeigt, daß das Fernsehen eine große Bedeutung für das Leben der Menschen unserer Zeit erreicht hat, daß es nicht mehr wegzudenken ist. **– Zusammenfassung**

Wir sollen daraus die Folgerung ziehen, daß wir einmal lernen müssen, richtigen Gebrauch vom Medium Fernsehen zu machen. Außerdem müssen wir darauf sehen, daß das Fernsehen in seinen Sendungen keinen demoralisierenden Einfluß nimmt. **– Schlußgedanke**

Was bedeutet uns das Fernsehen?

Möglichkeiten für den Einleitungsgedanken:

A. Ablehnung des Fernsehens (Gegensätzlicher Standpunkt)
In jeder Familie mindestens ein Fernsehapparat (von Tatsachen ausgehend).
Begriffe „Fernsehen“ – „uns“ (Begriffsklärung)

B. Was bedeutet das Fernsehen?

I. für mich?
1. politische Nachrichten
2. Musik
3. Sportnachrichten – Spiele
4. Unterhaltung
5. allgemeine Bildung

II. für die Jugend allgemein?
1. weitere Bildungsmöglichkeiten
2. weitere Unterhaltungsmöglichkeiten
3. Neigung zur Passivität wird gefördert

III. für die Familie?
1. Die Familie ist vor dem Fernseher vereint
2. Vor dem Fernseher keine Aussprache der Familienmitglieder

IV. für die Allgemeinheit?
1. Information
2. Bildung
3. Unterhaltung.

Möglichkeiten für den Schluß:

C. Vor Übertreibung wird gewarnt (Einschränkung).
Das Lesen soll nicht vernachlässigt werden (Warnung).
Das Kabelfernsehen steht bevor (Ausblick).

Hinweis: Vergleichen Sie damit die Themen und Texte im Kapitel „Zeitung und Fernsehen“!

Warum sind Stoffsammlung, Stoffordnung und Gliederung notwendig?

Bei den meisten anderen Aufsatzarten kennt der Schreiber die Fakten.
Bei der **Erzählung** hat er das Erlebnis in Erinnerung.
Beim **Bericht** hat er den Ablauf der Ereignisse vor Augen.
Bei der **Beschreibung** kennt er den Ablauf des Vorgangs oder den Gegenstand.

Bei der **Erörterung** wird eine Frage gestellt oder eine Behauptung aufgestellt. Der Schreiber muß den Stoff zur Beantwortung der Frage oder für seine Stellungnahme zur Behauptung erst suchen. Die Gedanken zum Thema kommen dem Schreiber nicht in geordneter Reihenfolge, so wie er sie darstellen möchte, sondern durcheinander. Er muß dann diese gefundenen Gedanken erst ordnen, d. h. das Zusammengehörige zusammenschreiben in der **Stoffordnung.**

Die geordneten Gedanken müssen dann in eine wirkungsvolle Reihenfolge gebracht werden, der Bauplan des Aufsatzes wird erstellt in der **Gliederung.**

Um beim Beispiel „Bauplan" zu bleiben:
Zum Bau eines Hauses braucht man:
Kies, Sand, Holz, Ziegel, Zement, Kalk, Wasserrohre usw. Niemand wird es einfallen, alle benötigten Materialien auf einen Haufen zusammenzuwerfen und daraus ein Haus zu bauen. Jeder wird das Material geordnet lagern, trotz der geordneten „Materialsammlung" aber nach dem Bauplan fragen. Ohne Bauplan kann man keine Hundehütte bauen.
Wenn wir auch die Erörterung nicht mit einer Hundehütte vergleichen wollen, eher mit einem Gebäude, das aus Erdgeschoß, Stockwerken und einem krönenden Dachgeschoß besteht, auch die Erörterung bricht zusammen, wenn sie nicht nach einem guten Bauplan, einer Gliederung, angefertigt wird.

Und da gibt es Schüler, die ihre Gliederung ***nach*** *dem Aufsatz schreiben, nur um die Forderung des Lehrers zu erfüllen.*

Eine Zeitungsanzeige und ihre Gliederung

Dr. Hanns Martin Schleyer*),
Präsident der Bundesvereinigung der Deutschen Arbeitgeberverbände:

So hat die Zukunft eine Chance

Leistung und Wettbewerb sind auch in Zukunft die Voraussetzung für wirtschaftlichen, gesellschaftlichen und menschlichen Fortschritt.

Deshalb brauchen wir sinnvolle und systematische berufliche Bildung aus dreifacher Sicht

individuell: für das persönliche Lebensglück durch eine freie Selbstverwirklichung nach Neigung und Befähigung;

sozial: als Verpflichtung der Gesellschaft, Chancengleichheit für Bildung und Beruf zu bieten;

wirtschaftlich: zur Entfaltung aller kreativen und produktiven Kräfte, die den Fortbestand einer wettbewerbsfähigen Volkswirtschaft gewährleisten.

Eine Gesellschaft, die ihre Zukunft nicht verschlafen will, muß ihre Talente wecken.

*) Hanns Martin Schleyer, ermordet am 18. 10. 1977

Die Teile des Ganzen **Ohne Wertung und Reihenfolge**

Wir brauchen eine sinnvolle und systematische berufliche Bildung aus dreifacher Sicht:

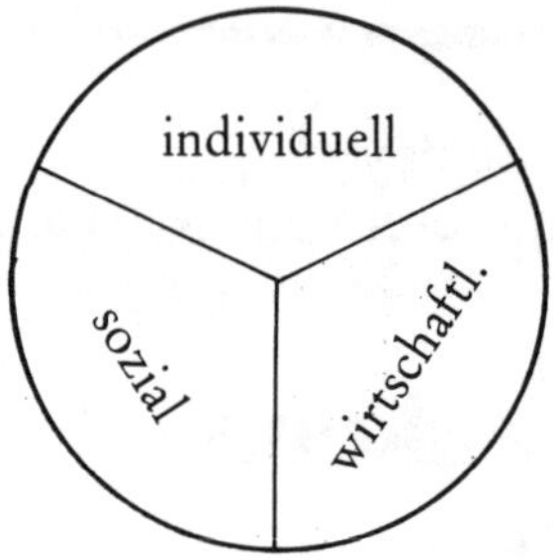

1. **individuell:** für das persönliche Lebensglück durch eine freie Selbstverwirklichung nach Neigung und Befähigung
2. **sozial:** als Verpflichtung der Gesellschaft, Chancengleichheit für Bildung und Beruf zu bieten
3. **wirtschaftlich:** zur Entfaltung aller kreativen und produktiven Kräfte, die den Fortbestand einer wettbewerbsfähigen Volkswirtschaft gewährleisten.

Reihenfolge mit Wertung

Leistung und Wettbewerb sind auch in Zukunft die Voraussetzung für:

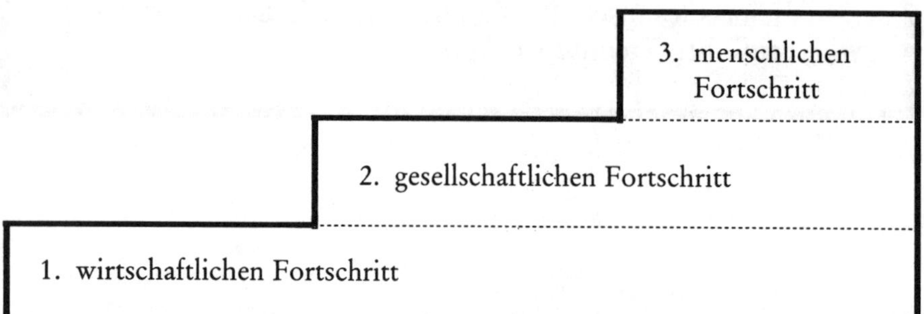

Argumente sind Fleisch und Blut der Erörterung

Die Erörterung ist eine schriftliche Diskussion. Jeder Diskussionsteilnehmer versucht, seine Meinung so überzeugend wie möglich darzustellen. Er möchte mit guten Argumenten den, der anderer Ansicht ist, von seiner Meinung überzeugen. Mit seinem Argument will er seine Behauptung gegen andere Ansichten durchsetzen.

In der Erörterung versucht der Schreiber, seine Ansichten, seine Meinung, seine Vorstellungen durch gute Argumente so darzustellen, daß der Leser die Begründung der Ansicht gelten läßt, die Vorstellungen des Schreibers anerkennt. Oft gibt es von einem Problem gegensätzliche Vorstellungen und Stellungnahmen. Wer sich mit seiner Ansicht durchsetzen will, muß

1. Sachkenntnisse besitzen,
2. gute Argumente finden und
3. diese gut darstellen.

Argumentationskette

Behauptung
↓
1. Argument + Beispiel + Folgerung
↓
2. Argument + Beispiel + Folgerung
↓
3. Argument + Beispiel + Folgerung
↓
4. Argument + Beispiel + Folgerung
↓
Bestätigung der Behauptung

Was gilt als Argument?

Als Argument gilt:

1. eine Tatsache, die feststeht oder leicht überprüft werden kann,
2. das Ergebnis einer Untersuchung, das allgemein anerkannt ist,
3. ein zutreffendes Zitat aus dem Grundgesetz oder der UN-Charta,

4. das Zitat einer anerkannten Autorität,
5. gesicherte Einzelkenntnisse auf einem Gebiet, aus denen Folgerungen des Fachmannes gezogen werden.

Gegenüberstelllung von Einzelargumenten

Ausgangsbehauptung

↓

1. Argument + Beispiel ⟷ Gegenargument + Beispiel

↓

2. Argument + Beispiel ⟷ Gegenargument + Beispiel

↓

3. Argument + Beispiel ⟷ Gegenargument + Beispiel

↘

Schlußfolgerung
(Entscheidung)

Gegenüberstellung von Argumentationsketten

Behauptung (These)	**Gegenbehauptung** (Antithese)
↓	↓
1. Argument	1. Gegenargument
↓	↓
2. Argument	2. Gegenargument
↓	↓
3. Argument	3. Gegenargument
↘	↙

Schlußfolgerung
(Synthese)

Beispiele in der Erörterung

Ein Einzelerlebnis ist kein Argument, denn ein Argument soll allgemeingültig sein. Deshalb wird das Argument allgemein formuliert. Um es aber anschaulich zu machen, wird das Argument durch Beispiele veranschaulicht.

Aussage wird zum
Argument,
wird erläutert
und durch
Beispiele
veranschaulicht.

Technik der Erörterung

1. Stoffaufbereitung:
   a) Erfassen des Themas
   Themabegriff – Umfang – Einschränkung
   b) Begriffsklärung
   c) Stoffsammlung
   d) Stoffauswahl
   e) Stoffordnung
   (zu c–e: Erschließungsfragen – W-Fragen)
2. Gliederung:
   A) Einleitungsgedanke
   B) Hauptteil
      a) inhaltlich
      b) sprachlich
      c) formal
   C) Schlußgedanke
3. Ausarbeitung:
   A) Einleitungsgedanke – Überleitung – Thema
   B) Aufbau der Einzelkapitel
      a) Behauptung
      b) Beispiel
      c) Folgerung
      Abwägen der verschiedenen Positionen
      Beantwortung der Themafrage
   C) Schluß

Arbeitsschritte der Erörterung

1. Erfassen des Themas:	Themabegriff? Themafrage? Sachfrage? – Wertfrage? Entscheidungsfrage?
2. Stoffsammlung:	Gedanken zum Thema Erschließen durch W-Fragen
3. Stoffordnung:	Gedanken werden unter Oberbegriffen zusammengefaßt Ordnung der Argumente
4. Gliederung:	Einleitung (A) Hauptteil (B) mit logischer Anordnung der Argumente nach dem Prinzip der Steigerung oder in antithetischer Anordnung Schluß (C)
5. Ausarbeitung:	Text des Aufsatzes anhand der Gliederung
6. Überarbeitung:	Überprüfen der Gedankenfolge Überprüfen des sprachlichen Ausdrucks Überprüfen nach Rechtschreibfehlern Überprüfen nach Grammatikfehlern Überprüfen der Satzzeichen

Die sprachlichen Mittel in der Erörterung

Da die Erörterung erklären, feststellen, überzeugen und beweisen soll, muß ihre Sprache

sachlich, objektiv, klar, deutlich sein.

Sie soll zwar anschaulich (in den Beispielen) sein, aber nicht subjektiv, nicht erzählend, nicht schildernd.

Die sprachliche Darstellung von Argumenten, Beweisen und Beispielen braucht Wörter, die eine Beziehung oder eine Verbindung zwischen den einzelnen Aussagen herstellen:

Wenn wir eine Aussage **begründen** wollen: nämlich, weil, da, denn
Wenn wir eine **Folgerung** ausdrücken wollen: folglich, so daß, deshalb, daher, also, deswegen
Wenn wir **einschränken** wollen: obwohl, wenn auch, trotzdem, zwar . . . aber
Wenn wir den **Zweck** darstellen: um . . . zu, damit, darum, dazu
Wenn wir den **Gegensatz** aufzeigen: dagegen, jedoch, aber, einerseits . . . andererseits
Wenn wie die Aussagen **aneinanderreihen:** und, schließlich, ferner, nicht nur . . . sondern auch.

Eine Erörterung über die Erörterung

Was habe ich zu beachten, wenn ich eine Erörterung schreiben soll?

Gliederung

A) Jede Aufsatzart erfordert die Beachtung bestimmter Regeln.
B) Auch beim Schreiben der Erörterung habe ich gewisse Arbeitsanweisungen zu beachten.
   I. Bei der *Stoffsammlung* muß ich beachten,
      1. daß das Thema von allen Seiten betrachtet wird,
      2. daß jeder aufgeschriebene Gedanke auf die Themafrage antwortet.
   II. Bei der *Gliederung* soll ich beachten,
      1. daß sie alle zum Thema gehörenden Antworten enthält,
      2. daß sie nicht übergeordnete Gesichtspunkte mit untergeordneten vermischt,
      3. daß sie in der Anordnung eine Steigerung enthält.
   III. Beim Schreiben des Aufsatzes muß ich die drei Teile der Erörterung unterscheiden.
      1. Die *Einleitung* soll
         a) schnell zum Thema hinführen,
         b) keinen Gedanken enthalten, der zum Hauptteil gehört.
      2. Der *Hauptteil* soll
         a) alle Punkte der Gliederung enthalten,
         b) diese ausführlich behandeln,
         c) die Behauptungen durch Beispiele belegen,
         d) die einzelnen Abschnitte inhaltlich und formal verbinden.

3. Der *Schluß* soll
a) die Erörterung im Ergebnis zusammenfassen,
b) mit einem Schlußgedanken das Thema abrunden.

IV. Bei der *äußeren Form* der Erörterung soll ich
1. die drei Teile äußerlich trennen,
2. den Aufsatz in Absätze gliedern,
3. die Gliederung auf ein eigenes Blatt schreiben und beilegen.

C) Die Beachtung dieser Arbeitsanweisung ist eine Voraussetzung für das Gelingen einer Erörterung.

Was habe ich zu beachten, wenn ich eine Erörterung schreiben soll?

Ausführung

Je nach der Absicht des Schreibers unterscheiden wir verschiedene A)
Aufsatzarten, die ihre Forderungen an den Schreiber stellen. Bei einer Erzählung muß ich andere Regeln beachten als bei einem Bericht. Was muß ich beim Schreiben einer Erörterung beachten?
Bevor ich mit dem Schreiben beginne, lege ich eine sog. B) I 1.2
Stoffsammlung an, d. h. ich schreibe alle Gedanken, die mir zum Thema einfallen, auf ein großes Blatt, am besten untereinander in Stichpunkten wegen der Übersicht. Dabei ist zu beachten, daß das Thema nicht einseitig, sondern von möglichst vielen Seiten betrachtet wird. Man darf also nicht nur den eigenen Standpunkt vertreten. Wichtig jedoch ist, daß sich nicht Gedanken einschleichen, die auf die Themafrage gar nicht antworten, die nicht zum Thema gehören.
Dann ordne ich die einzelnen Stichpunkte, indem ich die II. 1.2.3
zusammengehörenden Gedanken herausschreibe und ihnen einen übergeordneten Begriff suche. Z. B. schreibe ich über die Einzelpunkte „Eisenbahn, Auto, Schiff, Flugzeug“ als Überschrift „Verkehrsmittel“. Dabei muß ich aufpassen, daß keiner der übergeordneten Begriffe schon in einem anderen enthalten ist. Ich überprüfe, ob alle Einzelgedanken in den Gruppen untergebracht sind. Dann ordne ich die Oberbegriffe nach ihrer Wichtigkeit und lege die Reihenfolge der Abschnitte so an, daß ich eine Steigerung im Gewicht der Antworten erziele. So erhalte ich die Reihenfolge der Hauptabschnitte.

Wenn meine Gliederung alle diese Bedingungen erfüllt, beginne ich III.
mit der Niederschrift des eigentlichen Aufsatzes. Er besteht aus drei
Teilen: aus Einleitung, Hauptteil und Schluß. Jeder der Teile hat
eine besondere Aufgabe zu erfüllen.
In der Einleitung soll der Leser zum Thema hingeführt werden. Ich III. 1.
beginne mit einem passenden Einleitungsgedanken, schreibe dann
einen Überleitungssatz und bringe am Ende der Einleitung das
Thema. Dabei darf ich nicht zu weit ausholen, sonst wird die
Einleitung zu lang. Selbstverständlich darf ich in der Einleitung
keinen Gedanken bringen, der als Antwort auf die Themafrage in
den Hauptteil gehört.

Wenn die Gliederung sorgfältig aufgebaut ist, kann ich den III. 2.
Hauptteil Punkt für Punkt der Gliederung ausführen. Dabei achte
ich darauf, daß ich keinen Gliederungspunkt übersehe. Jeder Punkt
der Gliederung wird ausführlich behandelt, Behauptungen werden
durch Beispiele belegt. Ich kann dabei auch Einwände gegen meine
Ansichten berücksichtigen und zu widerlegen versuchen. In der
Ausführung zeigt sich, ob die Reihenfolge der Abschnitte gut ist,
ob sich ein Kapitel inhaltlich an das vorhergehende anschließt. Man
kann diese inhaltliche Entwicklung auch durch entsprechende
Wortwahl unterstützen.

Der Schluß soll das Ergebnis der Erörterung zusammenfassen. Er III. 3.
kann zusätzlich aber auch einen weiterführenden Gedanken
aufwerfen, der den Leser zum Nachdenken anregt. Manche
Schreiber erinnern im Schlußwort an die Konsequenzen, die aus
dem Ergebnis der Erörterung zu ziehen sind.

Die äußere Form darf auch bei der Erörterung nicht vernachlässigt IV. 1.2.3
werden. Leserliche Schrift und Rechtschreibung sollen selbstver-
ständlich sein. Ich denke hier aber besonders daran, daß man
Einleitung, Hauptteil und Schluß äußerlich trennt, indem man
immer mit einer neuen Zeile beginnt, vielleicht auch dabei einrückt.
Ist der Aufsatz länger als drei Seiten, sollte man auch die einzelnen
Abschnitte des Hauptteils in äußerliche Absätze gliedern. Damit
der Leser, in diesem Fall der Lehrer, die Ausführung mit der
Gliederung vergleichen kann und die Übereinstimmung leichter
feststellen kann, sollte man die Gliederung auf einem eigenen Blatt

beilegen. Unbedingt soll der Aufsatz mehrmals genau und langsam durchgelesen werden, bevor man ihn abgibt.

Wenn ich die Gliederung mit dem Bauplan eines Hauses vergleiche und den Aufsatz mit der Bauausführung, wird mir klar, wie wichtig ein guter Bauplan für den Aufsatz ist, aber wie wichtig auch die solide Ausführung ist. Die Beachtung dieser Arbeitsanweisung ist eine Voraussetzung für das Gelingen einer Erörterung. C)

Aufgabe: Wovon hängt mein Erfolg in einer Schulaufgabe ab?

Sachfrage – Wertfrage – Entscheidungsfrage

Beispielthemen:

Sachfrage:	Welche Gründe hat die zunehmende Arbeitslosigkeit in Deutschland?
Wertfrage:	Welche Nachteile sehen Sie für den einzelnen Arbeitslosen und seine Familie?
Entscheidungsfrage:	Von der Regierung und der Opposition werden verschiedene Maßnahmen gegen die Arbeitslosigkeit vorgeschlagen. Welche Maßnahmen würden Sie befürworten?

Noch vor einigen Jahren unterschied man die

Beantwortung einer Sachfrage	als *Erörterung,*
die Beantwortung einer Wertfrage	als *Besinnungsaufsatz,*
und die Auseinandersetzung mit einem Problem	als *Problemaufsatz.*

Heute gilt der Begriff „Erörterung" als übergeordneter Begriff und umfaßt die Behandlung der Sachfragen, Wertfragen und Entscheidungsfragen.

> Die Erörterung ist jede Art von gedanklicher Auseinandersetzung mit einem Problem.

Aufbau einer Erörterung (dialektischer Besinnungsaufsatz)

A. Einleitung	Einleitungsgedanke Überleitungsgedanke Themafrage
B. Hauptteil	
I.	**I. These**
1.	positiv
2.	Begriff
a)	Vorteile
b)	Ursache
3.	Grund
II.	**II. Antithese**
1.	negativ
a)	Gegenbegriff
b)	Nachteile
2.	Schaden
3.	Wirkung Folge
III.	**III. Synthese**
1.	Antwort auf die Frage
2.	
C. Schluß	Zusammenfassung Schlußgedanke (Ausblick)

Die Texterörterung

Begriff: Die **Erörterung** ist das Darlegen, Begründen und Beurteilen von Sachverhalten und Problemen.
Die **Texterörterung** bezieht die Sachverhalte und Probleme aus einem Text.

Zweck: In einer Diskussion werden die Argumente der Teilnehmer dargestellt, begründet, beurteilt. Gegenargumente werden vorgebracht, es wird Stellung bezogen. In der Texterörterung ist der Text Diskussionsteilnehmer. Die Argumente des Verfassers werden dargelegt, untersucht, Gegenargumente werden angeführt, die eigene Meinung wird gegenübergestellt. In der Texterörterung setzt sich der Verfasser mit den Problemen und Meinungen, die in einem Text vertreten werden, auseinander.

Grundlage: Um den vorgegebenen Text richtig zu erfassen und zu verstehen, ist eine genaue Textbeschreibung notwendig.

Sand bremst Eisläufer **Texterörterung**

bk. **Bremen** (Eigener Bericht)

1. Scharen von Bremer Schlittschuhläufern waren erbost, als sie am Wochenende eine Eisfläche beim Schloß mit Sand bestreut fanden. Der Besitzer der Wiesen wollte auf diese Weise verhindern, daß Eisläufer Schaden an seinem Besitz anrichteten. Er hatte nämlich festgestellt, daß die Schlittschuhläufer seine Zäune niedergetrampelt hatten.

2. Der Besitzer von 350 000 Quadratmetern Land im idyllischen Auetal bei Bremen wollte den Spaziergängern den Zutritt verwehren. Er ließ zum Beispiel einige Wanderwege und eine von der Stadt Bremen errichtete Fußgängerbrücke sperren. Es kam sogar zu einem Prozeß, der allerdings zu seinen Ungunsten auslief. Der Freiherr mußte die Wanderwege wieder

öffnen und auch die Brücke freigeben. Die Stadt Bremen verpflichtete sich allerdings, die Haftung zu übernehmen.

3. Das Wasserwirtschaftsamt hatte, wie in den Vorjahren, die im Auetal gelegenen 15 000 Quadratmeter großen Wiesen zu Winteranfang überfluten lassen. Die Behörde wußte allerdings nicht, daß der Besitzer damit nicht einverstanden war. Der Freiherr beantragte daraufhin beim Bremer Verwaltungsgericht eine Einstweilige Verfügung, weil er den Tatbestand der Sachbeschädigung und des Hausfriedensbruches für gegeben ansah. Das Verwaltungsgericht stellte zwar fest, daß das Betreten des Eises eine Rechtsverletzung sei, aber diese müsse hingenommen werden, da es der Polizei nicht zuzumuten sei, die Eisfläche ständig zu kontrollieren. Außerdem befinde sich ein Teil der Eisfläche auf niedersächsischem Gebiet. Immerhin hat sich die Polizei bereit erklärt, gegen mutwillige Zerstörer vorzugehen und das Auetal von Fahrzeugen frei zu halten. Schließlich hatte der Freiherr zur Selbsthilfe gegriffen.

1. Zum Text und Textaufbau:

Der Zeitungsbericht beginnt mit dem Ergebnis der Auseinandersetzung. Wenn wir den Bericht in der zeitlichen Reihenfolge niederschreiben wollen, müssen wir mit dem 3. Abschnitt beginnen und den ersten Abschnitt anschließen. Den 2. Abschnitt können wir vorerst unberücksichtigt lassen, da er über einen früheren Prozeß berichtet. Er bietet eine Hintergrundinformation über den Besitzer der Eisflächen.

2. Zum Inhalt des Textes:

Der Besitzer großer Wiesenflächen klagt, daß sie im Winter überflutet werden, als Eislaufflächen verwendet werden, Zäune niedergerissen werden. Die Rechtsverletzung kann nicht verhindert werden. Er greift deshalb zur Selbsthilfe und streut Sand auf die Eisflächen.

3. Erörterung des Themas „Sand bremst Eisläufer“

In der Auseinandersetzung zwischen Besitzer und Eisläufern versuchen wir, die Argumente des Besitzers für seinen Standpunkt aufzuführen, soweit die Berichterstattung das zuläßt.

Seine Wiesengrundstücke werden zu Beginn des Winters ohne sein Einverständnis überflutet, damit für die Schlittschuhläufer eine Eisfläche entsteht. Die Zäune werden niedergetrampelt. Er klagt wegen Hausfriedensbruchs und Sachbeschädigung. Obwohl das Gericht die Rechtsverletzung anerkennt, kommt der Besitzer doch nicht zu seinem Recht. Die Berichterstattung ist hier unklar. Anscheinend werden auch die Wiesen als Parkflächen benutzt. Die Rechtsposition des Besitzers scheint unbestritten zu sein.

Andererseits ist zu verstehen, daß die Schlittschuhläufer der Stadt erbost darüber sind, daß man ihre Eisfläche ruiniert. Die Interessen der Allgemeinheit können in bestimmten Fällen gegenüber den Individualinteressen Vorrang haben.

Unsere Sympathie gehört den Eisläufern. Gefühlsmäßig möchten wir für das Interesse der Allgemeinheit eintreten. Wir sind auch gegen den Besitzer voreingenommen, denn im 2. Abschnitt des Textes, in der Hintergrundinformation, wird der Besitzer als adeliger Kapitalist, unsozial und rechthaberisch hingestellt. 350 000 Quadratmeter besitzt er und wollte sogar den Spaziergängern den Zutritt verwehren. Der letzte Satz des zweiten Abschnitts deutet aber vielleicht das eigentliche Problem an, die Haftung. In dem Zeitungsbericht wird zu wenig berücksichtigt, daß der auslösende Faktor im Rechtsstreit um die Eisflächen die rechtswidrige Überflutung von Privateigentum durch das Wasserwirtschaftsamt ist. Es müßte ein Kompromiß gefunden werden zwischen dem Recht auf Eigentum und dem Recht der Allgemeinheit. Besitz verpflichtet, aber der Besitzer hat auch ein Recht auf Schutz seines Eigentums.

In dem Text werden vier Positionen vertreten:
die des Besitzers,
die der Eisläufer,
die des Gerichts,
die des Berichterstatters.

Versuchen Sie, die Interessen der Kontrahenten herauszustellen!
Welche Position vertritt das Gericht?

Wie informiert der Berichterstatter über den Prozeß und seinen Hintergrund?
Können Sie aus der Art, wie über den Prozeß und seinen Hintergrund informiert wird, die Meinung oder die Haltung des Berichterstatters entnehmen?
Sind Sie mit der Meinung des Berichterstatters einverstanden?

Denken Sie daran: Zu einer Erörterung über strittige Fragen gehört es, alle Seiten zu hören: audiatur et altera pars.

Realschulabschlußprüfung in Baden-Württemberg **Beispiel**

Texterörterung

„Wenn sich Väter daran gewöhnen, ihre Kinder einfach gewähren und laufen zu lassen wie sie wollen, und sich vor ihren erwachsenen Kindern geradezu fürchten, ein Wort zu reden, oder wenn Söhne schon sein wollen wie die Väter, also ihre Eltern weder scheuen, noch sich um ihre Worte kümmern, sich nichts mehr sagen lassen wollen, um ja recht erwachsen und selbständig zu erscheinen, dann zerfällt die Demokratie.
Und auch die Lehrer zittern bei solchen Verhältnissen vor ihren Schülern und schmeicheln ihnen lieber, statt sie sicher und mit starker Hand auf einen geraden Weg zu führen, so daß die Schüler sich nichts mehr aus solchen Lehrern machen . . .
Sie werden aufsässig und können es schließlich nicht mehr ertragen, wenn man nur ein klein wenig Unterordnung von ihnen verlangt. Am Ende verachten sie dann auch die Gesetze, weil sie niemand und nichts mehr als Herrn über sich anerkennen wollen.
Und das ist der schöne, jugendfrohe Anfang der Tyrannei."

Platon (427–347 v. Chr.)

Anmerkung: Platon war ein Denker und Lehrer in der griechischen Antike.
- Stellen Sie die angesprochenen Erziehungsprobleme dar!
- Haben Platons Gedanken heute noch Gültigkeit?
- Versuchen Sie, auch den letzten Satz in Ihre Überlegungen einzubeziehen!

Der Literarische Aufsatz

ein Sammelbegriff für alle Aufsätze, die sich mit Literatur befassen: Inhaltsangabe, Textbeschreibung, Textanalyse, Literaturbetrachtung, Literarische Charakteristik, Literarischer Problemaufsatz, Texterörterung, Literarische Erörterung.

Wie bei der Problemerörterung muß auch bei der Literarischen Erörterung zuerst der Themabegriff erfaßt werden, den man auch zentralen Begriff nennen kann.

Beispiel: Ist Heinrich Manns „Der Untertan" eine Satire? Hier ist der Literaturbegriff „Satire" **der Themabegriff.** Ich muß also zuerst mich um Klärung und Erfassung dieses Begriffs bemühen. Wenn ich mir über den Begriff „Satire" im klaren bin, kann ich meine Fragen an den Roman „Der Untertan" stellen: Inwiefern treffen die Kennzeichen der „Satire" auf den Roman zu?
In der freien Erörterung müssen die Behauptungen durch Beispiele veranschaulicht werden. In der Literarischen Erörterung treten an die Stelle der Beispiele die **Belege** oder **Belegstellen** aus dem Text.
Belege können wir anführen:

1. als eigene Zusammenfassung mehrerer Stellen, etwa wie in der Inhaltsangabe,

2. als freie Umschreibung oder Übertragung einer Textstelle, die verdeutlichen soll (Paraphrase),

3. als Zitat, das als Beleg genau passen muß,
   als Zitat kenntlich gemacht werden muß,
   im genauen Wortlaut angeführt werden muß,
   wieder auffindbar sein muß (Fundstelle angeben).

In der Literarischen Erörterung muß ich
a) den Bezug zum Thema herstellen,
b) das Thema erläutern und begründen bei der Ausführung,
c) meine Behauptungen durch Belege beweisen und veranschaulichen.

Die Literarische Erörterung in den Lehrplänen

10. Jahrgangsstufe

Bei der **Literarischen Erörterung** werden Sachverhalte und Probleme textbezogen behandelt; persönlichen Urteilen und Stellungnahmen kommt je nach Thema ein unterschwelliges Gewicht zu.

Arbeitstechniken bei Literarischen Erörterungen und Charakteristiken:
- Suchen und Auswerten geeigneter Kernstellen
- Funktionsgerechtes und korrektes Zitieren und Belegen
- Stilistische Besonderheiten beim Einbauen von Zitaten und indirekt wiedergegebenen Textstellen in den darstellenden Text.

11. Jahrgangsstufe (Gym.)

Fähigkeit, eine Erörterung anhand literarischer Werke zu verfassen

Bei der Literarischen Erörterung werden Sachverhalte und Probleme (insbesondere auch der Lektüre) textbezogen behandelt; persönlichen Urteilen und Stellungnahmen kommt je nach Thema ein unterschiedliches Gewicht zu

Grundsätzliche Arbeitsschritte

Zusätzlich:
- Aufsuchen relevanter Textstellen
- Exzerpieren der Belege
- funktionsgerechtes und korrektes Zitieren
- stilistische Besonderheiten beim Einbauen von Zitaten und indirekt wiedergegebenen Textstellen in den darstellenden Text

Peter Baymann

Thema: Sollen Zeugnisse abgeschafft werden?

Um diese Entscheidungsfrage beantworten zu können, müssen wir den Themabegriff erfassen und die Sachfrage „Was spricht für Zeugnisse, was gegen Zeugnisse?“ beantworten.

Für Zeugnisse:	**Gegen** Zeugnisse:
Leistungsnachweise	Fehlurteile
Beurteilungen	Unzutreffende Bewertungen
Möglichkeit der Einstufung	Vorurteile werden festgelegt
Berufliche Chancen	keine Beachtung
Urkunde, Dokument	im späteren Leben wertlos
persönliche Förderung	Benachteiligung
Vergleichsmöglichkeiten	Bedingungen ungleich
Chancengleichheit	Willkür
Auswahlmöglichkeit für Bewerber	Vorurteil bei der Auswahl

In einer Erörterung dieser Themen sollen Sie nach folgender Gliederung vorgehen:

A) In einer Zeit, in der die Leistungsverweigerung propagiert wird, werden oft auch Prüfungen (Zeugnisse) abgelehnt.

B) I. Gründe, die für Prüfungen sprechen
II. Gründe, die gegen Prüfungen sprechen
III. Meine Entscheidung

C) In unserer schwierigen Lage wird wieder mehr Leistung gefordert.

Thema: Sollen Prüfungen (Schulaufgaben) abgeschafft werden?

Ich bin **für** Prüfungen, weil sie ein Ansporn sind, eine Beurteilungsgrundlage, ein Test, ein Leistungsnachweis, eine Leistungskontrolle, ein Wettbewerb, eine Erprobung, eine Voraussetzung für beruflichen Anfang, eine Bewährungsprobe.	Ich bin **gegen** Prüfungen, weil sie lähmend wirken, weil sie unzulänglich sind, weil sie subjektiv sind, weil sie dem Leistungsdruck dienen, weil sie die wahre Leistungsfähig- keit nicht erfassen, weil sie unwiderruflich sind, weil sie keine Garantie für berufliche Arbeit geben, weil sie Psychosen fördern.

Thema: Sind Noten in der Schule ein geeignetes Mittel, um schulische Leistungen zu fördern?

Stoffsammlung

Ja	Nein
1. Noten: einziges Druckmittel	1. Man kann nur angstfrei lernen.
2. Hausaufgaben würden nicht mehr gemacht.	2. Besseres Zusammenarbeiten in der Klasse ohne Notendruck
3. Noten sind objektiver Spiegel der Leistung.	3. Man lernt aus Fehlern, nicht aus Noten.
4. Wie sollen sonst Studienplätze verteilt werden?	4. Man lernt nur noch für Schulaufgaben usw.
5. Noten erlauben Vergleich mit anderen.	5. Freiwilliges Lernen motiviert mehr.
6. Gute Noten spornen zum Lernen an, schlechte üben den nötigen Druck aus.	6. Lernen nach Begabung
7. Entscheidungshilfe bei Berufswahl	7. Noten verhindern wirkliches Lernen, da nur fürs Kurzzeitgedächtnis gelernt wird.
	8. Noten verhindern Förderung

8. Schulsystem ohne Noten nicht denkbar
9. Schüler haben keinen Gewinn, wenn es ihnen zu leicht gemacht wird.
10. Ohne Noten (Abiturnoten) hätten wir bald eine Akademikerinflation.
11. Durch Noten besteht Zwang, sich mit bestimmten Gebieten zu befassen, wodurch Interessen geweckt werden, die somit nie angesprochen worden wären.
12. Noten sind objektivierbar und verhindern Willkür.
13. Gute Noten fördern das Selbstbewußtsein.

des Schülers, solange Lehrer selektieren müssen.

9. Man lernt immer prüfungsbezogen, nicht interessenbezogen.
10. Lernen soll Spaß machen.
11. Noten verstärken Vorurteile des Lehrers gegenüber Schüler.
12. Interesse und Zwang sind ein Widerspruch in sich selbst.
13. Noten fallen bei verschiedenen Lehrern oft sehr unterschiedlich aus, besonders im Fach Deutsch.
14. Unnötiges Konkurrenzverhalten in der Klasse wird abgebaut.

Sollte die Schule auf die Noten verzichten?

Die öffentliche Diskussion um Schulstreß und Überforderung der Schüler hält an. Besonders die Notengebung erregt die Gemüter. Dies führte dazu, daß in der ersten Grundschulklasse Zensuren abgeschafft wurden und die Schüler in der Regel in die zweite Jahrgangsstufe vorrücken dürfen. Doch in der Mittelstufe der Gymnasien und an der Realschule fürchten sich weiterhin Schüler vor schlechten Noten, was oft zur Verzweiflung, ja sogar zu Selbstmord führt. In der Oberstufe wurde durch den Numerus clausus der Hochschulen der Notendruck verstärkt. So sind die Zensuren stark umstritten, und es stellt sich die Frage: Sollte die Schule auf Noten verzichten?
Es spricht gegen die „Leistungsschule“, daß bei Prüfungen, z. B. bei Schulaufgaben, keine Rücksicht auf den seelischen Zustand des einzelnen Schülers genommen wird. Steht dieser nämlich unter innerem Druck, weil seine Familienverhältnisse zeitweise gestört sind oder ein Familienmitglied gestorben ist, wird er kaum die Leistungen erbringen wie unter normalen Umständen.

Meist wird er wie jeder andere behandelt, der, hat er seinen Lernstoff gepaukt, eine gute, wenn nicht, eine schlechte Note bekommt.

Um nun ein möglichst brauchbares Ergebnis zu erringen, gibt es verschiedene Möglichkeiten: Der Schüler „spickt", er lernt gerade genug, oder er lernt alles perfekt. Dabei werden das Strebertum und der Egoismus sehr gefördert, was bedeutet, daß der einzelne danach strebt, die gute Leistung komme nur ihm zu. Darunter leidet die Kameradschaft zwischen den Jugendlichen. Manche Prüflinge lassen bei Leistungsmessungen den Nachbarn nicht „abschauen", oder sie nehmen anderen durch eine rasche Beantwortung einer Frage die Möglichkeit, sich auch zu bewähren. Durch den Wettbewerb kann also das Strebertum gefördert werden, dem Egoisten verbaut man die Fähigkeit, soziale Bindungen oder gar Freundschaften einzugehen.

Ein wichtiges Argument gegen die schulische Leistungsmessung ist auch die Denkweise des Schülers, nur für Noten und nicht für sein späteres Leben lernen zu müssen. Daß viele nach einer derartigen Meinung handeln, ist leicht verständlich, wenn man bedenkt, daß während der Schulzeit immer nur die augenblicklichen Leistungen zählen, die nach einem Schuljahr oder einem Zeugnis wieder vergessen sind. Die meisten Schüler verstehen nicht, weshalb sie so viele „unnütze" Dinge lernen. Dabei sind doch auch in der Schule menschliche Qualitäten wichtig, die nicht durch Noten erfaßt werden können, für die Bewältigung des Lebens aber entscheidend sind. Oft fühlen sich Schüler auch ungerecht benotet, und es ist doch keine Frage, daß auch Lehrer sich irren oder subjektiv falsch entscheiden. In vielen Fällen können dies Schüler und ihre Eltern nicht feststellen. Bei der Bewältigung ihres Pensums sehen sich die Jugendlichen einem meist für sie zu großen Leistungs- und Notendruck ausgesetzt. Schwächere Schüler werden hierbei zu wenig unterstützt. Man kann leicht zu der Ansicht kommen, nur der von Anfang an Tüchtige sei wertvoll, die Schule lese nur aus und helfe nicht. Der Schüler sieht sich einem Erfolgszwang gegenüber, falls er nicht ausgesondert werden will.

Schlechte Noten führen häufig zu einer Deprimierung des Jugendlichen, was in vielen Fällen zur Folge hat, daß er „die Flinte ins Korn wirft", weitere Anstrengungen und vor allem sich selbst aufgibt. Weiß mancher dann weder ein noch aus, kommt es im Extremfall zum Schülerselbstmord, den sich das Wettbewerbsprinzip unserer „Leistungsschule" ja wohl nicht zum Ziel gesetzt hat!

Schwerwiegende Gründe scheinen also gegen die Notengebung zu sprechen. Kann aber die Schule überhaupt darauf verzichten?

Ein Argument, das für die Leistungsmessung in der Schule ins Feld geführt werden kann, ist der Umstand, daß Vorgesetzte die Tätigkeit des Pädagogen anhand der von den Schülern erbrachten Leistungen kontrollieren können. Hat nämlich der Lehrer seinen Zöglingen das Fachwissen nur teilweise oder sehr lückenhaft beigebracht, so können diese dann insgesamt den an sie gestellten Forderungen nicht genügen.

Wird keine Leistung mehr gemessen, werden die Schüler faul. Außerdem weckt ja der Wettbewerbscharakter der schulischen Prüfungen, ähnlich wie beim Sport, den Ehrgeiz des einzelnen und stellt damit einen wichtigen Grund für die Motivation des Jugendlichen dar. Bei den Heranwachsenden tragen die Erkenntnis, daß sich ihre Leistungsfähigkeit steigert, aber auch die Einsicht der eigenen Grenzen dazu bei, selbstbewußt zu werden, ein inneres Gleichgewicht und Selbstbestätigung zu finden. Die Grenzen der Leistungsfähigkeit können sie aber nur durch ständige Leistungsvergleiche erkennen.

Das wichtigste Argument für die Notwendigkeit von Prüfungen stellt die Absicht der Schule dar, die jungen Leute auf unser leistungsorientiertes Leben vorzubereiten. In allen Bereichen des beruflichen Lebens wird Leistung verlangt, und sie garantiert unseren hohen Lebensstandard. In der Marktwirtschaft sind Wettbewerb und Konkurrenzkampf noch viel schärfer, als dies in der Schule der Fall ist. Es besteht allerdings ein kleiner Unterschied: In der Schule kann man „nur“ schlechte Noten bekommen (und muß vielleicht das Jahr wiederholen). Dagegen bedeuten im Berufsleben mangelhafte Leistungen oft das völlige Abgleiten in das soziale Nichts.

Meiner Meinung nach kann deshalb die Schule nicht auf Leistung und ihre Beurteilung verzichten. Wenn sich die Lehrer bemühen, alle Schüler zu fördern, ihnen den Sinn von Leistung klarmachen und häufig über die Bedeutung der Noten nachdenken, dann wird die Angst vor Noten sicher geringer.

Markus Bach (10. Klasse)

Bemerkung: Diese Erörterung ist sicher gelungen, was Argumentationsweise, Wortwahl und Aufbau anlangt.
Vorschlag: Erstellen Sie dazu die Gliederung! (Fehlen Gesichtspunkte? Wo hätte man die Feststellungen durch Beispiele veranschaulichen können?)

Auch SPD-Länder kritisieren die Berichtszeugnisse für Schüler der ersten vier Klassen in Schleswig-Holstein

„Ohne Schulnoten geht es nicht“

Von Hans-Joachim Nöh

Hamburg

Die Entscheidung der vom SPD-Vorsitzenden Björn Engholm geführten schleswig-holsteinischen Landesregierung, Zeugnisnoten in den Grundschulen abzuschaffen, stößt in den meisten anderen Bundesländern – darunter auch SPD-geführten – auf Kritik und Ablehnung.

Die deutlichste Absage an den Kieler Beschluß erteilt Nordrhein-Westfalen, das vom stellvertretenden SPD-Vorsitzenden Johannes Rau regiert wird. Es sei pädagogisch völlig falsch, wenn Kinder erst auf einer höheren Schule mit dem Zensurensystem konfrontiert würden, betont das Düsseldorfer Kultusministerium.

Schleswig-Holsteins Schulministerin Marianne Tidick (SPD) hatte Anfang dieser Woche, am ersten Tag des neuen Schuljahres, verkündet, ab sofort seien Schüler der Klassen eins bis vier nicht mehr mit Noten, sondern nur noch mit Berichtszeugnissen zu bewerten. Damit entspreche man einer Forderung von Lehrern und Eltern.

Während der ersten zwei Schuljahre verzichten die alten Bundesländer schon seit Jahren auf Zensuren. Ab der dritten Klasse aber werden grundsätzlich Noten verteilt. „Daran müssen wir unbedingt festhalten“, fordert Joachim Neuser, Sprecher des NRW-Kultusministeriums. Denn, so Neuser, die Schule solle junge Menschen lebensfähig in einer leistungsorientierten Gesellschaft machen: „Und dazu gehört auch die Erfahrung, daß es Niederlagen gibt.“

Ähnlich begründen auch Baden-Württemberg (CDU-regiert), Bayern (CSU-regiert), Rheinland-Pfalz und Hessen (beide SPD-regiert) ihre Kritik am schleswig-holsteinischen Vorstoß. „Wir kommen in dieser Gesellschaft um eine frühe Leistungsorientierung gar nicht herum“, sagt Wolfgang Kraft vom Kultusministerium in Stuttgart, „zudem wollen auch Eltern eine klare und eindeutige Beurteilung ihrer Kinder. Ohne Noten geht das nicht.“

Bayern und Hessen halten am Zensurensystem in den Jahrgängen drei und vier deshalb fest, „weil die Schüler sich daran gewöhnen müssen, bevor sie zur weiterführenden Schule wechseln“, wie es den Kultusministerien beider Länder heißt. In Hessen allerdings dürfen in der Klasse drei die Eltern mitreden. Fordern sie mehrheitlich ein Berichtszeugnis, wird auf Noten verzichtet.

Gleiches gilt in Berlin (Große Koalition), im sozialdemokratisch regierten Stadtstaat Hamburg und im Saarland des stellvertretenden SPD-Vorsitzenden Lafontaine auch für die Klasse vier. Doch das Interesse der Eltern, die Art der Bewertung schulischer Leistungen mitzubestimmen, war bislang gering. In Berlin beispielsweise nutzten die Eltern von nur 28 der insgesamt 228 Grundschulen diese Chance. In Hamburg waren es zuletzt 18 Prozent der Eltern von Viertkläßlern.

Umfangreiche Änderungen plant auch das

seit 1989 SPD-regierte Niedersachsen. Zunächst soll dort, so das Kultusministerium, die Grundschule wie in Schleswig-Holstein von Zensuren befreit werden. Und dann sei es möglich, kündigt Ministeriums-Sprecher Heinz-Gunter Morell an, daß man Schulzensuren überhaupt abschaffe, mit Ausnahme der Abschlußklassen. „Arbeitnehmer bekommen ja auch eine Beurteilung ohne Noten", argumentiert Morell.
Derartige Vorstellungen stoßen in den neuen Bundesländern auf völliges Unverständnis. „Bei uns lechzen Schüler und Eltern förmlich nach Zensuren, weil sie heute – im Gegensatz zur Zeit des SED-Regimes – den wirklichen Leistungsstand wiedergeben", sagt Peter Grotz vom sächsischen CDU-Kultusministerium in Dresden. Zu DDR-Zeiten wurden Schüler häufig zu hoch bewertet, weil die parteiabhängigen Lehrer ihrerseits anhand des Notendurchschnittes ihrer Klassen beurteilt wurden.
Grotz hält es überdies für geboten, Schüler frühzeitig an einen „maßvollen Leistungsdruck" zu gewöhnen. Es sei unzumutbar, damit erst – wie nun in Schleswig-Holstein – in der weiterführenden Schule zu beginnen. „Dort müssen die 10jährigen ohnehin viel Neues verkraften: eine neue Umgebung, neue Mitschüler, die Auflösung der Klassenverbände", sagt Grotz, „wenn sie dann auch noch mit dem Zensurensystem konfrontiert werden, ist die Belastung zu groß."

Die Not mit der Note

Zur Problematik der Zensurengebung

An fast 90 Prozent der bayerischen Gymnasien liegt der Mittelwert der Abiturnoten nur knapp oberhalb oder unterhalb des Landesdurchschnitts; lediglich 35 der insgesamt 326 Gymnasien mit Abitur weisen „erhebliche" Abweichungen auf. Mit dieser Mitteilung konnte das Kultusministerium kürzlich dem Eindruck entgegentreten, die Streubreite der Notengebung sei insgesamt besorgniserregend groß.
Die Ursachen für die größere Abweichung vom Durchschnitt bei einer Minderheit von Schulen werden zu erforschen sein. Die Tatsache, daß Kollegstufen durchweg bessere Werte erreichen als Gymnasien mit herkömmlicher Oberstufe, könnte dafür sprechen, daß die entscheidenden Variablen in der Unterrichtsgestaltung selber liegen. Wäre dies so, so würde eine Anpassung an die Norm durch schärfere oder mildere Notengebung das eigentliche Problem nur verschleiern. Im Grunde aber ist gar nicht das Ausscheren aus der Normenerwartung bei zehn Prozent der Schulen, sondern die geringe Streubreite bei den übrigen 90 Prozent das erklärungsbedürftige Phänomen. Die Hunderte von Untersuchungen über die Zensurengebung, die sich in Jahrzehnten angesammelt haben, kommen unisono zu dem Ergebnis: Um Aussagewert und Verläßlichkeit der Schulnoten ist es schlecht bestellt. Aber selbst wenn es besser um sie bestellt

wäre, bliebe die Durchschnittsnote – auf Schul- wie auf Landesebene – eine statistische Fiktion, weil so wenig wie das Beurteilungsverfahren die Lernbedingungen sich absolut homogenisieren lassen. Fast müßten wir also dankbar dafür sein, daß wenigstens noch 35 Schulen uns davor bewahren, die Fragwürdigkeit der gegenwärtigen Auslese nach arithmetisch manipulierten Ziffernnoten zu vergessen und im blinden Glauben an die Perfektionierbarkeit des Systems die Augen vor seinen schwerwiegenden Konsequenzen zu verschließen. Daß das gegliederte Schulwesen einer Gleichmacherei anheimfallen könnte, deren Gefahr einst als Argument gegen die Gesamtschule galt, ist nur eine dieser Konsequenzen: Alle Bemühungen, durch Normenbücher und ähnliches eine größere Vergleichbarkeit der Prüfungsbedingungen herbeizuführen, haben eine fatale Ähnlichkeit mit der Methode des Prokrustes.

Gewiß stehen den zahllosen Untersuchungen, die die mangelnde Objektivität der Ziffernnote belegen, andere gegenüber, die der schulischen Zensur trotz ihrer Unzulänglichkeit noch immer einen höheren Prognosewert für den künftigen Studien- und Berufserfolg zusprechen als andere Meßverfahren. Alle Experten sind sich jedoch darüber einig, daß der Prognosewert der Zensur nur für eine sehr grobe Auslese ausreicht und keinesfalls die Genauigkeitsforderung der Numerus-clausus-Prozedur erfüllt. Man kann mit ziemlich hoher Wahrscheinlichkeit voraussagen, daß sich ein Abiturient mit der Note 1 in Studium und Beruf besser bewähren wird als ein anderer mit der Note 3; stehen dagegen Abiturienten mit den Noten 1,8 und 2,3 zum Vergleich, so schrumpft die Wahrscheinlichkeit einer richtigen Prognose auf den Zufallswert der Losentscheidung. Das Los aber hätte dann immer noch den Vorzug der Ehrlichkeit; verbürgt es keine Gerechtigkeit, so spiegelt es sie doch auch nicht vor. Für die meisten Menschen ist es wohl erträglicher, kein Glück gehabt als „versagt" zu haben. Insofern kann das Wissen, daß Zensurengebung niemals wirklich gerecht sein kann, für den Betroffenen sogar ein Trost sein. Ein schwacher freilich, solange die Zensur nicht nur seine Zukunft entscheidet, sondern auch seine Gegenwart bedrückt. Die Fragwürdigkeit der Zensur liegt nicht nur darin, daß sie als Auslesekriterium nicht so objektiv ist, wie wir gerne glauben möchten oder es doch gerne hätten; vom Test unterscheidet sie sich darin übrigens allenfalls graduell, nicht aber prinzipiell. Weit schlimmer sind die Schäden, die die Note, sobald sie überwertig wird, im Alltag der Schule anrichtet: in der Seele des Schülers, in der Einstellung des Lehrers, in der Beziehung der Schüler untereinander, zum Lehrer, zum Lernstoff und zum Lernen überhaupt. Und überwertig ist die Note nicht erst seit vorgestern; der Numerus clausus aber hat diese Überwertigkeit zum Aberwitz gemacht.

Angst und falsche Motivation

Man muß da gar nicht an die spektakulären Extremfälle denken. Mit Schülerselbstmorden zu argumentieren, deren Ursachen stets komplex sind, hat wenig Sinn. Sehr viel häufiger, oft unauffällig, aber durchaus folgenschwer ist eine permanente Angst, die lähmt, in Mutlosigkeit und Resignation treibt. Sie gehört gewiß nicht zu dem, was Schule erreichen soll und will; tritt sie dennoch auf, dazu als Massenerscheinung, so müssen wir uns fragen, was mit unserer Schule nicht stimmt. Nicht minder schwerwiegend sind die Schäden, die dadurch entstehen, daß Schülern indirekt nahegelegt wird, im Mitschüler den Konkurrenten zu sehen, dessen Erfolge die eigenen Fortkommenschancen schmälern: Rücksichtslos egoistisches Erfolgsstreben wird gefördert, soziale Tugenden wie Hilfsbereitschaft und Kooperationsfähigkeit verkümmern. Auch dies ist gewiß eine ungewollte, aber unbestreitbar reale Folge eines hypertrophierenden Zensurenwesens.

Das alles ist inzwischen allgemein bekannt. Anderes ist weniger offenkundig. Betrachten wir zunächst das Verhältnis zwischen Schüler und Lehrer. Der Lehrer, der Helfer und Förderer des Schülers sein soll, es sein möchte und vom Schüler auch so gesehen sein will, wird durch den Zwang zur Notengebung immer wieder in die Funktion eines Richters gedrängt, vor dessen Urteilen man zittern muß; die schlechte Note, die er einem schwächeren Schüler erteilt, bedeutet nicht, daß diesem Schüler auf eine spezifische Weise geholfen werden müßte, und löst solche Hilfe nicht aus, sondern besagt nur, daß der Schüler „gefährdet" ist, versagt hat. Dieser Rollenzwiespalt untergräbt das Vertrauen, die Grundlage allen pädagogischen Handelns, und bleibt auch auf das Selbstverständnis des Lehrers nicht ohne Rückwirkung; viele Lehrer leiden heute an ihm, und vermutlich ebenso viele verdrängen ihn, um nicht an ihm zu zerbrechen.

Dem kann die anspornende Funktion der Note entgegengehalten werden. Falls die Note diese anspornende Wirkung hat – was sicher dann nicht zutrifft, wenn die negative Verstärkung der schlechten Note überwiegt –, so doch mit einem unerwünschten Nebeneffekt: sie verlagert die Motivation vom Lernangebot auf die Note, also auf äußere Erfolgskriterien; gelernt wird nicht aus Interesse am Lernstoff, sondern in der Hoffnung auf Belohnung oder aus Angst vor Strafe. Daß solche „extrinsische" Motivation, wie die Fachleute sagen, die „intrinsische" Motivation (Interesse, Wissenshunger) nicht stimuliert, wie oft angenommen wird, sondern beeinträchtigt, ist inzwischen durch Untersuchungen belegt worden. Die Orientierung an der Note untergräbt auch bei guten Schülern das Sachinteresse, die Funktionslust des Erkennens, das „Lernen des Lernens". Vielleicht ist es illusionär, Unterricht allein auf spontane Lernlust gründen zu wollen. Das darf aber kein Grund dafür sein, die Lust am Lernen und echtes Interesse am Gegenstand gar nicht erst aufkommen zu lassen.

Dies ist bei weitem kein vollständiger Katalog, sondern nur ein sehr knapp geraffter Hinweis auf Probleme, die die Ziffernnote sowohl verursacht als verdeckt. Denn das ist wohl die sublimste Nebenwirkung der Note, daß sie eine Fülle von Unzulänglichkeiten hinter einem Schein von Effizienz verbirgt: einige Schüler erlangen gute Noten und bestätigen damit, daß der Unterricht etwas taugt, andere erlangen schlechte und bestätigen damit, daß Auslese nötig ist und funktioniert. Dabei bleibt einiges im dunkeln. Haben die einen wegen oder trotz des Unterrichts Lernfortschritte gemacht, die anderen trotz oder wegen des Unterrichts versagt? Wird das Lernangebot methodisch und inhaltlich der Individualität aller Schüler gerecht? (Eine Frage, die kaum gestellt werden kann, solange die Note zum Ausdruck bringt, daß der Schüler dem Unterricht gerecht zu werden hat.) Was wird mit der Note überhaupt erfaßt, und ist das in Ziffern Ausdrückbare das für die Entwicklung des Schülers, folglich für die Funktionsbestimmung von Schule Wesentliche? Was wird dabei an den Rand gedrückt?

Mit Hammer und Meißel

Wir benützen mit der Ziffernnote ein ziemlich grobschlächtiges Instrument für ein ganzes Bündel diffiziler und höchst verschiedenartiger diagnostischer Aufgaben und gehen dabei vor wie ein Uhrmacher, der zu Hammer und Meißel greift. Die Note soll vielerlei: sie soll dem Schüler Hinweise geben, wo er Fortschritte gemacht hat und wo er noch Schwierigkeiten hat; sie soll seine Eltern informieren; sie soll oder sollte doch auch dem Lehrer Aufschluß geben, wie gut er seine Schüler fördern konnte und um welche von ihnen er sich noch besonders kümmern muß. Schließlich soll sie sich irgendwann in Abschlußzertifikaten summieren, die soziale Berechtigungen verleihen.

Das alles ist kaum unter einen Hut zu bringen. Sollen individuelle Lernfortschritte und -rückstände ermittelt werden, kann der einzelne Schüler nur an seinen eigenen Voraussetzungen gemessen werden; für die Selektion im Hinblick auf soziale Berechtigungen aber muß er mit anderen verglichen werden. Und zu einer realistischen Einschätzung des Unterrichtserfolgs oder auch der Unterrichtsdefizite durch den Lehrer kann es kaum kommen, solange die Note die Verantwortung allein dem Schüler aufbürdet. Übrig bleibt dann in der Regel allein die Auslesefunktion. Und wenn dann noch die Verknappung von Studien-, Ausbildungs- und Arbeitsplätzen den Wettbewerbsdruck verschärft, wird es fürchterlich.

Warum war bisher noch nicht von Leistung die Rede? Weil Leistung mit der Ziffernnote herzlich wenig zu tun hat. Weder fördert die Note die Leistung (wenn wir Leistung nicht mit Anpassung verwechseln), noch muß der Verzicht auf sie der Trägheit Vorschub leisten. Ein lehrreiches Anschauungsbeispiel dafür liefern die Waldorfschulen, die die Ziffernnote durch differenziertere Formen der Information und Lernkontrolle ersetzt haben und kein Sitzenbleiben kennen. Gewiß ist die Schülerschaft der Waldorfschulen soziologisch nicht repräsentativ (nur ein Viertel bis ein Drittel der Schüler kommen aus Unterschicht und unterer Mittelschicht); daß aber seit Jahren regelmäßig etwa 30 Prozent eines Schülerjahrgangs dieser integrierten Gesamtschulen das (extern, also unter erschwerten Bedingungen abgelegte) Abitur erreichen, spricht doch dafür, daß auch ohne den Druck der Noten beachtliche Lernleistungen erbracht werden können. Waldorflehrer betonen, daß der Verzicht auf Noten von ihnen ein ungleich höheres Maß an Aufmerksamkeit für und Eingehen auf die Schülerindividualität fordert: er setzt also genuin pädagogische Funktionen frei. Die

Arbeit des Lehrers wird damit anspruchsvoller, aber auch befriedigender. Vereinfacht könnte man sagen: Verzicht auf Ziffernnoten stimuliert die Lehrerleistung, ohne die Schülerleistung zu beeinträchtigen.

Die Fragwürdigkeit der Notengebung zu erweisen, ist leichter, als Alternativen zu finden. Die Forderung nach einem Abbau der Zensuren scheint gerade heute absurd, und doch waren die schädlichen Nebenwirkungen der Note noch nie so deutlich. Nicht das Sortieren ist Sinn und Aufgabe der Schule. Sie stöhnt unter dem Druck, den die Gesellschaft auf sie ausübe, aber muß sie diesem Druck ganz widerstandslos erliegen? Schule kann innerhalb einer krisenhaften Welt keine Insel der Seligen sein. Sie hat keinen Einfluß auf den Arbeitsmarkt; sie kann nichts dagegen ausrichten, daß noch für zehn geburtenstarke Jahrgänge die Studien- und Beschäftigungschancen knapp bleiben. Aber muß sie, zugespitzt gesagt, mithelfen, eine Generation mit düsteren Zukunftsaussichten auch noch um eine lebenswerte Gegenwart zu bringen? Die Noten tragen dazu viel bei – durch ihre Nebenwirkungen und durch das, was sie verhindern.

Sind Freiräume möglich?

Der Numerus clausus läßt wenig Möglichkeiten. Eben darum ist der Widerstand Bayerns gegen seine Ausweitung auf immer mehr Fächer so wichtig, wäre jede Anstrengung zu seiner Aufhebung durch (befristete und für diese befristete Zeit auch mit Nachteilen erkaufte) Notmaßnahmen zu begrüßen. Aber auch in Numerus-clausus-Zeiten kann die Frage gestellt werden, ob die Note das gesamte Schulleben beherrschen muß. Ist sie schon in den ersten Grundschuljahren, ist sie in allen Lernbereichen notwendig?

Kanada hat die Ziffernnote in der Grundschule weitgehend abgeschafft, ebenso Norwegen; selbst in Frankreich, einem Land mit traditionell besonders stark wettbewerbsorientiertem Schulwesen, haben analoge Entwicklungen begonnen. Und in Baden-Württemberg soll es vom kommenden Schuljahr an wenigstens für die beiden ersten Grundschulklassen keine Zeugnisnoten mehr geben, sondern eine allgemeine Beurteilung der schulischen Entwicklung und des Verhaltens. Nach einem dpa-Bericht spricht das Stuttgarter Kultusministerium dieser Änderung, die auf eine Anregung der Kommission „Anwalt des Kindes“ zurückgeht, einen hohen Wert für die Verbesserung der Lernsituation in der Grundschule zu.

Hier läge ein Ansatzpunkt; ein zweiter in den im weitesten Sinne musischen Fächern, die zum Freiraum werden könnten für einen interessengelenkten, spielerischen und schöpferischen Umgang mit Erfahrungsbereichen. Vielleicht könnte die in Ziffern ausdrückbare Beurteilung nach und nach eingeschränkt werden auf Qualifikationen, die unmittelbar studien- und berufsrelevant sind, und auch hier, ergänzt durch gezielte Hilfen, erst zu einem Zeitpunkt einsetzen, zu dem sich bereits ein genuines Interesse an der Sache und eine echte Lernmotivation hat bilden können.

Dies sind Fragen; sie zu stellen, ist leichter als sie zu beantworten. Worum geht es? Gewiß nicht darum, daß Schule bequemer wird. Es geht darum, ihre Funktion wieder erkennbar zu machen. Sie darf sich nicht darin erschöpfen, einem total verwalteten Apparat der Berechtigungsverteilung Handlangerdienste zu leisten.

Hans Krieger

Vorschlag: Setzen Sie sich mit diesem Text auseinander. Welchen Behauptungen stimmen Sie zu, welchen wollen Sie widersprechen? Was wollen sie ergänzen? (Gliederung einer Texterörterung)

„Umstellung" heißt das wichtigste Schulfach

Nach den Ferien ändert sich viel in den neuen Ländern

H. R. Karutz / E. Vogt, **Berlin**

Wenn Benjamin Tischer aus der Leipziger Nordstadt am Samstag mittag beim Einschulungs-Gottesdienst in St. Petri seine Zuckertüte umklammert, feiern mit ihm Kon-Pennäler und Eltern eine Ost-Premiere: Sachsens erste freie christliche Schule, von der evangelischen Kirche getragen, öffnet in der Messestadt ihre Tore. Mit derlei Novitäten müssen sich jetzt nach dem Nach-Wende-Schuljahrschaos mehrere Millionen Eltern und Schüler befreunden. „Umstellung" heißt das wichtigste Schulfach in den neuen Ländern – statt „Stabü" (Staatsbürgerkunde als Parteichinesisch) das neue Fach „Politische Bildung", Sekundarstufe II, Oberstufen, freiwillige Arbeit im Umweltschutz – bislang überwiegend fremde Begriffe.

Eine andere Neuigkeit am Ufer der Pleiße: Das einstmals hoch angesehene König-Albert-Gymnasium ließ gestern zum erstenmal nach der Vereinigung wieder die Pausenglocke schrillen. Stadt und katholische Kirche – sie sorgt für den christlichen Grundtenor des Schullebens – hoben das Objekt aus der Taufe. Der eingetragene Verein der ehemaligen Albertianer, im Westen daheim, leistete Aufbauhilfe. Die Kommune spricht ein gewichtiges Wort mit: „So dürfen beispielsweise vorerst keine West-Lehrer eingestellt werden", berichtet ein Vater. Im Kollegium der ersten freien Konfessionsschule in Sachsen sitzen indessen West- und Ost-Pädagogen gemeinsam im Lehrerzimmer.

„Im Westen mag das ja normal sein . . ."

Krach gab's im Vorfeld, weil der westliche Teil des Schulträgers beispielsweise nicht einzusehen vermochte, weshalb es einen Schulhort geben sollte: „Die überfallen uns einfach mit ihren westlichen Maßstäben", klagte eine Mutter. Die Folge: Elf der 20 Erstkläßler wären von ihren Eltern wieder von der Liste gestrichen worden, wenn man jetzt nicht eilends ABM-Kräfte für eine Art Hortbetreuung anzuheuern versuchte. „Wie sollen denn bei uns berufstätige Eltern mittags um zwölf ihre Sprößlinge abholen? Im Westen mag das normal sein, wenn die Mutter nicht arbeitet", kritisierte ein Leipziger Vater ein verbreitetes Denken auf kurzen Wegen.

Besonders im Berliner Randgebiet gab es im Vorfeld der mannigfachen Schulreform erheblichen Ärger mit belasteten Lehrern: „Gezielte Desinformationen, regelrechte Verhetzung von Kindern, Mißbrauch der Schüler für bestimmte Interessen“ warf Brandenburgs Bildungsministerin Marianne Birthler zum Beispiel den sogenannten „Modrow-Lehrern“ vor, die nach der Wende – meist ohne jede pädagogische Ader – aus dem unsicheren Staatsdienst heraus in Schulen untertauchten. So fand sich mancher unbelastete Lehrer kurz vor den Sommerferien plötzlich zum Schulchef bestellt: „In der ersten Ferienwoche hat man mich ins Schulamt zitiert und gefragt, ob ich Direktor werden wolle“, berichtete Hartmut Friedrich im Potsdamer Lokalblatt. Der 32jährige griff zu, denn: „Noch mal bietet sich eine solche Chance vielleicht nicht mehr ...“

Viele Eltern setzen auf das Prinzip Hoffnung

Während die Ostberliner Abc-Schützen künftig nicht mehr mit NVA-Soldaten und Pionierleitern in ihren neuen Schulbüchern im Sinne des Wortes rechnen müssen, übernehmen ihre Altersgefährten im Westteil der Stadt bislang DDR-Typisches – Fünftagewoche und „Schulausgangsschrift“. Weniger Schnörkel an den Buchstaben sollen dabei den – wie es im Pädagogendeutsch heißt – „feinmotorisch noch ungeübten“ Kinderhänden entgegenkommen.

Kochen und Waschen stehen künftig auf dem (Hauswirtschafts-)Stundenplan der neuen Gesamtschule in Fahrland bei Potsdam. An der Fassade der, so Bürgermeister Claus Wartenberg, „modernsten Einrichtung im Land Brandenburg“ prangt ein farbenfroher Regenbogen. „Vielleicht setzt sich im Volksmund der Name ‚Regenbogen-Schule‘ durch“, hofft Christel Kroh, die amtierende Direktorin. Eltern, Lehrer und Schüler hatten gemeinsam unter mehreren Entwürfen das zukunftsträchtige Symbol ausgewählt.

Auf das Prinzip Hoffnung setzen auch viele Erfurter Eltern, allerdings gezwungenermaßen. Er bezweifle, meint der Erfurter Bildungsdezernent Peter Neigefindt, daß alle Schulkinder der thüringischen Blumenstadt pünktlich zum Schulbeginn „saubere“ Lehrbücher in Händen halten werden. Denn: Für die 30 000 kleinen Kunden gebe es nur acht Buchläden. Da sei wie zu alten Zeiten das Schlangestehen schon vorprogrammiert.

Hausaufgaben – aber wie? Geben Sie Anregungen für die Lehrer

Wie man aus Gesprächen unter Schülern oder aus Leserbriefen einiger Jugendzeitschriften entnehmen kann, sind die Hausaufgaben das Unangenehmste an der Schule. Auch die Darlegungen von Schulpsychologen zeigen, daß der Wert solcher Übungen umstritten ist. Immer wieder kommt es zu Diskussionen zwischen Schülern und Lehrern. Die Einstellung eines Lehrers zu diesem Problem wird häufig zum Maßstab für dessen Beliebtheit. Warum werden nun die Hausaufgaben von vielen Schülern als überflüssiger Ballast empfunden, und welche Anregungen sollten den Lehrern gegeben werden?
Häufig fällt einem Lehrer erst am Schluß der Stunde, unmittelbar vor oder sogar

während des Gongschlags ein, daß er noch Aufgaben für die häusliche Vorbereitung stellen müsse. Dadurch haben die Schüler keine Zeit mehr, sich die Angaben genau zu notieren, Aufgabenhefte werden schlampig oder gar nicht geführt. Fragen können nicht mehr gestellt werden. Damit fehlt aber die Grundlage für eine Bewältigung der Hausaufgabe. Daher sollte der Klassensprecher den Lehrer bitten, die Aufgabenstellung rechtzeitig und ausführlich zu erledigen. Besonders in der Unterstufe müßte ein Lehrer auch darauf achten, daß alle Schüler sich die Aufgabenstellung in einem besonderen Heft notieren können.

Eines der Hauptargumente, das Lehrer für die Hausaufgaben anführen, ist deren Anregung zu selbständigem Arbeiten. Damit ist es aber schlecht bestellt. In manchen Familien zeitigen die Hausaufgaben die gleiche Wirkung wie Büroarbeiten, die Vater abends zu Hause erledigen muß. Sie bilden die Ursache für zahlreiche Konflikte und belasten das familiäre Leben. Die Familienmitglieder beschimpfen sich gegenseitig. So muß vom Lehrer gefordert werden, daß Hausaufgaben den Unterricht niemals ersetzen dürfen, sondern ihn allenfalls ergänzen können. Eine Mithilfe der Eltern sollte nicht nötig sein. Wenn ein Schüler die Aufgaben ohne fremde Hilfe lösen kann, fühlt er sich auch in seinem Leistungsvermögen bestätigt.

Wie Untersuchungen gezeigt haben, werden häufig auch zu umfangreiche Aufgaben gestellt. Das hat einen Grund darin, daß sich ein Hausaufgabenplan in der Klasse nur schwer erstellen läßt. In extremen Fällen kommt es vor, daß das Ausmaß der von den Kindern verlangten Leistungen das Pensum der Erwachsenen übersteigt. Ein Schüler kann nur dann sauber, genau und vollständig arbeiten, wenn die Aufgaben nicht zu umfangreich sind. Deshalb muß der Lehrer darauf achten, daß sie in Ausmaß und Schwierigkeitsgrad dem Können der Schüler entsprechen. Es sollte berücksichtigt werden, daß an einem Tag mit Nachmittagsunterricht die Erledigung von häuslichen Aufgaben fast nicht mehr möglich ist. Die Lehrer sollten sich dafür Zeit nehmen, über den Umfang ihrer Aufgabenstellung miteinander zu reden.

Wenn Pädagogen der Auffassung sind, häusliche Übungen seien ein Gegenmittel zu Reizüberflutungen, dann muß aber auch dafür gesorgt werden, daß die Aufgaben so gestellt werden, daß die Schüler sie aus freiem Willen übernehmen und nicht als Zwang empfinden. So sollten die Aufgaben nicht aus eintönigen Wiederholungen und mechanischen Übungen bestehen. Wenn es zu häufig geschieht, wird sich ein älterer Schüler dagegen wehren, längere Texte abzuschreiben, indem er dies nur sehr oberflächlich und schlampig tut. Ein

weiterer grundsätzlicher Fehler besteht in dem Mißbrauch der Hausaufgaben als Druckmittel oder Strafe. Manche Lehrer, die nicht genügend Autorität besitzen, benutzen vermehrte Arbeit, um Ordnung in der Klasse zu schaffen, und stoßen somit erst recht auf Widerstand. Andere geben grundsätzlich Hausaufgaben auf, unabhängig vom Stoff, der dieses manchmal überhaupt nicht erfordert. Ist es da nicht wichtiger, die Aufgaben so zu stellen, daß die Beobachtungsfähigkeit geschult, der Forscher- und Entdeckungsdrang geweckt werden?
Die Lehrer sollten häufiger über diese Anregungen nachdenken. Es kommt darauf an, daß die Schüler den Sinn der Hausaufgaben einsehen. Dann werden sie diese auch bereitwillig erledigen und nicht zu Unehrlichkeit durch Abschreiben veranlaßt.

Vorschlag: Erstellen Sie zu dieser Erörterung eine Gliederung!

Aus der Schulordnung

§ 20 Unterrichtsvorbereitung, Nachweise des Leistungsstandes

§ 20 (1) Um den Lehrstoff einzuüben und die Schüler zu eigener Tätigkeit anzuregen, werden in angemessenem Umfang Aufgaben zur häuslichen Bearbeitung gestellt, die von einem durchschnittlich begabten Schüler ohne fremde Hilfe in angemessener Zeit erledigt werden können. Zur Vermeidung einer Überlastung der Schüler bleiben die Lehrer jeder Klasse untereinander in Fühlung und beraten das Maß der Aufgaben und die notwendige Arbeitszeit. Die Schüler der Jahrgangsstufen 5 mit 10 – im Bereich der beruflichen Schulen jedoch nur die Schüler der Wirtschaftsschulen – führen ein Aufgabenheft, in das jeder Lehrer alle mündlichen, schriftlichen und gegebenenfalls praktischen Aufgaben eintragen läßt. Alle Beteiligten sollen aus dem Aufgabenheft jederzeit ein vollständiges Bild der vom Schüler verlangten häuslichen Arbeiten gewinnen können. Sonntage, Feiertage und die Ferien sind von häuslichen Aufgaben freizuhalten.
20.1.1 Schriftliche Aufgaben zur häuslichen Bearbeitung dürfen in den Jahrgangsstufen 5 mit 10 in allen Kernfächern, in der Jahrgangsstufe 11 in allen Vorrückungsfächern gegeben werden; jedoch kann die gelegentliche Anfertigung von nicht zu umfangreichen Skizzen und Tabellen auch in anderen Fächern verlangt werden, wenn es die Belastung des durchschnittlichen Schülers

unter Berücksichtigung der Nummer 20.1.2 gestattet. In den Jahrgangsstufen 12 und 13 dürfen schriftliche Aufgaben zur häuslichen Bearbeitung in allen Grundkurs- und Leistungskursfächern gegeben werden; wegen der unterschiedlichen Belastung der Schüler an den einzelnen Tagen wird eine angemessene Bearbeitungszeit eingeräumt.
20.1.2 Eine Überlastung der Schüler darf durch die Aufgaben nicht eintreten. Die für die gesamte (mündliche und schriftliche) häusliche Vorbereitung benötigte Arbeitszeit soll in den unteren Jahrgangsstufen für den Durchschnittsschüler zwei Stunden nicht überschreiten. In den mittleren und oberen Jahrgangsstufen werden die häuslichen Arbeiten so bemessen, daß unter Berücksichtigung der Schulwege noch genügend Zeit für die Erholung, für Wahlfächer und für sonstige persönliche Neigungen zur Verfügung steht.
20.1.3 Die Bearbeitung der schriftlichen Aufgaben wird von den Lehrern regelmäßig überprüft.

Vorschlag: Nehmen Sie aus Ihren Erfahrungen als Schüler Stellung zu den einzelnen Abschnitten des § 20, 1 der Schulordnung.

Hausaufgaben immer erst beim Läuten

SCHÜLERIN: Unsere Erdkundelehrerin sagt die Hausaufgaben immer erst an, wenn es schon läutet. Dann kommt eine andere Klasse ins Zimmer, und wir haben keine Zeit mehr, die Hausaufgaben ins Hausaufgabenheft zu schreiben. Wie können wir das ändern?

ANTWORT: Wenn diese späte Hausaufgabenstellung tatsächlich öfters vorkommt, dann verstößt die Lehrerin damit gegen ihre pädagogischen Pflichten. Das darf nicht sein. Es muß genügend Zeit gegeben werden, daß ihr euch die Aufgaben aufschreibt und notfalls sogar noch Fragen zur Aufgabenstellung vorbringt. Diese ausreichende Zeit ist unbedingt notwendig, weil sonst die Aufgabenstellung überhaupt keinen Sinn hat. Bittet die Lehrerin, doch in dieser Beziehung etwas mehr Rücksicht auf euch zu nehmen. Ich kann mir nicht vorstellen, daß sie sich eurem Wunsch verschließt. Schließlich ist ihr doch auch daran gelegen, daß die Hausaufgaben richtig gemacht werden. Nur auf diese Weise kann ein Lernerfolg garantiert werden. Und den will doch auch der Lehrer erreichen.

ZWEI SCHÜLERINNEN EINER 6. KLASSE: Unsere Mathelehrerin gibt die Hausaufgaben jedesmal erst auf, wenn es läutet. Meist versteht man dann ihre Angaben nicht und macht zu Hause die falschen Aufgaben. Oft sitzen wir zu Hause dann auch über den Aufgaben und wissen nicht, wie sie gelöst werden. Darf die Lehrerin so vorgehen?

ANTWORT: Hausaufgaben sind nicht dazu da, euch die Freizeit zu verkürzen, sondern dienen der Vertiefung des Unterrichtsstoffes. Aus diesem Grunde muß der Lehrer sich entsprechend Zeit bei der Stellung nehmen und Hinweise auf Lösungsmöglichkeiten und -wege geben. Das kann er aber nicht, wenn er sich zwischen Unterrichtsende und dem Verlassen des Klassenzimmers schnell der Pflicht zur Hausaufgabenstellung entledigt. Deshalb solltet ihr euch mit dem gegenwärtigen Vorgehen eurer Lehrerin nicht abfinden. Bittet sie, sie möge die Hausaufgaben so rechtzeitig während des Unterrichts stellen, daß euch sowohl die Möglichkeit gegeben ist, die Aufgaben eindeutig aufzuschreiben, wie auch Fragen vorzubringen. Nur so wird eine Grundlage geschaffen, die eine sinnvolle Hausaufgabenerledigung in Aussicht stellt. Genauso wichtig ist es aber auch, daß in der folgenden Unterrichtsstunde die Hausaufgaben besprochen, korrigiert und durch weitere Erläuterungen der Lehrerin Wissenslücken der Schüler mit Kenntnissen gefüllt werden. Nur auf diese Weise wird der Erfolg im weiteren Lehrstoff garantiert.

SCHÜLERIN EINER 6. KLASSE: Unsere Lehrerin gab den Schülern, welche die Hausaufgaben nicht hatten, gleich beim ersten Mal eine Mitteilung an die Eltern mit. So macht sie es auch in anderen Fächern wie Physik und Mathematik. Könnte unsere Klasse nicht etwas unternehmen, damit die Strenge dieser Lehrerin aufhört?

ANTWORT: Ich verstehe deine Entrüstung, denn andere Lehrer greifen nicht so hart durch, andererseits muß ich aber deiner Lehrerin recht geben. Sie legt großen Wert auf die Anfertigung der Hausaufgaben, da nur bei dieser Gelegenheit der Schüler die Möglichkeit erhält, sich selbst zu kontrollieren und zu erkennen, ob er den im Unterricht behandelten Stoff auch verstanden hat. Für die Lehrerin ergibt sich dann in der nächsten Stunde die Aufgabe, Wissenslücken zu schließen und noch nicht ganz verstandene Stoffbereiche nochmals zu erörtern. Um dies tun zu können, braucht sie die Gewißheit, daß sich jeder Schüler mit der Hausaufgabe beschäftigt hat.
Du darfst dieses Vorgehen nicht so sehr unter dem Gesichtspunkt der Bestrafung betrachten, sondern mußt auch daran denken, daß dir durch eine so intensive Hausaufgabenkontrolle viel zusätzliche Arbeitzeit erspart bleibt, die du aufwenden müßtest, wenn du dir kurz vor einer Prüfungsaufgabe ein umfangreiches Stoffgebiet erst neu erarbeiten mußt. So bleibst du auf dem laufenden und bist eigentlich immer prüfungssicher. Die Methode ist ein gutes Mittel gegen Schulstreß und Prüfungsangst.

Vorschlag: Schreiben Sie aus diesen Texten stichpunktartig heraus, was für Hausaufgaben spricht, bzw. welche Fehler bei der Aufgabenstellung gemacht werden!
Ergänzen Sie die Liste und erstellen Sie damit eine Stoffsammlung zum Thema „Sinn und Nachteile der Hausaufgaben"!

Welchen Wert sollte Leistung in der Schule haben?

Gliederung eines Vortrags

– aus einem Vortrag vor der Landes-Elternvereinigung

A) Der Leistungsbegriff ist in unserer Zeit zum Problem geworden.

... Mißverständnissen ist auch der Begriff Leistung ausgesetzt. Auch hier hält die Zahl derer, die den ständigen Rückgang an Leistung beklagen und höhere Leistungen fordern, der Zahl derer, die den Leistungsbegriff überhaupt aus der Schule verbannen wollen, die Waage. Während man noch vor wenigen Jahrzehnten Leistung für etwas absolut Positives hielt, ist das Verhältnis des modernen Menschen zum Leistungsbegriff empfindlich gestört worden.

B) Der Wert der Leistung:
I. Die negative Vorstellung von Leistung

1. im Bereich der Arbeitswelt

Woher kommen die schreckhaften Wortbilder wie Leistungsdruck, Leistungsterror, Leistungsstreß, die offensichtlich Schatten auf unserem Dasein anzeigen und uns beunruhigen? Aus der Welt der Erwachsenen tauchen Vorstellungen vor uns auf, wie etwa die vom Arbeiter am Fließband, in dem wertvolle seelische Reaktionen durch den Stumpfsinn seiner Tätigkeit abgetötet werden, oder vom Stachanow-System, das aus dem Menschen die letzten Kräfte herausholt, um ihn schließlich vorzeitig verbraucht und entleert zurückzulassen – die eine Institution eine Erfindung des Westens, die andere eine des Ostens –, und das alles, um Produktion und Gewinn zu steigern. Das ganze Instrumentarium der Psychologie wird aufgeboten, um die Verfahren der Leistungssteigerung zu verfeinern. Der Mensch fühlt sich ausgeliefert an anonyme Mächte. Daneben gibt es auch die selbst verschuldete Überbeanspruchung, die dem Ehrgeiz dient oder den immer kostspieligeren Wünschen des gesteigerten Lebensgenusses; die Wohlstandsgesellschaft mit ihrem Mangel an Arbeitskräften bietet dazu jede Chance.

2. im Bereich der Schule

Suchen wir die Parallele in der Welt der Schule, so treffen wir auf den unseligen Kreislauf, der damit beginnt, daß die Transparenz der Zeugnisse gefordert wird und die rechtzeitige Vorwarnung. Der Leistungsabfall wird sichtbar gemacht, es kommt die Angst der Eltern vor der Zukunft, und es werden alle Mechanismen der

Gegenwirkung eingesetzt, von der Drohung und harten Kontrolle bis zum Verbot des Spiels und zur Strafe. Und wenn das Kind nicht stabil genug ist, wächst in ihm die schreckliche Angst, ob es das Soll auch erfüllen wird. „Das Soll könnte nicht erfüllt werden" – was hat diese Vorstellung schon für Verwüstungen angerichtet in den Herzen junger Menschen und in den sorgenvollen Gedanken der Eltern! Da heute alle schulischen Verläufe überschaubar geworden sind, setzt der Kampf um die Lebenschancen gewissermaßen schon beim Lernen der unregelmäßigen Verben ein.

Bereits in den unteren Klassen gibt es Formulierungen wie diese: „Die nächste Schulaufgabe entscheidet." Ein schlimmes Wort für die Ohren sensibler Kinder und trotzdem oft gehört aus dem Mund von Eltern und Lehrern, die nicht wissen, daß Angst ein schlechter Ratgeber für Kinder ist.

3. Die Folgen dieser Vorstellung

Und wenn sich das alles wiederholt, stellt sich im Kind die anhaltende Depression ein, die Lähmung des Denkvollzugs, die Verführung zum Schwindeln, die Flucht in Scheinbewährung und Ersatzleistung auf abseitigen Gebieten, bis hin zur „großen Verweigerung" der Halbwüchsigen, die den Eltern so schwere Not bereitet. Der mechanische Leistungsdruck hat schon oft die Freude am Lernen zerstört.

II. Die positive Vorstellung von Leistung

Und wie kann auf der anderen Seite Leistung den jungen Menschen beglücken! Ich denke gar nicht zuerst an die guten Noten, die vergnügt nach Hause gebracht werden, oder an den frühen Lorbeer, den sich der Hundert-Meter-Läufer in seiner Schulmannschaft holt. Aber es gibt eine Lust der Erkenntnis: etwa beim Lösen einer Mathematikaufgabe, wenn sich der Knoten öffnet, bei der Einsicht in einen physikalischen Vorgang, wenn der Zusammenhang klar wird, oder beim gekonnten Lesen eines fremdsprachigen Textes, wenn das Denken in der fremden Sprache sich einstellt. Und es gibt die Lust am schöpferischen Tun, wenn der Schüler spürt, daß ihm ein Aufsatz oder eine künstlerische Arbeit rundum gelungen ist. Ganz einfach das Bewußtsein, daß sich eigene

1. in den verschiedenen Bereichen des schulischen Lebens

Begabung entfaltet, kann ein lustvolles Erlebnis sein. Und noch nüchterner gesprochen, es reicht schon die Erfüllung der Pflicht. Am Morgen in die Schule zu gehen und zu wissen, daß man alle Aufgaben für den kommenden Tag fix und fertig in der Büchertasche oder im Kopf hat, dieses Bewußtsein kann das Lebensgefühl eines jungen Menschen beschwingen. Leistung muß nicht drücken, auch wenn sie nur mit Anstrengung zu haben ist.

Kritische Schule?

2. im Gegensatz zu den Vorstellungen der sog. Kritischen Schule

Man hört heute viel von der sogenannten Kritischen Schule, die das Leistungsstreben grundsätzlich ablehnt; hier soll Leistung durch kritisches Denken ersetzt werden. Nun wird kritisches Verhalten im Sinn des griechischen Ursprungswortes, das „auswählen, unterscheiden, entscheiden, beurteilen" bedeutet, zu jeder geistigen Leistung gehören. Aber wo führte es hin, wenn man Kritik zum absoluten Zielwert einer Erziehung machen wollte? Die Übersättigung mit Kritik kann geradezu leistungsunfähig machen. Kritik als Denkansatz ist unerläßlich – besonders in einer Zeit, die den Menschen ständig der geistigen Manipulation aussetzt, Kritik als Denkergebnis aber ist doch wohl ein unzureichender Erziehungsgrundsatz. Wir dürfen nicht aus Kummer über die Auswüchse des rücksichtslosen Leistungsprinzips in das andere Extrem verfallen und auf den Leistungsanspruch in der Schule ganz verzichten.

3. in den verschiedenen Bereichen des gesellschaftlichen Lebens

Machen wir uns doch klar, meine Damen und Herren, jeden Tag, den wir im gesellschaftlichen Prozeß verbringen, verlangen wir von unserer Umwelt Leistung; wenn wir den Arzt in Anspruch nehmen oder den Rechtsanwalt oder wenn wir auch nur einen Auftrag an den Elektriker geben; wir verlangen Leistung, wenn wir im Theater sitzen oder im Konzert, wir verlangen Leistung von unserer Stadtverwaltung, und nicht zuletzt verlangen wir Leistung von den Lehrern unserer Kinder. Mit seiner Leistung erfüllt der Mensch seinen Beitrag zur Gesellschaft und erstattet, was er ihr schuldet. Woher aber soll alle Sorgfalt, Exaktheit und Fachkenntnis kommen, wenn sie nicht in den Ausbildungsstätten erworben wurden?

In der Schule ist Leistung freilich kein absoluter Wert, sie ist immer im Verhältnis zu dem Menschen zu sehen, der sie erbracht hat. Was für die Schule not tut, ist nicht der Verzicht auf Leistung, sondern eine Humanisierung des Leistungsvollzugs. Und diese geschieht m. E. auf dreifache Art:

III. Der Leistungsbegriff in der Schule muß humanisiert werden:

1. Der Erzieher muß bei jeder Leistung, die er verlangt, fragen, wozu?

1. durch die Frage des Erziehers: Leistung wozu?

Die in den 60er Jahren einsetzende Bildungsexpansion hatte mit einem Report der OECD in Paris begonnen. Dort war mit viel Zahlenwerk nachgewiesen worden, daß das wirtschaftliche Wachstum jährlich um 5 Prozent gesteigert werden kann, wenn neben den drei klassischen Elementen Kapital, Rohstoff und Arbeitskraft eine vierte Voraussetzung gegeben ist: die laufende Verbesserung des Bildungsstandes der Bevölkerung. Das war damals eine Entdeckung, durch die das Bildungswesen für die Wirtschaft interessant wurde, aber sie führte zu einem schlechten Start der Bildungswerbung. Wenn die gesteigerte Ausbildung des jungen Menschen nur einer Steigerung der Produktion dienen soll, dann ist der Weg in die unmenschliche Ausbeutung in der Tat offen. Aber das kann nicht für die Schule gelten. Wenn dort Leistung Entfaltung bedeutet und Selbstverwirklichung oder abgestellt ist auf den Dienst an der Gesellschaft, dann wird die Gefahr der überspitzten Forderungen gering sein.

2. Die Forderung nach Leistung muß sich im Gleichgewicht von Können und Wollen halten.

2. durch die Einhaltung des Gleichgewichts von Können und Wollen

Sobald dieses Gleichgewicht gestört ist, kommt es zu dem hektischen Lernen, zu den Dressurakten in der Schulstube und zu Hause, zu den Streßsituationen, die schließlich entmutigen. Man muß wissen, daß gerade das Kind ein Kräftereservoir braucht, das nicht bis zum letzten ausgeschöpft werden darf, weil sonst die Quellen versiegen. Eltern und Lehrer müssen als Verbündete darüber wachen, daß die Jugendlichen nicht vergammeln, weil sie sich nicht zur Leistung verpflichtet fühlen, daß sie aber auch bewahrt werden vor jeder Überforderung. Man muß wissen, was man einem Kind zumuten darf, und es gilt nicht für jedes Kind das gleiche. Glücklich das Kind, von dem das gefordert wird, was seinen Kräften entspricht!

3. Die Leistung muß in der Skala der Werte den richtigen Rang haben. Sie muß gewissermaßen entmythologisiert werden.

3. Leistung ist ein Wert unter anderen

Denn es gibt noch andere Werte, die dem Leben einen Sinn verleihen; auf die Schule bezogen: der freundschaftliche Verkehr mit den Mitschülern, die Fähigkeit, schon als Jugendlicher sein Leben zu gestalten, die Bereitschaft zu helfen, der freie und neidlose Verzicht auf Gaben, die die Natur versagt hat. Nur der Erzieher, der weiß, daß solche Werte der Leistung gleichrangig sind oder ihr vielleicht sogar übergeordnet, wird ihr den richtigen Raum im Leben des jungen Menschen zuteilen.

Leistung ist uns zum Problem geworden, aber das Problem läßt sich lösen. Der Wert des Gymnasiums wird allerdings sehr stark davon abhängen, ob es Lehrern, Eltern und Schülern gelingt, zur Leistung wieder ein natürliches und gesundes Verhältnis zu gewinnen.

C) Lehrer, Eltern und Schüler müssen ein natürliches Verhältnis zur Leistung bekommen.

Ernst Höhne

Begriff „Leistung“

Begriffsklärung

Arbeitsleistung, Leistungsbilanz, Leistungstyp, Leistungsnorm, Leistungsträger, **Leistungsmessung,** Leistungsdefizit, Leistungsbild, **Leistungsprinzip,** Leistungsabfall, **Leistungszwang,** Leistungstief, Leistungserhebung, Leistungsaufwand, Leistungswille, Spitzenleistung, Leistungsgrenze, Leistungsprämie (bes. DDR), Leistungsvergleich, **Leistungsverweigerung, Leistungsdruck,** Leistungsmaßstab, Leistungsergebnis, Leistungsbereitschaft, Leistungsanstieg, Leistungskraft, Leistungsunterschied, **Leistungsgesellschaft,** Leistungsvermögen, Leistungsstand, Leistungssportler, Leistungsstreß, Druckleistung, Dienstleistung, Motorleistung, **Hochleistungssport, Leistungskurs,** Leistungszentrum, Leistungszuschlag, Leistungssportabzeichen, Dienstleistungsbetrieb, Leistungsknick, Leistungsstärke, Leistungsminderung, Leistungsanforderung, Leistungsfähigkeit, Schulleistung, Maschinenleistung, Leistungszulage, **Leistungsschule,** Hochleistung, Leistungshoch, Nutzleistung, **Leistungsbewertung,** Leistungsanreiz, Versicherungsleistung, Lei-

stungsdurchschnitt, **Leistungskontrolle,** Leistungslohn (bes. DDR), Leistungsschau, Leistungsprämie (bes. DDR), Leistungsstandard, Leistungszeugnis, Leistungswettbewerb, Leistungsschutz, Leistungstest, ableisten
leistungsfähig, leistungsstark, leistungsberechtigt, leistungsgerecht, **leistungsorientiert,** leistungsschwach

Vorschlag: Ordnen Sie die Wörter sinnvollen Oberbegriffen zu! Definieren Sie die fettgedruckten Begriffe! Formulieren Sie zu einzelnen Begriffen ein Erörterungsthema!

Themen:
Kann die Schule auf Leistungsbewertung verzichten? (10. Kl.)

Schüler der Oberstufe des Gymnasiums klagen über einen immer stärker zunehmenden Leistungsdruck. Sie sprechen von einer „Leistungsschule“. Worin sehen Sie Aufgabe und Sinn des Gymnasiums? Halten Sie die Anforderungen zu hoch, die von der Schule an Sie gestellt werden? (11. Kl.)

Kurzdefinitionen:
Der Begriff **Schulleistung** umfaßt folgende Aspekte:
die schulische Forderung an den Schüler (Lehrplan)
die Tätigkeit des Schülers (Lernbereitschaft)
das Ergebnis der Tätigkeit (Überprüfbarkeit)
den Beitrag der Schule für die Gesellschaft

Arbeitsleistung: eine unternommene Anstrengung auf körperlichem oder geistigem Gebiet und das erzielte Ergebnis.

Leistungskurs: universitären Arbeitsformen ähnelnde Unterrichtsveranstaltung, die im Gegensatz zum Grundkurs zusätzliche Kenntnisse in einem Lehrfach vermitteln soll.

Leistungsgesellschaft: oft abwertend; eine Gesellschaft, in der vor allem die für die Gesamtheit erbrachten Leistungen im Hinblick auf soziale Stellung, Ansehen, Erfolg usw. ausschlaggebend sind (z. B. in unserer inhumanen, profitorientierten Leistungsgesellschaft ist für die Alten kein Platz; Chancengleichheit in der Leistungsgesellschaft)

Worin sehen Sie die Ursachen für die zunehmende Zerstörungswut in den Schulen, und welche Maßnahmen kann die Schule dagegen ergreifen? (9./10. Klasse)

Stoffsammlung (nach Erschließungsfragen):

1. In welchen Schularten ist die Zerstörungswut besonders stark?
   In Grundschulen: sehr wenig
   in Hauptschulen: stärker
   in Realschulen und Gymnasien: am stärksten
   in Berufsschulen: mäßig.
2. Was wird am häufigsten beschädigt?
   Klosettanlagen, Wände, Türen, Stühle und Tische, Tafeln, Vorhänge, Vorhangschienen, Verdunkelungsanlagen, elektrische Anlagen und Glaseinrichtungen in Fachräumen, Klassenschilder.
3. Worin sind die Ursachen für die Zerstörungswut zu suchen?
   a) Ursachen, die außerhalb der Schule liegen:
      Schwund des Verantwortungsbewußtseins gegenüber der Gemeinschaft; falsch verstandene individuelle Freiheit; Großstadtleben, Reizüberflutung; gestörte Familienverhältnisse; schlechte Wohnbedingungen; Erziehungsstil der Eltern; Pubertät bei Schülern der Mittelstufe.
   b) Ursachen, die in der Schule zu suchen sind:
      Größe der Schule und der Klassen; Fachlehrerprinzip, häufiger Lehrerwechsel; Mangel an Lernmotivation; Leistungsdruck; zu wenig ausgleichende Betätigung auf Freiflächen und in Aktionsräumen; zu lockere Aufsichtsführung durch die Lehrer; zu wenig Bereitschaft der Lehrer, die Schüler zu Rücksichtnahme und Ordnung zu erziehen.
4. Welche Maßnahmen kann die Schule gegen die Zerstörungswut ergreifen?
   Verringerung der Klassenstärken; mehr Einzelgespräche zwischen Lehrern und Schülern; Förderung des sozialen Verhaltens der Schüler (gegenseitige Hilfe, Anleitung zur konstruktiven Kritik, Einsatz bei Sammelaktionen, schulische Veranstaltungen außerhalb des Lehrplans, Erziehung zu sinnvollem und aktivem Freizeitverhalten); Eingliederung aggressiver Schüler in die Gemeinschaft; Vermittlung eines richtigen Freiheitsverständnisses; Vermeidung von Unterdrückung von Schülern durch Lehrer; interessante Unterrichtsgestaltung, damit Vermeidung von Passivität von Schülern, Verhinderung von Langeweile (damit kein Verschmieren von Bänken); mehr Sport und Wettkampfspiele; mehr musische Betätigung.

Gliederung:

A. Weil die Zerstörungswut in Schulen zunimmt und Wandparolen sogar zu aggressivem Verhalten aufrufen, muß man sich fragen, worin die Ursachen für diese Entwicklung liegen und welche Maßnahmen die Schule dagegen ergreifen kann.

B. I. Die Ursachen für die Zerstörungswut:
   1. Ursachen, die außerhalb der Schule liegen:
      a) Entwicklungsstörungen
      b) Probleme im sozialen Umfeld
   2. Ursachen, die in der Schule zu suchen sind:
      a) Vermassung
      b) Fehler der Organisation
      c) Fehler der Lehrer

   II. Maßnahmen der Schule gegen die Zerstörungswut:
   1. Verbesserung der Rahmenbedingungen
   2. Maßnahmen der Verwaltung
   3. Maßnahmen der Lehrer
   4. Maßnahmen der Schüler

C. Ob eine Verringerung des Problems gelingt, hängt vor allem von den Erziehern ab, aber auch von der allgemeinen gesellschaftlichen Entwicklung.

Ausarbeitung:

A) Neulich las ich an der Betonwand im Eingangsbereich einer Schule: „Macht kaputt, was euch kaputtmacht!“, und man kann sich immer wieder davon überzeugen, daß die Aggression gegen Schulgebäude, deren Einrichtungen und Lehrmittel insbesondere an Hauptschulen, Realschulen und Gymnasien ständig zunimmt. Unsere Tageszeitung berichtete, daß die Stadt München in vier Jahren über 600 000 DM an Reparaturkosten für mutwillige Beschädigungen ausgeben mußte. Wenn man Schulhausmeister fragt, was am häufigsten zerstört werde, erfährt man folgendes: Demoliert werden

Aktuelles Beispiel!

Fachausdrücke!

Ausgangssituation!

Fakten!

hauptsächlich Klosettanlagen, Wände werden beschmiert, Sonnenmarkisen von Klaßräumen heruntergerissen, Pendeltüren mit den Füßen geöffnet, elektrische Anlagen und Glaseinrichtungen in Fachlehrsälen zerschlagen.	Beispiele!
Ehe man nach Maßnahmen durch die Schule verlangt, muß man sich fragen, wo denn die Ursachen für solches Verhalten bei Jugendlichen liegen.	Überleitung
B) Bei Schülern der Mittelstufe erscheint ein Zusammenhang mit der Pubertät naheliegend. Die seelische Unausgeglichenheit in dieser Altersstufe führt bei vielen zu Aggression gegenüber Mitschülern und Dingen. Ich kenne einen fünfzehnjährigen Schüler, der äußerst empfindlich ist. Er wurde schon mehrmals ertappt, wie er seine Abneigung gegenüber der Schule durch Wandschmierereien zum Ausdruck brachte. Damit will er sicher sein Gefühl, daß er nicht verstanden wird, verdecken.	Feststellung Begründung Beispiel
Die Zerstörungswut hat Ursachen sicher auch im Erziehungsstil der Eltern und in den Wohnverhältnissen. Zunehmende Berufstätigkeit der Mütter und verstärkte Anforderungen in der Arbeitswelt wirken sich auf das Familienleben aus. Viele Väter und Mütter sind nicht in der Lage, die Freizeit mit ihren Kindern zusammen zu gestalten. Oft wird diese vor dem Fernsehapparat verbracht. Man spricht zu wenig miteinander. Häufig sind, besonders in den Ballungsräumen, die Wohnungen zu eng, es fehlen Spielplätze und Begegnungsstätten für junge Menschen. Von Bedeutung ist sicher auch das Großstadtleben mit seiner Reizüberflutung. Die Folge dieser Umstände ist, daß Jugendliche häufig den Begriff der individuellen Freiheit falsch auslegen und sich gegenüber den Einrichtungen der Gemeinschaft nicht verantwortlich fühlen.	Feststellungen Begründungen Folgerungen
Auch in den Schulen sind die Jugendlichen heute	

Einflüssen ausgesetzt, die viele aggressiv machen. Bedingt durch den immer härter werdenden Kampf um die Ausbildungsplätze nach Schulabschluß, durch den Numerus clausus und die bedrohliche Lage am Arbeitsmarkt ist ein an unseren Schulen ohnehin vorhandener Trend zu verschärften Leistungsanforderungen noch verschärft worden. An einer Schule mit 1200 und mehr Schülern ist die Zerstörungswut besonders stark. Hier wirkt sich die räumliche Enge aus, Schüler drängen auf häufig viel zu engen Treppen auf einen Hof, wo ein Austoben wegen des harten Belages nicht möglich ist. Die Lehrer sind vor große Aufsichtsprobleme gestellt; so gibt es immer wieder verhaltensgestörte Schüler, die in der Pause die Toiletteneinrichtungen demolieren.

Feststellung

Beispiele

Fachausdruck

An Realschulen und Gymnasien führt der ständige Fachlehrerwechsel dazu, daß Lehrer sich dem einzelnen Schüler nicht genügend zuwenden können. Verstärkt wird dieses Problem durch immer noch zu große Klassen. Weil der Lehrer in erster Linie darauf achten muß, einen oft überfrachteten Lehrplan zu erfüllen, bleibt ihm keine Zeit, den Stoff gründlich zu durchdenken und Verbindungen zu anderen Wissensgebieten herzustellen. So empfinden viele Schüler den Unterricht als langweilig. Ich habe manchmal den Eindruck, daß es einige Lehrer aufgegeben haben, neben der Wissensvermittlung auch erzieherisch auf Schüler einzuwirken. Wir haben also gesehen, daß aggressives Verhalten junger Menschen recht unterschiedliche Ursachen hat. Welche Möglichkeiten bieten sich nun in der Schule, das Problem zu bewältigen? Wie man in letzter Zeit in der Presse lesen konnte, sollen zu große Schulen in Zukunft vermieden und die Klassenstärken gesenkt werden. Nur so kann sich der einzelne Lehrer mehr mit den Problemen seiner Schüler befassen. Er kann sich dann so

Argumentationskette

persönliche Stellungnahme

Überleitung zum zweiten Teil der Themafrage

Bericht

Folgerungen

verhalten, daß starke Aggressionen nicht noch weiter zunehmen, sondern durch das Klima in der Klasse vermieden werden. Dies geschieht vor allem durch das Gespräch. Der Lehrer muß versuchen, verhaltensgestörte Schüler immer wieder in die Gruppe einzubeziehen, indem er ihnen z. B. verantwortungsvolle Aufgaben überträgt und sie für ihren Einsatz lobt. Oft entsteht ein Zerstörungsdrang, weil einem Schüler Passivität aufgezwungen wird. Er verschmiert dann Bänke und beschädigt sonstige Einrichtungen. Ein Lehrer, der dies beobachtet, sollte sich fragen, ob sein Unterricht nicht langweilig ist und die Schüler sich aktiv am Unterricht beteiligen können. Er sollte den Schülern Gelegenheit geben, am Unterricht Kritik üben zu dürfen. Durch berechtigte Kritik kann der Lehrer sein Verhalten ändern, die Schüler werden zur Kritikfähigkeit erzogen und lernen, mit Aggressionen umzugehen. Da aggressive Schüler oft bloß Mangel an Bewegung haben, sollte die sportliche Betätigung in der Schule mehr Platz haben. Neben der Erhöhung des sportlichen Angebots sollten vor allem Wettbewerbsspiele durchgeführt werden. Die Lehrer müssen mit den Schülern auch häufiger über die Zeit außerhalb der Schule reden und sie zu aktivem Freizeitverhalten anregen.

Lösungsvorschläge

Begründung

Folgerung

Lösungsvorschläge

Fachausdruck

Besonders wichtig erscheint mir, daß eine gute Beziehung der Schüler untereinander angestrebt werden muß. Wenn das Gefühl für Solidarität z. B. durch die Beteiligung an Flohmärkten, Organisation von Schulveranstaltungen und Ordnungsdiensten gestärkt wird, wird auf der anderen Seite die Zerstörungswut auf ein Mindestmaß sinken.

Beispiele

C) Das Problem der Aggression ist sicher nicht von der Schule allein zu lösen; es hängt mit der gesamten gesellschaftlichen Entwicklung zusammen. Doch die Schule kann zur Lösung einen wichtigen Beitrag leisten und damit ihr wichtigstes Ziel, nämlich die Erziehung zum Mitmenschen, erfüllen.

Zusammenfassung

Die Zerstörungswut an den Schulen **Erörterung in Form einer Glosse**

Das Streiflicht

(SZ) Böse Buben hat es mit Sicherheit immer gegeben. Wilhelm Busch hat uns drastische Exempel aus seiner Zeit überliefert. Neuere Untersuchungen haben nun zusätzliche Erkenntnisse über den Wandel der aggressiven Tendenzen unter Schülern gebracht. Neben den klassischen Formen des Streichs machen neue Techniken Schule, die von der Zweideutigkeit allen Fortschritts (auch bei Schulbauten) künden: Da werden hochempfindliche Sicherheitsschlösser irreparabel mit Kaugummi verklebt, Textilböden aufgeribbelt, abgehängte Leichtdecken beschädigt und – besonders beliebt – Toiletten zerstört. Den Schülern stinke die Schule im wahrsten Sinne des Wortes, kommentierte der niedersächsische Kultusminister Remmers, wenn sie in der großen Pause die Hauptwasserleitung der Kloanlage abdrehten ... In einer hundertseitigen Broschüre versucht der Minister freilich, nicht nur der Zerstörungswut auf den Grund zu gehen, sondern auch Rat zu geben, was dagegen zu tun sei. Aber bevor wir darauf zurückkommen, ist über die jüngste Tendenzwende in der Schulversager-Forschung zu berichten. Früher einmal hätten Protestsucht und Aggressivität das Bild bestimmt; seit

Aufbau
Ausgang: Das literarische Beispiel

Was wird beschädigt?

Überleitung aufgrund einer Assoziation

Der Anlaß für das „Streiflicht“

Überleitung im Stil der Erörterung!

Mitte der siebziger Jahre dagegen, so die Diagnose des Tübinger Mediziners Professor *Lempp*, nähmen depressive Reaktionen und Zustände einen höheren „Stellenwert" ein. So wächst denen, die wegen aggressiver Verhaltensweisen auffallen, Trost von einschlägigen Forschern zu: Sind es doch gerade die notorischen Störer, denen es leichter fällt, Erfolge zu erringen und sich gegen den Konkurrenten zu behaupten. Die anderen dagegen, die Stillen, Gehemmten, Ängstlichen haben es „im Leben" schwerer. Was für einen Trost wird man für diese Art des „Versagens" bereithalten? Vielleicht nur den, daß das Leben eben nicht *nur* aus Ellenbogenkraft und Karriere besteht.

Was verursacht die Aggressionen?

Aussagekern der Glosse:
Wer hat es „im Leben" leichter: der Aggressive oder der Ängstliche?

Die Wahrheit ist wohl, daß „die Schule" heute mit beiden fertig werden muß, mit den Aggressiven und den Ängstlichen. Bei der längst erwachsen gewordenen 68er Generation kann man sogar beides im nacheinander feststellen: den Fall aus der Aggressivität in die Resignation – oder in die Nestwärme des öffentlichen Dienstes. Sollten Aggressivität und Angst manchmal nur zwei Seiten der gleichen Natur sein? Ist derjenige, der heute aggressiv gegen „Leistungsgesellschaft" und Karrieredenken protestiert, vielleicht der sichere Aufsteiger von morgen, umworben von Betriebspsychologen? Um nun das Positive nicht zurückzuhalten, sei der Rat aus der „Schule kaputt"-Broschüre weiterempfohlen: Vor dem Beschmieren von Wänden in Betonkästen bewahrt immer noch am besten die Beteiligung der Schüler an ihrer Sache – und sei es am Gestalten ihrer Schulwände. Eine schöne Theorie? Es gibt ermutigende Beispiele. Die empfohlene Methode hat vor allem den Vorteil, gegen Aggression *und* Depression wirksam zu sein.

Machen vielleicht Betonkästen aggressiv?
Vorschlag zur Lösung des Problems

SZ 4. 2. 82

Was ich von einer guten Schülerzeitung erwarte (9. Klasse)

Stoffsammlung:

Berichte über Schikurse,
Stilblüten,
witzige Darstellungen über Lehrer,
ein ansprechendes Titelbild,
Berichte von SMV-Sitzungen,
Lehrerinterviews,
sie muß kritisch berichten,
Stellungnahmen zu Paragraphen der Schulordnung,
Artikel für alle Altersstufen,
Rätsel,
Berichte von schulischen Veranstaltungen,
es sollte nahezu nichts aus anderen Zeitschriften abgeschrieben werden,
Schülerzeichnungen,
gute Graphiken,
Kritik darf nicht persönlichkeitsschädigend sein,
kein zu großer Umfang, dafür preiswert,
Lehrerporträts,
Hobbyseiten,
Kritik von Jugendzeitschriften, Büchern und Schallplatten.

Vorschlag für die Einleitung:

Unsere Schülerzeitung hat in den letzten Jahren mehrmals den Namen und den Redaktionsstab gewechselt. Häufig gab es Schülergruppen, die mit den einzelnen Ausgaben nicht zufrieden waren, es gab Konflikte mit dem Direktorat wegen des Inhalts, und immer wieder stürzen alle Schüler an die Verkaufsstände, wenn eine neue Zeitung erscheint. Weil ich erfahren habe, daß unsere Redakteure gerade wieder an der nächsten Nummer arbeiten, möchte ich mitteilen, was ich von einer guten Schülerzeitung erwarte.

Gliederung:

A) Schüler wollen auf ihre Schülerzeitung nicht verzichten.
B) Was ich von einer guten Schülerzeitung erwarte:
   I. Wünsche hinsichtlich der äußeren Gestaltung:
      1. das Titelbild
      2. die Seiten im Inneren
      3. die Einfügung von Werbeinseraten
      4. der Umfang und der Preis

II. Wünsche hinsichtlich des Stils:
   1. Rücksichtnahme auf verschiedene Altersstufen (Verständlichkeit)
   2. fundierte, wahrheitsgetreue, aber faire Berichterstattung
   3. Mut zur Kritik, aber keine verletzende Sprache
   4. sprachliche Richtigkeit

III. Wünsche hinsichtlich des Inhalts:
   1. Beiträge zum Leben an der eigenen Schule
   2. Fragen der Schulordnung, vielleicht mit Kommentierung
   3. Berichte über die Arbeit der SMV
   4. Lehrerporträts und -interviews
   5. Neuerscheinungen und Besprechungen auf dem Bücher- und Schallplattenmarkt
   6. Rätsel, Stilblüten, Hobbyseiten
   7. Allgemein: möglichst keine abgeschriebenen Beiträge

C) Zusammenfassung:

Die gute Schülerzeitung ist zugleich Informationsschrift, Diskussionsforum und Unterhaltungsmagazin und damit eine Bereicherung des Schullebens.

Wortschatz:
Zeitungsartikel, Beitrag, Bericht, Aufsatz, Kommentar, Leitartikel, Glosse, Abhandlung, Studie, Miszellen, Vermischtes, Essay, Abschnitt, Kapitel, Rubrik, Spalte, Kolumne, Seite, Blatt, Bogen

Der Inhalt der Schülerzeitung — Informativer Text

Aus der Analyse der Schülerzeitungen eines Regierungsbezirks (1976)

Die Anzahl der wirklich guten Artikel ist im Vergleich zum Vorjahr deutlich gestiegen: Recherchen wurden gründlicher gemacht, informierende Darstellungsformen orientierten sich an Aktualität und Allgemeininteresse, die Grundregeln für den Aufbau einer Mitteilung und für ihre Verständlichkeit wurden besser eingehalten. Überall war erfreuliche Objektivität festzustellen; nur gelegentlich wurde sie mit so großer Vorsicht eingesetzt, daß Langeweile entstand.

Auch die Kommentare waren fundiert und temperamentvoll geschrieben; nur

selten wurde am Horizont des Lesers vorbeikommentiert. Die Redaktionen vergewisserten sich durch wiederholtes Befragen der Schüler, daß ihre Zeitungen „ankamen".
Durchwegs Schwächen zeigten die Interviews. Hier wäre es an der Zeit, daß sich die Mitarbeiter, die Interviews durchführen, zuerst gründlich über die Praxis dieser journalistischen Form informieren (Deutschunterricht!): „Billige" Fragen führen zu Antworten, die jeder kennt; zu wenig kritisches oder auch zu unfreundlich bohrendes Fragen kann den Inhalt eines Interviews verfälschen.

Stichworte zu Punkten, die es zu verbessern gilt:

- Umfang: 80 oder 100 Seiten sind zu viel, sie werden nicht mehr gelesen; es empfiehlt sich die Aufteilung auf zwei Ausgaben.
- Raubdrucke: Bei ... wurde fast alles abgeschrieben, bei einer anderen Schülerzeitung drei Artikel.
- Verbalradikalismus;
- Unterhaltung: Sicher ließe sich außer Lehrerstilblüten und alten Witzen etwas Eigenes finden.

Die Abhandlungen über große weltpolitische Themen sind seltener geworden die Einsicht, daß sich hierfür die Tagespresse besser eignet, scheint sich durchgesetzt zu haben. Nur aus spürbarer, unmittelbarer Betroffenheit heraus erscheinen noch solche Artikel, aber auch diese sind an konkreten Ereignissen aufgehängt.
In viele Schülerzeitungen wurde ein Unterstufenteil aufgenommen, der großen Anklang zu finden scheint.
...
An einigen Schülerzeitungen zeigt sich deutlich, daß die Arbeitsgruppe Schülerzeitung das schulische Leben stärker mitgestaltet als die Einrichtungen der Schülervertretung. Schülermitverantwortung wird ernstgenommen.

Umfang und altersmäßige Streuung der Beiträge

Die Schülerzeitung ist eine Zeitung von Schülern für Schüler, und sie soll sich deshalb grundsätzlich mit allen Themen aus dem Lebens-, Erfahrungs- und Interessenbereich der 10- bis 20jährigen Jugendlichen befassen. In Schularten mit großer Altersstreuung wird sie sich bei der Auswahl der Beiträge stets auch von der *Rücksichtnahme auf jüngere Schüler* leiten lassen, die sich bei allzu theoretischen Auseinandersetzungen mit Problemen, welche lediglich die Anliegen z. B. einer Abschlußklasse oder Oberstufe berühren, naturgemäß wenig angesprochen fühlen. Die *Ermutigung und Anregung der unteren Klassen*, selbst Beiträge zu liefern und aktiv mitzuarbeiten, bleibt deshalb eine ständige Aufgabe für Lehrer und ältere Schüler.

Die Schülerzeitung mit ihrer Erscheinungsfolge von durchschnittlich drei Ausgaben im Schuljahr soll **kein Konkurrenzunternehmen zur Tageszeitung** sein, die jeden Tag neu über das aktuelle Geschehen auf lokaler, regionaler und Weltebene berichtet. Sie ist auch keine Fachzeitschrift, die einen begrenzten Leserkreis auf einem ganz speziellen Gebiet zu informieren sucht. Vielmehr lebt sie weitgehend vom direkten

Bezug zur einzelnen Schule und ihrer Umgebung

Es widerspricht dem Wesen der Schülerzeitung, wenn sie vorgefertigte Artikel schulfremder Autoren aufnimmt oder abdruckt. Immer wieder wenden sich kommerziell ausgerichtete Korrespondenzen, Informationsdienste oder Verlage an die Redaktionen, um sich auf diese Weise neue Absatzmöglichkeiten für ihre Veröffentlichungen zu erschließen. Dies birgt leicht die Gefahr in sich, daß die Schülerzeitung für außerschulische Zwecke mißbraucht wird; daneben verrät einfaches **Abdrucken Gedankenlosigkeit:** Sicher wird es nicht zu umgehen sein, daß fremde Artikel, vor allem Meldungen, als Grundlage zu Artikeln herangezogen werden, aber die eigentlich lohnende Aufgabe ist gerade die Neugestaltung des so gewonnenen Materials.

Zur Finanzierung unumgänglich ist die Aufgabe von **Werbeanzeigen** vor allem der ortsansässigen Firmen; allerdings sollte der Anzeigenteil in einem *vertretbaren Verhältnis zum Gesamtumfang* stehen. Die Schülerzeitung, die mit jedem Exemplar in der Regel drei bis vier Leser erreicht, sollte nicht lediglich aus Gründen der Kostensenkung zum billigen Werbeträger für die Geschäftswelt werden.

Gute Artikel beziehen sich auf ganz **konkrete Begebenheiten** und Umstände, über welche die Leser Näheres erfahren möchten; die Informationen sollen möglichst *aus erster Hand* kommen. Im Unterschied zu einer Tageszeitung verfügt die Schülerzeitung nicht über ein weitgespanntes Informationsnetz; Abhandlungen über allgemeine welt- oder gesellschaftspolitische Themen muß es deshalb vielfach an Frische, meist auch an Aktualität fehlen.

Zudem erfordert die kritische Darstellung politischer Fragen viel Fachwissen und eine tolerante Grundhaltung, welche die eigene Überzeugung durch die Gegenmeinung ergänzt; *für parteipolitische Werbung ist in der Schülerzeitung kein Raum*, weder im Text noch in den Anzeigen: Eine Schülerzeitung als

Instrument der politischen Propaganda ließe sich mit dem notwendigen Arbeitsklima der Sachlichkeit an der Schule nicht vereinbaren.
Die Mehrzahl der Schüler wünscht nicht allgemeine politische Themen in der Schülerzeitung; wer sich politisch informieren will, tut dies auf dem Zeitungsmarkt. Die Schüler erhoffen sich eine möglichst **vielseitige Auseinandersetzung** mit Ereignissen, die andere Zeitungen nicht aufgreifen, weil sie in erster Linie die Schüler einer **einzelnen Schule** berühren.

Den Schülerzeitungen bietet sich eine abwechslungsreiche Palette für die **inhaltlichen Möglichkeiten:**

- Beiträge zum Leben an der eigenen Schule;
- Berichte über besondere sportliche Leistungen oder soziale und kulturelle Tätigkeiten einzelner Mitschüler oder Arbeitsgruppen, über schulische oder örtliche Veranstaltungen, über Klassenfahrten;
- Fragen der Schulordnung oder die Schule besonders berührende Angelegenheiten, vielleicht mit Kommentierung;
- Erörterung neuer Entwicklungen in der Organisation der Schule;
- Besprechungen zu Neuerscheinungen auf dem Bücher- oder Schallplattenmarkt;
- die Vorstellung der Kandidaten für Schülersprecher-Wahlen;
- verschiedene Preisausschreiben und Wettbewerbe;
- die Wiedergabe eines Interviews – auch etwa mit dem Landrat, dem Bürgermeister – in einer nach Möglichkeit vom Befragten vorher durchgesehenen Fassung;
- Lehrerporträts;
- Anmerkungen aus der SMV-Arbeit;
- Leserbriefe von Schulangehörigen;
- selbstverfaßte Gedichte;
- der Abdruck eines zuvor überarbeiteten Textes einer deutschen Schulaufgabe über ein aktuelles Thema (mit Zustimmung des beteiligten Schülers und Lehrers);
- Rätsel; Humorvolles; Hobbyseiten; auflockernde Zeichnungen und Fotos.

Die Aufzählung dessen, was eine Schülerzeitung inhaltlich alles bringen kann, läßt sich eigentlich nicht abschließen. Maßstab sollte neben der Abwechslung in den Beiträgen, dem Interesse der Leser und der Freude an der Mitgestaltung stets die *Verantwortbarkeit* sein. Bei kritischen Artikeln, durch die sich namentlich genannte Personen später verletzt fühlen könnten, soll den Betroffenen vor dem Abdruck in der Schülerzeitung Gelegenheit zu einer

Stellungnahme gegeben werden. Übrigens sind die Tageszeitungen beim Nennen von Namen in solchen Fällen zurückhaltend.
Noch eine Anmerkung: Die Arbeitsgruppe Schülerzeitung kann mit Zustimmung der Schulleitung eine **Mitteilung** innerhalb der Schule verteilen, wenn sie z. B. werbend auf die demnächst erscheinende Ausgabe ihrer Schülerzeitung aufmerksam machen will oder wenn sie nachträglich unmittelbar zur letzten Nummer eine klärende Berichtigung veröffentlichen möchte. Zudem kann sie aus aktuellem Anlaß – denkbar wären die Berichterstattung über ein Sportfest, die Besprechung einer schulinternen Theateraufführung, der Abdruck von Leserzuschriften als Echo auf einen interessanten Artikel usw. – eine zusätzliche **Sondernummer** mit verringertem Umfang herausgeben. Ein solches Vorhaben ist allerdings nur dann zu empfehlen, wenn der zeitliche Abstand zur geplanten nächsten Nummer zu groß würde oder die beabsichtigte Herausgabe einer weiteren Schülerzeitung im laufenden Schuljahr aus irgendwelchen Gründen nicht mehr zustande kommt.

Graphik, Werbung, Druck
Organisation von der Planung bis zur Verteilung

Notizen zu den Schülerzeitungen eines Regierungsbezirks

Ein beratender Lehrer über die Erfahrungen eines Jahres:

In Graphik und Layout finden sich die auffälligsten Unterschiede in der Qualität der Schülerzeitungen ...
Die Mehrzahl der Schülerzeitungen bevorzugt das günstigere Format DIN A5; DIN A4 ist für die Gestaltung schwieriger ...
Die Aufmachung der Schülerzeitungen ist durchwegs anspruchsvoll, manchmal sogar ausgesprochen raffiniert (allerdings teilweise zu sehr auf Effekte angelegt) ...
Einer Reihe von Schülerzeitungen empfehle ich, sich einmal ausführlich mit Dingen wie Satzspiegel, Zeilenabstand, Randbreite, Textgliederung, Schriftformen und Schriftgrößen zu befassen: Teilweise ist der Rand zu weit nach außen gezogen; Seiten sind überfüllt, Absätze fehlen, die Illustration ist zu dürftig. – Genauso nötig ist die Kenntnis von Kontrastwirkung und Harmonie (richtiger Einsatz der Grundelemente Kreis, Waagerechte, Senkrechte, Schräge etc.) in der Flächenaufteilung und die Beachtung der Wirkung aufgeschlagener Doppelseiten ...

Zweifarbigkeit im Titelblatt erscheint nicht oft und ist manchmal nicht ganz ihr Geld wert. Oft ist die Titelseite unübersichtlich gestaltet; der Name der Schülerzeitung kann nur mit Mühe gelesen werden. Das Inhaltsverzeichnis gehört an den Anfang, nicht an den Schluß der Zeitung . . .

(Der Information und dem Erfahrungsaustausch dient die eintägige Aussprachetagung, die für die Gymnasien in den Aufsichtsbezirken der Ministerialbeauftragten einmal im Schuljahr stattfindet.)

Wenn im vorherigen Abschnitt davon ausgegangen wird, daß eine Schülerzeitung durch Abwechslung in der Auswahl ihrer Beiträge ihre Leser ansprechen soll, so gilt dies genauso für die graphische Gestaltung. Die graphische Form sollte nicht zufälliges Ergebnis der Bild- und Textmontage sein, sondern Gestaltung, die sich bewußt ist, welche Wirkung von einem guten **Layout** (Entwurf für die Zusammenstellung von Text und Bild) ausgeht. Die optische Qualität einer Schülerzeitung wird sich unmittelbar auf den Verkauf der Exemplare auswirken.

Für die Redakteure einer Schülerzeitung ist es oft schwierig, Hilfe und Rat in gestalterischen Fragen zu finden. Hier kann vor allem der **Kunsterzieher** wertvolle Hilfe leisten. Neben der *Analyse* der graphischen Gestaltung und der Werbewirksamkeit anderer Druckerzeugnisse (Illustrierte, Werbeprospekte usw.) können auch *Entwürfe* für ein ansprechendes Erscheinungsbild der eigenen Schülerzeitung im Kunsterziehungsunterricht erarbeitet werden.
Da es im vorgegebenen Rahmen nicht möglich ist, auf alle gestalterischen und technischen Fragen einzugehen, die bei der Herstellung einer Schülerzeitung auftauchen, sollen wenigstens einige allgemeine Hinweise gegeben werden.

Aushängeschild und werbewirksamster Teil einer Schülerzeitung ist die **Titelseite.** Gerade ihre Gestaltung sollte besonders genau überlegt werden, weil von ihr der stärkste Anreiz zum Kauf der Zeitung ausgehen muß. Fast alle Schülerzeitungen sind vom teureren Verfahren des Buchdrucks auf den billigeren Offsetdruck übergegangen. Da jedoch bei diesem Verfahren der Entwurf meistens über Photographie auf den Druckträger übertragen wird, sind eine überlegte Planung und eine sorgfältige Gestaltung und Montage hier besonders wichtig. Zwei Elemente sind es, von denen die Titelseite einer Zeitschrift geprägt wird: *Bild und Schrift.* Neben inhaltlichen und gestalterischen Überlegungen sollte bei der Auswahl der Bilder und Schrifttypen vor allem daran gedacht werden, daß die Informationen, die vermittelt werden sollen, *schnell und eindeutig ablesbar* sind. Die Titelseite der Schülerzeitung muß zum Blickfang werden.

Die Gestaltung der Seiten im Inneren der Zeitung wird durch die Anordnung von **Text** und **Bild** auf der zur Verfügung stehenden Fläche bestimmt. Hier bietet sich eine Fülle von Möglichkeiten, diese Anordnung zu variieren.

Oberstes Gebot muß es sein, *Eintönigkeit zu vermeiden* und den Inhalt in einer gestalterisch abwechslungsreichen und reizvollen Form darzubieten. Es muß jedoch bedacht werden, daß ein *Zuviel an verschiedenen Effekten* zu einer gegenseitigen Aufhebung der Wirkung und darüber hinaus zu einem optischen Chaos führen kann, das die Lesbarkeit und die Lust zum Lesen der Zeitung beeinträchtigt.

Dem „*Chefredakteur*" kommt die Aufgabe zu, die Arbeit der einzelnen Mitarbeiter und Gruppen innerhalb der Arbeitsgruppe Schülerzeitung zu koordinieren und dafür zu sorgen, daß **Arbeits- und Zeitpläne** eingehalten werden. Um dieses Ziel zu erreichen, wird bis zur Fertigstellung einer neuen Schülerzeitung eine Reihe von Redaktionssitzungen stattfinden müssen, in denen die Beiträge gesichtet und ausgewählt werden und die Gestaltung entworfen wird. Außerdem müssen die Unkosten für die Herstellung der Schülerzeitung und die voraussichtlichen Einnahmen aus Verkauf und Werbung verglichen werden. Wichtig ist, daß für den Abschluß all dieser Arbeiten ein verbindlicher Termin, der sog. **Redaktionsschluß,** festgelegt wird, um die Arbeit in der Redaktion zu straffen und die termingerechte Herausgabe der Schülerzeitung zu ermöglichen.

Das für die Schülerzeitung ausgewählte Text- und Bildmaterial wird nun zur fertigen Vorlage für die Druckerei zusammenmontiert (Klebebuch, Layout). Schwierigkeiten ergeben sich oft bei **Werbeinseraten.** Hier sollte vor allem bei sehr schlecht gestalteten Werbevorlagen versucht werden, eine bessere Lösung zu finden und sie dem Interessenten schmackhaft zu machen. Das mit der nötigen Legende (Auflagenhöhe, farbige Gestaltung des Umschlags usw.) versehene Klebebuch kann jetzt der *Druckerei* übergeben werden.

Erläutern Sie in einem Beitrag für die Schülerzeitung die Frage: Welche Möglichkeiten zur Mitgestaltung des schulischen Lebens haben die Schüler?

Schlüsselfragen:

Was bedeutet Mitgestaltung des schulischen Lebens?
Welche Möglichkeiten haben die Schüler zur Mitgestaltung?

Stoffsammlung:

1. Mitwirkung in der SMV
2. Planung von Schulpartys
3. Mitsprache bei der Stundenplangestaltung
   (aus schulorganisatorischen Gründen nicht möglich)
4. Vorschläge für den Wandertag
5. Organisation von Flohmärkten
6. Mitwirkung beim Schulforum
7. aktive und passive Wahl des Klassensprechers
8. Mitsprache bei der Auswahl von Lektüren im Deutschunterricht
9. Engagement für schulische Veranstaltungen
10. Mitplanung einer Studienfahrt
11. Wahl der Lehrer
    (aus schulrechtlichen Gründen nicht möglich)
12. sich für die Klasse und für Mitschüler einzusetzen
13. Gestaltung von Schaukästen für ein bestimmtes Unterrichtsthema
14. ältere Schüler können sich als Tutoren engagieren
15. Bildung von Arbeitsgruppen (z. B. Theater, Musik, Basteln, Elektronik)
16. Wahl des Verbindungslehrers (Vertrauenslehrers)
17. Wahl des Schülersprechers
18. Mitarbeit in der Schülerzeitung
19. Teilnahme am Schüleraustausch
20. . . .

Gedankenordnung:

Welche Punkte der Stoffsammlung haben eine engere Verbindung?

1. und 6.	Überschrift?
2. + 5. + 9. + 14. + 15. + 18. + 19.	Überschrift?
4. + 7. + 8. + 10. + 12. + 13.	Überschrift?

Gliederung:

A. Schule wird nicht zum notwendigen Übel, wenn mehr Schüler die Möglichkeiten zur Mitgestaltung des schulischen Lebens wahrnehmen.

B. Welche Möglichkeiten haben die Schüler, das schulische Leben mitzugestalten?

I. Mitwirkung in der Klassengemeinschaft:
   1. aktive oder passive Wahl des Klassensprechers
   2. positive Beeinflussung der Klassengemeinschaft
   3. Einsatz für Mitschüler
   4. Mitgestaltung des Unterrichts
   5. Mitplanung von Wandertagen bzw. Studienfahrten

II. Mitwirkung bei Schülervertretungen:
   1. aktive oder passive Wahl der Schülersprecher
   2. Wahl des Verbindungslehrers
   3. Mitarbeit in der SMV (Schülermitverantwortung)
   4. Mitwirkung beim Schulforum

III. Einsatz für die schulische Gemeinschaft außerhalb der Schülervertretung:
   1. Engagement für Arbeitsgruppen und schulische Veranstaltungen, die von Schülern geplant werden
   2. Mitwirkung bei Ordnungs- und Hilfsdiensten
   3. Tutorentätigkeit älterer Schüler
   4. Beteiligung an der Schülerzeitung

C. Wie wurden diese Möglichkeiten bisher an unserer Schule verwirklicht, und was sollte verstärkt bzw. verbessert werden?

Ausarbeitung:

A) Immer wieder werden Klagen laut über die „inhumane Schule". Auch in unserer Schülerzeitung klingt diese Auffassung häufig durch. Muß denn die Schule für die meisten von uns wirklich als notwendiges Übel betrachtet werden? Ich glaube nicht! Denn es gibt verschiedene Möglichkeiten für jeden von uns, die Schule nicht bloß als Stätte der Wissensvermittlung und Prüfungen zu sehen, sondern als Ort, wo das Zusammenleben von vielen Menschen geübt und gestaltet werden kann. Wie und in welchen Bereichen können sich also Schüler in dieser Hinsicht betätigen?

B) Das allgemeine Klima einer Schule wird vor allem bestimmt von den einzelnen Klassengemeinschaften. Für deren Gelingen sind fähige Klassensprecher sehr wichtig. Es muß nicht der oder die Klassenbeste sein, sondern jemand, der es versteht, unter den Schülern oder zwischen Schülern und Lehrern am besten zu vermitteln. Er muß die Auffassungen der Klasse sicher vertreten können, ohne überall gleich „anzuecken". Deshalb hat bei der Wahl jeder einzelne Schüler eine wichtige Aufgabe.

Eine Klassengemeinschaft wird meistens auch dann gelingen, wenn sie zusammen mit den Lehrern gepflegt wird. Gute Lehrer helfen, daß Konflikte, die in der Klasse auftreten, friedlich bereinigt werden. Jeder Schüler kann die Klassengemeinschaft positiv beeinflussen, wenn er versucht, die eigenen Interessen hinter das Gesamtwohl der Klasse zu stellen. Das ist häufig nicht leicht. Es gibt immer wieder unverbesserliche Egoisten, die jegliche Rücksichtnahme vermissen lassen. Da schwänzelt einer scheinheilig um den Lehrer herum, obschon es angebracht wäre, daß die Klasse eine gemeinsame Haltung gegenüber dem Lehrer einnimmt. Oder aber es gibt lautstarke Typen, die bestimmen, was Klassengemeinschaft ist, und ihre Vorstellung nach Art von Bandenführern den anderen aufzwingen wollen. Die Klassengemeinschaft erfordert zu ihrer Verwirklichung die Bereitschaft des einzelnen, sich für die Mitschüler einzusetzen. So können z. B. die Klassenbesten den Leistungsschwachen bei der häuslichen Unterrichts- und Prüfungsvorbereitung helfen. Kranke Schüler können besucht und über den Unterricht informiert werden. Auch die Mitwirkung bei der Gestaltung des Unterrichts ist für die Entwicklung der Klassengemeinschaft wichtig. So können Schüler der achten bis dreizehnten Jahrgangsstufe Vorschläge und Wünsche bei der Auswahl der Lektüre für den Unterricht in Deutsch und in den Fremdsprachen vortragen. Ein aufgeschlossener Lehrer wird auch brauchbare Anregungen zur Methode des Unterrichts nicht einfach übergehen. Spaß macht es sicher, wenn Schüler sich bereit finden, bestimmte Unterrichtsgebiete durch Ausstellungen in den Schaukästen zu veranschaulichen. Weil für die Klassengemeinschaft Ausflüge, Studienfahrten, Schilager oder Schullandheimaufenthalte besonders wichtig sind, sollten die Schüler bei der Planung dieser Veranstaltungen aktiv mitarbeiten.

Das Recht, das Leben der Schule mitzugestalten, findet also in der Klasse breiten Raum. Für die gesamte Schülerschaft bekommen eine besondere Bedeutung die Schülervertreter.

Jeder einzelne Klassensprecher hat z. B. eine wichtige Aufgabe bei der Wahl des Verbindungslehrers, der ja in Konfliktfällen mithelfen soll, die Interessen der Schüler zu vertreten. Aus der Mitte der Klassensprecher und deren Stellvertreter werden die Schülersprecher gewählt. Diese sind die ersten Vertreter der Schüler gegenüber Schulleitung, Lehrerkonferenz und Eltern. Sie bilden den Schülerausschuß und nehmen damit die Interessen der Schülerschaft im Schulforum wahr. Die Möglichkeiten, mit denen das Schulforum das Schulleben beeinflussen kann, sind bedeutsam. So muß dieses Gremium bei der Erstellung der Hausordnung oder zu wesentlichen Fragen der Schulorganisation gehört werden. Bei uns spielte im letzten Jahr die Meinung des Schulforums bei der geplanten Neuregelung der Pausenordnung eine wichtige Rolle. Besonders gut finde ich es, daß unsere SMV die Schüler seit etwa fünf Monaten in einem Mitteilungsblatt über aktuelle Ereignisse und Pläne, die das Schulleben betreffen, informiert. Damit überzeugt sie uns von ihrer Bedeutung, und wir sehen, daß sich möglichst viele für die Einrichtungen der Schülervertretung zur Verfügung stellen sollten. Die aufgewandte Zeit lohnt sich, und man hat auch etwas davon, weil man lernt, wie man vor einer größeren Gruppe auftritt, wie man verhandelt, wie man Interessen und Ansichten der anderen erkennt und gegeneinander abwägt. Durch solche Tätigkeiten wird verhindert, daß die Schule nur ein Ort der Pflichterfüllung wird.

Jeder einzelne kann aber auch außerhalb der Schülervertretung das schulische Leben entscheidend mitgestalten. Gerade unsere Schule bietet viele Möglichkeiten, sich neben dem Pflichtunterricht sportlich, geistig und musisch zu betätigen. Unsere Theatergruppe, der Schachclub, die Arbeitsgemeinschaft „Schulcomputer“, der Schulchor sind eine echte Bereicherung unseres schulischen Lebens. Wichtig und erfreulich ist auch, daß viele Schüler durch die Organisation von Flohmärkten und Basaren dazu beitragen, die Not hilfsbedürftiger Menschen zu lindern. Ein leidiges Kapitel ist die Sauberkeit in unserem Schulhaus. Nach einem Aufruf in der SMV-Broschüre erklärten sich viele von uns bereit, bei den zahlreichen Schulpartys Ordnungsaufgaben zu übernehmen. Wir alle haben eingesehen, daß sich solche Veranstaltungen in der Schule nur durchführen lassen, wenn der Ablauf bei aller Fröhlichkeit ohne Rowdytum abläuft und die Aula danach sauber ist. Besonders positiv zu bewerten ist die Tatsache, daß sich Schüler zusammenfanden, um einen Sanitätsdienst zu bilden, der schon einige Male Erste Hilfe leisten konnte.

Wer von den älteren Schülern sich besonders für die Probleme der jüngeren interessiert, hat die Möglichkeit, sich als Tutor um die Schüler der Unterstufe zu kümmern.

Ein beliebtes Organ, das schulische Leben mitzugestalten, ist die Mitarbeit bei der Herausgabe der Schülerzeitung. Gerade am persönlichen Erfahrungsbereich „Schule“ gibt es viel zu kritisieren und konstruktive Anregungen zu geben. Der reißende Absatz der Schülerzeitung zeigt am besten, wie sehr Schüler am Geschehen interessiert sind, das sich in der Schule neben der bloßen Wissensvermittlung abspielt.

C) An unserer Schule werden sicher viele meiner Vorschläge verwirklicht. Freilich wird das schulische Leben nur dann interessant bleiben, wenn neue Ideen verwirklicht werden. So könnten neue Arbeitsgruppen gebildet werden, z. B. ein Filmclub. Der internationale Schüleraustausch sollte verstärkt werden. Am „Tag der offenen Tür“ sollten die vielen Kaffee- und Teestuben zugunsten anspruchsvollerer Vorstellungen reduziert werden. Schulleitung und SMV haben das nächste Schulfest für Ende Februar geplant.

(9. und 10. Klasse)

Welche Möglichkeiten bietet das „Tutorensystem“ am Gymnasium?

(Aus einer Informationsbroschüre einer SMV)

A) In vielen Gymnasien haben seit einigen Jahren Tutoren eine interessante Tätigkeit gefunden. Unter Tutorensystem ist eine Betreuung von Unterstufenklassen durch Schüler aus der Mittel- und Oberstufe zu verstehen. Meistens beschäftigt sich ein kleines Team von zwei oder drei Tutoren zusammen mit einer Klasse. Die Tutorenstunden finden wöchentlich oder auch in größerem Abstand außerhalb der Unterrichtszeit statt.

A) **Einleitung:**
Definition „Tutorensystem“ – Was ist das?

B) Die Tutoren wollen es dem Unterstufenschüler erleichtern, sich am Gymnasium räumlich und geistig zurechtzufinden. Zu diesem Zweck informiert der Tutor seine Schützlinge über die Organisation ihres Gymnasiums und über die Leute, die darin arbeiten. Dies läßt sich z. B. durch ein lustiges Schulhaus-Suchspiel erreichen. Dabei

B) **Hauptteil:**
Erörterung = ausführliche Beantwortung der Leitfragen:
1. Welche Ziele hat sich das „Tutorensystem“ gesetzt?

müssen verschiedene Gruppen bestimmte Fach- oder Verwaltungsräume suchen, andere befragen eine Sekretärin oder den Direktor über deren Tätigkeit. Damit wird den jüngeren Schülern besonders an einer großen Schule Orientierungshilfe geleistet.

2. Welche Möglichkeiten hat der einzelne Tutor, seine Aufgaben zu erfüllen?

„Orientierungshilfe"

Nun will der Tutor dem Unterstufenschüler helfen, die „neue" Schule Gymnasium als seine Schule zu erleben und die Klasse, die er besucht, als seine Klasse zu akzeptieren. Die Schüler sollen sich kennenlernen, sich näherkommen und sich als Gemeinschaft sehen. Darüber hinaus zeigt er ihnen aber auch, wo und wie sich der einzelne in der Schule engagieren kann. Er erklärt ihnen die Aufgabe der SMV oder die Stellung des Verbindungslehrers.

„Integrationshilfe"

Wichtig ist es, die Schüler zu veranlassen, gemeinsam etwas zu unternehmen. So kann der Tutor z. B. den Unterstufenklassen bei der selbständigen Planung und Durchführung eines Faschingsfestes helfen.

Das wichtigste Aufgabenfeld bietet sich für den Tutor aber in dem Bemühen, zusammen mit der Klasse bessere Formen des Miteinander-Umgehens und Aufeinander-Eingehens zu entwickeln. Bei verschiedenen Veranstaltungen und Aussprachen gibt es Möglichkeiten, den Schülern zu zeigen, wie man Konflikte gewaltfrei austragen und Toleranz zeigen kann. Der einzelne wird lernen, wie er seine Interessen artikulieren kann und doch auf andere Rücksicht nimmt, Gefühle äußert, ohne andere zu verletzen.

„Sozialisationshilfe"

So leisten die Tutoren einen wichtigen Beitrag zur Entwicklung der Klassen- und Schulgemeinschaft. Angelegenheiten, die alle in der Gruppe angehen, werden gemeinsam erledigt, Außenseiter müssen vor noch stärkerer Isolierung bewahrt werden.

C) Das Tutorensystem geht also aus von der Schule als einem Ort, an dem nicht nur Wissen, sondern auch die Fähigkeit zum Leben und Handeln in der Gemeinschaft vermittelt werden soll, als einem Ort zum Erwerb sozialer Handlungsfähigkeit. Die Schule soll somit dem Schüler helfen, mit sich und seiner Umwelt besser zurechtzukommen.

C) **Schluß:** Zusammenfassung

Vor vier Wochen begann in Sachsen-Anhalt das neue Schuljahr / Erste Bilanz: Startschwierigkeiten ja, aber von Chaos keine Rede

Einsen soll es künftig weniger geben

Er habe jetzt immerhin schon vier der neuen Lehrbücher für das fünfte Schuljahr, teilte der Magdeburger Schüler Martin S. zu Beginn der vierten Schulwoche seiner Mutter mit. Sein Bruder in der dritten Klasse weist erst Lese- und Musikbuch vor. Doch aus solchen Startproblemen an sachsen-anhaltischen Schulen wie auch in anderen ostdeutschen Ländern das Chaos herbeizureden, hält der Direktor des Magdeburger Gymnasiums Hegelstraße, Konrad Woitag, für törichten Medienrummel. Das erste Schuljahr nach der Schulreform sei ordentlich angelaufen. Allerdings habe der Landeskultusminister daran den geringsten Anteil. „Die Hälfte unserer Lehrer hat auf den Sommerurlaub verzichtet."

Da das Schulgesetz erst im Mai verabschiedet wurde, die neuen Rahmenrichtlinien gar Mitte Juni eintrafen, hatten die Lehrer auch erst kurz vor der Sommerpause einen Fahrplan für das in DDR-Schulen unbekannte Kurssystem zur Hand. 90 Schüler der elften Klassen am Gymnasium Hegelstraße meldeten, wenige Tage bevor sie in die Ferien reisten, ihre Wünsche für Leistungskurse und Wahlpflichtfächer an. Zwei Pädagogen mühten sich bis zum ersten Klingelzeichen nach dem Sommer, Wünsche und Realitäten in Stundenplänen zu vereinen. Nicht zu vergessen – alles mit Lineal und Schreibmaschine, denn Computer gehören nicht zur Grundausstattung einer ostdeutschen Schule.

„In den alten Bundesländern plant man ein ganzes Jahr im voraus", vergleicht der Direktor. Nun hagelt es bei ihm Beschwerdebriefe von Mutter X oder Vater Y, warum der Sohn oder die Tochter statt des erwünschten Biologiekurses Chemie belegen muß. Das Schlimmste für Konrad Woitag ist jedoch, daß er nicht einmal weiß, ob die jetzt gültige Form des Kurssystems auch noch im kommenden Schuljahr angewendet wird.

Zur Zeit wird an den Schulen Sachsen-Anhalts mit einem kombinierten Kurssystem gearbeitet. Der Schüler wählt zwei Leistungs- und einen Grundkurs aus den Gebieten Mathematik, Fremdsprachen und Naturwissenschaften. Hinzu kommen Deutsch und Geschichte als Pflichtfächer und als Wahlpflichtfächer Kunsterziehung oder Musik, Geographie oder Sozialwissenschaften, Religion oder Ethik. Die Weltanschauung allerdings bleibt in diesem Schuljahr noch draußen – für

Religion wie für Ethik gibt es bis dato weder Fachlehrer noch Weiterbildungsangebote.

Bei der Bildung neuer Klassenverbände aus 900 Magdeburger Mädchen und Jungen hat der junge Direktor Woitag noch mehr beachten müssen. Ein Teil der Kinder kommt aus Schulen, an denen bereits ab Klasse drei nach dem Lehrplan der Fünften Russisch unterrichtet worden war. In den neu zusammengestellten oberen Klassen sprechen einige Schüler bereits Englisch, die anderen aber Französisch oder Latein, und ihre Wünsche für die Zweitsprache gehen dementsprechend ebenfalls auseinander. Deshalb muß der Direktor in manchen dieser Klassen zwei Fachlehrer für ein Fach einsetzen und diesen Unterricht von seinem Etat an Anrechnungsstunden abbuchen.

Innerhalb weniger Junitage hatten die Lehrer in Sachsen-Anhalt aus einem Wälzer mit einem ihnen weitgehend unbekannten Literaturangebot den optimalen Bücherzettel zusammenzustellen. Der einzige DDR-Verlag, Volk und Wissen, galt als altlastig. Doch er war einer der wenigen, die prompt liefern konnten. Sollte sich nun noch ein Buch als Mißgriff herausstellen, ist die Schule vier Jahre daran gebunden. Denn laut Schulgesetz sind alle Lehrbücher für die Schüler kostenlos, müssen aber vier Jahre lang weitergereicht werden.

In Mathematik scheint dieses Problem nichtig. Konrad Woitag, Mathematikfachlehrer, hat inzwischen festgestellt: „Ein dreiviertel Jahr Vorlauf gegenüber West-Schulen hatten wir hier mit unserem Matheunterricht." So müßten die Schüler der Fünften also eigentlich aus einem Lehrbuch der Sechsten rechnen. Auch in den naturwissenschaftlichen Fächern sei der Unterricht im Osten fortgeschrittener gewesen, was mit dem zwölf- statt 13jährigen Schulunterricht zusammenhängen mag.

Sachsen-Anhalts Schulgesetz regelt mittlerweile, daß die Landeskinder weiterhin am Ende der zwölften Klasse ihr Abitur machen. Daß künftig weniger Einsen auf dem Zeugnis stehen, wird eine neue Erfahrung für Schüler wie Lehrer werden. Direktor Woitag begrüßt den veränderten Zensurenspiegel: „Wir müssen von den vielen Einsen wegkommen, sonst zeigt man in den alten Ländern mit dem Finger auf unsere Abiture." Doch wie man jetzt mit sechs statt bisher fünf Zensuren gerecht die Leistungen beurteilt, müssen die Lehrer erst lernen. Man wird sich zusammensetzen und die Meßlatte genau einteilen.

Der reduzierte Stellenplan für ostdeutsche Schulen wird nicht nur von Direktor Woitag als „unglaublich eng" eingeschätzt. Zwar liegt die Schüler-Lehrer-Relation mit 1:12 noch besser als die westdeutsche von 1:15, aber zu Vorwendezeiten kamen auf einen Pädagogen nur neun Schüler. Klassenstärken von jetzt mindestens 30 Schülern galten in DDR-Zeiten als glücklich überwunden. Auch noch niemals zuvor habe es derart viele Ausfallstunden gegeben, für die keine Vertretung gefunden werden kann. Sollten nun noch Kollegen bei der jetzt laufenden Überprüfung auf eventuelle Stasi-Kontakte „durch das Sieb fallen", fürchtet der Direktor um qualifizierte Fachkräfte als Nachrücker. Bisher sind nur wenige Einzelfälle bekanntgeworden, allerdings hat Kultusminister Sobetzko davon gesprochen, daß nach seiner Schätzung jeder 20. Lehrer eine Stasi-Vergangenheit haben könnte. Mit „West-Importen" rechnet man in Sachsen-Anhalt erst, wenn es mehr Geld gibt.

Ob Gymnasium oder Realschule, ostdeutsche Pädagogen werden wegen nicht anerkannten Qualifizierungsnachweises für die Abiturstufe zur Zeit noch einheitlich bezahlt und gehen nach wie vor mit 1000 Mark monatlich nach Hause.

Ute Semkat

Aggressions-Abbau Hicks

Jung und alt – wie stellt sich dieses Spannungsproblem von Ihrem Standpunkt aus dar?

Diskussion

Lehrer: Wodurch wird das Verhältnis zwischen jung und alt geprägt, das in der Regel als Generationenproblem oder Generationenkonflikt umschrieben wird?
Bernd: Vielleicht müssen wir zunächst einmal klären, was wir unter „alt" verstehen. Es gibt Leute, die sind mit 30 Jahren schon so alt, daß sie mit Jugendlichen keine Gesprächsbasis mehr finden. Andere sind viel älter, aber man kann mit ihnen vernünftig reden. Das Alter allein ist noch nicht ausschlaggebend dafür, ob es zwischen Jugendlichen und Eltern Probleme und Konflikte gibt.
Lehrer: Zur Konkretisierung: Wenn wir vom Verhältnis zwischen jung und alt reden, dann meinen wir den Abstand einer Generation, das sind also etwa 30 Jahre.

Wie ist das denn nach Eurer Erfahrung? Was stellt Ihr Euch unter dem Begriff Generationenproblem oder -konflikt vor? Beurteilt Ihr das Verhältnis aus eigener Erfahrung? Oder übernehmt Ihr einfach den Begriff, weil er halt gebraucht wird?

Roland: Probleme gibt es sicher, und jeder hat dafür wahrscheinlich einige Beispiele, die er selbst erlebt hat. Eine typische Meinung vieler Eltern ist die: Früher gab es das oder jenes nicht, also ist das auch heute nicht notwendig. Wenn dies die allgemeine Grundeinstellung ist, dann sind Gespräche schwierig.

Rosina: Diese generelle Einstellung erlebe ich weniger. Bei uns heißt es statt dessen oft: Das ist meine Meinung, und deshalb wird das jetzt auch so gemacht.

Lehrer: Wenn Eltern ihre Meinung durchsetzen wollen, wird dann sachlich argumentiert? Oder sagen sie einfach: Ich weiß das besser, weil ich älter bin?

Rosina: So direkt wird das nicht gesagt, aber indirekt ist es oft so. Es wird ein Machtwort gesprochen.

Roland: Ich finde, die Autorität der Eltern spielt eine große Rolle. Manchmal wollen sie zeigen, daß sie die Erziehungsberechtigten sind. Aber natürlich gibt es auch Fälle, in denen sie sich überzeugen lassen.

Hannes: Wir müssen, glaube ich, in unserer Diskussion auch berücksichtigen, wie unsere Eltern erzogen wurden. Verglichen damit haben wir heute mehr Freiheiten. Sie lassen zumindest bei Äußerlichkeiten mehr zu, beispielsweise was die Kleidung, die Frisur oder die Gestaltung des eigenen Zimmers angeht.

Sabine: Schwierigkeiten kommen einfach oft daher, daß Jugendliche auch berechtigte und begründete Meinungen der Erwachsenen nicht anerkennen wollen. Sie wollen eigene Erfahrungen machen, selber experimentieren.

Lehrer: Muß man dabei nicht differenzieren? Ein kleines Kind muß ja nicht erst unter ein Auto kommen, um zu beurteilen, wie das ist.

Sabine I.: Das ist ja ganz klar. Aber Eltern müssen berücksichtigen, daß ihre Kinder immer größer werden und daher auch immer mehr Selbstverantwortung übernehmen können. Der Vertrauensvorschuß der Eltern an die Kinder muß also mitwachsen.

Sabine II.: Das ist genau richtig. Es ist doch komisch, daß man mit 18 Jahren auf einmal volljährig wird, auf einmal Rechte und Pflichten hat. Wenn man nicht schon vorher, mit 15 oder 16 Jahren, für bestimmte Bereiche Verantwortung übernehmen kann, dann kann man es mit 18 nicht schlagartig. Man muß eben auch lernen, Verantwortung zu übernehmen. Das geht nicht von alleine und nicht von heute auf morgen.

Lehrer: Haben Erwachsene eigentlich Vorurteile gegenüber Jugendlichen, die durch die Kleidung hervorgerufen werden?

Roland: Ich glaube, der Satz „Kleider machen Leute" gilt auch heute noch.

Sabine: Das hängt von den Erfahrungen der Älteren ab. Sicher urteilen viele nur nach dem Äußeren eines Menschen. Das gilt auch für Jugendliche. Es sollte aber klar sein, daß die Kleidung eines von vielen Zeichen der Persönlichkeit ist, eine Aussage über einen Menschen, aber nicht die einzige.

Hannes: Tramper werden heute eher mitgenommen als früher. Deshalb glaube ich, daß das Äußere keine so große Rolle mehr spielt.

Nadja: Eine gewisse Ästhetik sollte schon gewahrt werden. Auf jeden Fall soll aber auch bei der Bekleidung der persönliche Stil durchkommen.

Lehrer: Gibt es in der Schule Probleme dadurch, daß die Lehrer viel älter als die Schüler sind?

Bernd: Wir haben Lehrer verschiedenen Alters. Deshalb meine ich, daß das Alter des Lehrers im Verhältnis zu den Schülern eine Rolle spielt. Ein alter Lehrer, der kurz vor der Pensionierung steht, kann schnell geschockt sein. Mit Lehrern im mittleren Alter komme ich viel besser aus. Die ganz jungen Lehrer gehen auch mit uns Bier trinken. Mit denen verstehen wir uns ganz gut.

Roland: Bei dieser Kumpelhaftigkeit müssen die jungen Lehrer aber damit rechnen, daß man sie nicht mehr so ernst nimmt. Es kommt beispielsweise dann schneller vor, daß die Schüler versuchen, eine Arbeit hinauszuzögern oder weniger Hausaufgaben zu bekommen.

Angelika: Ich habe bei älteren Lehrern nicht so schlechte Erfahrungen gemacht wie Bernd. Ich finde, sie sind gelassener und wägen ihren Standpunkt ruhiger ab.

Petra: Das finde ich auch. Junge Lehrer, die vielleicht schnell nachgeben, werden ausgenutzt.

Bernd: Grundsätzlich finde ich, daß sich Jugendliche und Erwachsene mehr miteinander befassen sollten, mehr Zeit haben sollten. Wenn ich an unsere Gruppe oder an andere Gruppen denke, wo ja ein erwachsener Gruppenleiter dabei ist, dann finde ich das gut, weil man hier miteinander ins Gespräch kommt, auch wenn nicht in jedem Fall die Meinung übereinstimmt. Aber wir werden als Gesprächspartner ernstgenommen. Es gibt zu wenig Erwachsene, die das tun.

Sabine: Oft macht der Ton die Musik. Je nachdem wie Eltern etwas sagen, rufen sie eine Trotzreaktion hervor und blockieren so den Austausch von Argumenten.

Christine: Jugendliche und Eltern sollten gegenseitig ihre Eigenheiten akzeptieren. Manchmal gibt es halt verschiedene Wellenlängen, so daß das Gespräch schwierig ist.

Daniel: Meistens gibt es ja in Kleinigkeiten Differenzen, wenn ich zum Beispiel zu spät nach Hause komme oder nicht mitgehen möchte zu einem Kaffeekränzchen. Aber da haben wir uns geeinigt: Ich gehe mit, aber das Kaffeekränzchen dauert nicht so lange.

Gabi: Meine Mutter sagt, ich soll so sein wie meine Freundin. Aber das geht nicht. In vielen Punkten bin ich eben anders, und in vielen Fragen habe ich eine andere Meinung. Es ist sicher nicht besonders glücklich, wenn einem die eigene Freundin als Vorbild präsentiert wird.

Rosina: Jugendliche wollen von Erwachsenen nicht überredet werden, sondern sie wollen das vorgelebte Beispiel.

Sabine I.: Wichtig ist, daß Erwachsene und Jugendliche auch füreinander Zeit haben. Bei mir ist es so, daß am Freitagabend meine Mutter und ich uns über die Dinge unterhalten, die sich im Lauf der Woche angesammelt haben. Auf diesen Abend freue ich mich immer.

Daniel: Wenn ein wichtiges Thema vorliegt, dann kann ich mich auf jeden Fall mit meinen Eltern darüber unterhalten.

Bernd: Das ist bei mir auch so. Aber es gibt eben einige Konfliktpunkte: Freund, Freundin, Mofa, Ausgehen, Bier trinken, Taschengeld.

Lehrer: Welche Wünsche habt Ihr an die Erwachsenen?

Roland: Wir sollten gegenseitig offener sein.

Sabine II.: Mehr Verständnis dafür, daß es verschiedene Interessen gibt.

Ute: Mehr Vertrauen.

Christine: Mehr Zeit zur Aussprache.

Bernd: Es sollte mehr Erwachsene geben, die in Gruppen mitarbeiten.

Hannes: Wir sollten lernen, auch Kompromisse zu schließen.

Uli: Gegenseitiges Vertrauen ist besonders wichtig.

Nadja: Wir sollten lernen, Fehler zu ertragen.

Angelika: Ich wünsche mir mehr Verständnis.

Gabi: Eltern sollten sich auch einmal der Jugend anpassen und die Anpassung nicht allein von der Jugend erwarten.

Lehrer: Dieser Gedankenaustausch ist eine Bereicherung für die Gruppe, auch wenn daraus nicht sofort ein Nutzen gezogen werden kann. Wir sollten mehr miteinander reden, mehr aufeinander eingehen, uns mehr Zeit für Probleme nehmen.

Sabine I.: Vorurteile, die es bei Jugendlichen und Erwachsenen gibt, sollten abgebaut werden.

Daniel: Die Eltern sollten auch mit der Zeit gehen.

Petra: Man sollte sich mehr entgegenkommen als früher.

Rosina: Ich finde es wichtig, wenn man gemeinsam mit den Eltern etwas unternimmt, zum Beispiel Ausflüge, um sie auch von einer anderen Seite kennenzulernen.

Sabina: Es wurden so viele Wünsche an die Erwachsenen geäußert, daß für mich keiner mehr übrigbleibt.

Vorschlag: Erstellen Sie aus den Argumenten der Diskussion eine Stoffsammlung und eine Gliederung zu dem Thema!

Besteht nach Ihrer Erfahrung ein Graben zwischen den Generationen, und wie kann er überbrückt werden?

A. Versuchen Sie, die folgenden Einleitungen zu verbessern!

I

„Die Jugend hat keine Tugend!“ hieß es schon vor hundert Jahren. Und heute sagen die Alten: „Die Jugend hat keine Ideale mehr! Wir in unserer Jugendzeit . . .“ Dieses Mißverständnis besteht, das ist eine Realität. Wie kann es zu einem Verständnis zwischen den Generationen kommen?

II
Der Graben besteht, wie sich jeder bei den Auseinandersetzungen in den politischen Parteiversammlungen überzeugen kann. Hier Jusos und SPD, dort Junge Union und CDU/CSU, da Judos und FDP. Manchmal wird der Graben unüberbrückbar, dann befehden sich Junge und Alte. Sollte man nicht doch versuchen, eine Brücke zu schlagen?

III
„Meine Eltern verstehen mich nicht!" klagt so mancher Sohn. „Unsere Lehrer haben keine Verständnis für uns!" schimpft so mancher Schüler. Wie könnte man zu einem gegenseitigen Verständnis kommen?

Die Einleitung soll kurz sein, nur zum Thema hinführen. Deshalb soll man nicht zu weit ausholen. Man braucht sonst zu lange, um zum Thema zu kommen.

B.

I. Anzeichen dafür, daß ein Graben zwischen den Generationen besteht:
   1. ....
   2. ....
   3. ....
   4. ....
   5. ....
   6. ....

II. Gründe für die Entfremdung:
   1. ....
   2. ....
   3. ....

III. Möglichkeiten, den Graben zu überbrücken:
   1. ....
   2. ....
   3. ....
   4. ....

Vorschlag: Versuchen Sie, nach dieser Hauptgliederung die Untergliederung zu erstellen.
(Sie können den folgenden Leserbrief zu Hilfe nehmen, dabei jedoch Ihre eigene Meinung behaupten.)

C. *Versuchen Sie, einen eigenen Schluß zu schreiben!*

I
Der Graben kann nicht überbrückt werden, wenn nur von einer Seite an der Brücke der Verständigung gebaut wird. Brückenschlag von beiden Seiten! Das ist die Forderung.

II
Spannungen zwischen den Menschen hat es immer gegeben und wird es immer geben. Verhandlungen mit guten Vorsätzen helfen, die Spannungen abzubauen. Auch wenn es einmal zu einer Entladung, zu einem Gewitter kommt, stürzt der Himmel nicht ein und fällt die Welt nicht zusammen. Aber Dauerspannungen führen zu Kriegen, nicht nur zwischen den Völkern.

III
Es muß doch eine Brücke geben! Jugend und Alter sind aufeinander angewiesen. Die Jungen von heute werden die Alten von morgen sein, und die Alten von heute waren gestern die Jugend. Beide sollten öfters daran denken.

Welcher Schluß gefällt Ihnen am besten? Welchen wollen Sie verbessern? Vergleichen Sie die Möglichkeiten für einen Schlußgedanken S. 40!

Graben zwischen den Generationen **Leserbrief**

Zum Artikel „Diese jungen Fremden“ in der SZ vom 28./29. 11.:
Beim Lesen des Berichts über die Jugendstudie drängt sich die Frage nach den Ursachen auf. Warum leben viele Jugendliche wie Fremde unter uns? Von den mannigfachen Gründen scheinen mir drei wesentlich zu sein.
1. Die jungen Leute sind von Anfang an im Wohlstand aufgewachsen und mit materiellen Gütern verwöhnt worden. Viele bekamen jederzeit, was sie wollten, durften tun, was ihnen beliebte, lernten keine Pflichten und keine wirkliche Anstrengung kennen. Sie haben nie geübt, freiwillig auf etwas zu verzichten

oder es mit ausdauerndem Fleiß zu erwerben. So kommt es, daß sie unfähig sind, Einschränkungen zu ertragen und Verantwortung auf sich zu nehmen.

2. Eine sogenannte emanzipatorische und progressive Bildung hat Schüler und Studenten hauptsächlich das Verneinen, Kritisieren und „Hinterfragen" aller überlieferten Werte und Verhaltensmuster beigebracht, ohne ihnen eine bessere Antwort auf die Sinnfragen zu liefern. Es fehlt die Orientierung, der Halt an bleibenden, tragenden Ordnungen und Lebenswerten. Die Realität wird ausschließlich an Utopien gemessen und folglich abgelehnt. Wenn man nicht das Ideale erreichen kann, „steigt man aus" oder ist beleidigt und hält es für höheres Recht, das Bestehende zu zerstören.

3. Zu Lebensschwäche und Selbstbemitleidung einerseits, moralischer Arroganz andererseits kommt dann das Entsetzen über tatsächliche Mißstände: Zerstörung der Umwelt, Wachstumsideologie, Vergötzung des Konsums, Verödung der Familien usw. So versuchen die Jugendlichen, die noch nicht ganz bequem und angepaßt sind, vor der Wirklichkeit zu fliehen in eine Scheinwelt, die ihnen all das liefern soll, was sie entbehren.

Jede Gesellschaft bekommt die Jugend, die sie sich großzieht, und mancher Erwachsene, der erstaunt und erschreckt die Ergebnisse der Umfrage und den tiefen Graben zwischen den Generationen zur Kenntnis nimmt, müßte sich fragen, was alles er durch sein Verhalten oder Unterlassen dazu beigetragen hat, daß unsere Kinder uns fremd geworden sind und unsere Welt ablehnen.

Annette Bachofer
Weinbergweg 25
7410 Reutlingen

Viele Jugendliche haben heute ein negatives Verhältnis zur Politik. Worin sehen Sie die Ursachen dafür, und welche Folgerungen sollten die Politiker daraus ziehen? (Sekundarstufe II)

Erschließungsfragen:

1. Wie äußert sich das negative Verhältnis vieler Jugendlicher zur Politik?
2. Welche Ursachen hat diese Entwicklung?
3. Welche Folgerungen sollten die Politiker daraus ziehen?

Stoffsammlung (= Beantwortung der Erschließungsfragen in Stichpunkten oder knappen Sätzen)

zu 1) in allgemeinem politischen Desinteresse; in Ablehnung der etablierten Parteien; in geringer Wahlbeteiligung; in kritischer Haltung gegenüber der Demokratie; in der Bereitschaft zur Gewaltanwendung; in der Hinwendung zur „alternativen Kultur"; in der Anfälligkeit, radikalen Parteien beizutreten; in gestörtem Demokratieverständnis.

zu 2) Ohnmachtserfahrungen hinsichtlich der Möglichkeiten politischer Einflußnahme; angebliche Unfähigkeit der Politiker, eine humane Gesellschaft zu gestalten; Kluft zwischen Spitzenpolitikern und politischer Basis; Bürokratie, vor allem in der Kommunalpolitik; Anonymität der Staatsmacht; Unverständlichkeit der Politikersprache; unterschiedliches Verhalten von Politikern vor und nach der Wahl.

zu 3) Große Politik und Kommunalpolitik müssen sich klarer an den Grundwerten orientieren; diese Orientierung muß glaubhafter vermittelt werden; die Politiker müssen das Gespräch, den Dialog mit der Jugend suchen; sie müssen ihr Mitwirkungsmöglichkeit, aber auch mehr Mitverantwortung anbieten; der jugendliche Idealismus für die Weiterentwicklung und Verbesserung der Gesellschaft muß von den Politikern ernstgenommen werden; die Kommunalpolitiker müssen dem sozialen Engagement entsprechende Spielräume und konkrete Betätigungsfelder schaffen; die Politiker müssen die Rolle der Familie stärken; der Schule muß die Möglichkeit verschafft werden, nicht nur Kenntnisse zu vermitteln.

Gliederung:

A) Medienberichte, soziologische Untersuchungen und Gespräche von Politikern mit Jugendlichen machen eine zunehmende Sorge um das Verhältnis der Jugend zur Politik deutlich.

B) Viele Jugendliche haben heute ein negatives Verhältnis zur Politik. Worin sind die Ursachen dafür zu suchen, und welche Folgerungen sollten die Politiker daraus ziehen?

   I. Die Äußerungsformen des gestörten Verhältnisses:
      1. allgemeines politisches Desinteresse
      2. gestörtes Demokratieverständnis
      3. Ablehnung der eigenen Staatsform
      4. Hinwendung zur „alternativen Kultur".

II. Die Ursachen des gestörten Verhältnisses:
   1. zu wenig Möglichkeiten politischer Einflußnahme
   2. die Anonymität der Staatsmacht
   3. Bürokratie
   4. zu wenig Einsatz der Politiker, eine humane Gesellschaft zu schaffen.

III. Mögliche Folgerungen für die Politiker:
   1. klare Orientierung an den Grundwerten
   2. Stärkung der Rolle von Familie und Schule
   3. Abbau von Bürokratie
   4. Einsatz für die berechtigten Forderungen der Jugend
   5. Möglichkeiten für politisches Engagement schaffen
   6. Dialog mit der Jugend.

C) Die kritische Haltung vieler Jugendlicher darf nicht nur als Bedrohung, sondern muß auch als Chance gesehen werden.

Ausführung:

Wie man aus Medienberichten über Hausbesetzungen, aus soziologischen Untersuchungen über die alternative Szene und aus Gesprächen mit Jugendlichen entnehmen kann, macht sich ein großer Teil der öffentlichen Meinung in unserem Staat Sorgen über die Absage vieler Jugendlicher an die Politik. Man fürchtet, daß die von der Nachkriegsgeneration geschaffenen Strukturen und Wertvorstellungen nicht übernommen und damit auch nicht weitervermittelt werden. Allmählich nehmen auch die Politiker das „Aussteigen“ eines großen Teils der Jugend zur Kenntnis.

Man erlebt ja täglich, in welchen Formen sich diese Haltung äußert, fragt nach den Ursachen und macht sich hoffentlich Gedanken, welche Folgerungen man für eine erfolgreiche Jugendpolitik ziehen sollte. Zwei Gruppen unter den Jugendlichen sind zweifellos eine ernste Erscheinung: zum einen diejenigen, die sich für politisches Engagement zu schwach fühlen und sich daher in sich selbst zurückziehen. Dies äußert sich vor allem darin, daß viele junge Menschen keine Zeitung lesen und sich nicht an Wahlen beteiligen. Von den Politikern haben sie die Meinung: „Die da oben machen ja doch, was sie wollen.“ Die andere Gruppe versucht durch gewalttätige Demonstrationen, durch Besetzung von Häusern, Baugeländen, von Kernkraftwerken und Flughäfen auf die angebliche Unfähigkeit von Politikern hinzuweisen. Statt am Ausbau unserer demokratischen Staatsform mitzuarbeiten, flüchten viele in die Subkultur, in radikale Gruppen, in Sekten, in Alkohol- und Drogenkonsum. Die etablierten Parteien und ihre Vertreter werden abgelehnt. Vorbilder sind nicht mehr Politiker, sondern z. B. Spencer, Travolta und immer noch Elvis. Worin liegen nun die Ursachen für eine solche Entwicklung? Wie soll ein Jugendlicher unseren Staat, unsere Gesellschaft bejahen, für sie eintreten, Pflichten und Aufgaben übernehmen, wenn er die Grundwerte der Gesellschaft nicht vermittelt erhalten hat? Ohne Wertorientierung, ohne Geschichtsbewußtsein weiß die Jugend nicht, woher sie kommt und wohin sie will. Hier sind die Politiker aller Parteien aufgerufen, durch ein offenes, mutiges Bekenntnis zu Normen und Werten klarzustellen, daß diese Vorstellungen nicht ein Weniger, sondern ein Mehr an Freiheiten darstellen.

Die junge Generation hat auch häufig das Gefühl, daß die Staatsmacht allzu anonym erscheint. Politiker werden der Jugend nicht dadurch sympathisch, daß ab und zu einer von ihnen den „Orden wider den tierischen Ernst" verliehen bekommt. Mit der Formalsprache der Politiker tun sich die jungen Leute besonders schwer. Sie können deswegen nicht begreifen, was denn die politischen Absichten der Handelnden sind. Diese Sprachschwierigkeiten zwischen der offiziellen Politik und der jungen Generation werden allzu häufig mit gewaltsamen Aktionen beantwortet. Dabei wird die eigene Gewalt von denen, die sich daran beteiligen, zunehmend als legitime und die staatliche Gewalt als illegitime Gewalt begriffen. Verurteilung hilft hier nicht weiter. Die Politiker müssen sich fragen: Wie kommen wir wieder zu einer anderen Form der Sprache zwischen den Generationen?

Nicht selten tun sich zwischen Worten und Taten unserer Verantwortlichen Klüfte auf. Viele können ihre Wahlversprechen nicht in die Tat umsetzen. Die Jugend denkt hier wie Heinrich Heine: „Worte, Worte, keine Taten, immer Geist und keinen Braten."

Wenn die Leitbilder der Jugend heute vorwiegend aus der Welt des „schönen Scheins", aus Musik, Film und Sport stammen, fällt das nicht zuletzt auf die Politiker und „Persönlichkeiten des öffentlichen Lebens" zurück, die vor lauter Betriebsamkeit nicht in der Lage waren, jungen Menschen eine humanere und zukunftsweisende Orientierung zu vermitteln. Besonders in ihren Zukunftsängsten fühlt sich die Jugend von der offiziellen Politik nicht ausreichend ernstgenommen. Gerade in den Friedensbemühungen besteht für den jungen Menschen eine Kluft zwischen Wort und Tat bei den Politikern. Die Politik scheint ihm zu sehr auf den Alltag fixiert zu sein, die Volksvertreter leben ihm zu geschwätzig in den Tag hinein. Es ist schwer für die Jugendlichen, klar formulierte Ziele, zu denen Politiker auch stehen, zu erkennen.

Der Idealismus der Jugend ist nach wie vor gegeben; er muß nur in die richtigen Bahnen gelenkt werden. Nicht für gesellschaftliche Utopien, nicht für den Umsturz unserer freiheitlichen Gesellschaftsordnung, nicht für falsche Götzen und Vorbilder darf dieser Einsatzwille ausgenutzt und mißbraucht werden. Es gilt vielmehr, den Idealismus der Jugend für eine konstruktive Weiterentwicklung und Verbesserung unseres Staatswesens zu gewinnen. Leider hat die Bewußtseinsindustrie in vielen Bereichen die Funktion des Elternersatzes übernommen; sie klärt die Fragen der Jugendlichen nicht, sondern verstärkt ihre Zweifel. Deshalb müssen die Politiker die Rolle der Familie und der Schule wieder stärken, damit Versäumnisse im Erziehungsbereich ausgeglichen werden können. Die Lehrer müssen die Möglichkeit bekommen, neben der bloßen Wissensvermittlung die Schüler mehr an den Grundwerten zu orientieren und zu einer positiven Einstellung zu unserem Staatswesen zu erziehen. Die Lehrer sind aber auch verpflichtet, ihre Aufgabe neu zu überdenken. Junge Menschen haben Nachteile, wenn diejenigen, die als Erzieher helfen sollen, zu einem erheblichen Teil aus Feigheit auf Widerspruch und Orientierung verzichten. Gerade in einem demokratischen Staat haben junge Menschen Anspruch auf geistige politische Führung. In Schulen und Medien muß mehr Verständnis für die Demokratie, für den Rechtsfrieden, für die notwendige öffentliche Sicherheit und Ordnung geweckt werden. Auch die Politiker müssen den Dialog mit der Jugend suchen, und zwar nicht nur im Zusammenhang mit einem Parteitag. Sie können Jugendliche nur dann ansprechen, wenn sie Glaubwürdigkeit besitzen. Deshalb dürfen z. B. zu Naturschützern nicht nur Kernkraftgegner und zu Wehrdienstverweigerern nicht nur Kriegsdienstgegner sprechen. Die Politiker müssen dem jungen Menschen auch sagen, was ihnen an der Jugend nicht gefällt. Sie dürfen nicht den Eindruck erwecken, sie möchten die Jugendlichen nur als Stimmvieh gewinnen. Der jungen Generation muß gesagt werden, daß Menschen nur dann friedlich miteinander auskommen können, wenn von allen gewisse Spielregeln anerkannt werden, auch wenn diese Spielregeln schwerfallen oder das Ergebnis nicht gefällt. Ein Politiker muß deutlich machen, daß er nicht die Aufgabe hat, Populäres zu sagen, sondern Notwendiges populär zu machen. Dialog darf nicht unbedingt in Anpassung enden, Dialog bedeutet, sich zu stellen, statt sich beklatschen zu lassen, Dialog heißt, auf den anderen zugehen. Dies setzt Aufrichtigkeit, Glaubwürdigkeit, Politiker als Vorbilder und Leitbilder voraus. Die Abgeordneten des Bundestags müssen den Jugendlichen Vorbilder sein in der Art und Weise, wie sie mit dem politischen Gegner umgehen. Wenn sich Politiker gegenseitig unterstellen, daß der andere böse, unfähig oder dumm ist, dürfen wir uns nicht wundern, wenn Jugendliche, die anderer Meinung sind als die Politiker, diese ebenfalls als dumm oder böse hinstellen. Es ist nötig, deutlich zu machen, daß der andere trotz des unterschiedlichen Standortes nicht schlecht ist. Nötig ist es, die Antriebskräfte des eigenen Handelns deutlich zu machen, die Grundsätze aufzuzeigen, die einen leiten. Nötig ist es, diejenigen zu tolerieren, die nach anderen Grundsätzen leben wollen.

Jugendunruhen werden meist von radikalen Minderheiten ausgelöst; wichtig ist aber die Frage, welche Wirkung sie auf die schweigende Mehrheit haben. Man sollte den Jugendprotest nicht nur als Bedrohung, sondern auch als Chance sehen. Die Verantwortlichen müssen sich an der Zukunft orientieren. Es ist doch vor allem die Zukunft der jungen Menschen. Die bessere Zukunft ist nur wirklich, wenn sie von der Jugend auch als bessere Zukunft empfunden wird.

Was ist mit der Jugend los? Gibt es keine Vorbilder mehr?

Eigentlich war es doch als Jahr der Behinderten proklamiert, dieses Jahr. Stärkere Betonung wohl hätte die Frage verdient, wie dem Unglück zu begegnen wäre, daß die Zahl der Behinderten in ständiger Zunahme begriffen ist. Denn immerhin liefert ja Gott sei Dank seit 36 Jahren kein europäischer Krieg mehr diesen furchtbaren Nachschub, und die angeschlagenen Veteranen der vergangenen Katastrophe werden weniger. Berichte, Meldungen und Gespräche unserer Tage jedoch vermitteln häufig den Eindruck, als wolle sich vor allem die Jugend und besonders auf dem Lande gegenseitig ausrotten. Da wird in munterer Runde nicht selten schier zynisch und frivol von Unfällen gleich Heldentaten erzählt, obwohl allein Alkohol und Leichtsinn die Waffen dieser traurigen Ritter waren. Wenn wir dann einerseits alljährlich Verkehrstote in der Größenordnung einer Kleinstadt beklagen und Verletzte im Ausmaß einer Großstadt, so steht auf der anderen Seite die Tatsache, daß nur betonte Erziehung zur höheren Moral persönlicher Verantwortung eine Entwicklung bremsen könnte, deren Folgen eines Tages weder die Sozialpolitik noch die Wirtschaft verkraften kann. Auch das zu überlegen, wäre im Jahr der Behinderten etliche Mühe wert gewesen und außerdem ein Beitrag dazu, daß 1981 mehr noch ein Jahr der Jugend geworden ist.

„Schicke Abenteuer"?

Die Ursachen dieser Umpolung aber waren keineswegs erfreulich. Auf Bayern bezogen hat sie Anfang März mit jenen Nürnberger Krawallen begonnen, die zu harten Reaktionen von Polizei und Justiz geführt haben. Über den hierbei ins Netz der Polizei geratenen Teil der Jugend klagte die SPD dramatisch, diese Kinder würden ein lebenslanges Trauma davontragen. Doch inoffiziell war ebenso glaubhaft zu erfahren, daß nicht wenige der potentiellen Traumatiker den richterlichen Zugriff eher als schickes Abenteuer gewertet haben und von ihren Altersgenossen darum beneidet wurden. In der politischen Auseinandersetzung um diesen Fall aber vermisse ich bis zur Stunde die Frage, ob uns das Nürnberger Debakel nicht erspart geblieben wäre, wenn sich gewisse Eltern schon früher und öfters um den nächtlichen Aufenthaltsort ihrer Kinder gesorgt hätten und nicht erst, als der Familienstolz von der Polizei schon aufgegriffen war.
Das Ende des Weges zu diesem Jahr der Jugend markierten dann Störungen im Bereich der Universität München, die deren langjähriger Präsident Lobkowicz als die schwersten seit geraumer Zeit klassifizierte. Die erste Ringvorlesung des Wintersemesters mußte nach fünf Minuten infernalischer Lärmentwicklung abgebrochen werden, und wiederum war es nicht eine, sondern die Marxistische Gruppe, die am 26. November in der gleichen Hochschule eine Diskussionsveranstaltung mit dem CDU-Chef Helmut Kohl im Auditorium Maximum zu sprengen versuchte. Eine Stunde lang ließen Sprechchöre, Trompetengeschmetter und Stinkbomben den Gast gar nicht erst zu Wort kommen, während eine mit Spraydosen ausgerüstete Truppe die Wände beschmierte.

Diese Elemente aber dürfen sich erdreisten, als Verkünder reiner Demokratie aufzutreten – beinahe unwidersprochen und auf unsere Kosten. Der Skandal nämlich gipfelt in der Person eines führenden Kopfes der Marxistischen Gruppe. Ihn hat mit einem offenen Brief der Münchner Journalist Rudolf Reiser angesprochen und seinen ehemaligen Studiengenossen daran erinnert, daß dieser Verächter aller bürgerlichen Wissenschaft im 37. Lebensjahr stehe und nun bereits im 27. Semester studiere. „Ich frage mich neidvoll", so Kollege Reiser, „wer Ihr Studium bloß bezahlt." Worauf die schlichte Antwort lauten muß: zunächst einmal bezahlen's wir, die Steuerzahler. Und hierzu paßt nahtlos die Zahl aus einer wenige Tage zuvor veröffentlichten Statistik, derzufolge die Studenten unserer Bundesrepublik im Durchschnitt pro Kopf und Jahr den Steuerzahler 21 000 Mark kosten. Eine recht ansehnliche Summe von Staatsgeldern hat sich damit auf dem bemoosten Haupt gerade jenes Altstudenten angesammelt, der ja diesen Staat empfindlich stört oder sogar zerstören will, und seiner Marxistischen Gruppe ist es vor kurzem gelungen, ausgerechnet ihn als einen ihrer Vertreter in den studentischen Sprecherrat zu entsenden.

Studenten – die studieren möchten

Daran aber knüpft sich diese schwerste Sorge: Wann endlich denkt unsere um die letzte Randgruppe noch emsig bemühte Politik auch an die gewiß nicht nur angebliche Mehrheit von Studenten, die redlich studieren möchte – wann überlegt sie, wie deprimierend auf diese Mehrheit ein Staat wirken muß, der die auf Staatskosten betriebene Störung und Zerstörung der höchsten Bildungsebene nicht verhindern kann oder will? Wann endlich sucht unsere Politik den so gerne beschworenen Dialog auch mit diesem, doch hoffentlich größeren Teil der Jugend? Wann endlich begreift sie, die der extremen Linken väterlich den Zweifel am Staat konzediert, wann überlegt sie, daß auch Verzweiflung an ihrem Staat junge Menschen in die Arme der extrem rechten Verführer treiben könnte – junge Menschen, die ja nicht miterlebt haben und nicht wissen, was eine von dorther wiederum inszenierte Diktatur bedeutet?
Im vergangenen Sommer hat Bayerns Katholische Akademie eine Tagung veranstaltet, auf der die Frage gestellt wurde: „Was ist mit der Jugend los?“ – Den wohl härtesten Beitrag zu dieser Diskussion lieferte Professor Otto Koenig, Direktor des Instituts für vergleichende Verhaltensforschung der Österreichischen Akademie der Wissenschaften in Wien. Ein erfahrener Wissenschaftler also, mit von sorgenvoller Güte geprägten Zügen, und es hat Gewicht, wenn er nach seiner Schilderung des heutigen Aufwachsens unserer Jugend sagte: „Wir sind so sehr stolz auf diese freie Entwicklung und haben damit im Grunde genommen die Jugend ruiniert.“ – Eine zu strenge, übertriebene Meinung? Mit einem hier sicher nicht schönen Wort als Material bezeichnet, ist Jugend von Geburt an immer gleich, und gleichermaßen immer wieder klagt jedes Zeitalter über die heutige Jugend. Das will heißen, daß jede ältere Generation die ihr zugewachsene Jugend bewältigen muß, daß sie mit einer von Zeitumständen und gesellschaftlicher Situation bestimmten und eben doch jeweils besonderen Jugend fertig zu werden hat. Wer demnach das Besondere an unserer heutigen Jugend klären will, der muß versuchen, das Besondere ihrer Situation zu definieren. Da läßt sich dann diese Formel prägen:

„So viel Geld, so viel Freizeit“

Niemals noch in der für uns überschaubaren Geschichte ist Jugend aufgewachsen mit so viel Geld, so viel freier Zeit und so wenig Religion. Freilich, das mag im Vergleich zu aller tiefgründigen Jugendsoziologie unserer Tage nur simpel klingen. Wer aber kann ehrlich bestreiten, daß die Punkte eins und zwei besagter Formel den jungen Menschen die Möglichkeit bieten und eher schon gebieten, bis zum Alter von 20 oder 25 Jahren bereits all das abzuspulen, was eigentlich für mindestens weitere 30 Jahre vorhalten sollte?
Das Resultat ist eine Jugend, die von keinem Ziel mehr träumen kann – von allem kaltgelassen, blasiert, gelangweilt, verdrossen und schließlich dem großen Frust ausgeliefert. Zur Ergänzung und Rechtfertigung meiner laienhaften Formel aber sei nun der schon erwähnte Wissenschaftler zitiert. Professor Koenig sprach diesen bestürzend einfachen Satz: „Träumen ist für die Jugend unendlich wichtig. Wenn ich aber – vom Auto bis zum Sex

– alles sofort bekomme, was dann?“ Er sprach das verstehende Wort, daß Jugend Sehnsucht haben wolle und – wenn ihr nun jeder Wunsch ununterbrochen erfüllt werde – zum Rauschgift kommen müsse, weil sie nur damit noch träumen könne. Auch der bekannte und weiß Gott nicht erzkonservative Münchner Politologe Professor Sontheimer hat im Frühjahr die Gratwanderung der Jugend zwischen ihrer Verachtung des bürgerlichen Wohlstandes und gleichzeitigen Inanspruchnahme all seiner Annehmlichkeiten aufgegriffen und als Ursache solcher Entwicklung die Wohlstandsgesellschaft erkannt.

Mangel an Religion

Teil drei unserer Formel dann, der fortschreitende Mangel an Religion, begünstigt vom Achselzucken des Staates und von anbiederischen Rückzugsbewegungen der Kirchen: Er zieht die Jugend in den Bann einer Geisteshaltung, die sich als Attraktivität der Unmoral beschreiben läßt. Denn welcher junge und schließlich erwachsene Mensch wäre gefeit gegen die Versuchung, kaum noch sittlicher Gebote zu bedürfen, da es für ihn doch den Anschein hat, als würde alles verstanden, alles gestattet oder zumindest entschuldigt? Am Ende bleibt ihm nur noch die Sorge, nicht von irdischer, weltlicher Gerechtigkeit erwischt zu werden, ein Risiko, das mit dem Anstieg des Pegels krimineller Taten ohnehin zusehends geringer wird.

Was könnte, was müßte geschehen in der Gegenwart, auf daß wir eine Zukunft haben?

Professor Koenigs Klage war: „Wir haben dem Kind die Vorbilder entzogen!“ und er meinte damit vor allem das ideologische Schüren des Generationskonflikts, was er wörtlich eines der größten Verbrechen nannte und in seinem Ursprung bis auf den Nationalsozialismus zurückführte, der mit unglaublicher Geschicklichkeit all diese zerstörenden Elemente hochgespielt habe. Tatsächlich wurden seinerzeit bereits im Dienste der nationalen Revolution die Kinder den Eltern entfremdet, nur hätte damals niemand gedacht, daß ausgerechnet von Revolutionären, die sich als geschworene Antifaschisten anpreisen, das Werk der braunen Machthaber fortgesetzt oder sogar vollendet würde.

Gibt es aber heute keine Vorbilder mehr? Auf Postamenten zum Glück wohl kaum. Doch etlichen Menschen bin ich im vergangenen Jahr begegnet, die sehr gut gerade der heutigen Jugend als Vorbild dienen könnten: einem Kriegskameraden, der zum angesehenen Rechtsanwalt wurde, obwohl ihm eine Handgranate nur anderthalb Finger gelassen hat – einem Pfarrer des gleichen Jahrgangs, dessen Gemeinde ihr Blühen dem Satz verdankt: „Herr, der Eifer für Dein Haus verzehrt mich!“ – einem Gelehrten, der in unermüdlicher Arbeit vergessene Schätze bayerischer Musikkultur gehoben hat – einem Staatsschauspieler, der trotz häufiger Heimsuchung durch schwere Krankheit mit seiner noblen Sprachkultur den Glauben an das wahre Bayern schenkt – und nicht zuletzt einem jüngst viel zu früh verstorbenen bayerischen Abgeordneten, der sein Leben der sozialen Tat verschrieben und in seiner letzten Rede vor dem Landtag gemahnt hat: „Wir haben der Jugend zu lange und zu viel Unvereinbares und Unhaltbares versprochen.“

Bernhard Ücker

Worin sehen Sie die Ursachen der heutigen Jugendunruhen?

Gliederung:

A) Die gewalttätigen Ausschreitungen in der Berliner Hausbesetzerszene haben die Jugendunruhen in das Zentrum des öffentlichen Interesses gerückt.

B) Die Ursachen der heutigen Jugendunruhen:
1. existenzielle Zukunftsängste aufgrund der unsicheren, häufig undurchschaubaren wirtschaftlichen und politischen Entwicklungen
2. Leistungs- und Anpassungsdruck in einer einseitig ausgerichteten Konsumgesellschaft
3. Isolation und Vereinsamung in einer im Establishment erstarrten Massengesellschaft
4. Moralische „Entwurzelung" und Orientierungslosigkeit durch Autoritäts- und Sinnverlust tradierter Werte

C) Die Beilegung dieser sozialen Konflikte erfordert von allen Beteiligten Gesprächs- und Kompromißbereitschaft und muß zweifellos zu tiefgreifenden gesellschaftlichen Veränderungen führen.

Kurs in Richtung Schlappland

Zum Gähnen verurteilt, zur Ohnmacht verwöhnt: Teenager zwischen Anpassung und Aggression

Sie sehnen sich nach den „falschen Fünfzigern", weil sie unfähig sind, aus ihrer eigenen Gegenwart nur einen Funken Lebensstil zu schlagen. Ob mit oder ohne Geld: Die Laune ist gleichermaßen mies. Permanente Magenverstimmung prägt trotz guter Beziehungen zum Elternhaus das Verhältnis zur Gesellschaft.

In einem Hamburger Jugendclub macht eine Rocker-Rotte Radau. Ein Jugendlicher geht, von Fahrradketten getroffen, blutüberströmt zu Boden und fängt dort noch Stiefeltritte ein. Die Täter flüchten, der Junge stirbt.

Zur Anti-Atom-Demonstration rüsten sich jugendliche K-Gruppen mit Schlagstöcken, Wurfgeschossen und Molotow-Cocktails aus. Bürgerkrieg bei Brockdorf: Nach der Schlacht mit der Polizei sind auf beiden Seiten um die hundert Verletzte zu beklagen. Sie werden in Hospitäler gekarrt.

In Hannover tyrannisieren Jung-Nazis, Hakenkreuze und Totenköpfe am Hemd, Straßenpassanten und Straßenbahn-Passa-

giere. Während einer nicht genehmigten Demonstration werden 14 Personen verhaftet. Sie tragen außer Gas- und Schreckschuß-Pistolen umwickelte Blei- und Stahlrohre bei sich.
Auf der Loreley bei St. Goarshausen am Rhein warten 14 000 Rockfans auf die kalifornische Band „Jefferson Starship". Als angesagt wird, die Gruppe sei durch die erkrankte Sängerin verhindert und werde nicht auftreten, zertrümmern frustrierte Fans das elektronische Equipment und zünden die Bühne an.
Szenen einer Jugend.

Sie stellen sich scheintot

Im Schatten von Schulstreß und Arbeitslosigkeit unter den Schlagzeilen über Numerus clausus, Umweltbedrohung und Radikalenerlaß, vom Konsumzwang genervt und vom Verfassungsschutz observiert, scheint da ein aggressives Jungvolk heranzuwachsen – jedenfalls so weit das Schlaglicht auf Ausschreitungen innerhalb der Teenager-Szene fällt.
Doch dieser Schein trügt. Die Exzesse kratzen nur die Oberfläche, unter der sich ein Klima aus Ohnmacht und Langeweile verbirgt. „Mir scheint", diagnostiziert Udo Lindenberg, „daß sich die Leute heute in eine geistige Hängematte legen und sich scheintot stellen, statt sich gegen Frustsituationen aufzulehnen. Zivilcourage und Kreativität werden an der Garderobe abgegeben; wir steuern auf Schlappland zu."
Eine Untersuchung der Hamburger Behörde für Jugend, Schule und Berufsbildung hat dazu kürzlich überraschende Zahlen erbracht. 3658 Jungen und Mädchen zwischen 15 und 17 an Gymnasien, Haupt-, Real- und berufsbildenden Schulen wurden befragt. Mehr als zwei Drittel davon gaben an, sie seien mit ihrem Leben und ihrer Umwelt zufrieden oder mehr als zufrieden. Mehr als vier Fünftel bezeichneten ihre Kindheit als glücklich; 85 Prozent leben in intakten Familien und empfinden das Verhältnis zu den Eltern als harmonisch. Nur 23 Prozent halten die Gesellschaft für reformbedürftig, und nur eine kleine „radikale" Minderheit von 1,3 Prozent möchte sie revolutionär verändern.

Sobald aber ein Reporter derlei Angaben geschickt und individuell hinterfragt, schlägt ihm ein großes Gähnen, die große Resignation entgegen. Zitate von Gymnasiasten aus einem gutbürgerlichen Hamburger Wohnviertel: „Ich habe keine Lust, erwachsen zu werden, also einer bestimmten gesellschaftlichen Norm Genüge zu tun." – „Warum soll man nicht mit der Realität gehen, man kann ja doch nicht viel daran ändern." – „Wir sind aufgeklärter als früher die Leute, deswegen können wir vielleicht nicht mehr so gut träumen."

Niemals zuvor hat eine Teenager-Generation in Deutschland über soviel Taschengeld verfügt. Die Hälfte der für die Hamburger Enquete befragten Jugendlichen unter 17 erhält rund zehn Mark pro Woche, 22 Prozent bekommen über 20 Mark, knapp 21 Prozent bis zu 50 Mark, sieben Prozent darüber.

Keine Generation empfand Überfluß umgekehrt derart als Demotivation. Schüler Jörg: „Weil einem in der Kindheit einfach zuviel vorgesetzt wurde. Man ist dadurch gar nicht gewohnt, wirklich selbst was auf die Beine zu stellen." – Schülerin Katrin: „Das kriegst du serviert, du brauchst das, gehst in'n Laden, kaufst dir das und so."
Wenn allerdings kein Geld da ist, herrscht gleichfalls, so der angehende Fernsehtechniker Victor in München, „miese Laune". Victor ist einer von zwei Dutzend Jugendlichen, die das Deutsche Jugendinstitut zu ihrem Freizeitverhalten einver-

nommen hat: „Wenn Bier getrunken wird, gibt's auch Stimmung." „Dann", so die 19jährige, arbeitslose Sabine, „redet eine halbe Stunde jeder mit jedem, und dann wird jeder irgendwie gleichgültig." Die Sicherheit aus dem Geldbeutel erweist sich als trügerisch.

Niemals zuvor, so scheint es nach der Hamburger Umfrage, war auch die Harmonie mit dem Elternhaus derart ungetrübt. Bei mehr als 60 Prozent aller Familien werden Entscheidungen, die Sohn oder Tochter betreffen, von Eltern und Kindern gemeinsam getroffen. Nur 1,2 Prozent der Jugendlichen beklagen, ihre Wünsche würden nicht berücksichtigt.

Vorbei ist die Zeit, in der – vor bald 15 Jahren – Bob Dylan singen konnte: „Something's happening, but you don't know what it is, don't you, Mr. Jones?" Heute weiß Vater Jones offenkundig wenigstens andeutungsweise, was vorgeht. Ging er doch, derzeit um die 40 oder 45, als Altersgenosse von Elvis Presley selber aus der Rock-'n'-Roll-Generation hervor.

Einst priesen die Beatles das Mädchen, das ihren Alten die Tür hinter'm Rücken zuknallt: „She's Leaving Home." Einst herrschten die Rolling Stones ihre (in Abrede gestellten) Erziehungsberechtigten an: „Get off of my cloud!" sinngemäß übersetzt: Geht uns aus der Sonne! Einst verhöhnten die Beatles in „Paperback Writer" und die Band Creation in „Painter Man" alle Zwänge des Berufs. Heute kommt es allein darauf an, daß man ein Heim und Arbeit hat.

Das heißt freilich keineswegs, daß die Einöde der Erwachsenen im Job und vor dem Fernsehschirm als erstrebenswertes Lebensziel gilt. Zwei Drittel der jetzt um die 17jährigen möchten nicht so werden wie ihre Eltern. Die Ansichten der Erzeuger teilt nur jeder zweite. Und nur 2,3 Prozent würden sich vorschreiben lassen, mit wem man Umgang haben darf. Ideale und Vorbilder werden vom Elternhaus höchst selten vorgegeben; die muß man als Heranwachsender schon selber entwickeln. Aber wie?

Denn auch die Lehrer haben als vorbildprägende Bezugspersonen für die gegenwärtigen Teenager überwiegend versagt. Pauker hätten, meinen 60 Prozent der in Hamburg befragten Schüler, „Ansichten, die man nicht teilen kann". Durch fachliches „und vor allem durch menschliches Verhalten" müsse sich ein Lehrer jene Autorität erwerben, die er nicht mehr „einfach kraft seines Amtes beanspruchen und erwarten kann". Sollte das einer schaffen, werden alle Lehramtskollegen an ihm gemessen: zum Schlechten der Zunft. Nicht weniger als 36 Prozent aller Schüler langweilen sich prinzipiell im Unterricht.

Nicki und Röhrenhose

Anfang vergangenen Jahres haben die Tübinger Wickert-Institute 2100 Kinder und Jugendliche zwischen 12 und 18 nach ihren Vorbildern ausgehorcht. 33 Namen aus Politik und Kultur, Religion, Sport, Wissenschaft und Unterhaltung wurden vorgegeben. Vor allen Prominenten schnitten die Eltern mit 20 (Mutter) und 17 Prozent (Vater) am besten ab. Danach folgten Jesus Christus (12 Prozent), Elvis Presley (acht), Wernher von Braun (sieben), Charlie Chaplin (vier) und Helmut Schmidt (drei Prozent).

In der altersmäßigen Schichtung lagen dabei der Vater bei den 18jährigen (55 Prozent), Jesus Christus bei den 13jährigen (38 Prozent) und Elvis Presley bei den 12jährigen (25 Prozent) mit Abstand vorn; Vorbilder mithin aus Familie, Religion und Rock. Alle drei Daten erscheinen indes aufgrund der – laut Hamburg-

Enquete – Skepsis gegenüber dem Elternhaus, der durch den Auftrieb von Jugendsekten erkennbaren Teenager-Ferne von etablierten Konfessionen sowie durch die altersmäßig bedingte Distanz zwölfjähriger Rockhörer vom toten Elvis als Verlegenheitsgrößen – mithin als zweifelhaft.

Ein Idol, das die derzeit disorientierte Teenager-Generation mehr oder weniger einigen könnte, ist nirgendwo in Sicht. Nicht einmal der Rock-Funk bietet, wie noch vor zehn Jahren, Lebenshilfe an. „Wir quälten uns", schrieb der US-Kritiker Greil Marcus 1975 in seinem Buch „Mystery Train", „durch den Einheitsschwulst des Hitparaden-Radios, um ein Fetzchen Musik zu erhaschen, mit dem wir uns identifizieren konnten. Wenn wir es dann gefunden hatten und wieder und wieder hörten, war es ein Bindeglied zu Tausenden, die es mit uns teilten. Für sich genommen mag der einzelne Song wenig bedeuten, aber als Symbol eines Lebensstils war er unschlagbar."

Heute liefert der Rundfunk eine inflationäre Flut Rock und rockverwandter Musik. Das Stilspektrum hat sich, von Reggae bis Disco, derart verbreitert, daß es kaum noch zum Identifikationsmodell taugt. Auch die Songtexte spiegeln nicht mehr Teenager-Nöte, allenfalls noch die Einsamkeit der Superstars.

Alles sei aufgesplittert, sagt Bettina (18) aus Bremen, nichts finde sich mehr zusammen. Landkommunen, politische Gruppen, religiöse Gruppen: allesamt flüchtig, vorübergehend angesteuert und wieder verlassen. „Strohhalme", sagt Martina (19) aus einer norddeutschen Kleinstadt, „an die man sich dranhängen kann."

Wenn also der konservative Kommentator Hans-Joachim Maitre die Heimkehr vieler verlorener Rock-Kinder in den Schoß der Familie bejubelt, so hat dieses gesellschaftliche Glanzphoto durchaus auch ein Negativ. Die Sehnsucht nach Geborgenheit begünstigt auch jede Art Randgruppen, die bei familienartigen Hierarchien (zum Teil abstruse) Lebensinhalte offerieren: Sekten, „Kameradschaften" der Neo-Nazis, Rockerfamilien oder die Cliquen der Punks.

Es sei „ein schönes Erlebnis, Punker tanzen zu sehen", erklärt Bettina, „auch wenn ihr häßliches, abgerissenes, gefährliches Aussehen zunächst abstoßend erscheint." Die Solidarität in der Gruppe wird in jedem Fall positiv bewertet; die Uniform oder die Maskerade verleiht ein Zusammengehörigkeitsgefühl, vermittelt Sicherheit.

Dabei fällt auf, wie wenig eigene modische Identifizierungsmodelle diese Generation bislang hervorgebracht hat. Vom Punk-Dress mit seinem Sicherheitsnadel-Kult einmal abgesehen, in den nur eine verschwindende Minderheit schlüpft, sind so gut wie alle modischen Teenager-Accessoires von früheren Außenseiter-Gruppen – Rockern, Mods und Hippies – ausgeborgt. Aus „Sehnsucht nach den falschen Fünfzigern" („Der Spiegel") haben vor allem spitze Schuhe und Röhrenhosen, enger Rock und Pfennigabsatz, Nicki, Parallelo und Nylonstrumpf derzeit wieder Saison.

Der Rock-'n'-Roll der fünfziger Jahre verkörpere sein unbehaustes Lebensgefühl, verriet mir unlängst ein entsprechend kostümierter 20jähriger in der Hamburger „Markthalle"; und nur in der Droge liege für ihn außerdem noch ein Kick. Drogen böten, meint Michael (19), ein angehender Werbegrafiker aus Mannheim, vielleicht einzig noch ein Ekstase-Erlebnis. Er raucht Haschisch, fürchtet sich aber (noch) vor dem Goldenen Schuß.

Es ist eine totale Leere, die so viele Jugendliche in die Sucht fliehen oder mit dem Gedanken an Suizid spielen läßt. In einer TV-Sendung von Gerhard Bott über Lehrlingsprobleme bekannte ein 18jähriger Maschinenschlosser: „Man lebt nur von Wochenende zu Wochenende. Wenn das nicht wäre, würde ich mich wohl erschießen." Ein anderer erklärte, er lebe nur, „um einmal in der Woche richtig loshauen" zu können: „Man macht bis morgens durch und so, und den Rest der Woche hängt man schlaff rum und macht nichts."

Die skeptische Generation, kommentierte Bott, glaubte noch an den technischen Fortschritt, an die Konsumverheißung, Werte, die die Protestgeneration ersetzte durch die Utopie einer gerechteren Welt: „Heute überwiegt offenbar Hoffnungslosigkeit, Erwartungsverlust." Die „sanfte Generation" kenne durchaus Aggressionen, aber sie spreche darüber wie „über Magenverstimmung, gegen die es eine Wunderpille gibt": die Diskothek.

Zum Abbau von Spannungen, zur Überwindung der Angst vor einer ungewissen Zukunft reicht das „Saturday Night Fever" in der Disco indes in der Regel nicht aus. Mangels klarer Zielprojektionen, mangels einem sinnvollen Feindbild wie früher dem Elternhaus, das heute kaum noch als repressiv empfunden wird, richtet sich die Aggression nun vielfach gegen die eigene Person, lähmt die Antriebe, münzt sich in Unwertgefühle um.

Die Lust am Tabu

Bettina schildert eine Situation nach der Schule in einem Bremer Jugend-Café. Dort entlud sich ein Aggressionsstau in Mini-Zerstörung: Inhaltslose Gespräche wurden zunächst ins Absurde übersteigert. Plötzlich schlug einer ein Glas kaputt. Ein Holzring wurde vom Stuhl abgeschraubt, Sahne hineingegossen, auf dem Tisch mit Zuckerstücken aufgetunkt. Im Aschenbecher brannten Papiertaschentücher. Dann ging die Kaffeekanne zu Bruch: „Wir genossen die Zerstörung, fanden im Kaputtmachen Befriedigung." Ist das alles? Kommt da nicht mehr? In Berlin wurden jüdische Lehrer durch Wandtafel-Sprüche (aus Judenfett werde gute Seife gemacht) aufs Widerlichste diffamiert. Der Schmierfink mußte die Schule verlassen. Lehrer und Schulbehörde waren sich indes in der Einschätzung einig, der Schüler habe seinen Aggressionsstau lediglich am empfindlichsten Tabu-Thema der westdeutschen Gesellschaft abreagiert.

Adolf Hitler wurde in der Wickert-Umfrage nach Vorbildern mit weitem Abstand als Figur mit totalem Negativ-Image genannt. Da kann es nicht wundernehmen, daß sich um diesen Führer auch wieder die radikale Ablehnung des als faul empfundenen Demokratieverständnisses kristallisiert.

In einem dem Thema Jugend gewidmeten Sonderheft der Zeitschrift „Kursbuch" bekennt ein Jung-Nazi: „Wenn ich sage, das Vorbild ist Adolf Hitler, dann stimmt das für fast alle, für alle Kameraden. Aber jeder von uns weiß, daß er dem nicht nacheifern kann, weil 'ne derartige Persönlichkeit, die soviel Liebe, soviel Sympathie oder soviel Haß erregen konnte, daß es solche Persönlichkeiten nur sehr selten in der Geschichte gibt und daß da keiner von uns rankommen kann."

Dieser Rechtsradikalismus, analysiert Interviewer Karl-Klaus Rabe im „Kursbuch", sei jedoch nur *eine* von mehreren Haltungen, mit denen Jugendliche auf eine Situation reagieren, die sie nicht bewältigen können. „Auch er hat mit Ängsten, mit Sinnlosigkeit, mit Leere und sozialer Kälte zu tun."

Irrationale Ideologien werden Boden gewinnen, die Drogensucht wird um sich greifen, selbstzerstörerische und aggressive Aktionen werden zunehmen, wenn es nicht gelingt, diese Jugend aus dem Gefühl der Ohnmacht zu erlösen und ihre fundamentale Identitätskrise zu überwinden.
Ausgerechnet Udo Lindenberg gehört zu den wenigen, die zum positiven Handeln motivieren und dabei eine verständliche Sprache benutzen: „Ich rede nicht von Randale mit der Faust, mir geht es um die Randale im Kopf. Totalanpassung und Sich-hängen-Lassen führen unweigerlich zu einer Gesellschaft von Müdemännern, in der die Leute mit Verdrängungsprogrammen und kultureller Babykost aus der Kühlbox gefüttert werden und jeder nur noch seine Lebenszeit absitzt."

S. Schmidt-Joos

Vorschlag: Erstellen Sie eine Gliederung dieses Textes!
Fassen Sie die wichtigsten Aussagen in knappen Sätzen zusammen!

Jugendsekten

Der Zulauf junger Menschen zu Jugendreligionen ist nicht nur ein Problem für die Betroffenen: Indem sie der Auseinandersetzung mit der Wirklichkeit ausweichen, verweigern sie auch die Teilnahme an unseren gesellschaftlichen Aufgaben und Möglichkeiten.

Mit dem Begriff „Jugendreligion" oder „Jugendsekten" werden allerdings sehr verschiedenartige Gruppierungen angesprochen. Sie wenden sich nicht nur an Jugendliche, sondern insbesondere an junge Erwachsene. Der Anteil der unter 18 Jahre alten Mitglieder ist wohl infolge der öffentlichen Aufmerksamkeit (im Gegensatz zum Anfang der 70er Jahre) heute gering. Die Vereinigungen haben zwar gemeinsame Merkmale; es ist jedoch unerläßlich, sie nach **Herkunft, Zielsetzung, Programm und Methode zu unterscheiden.**
Folgende Vereinigungen werden zu den Jugendsekten gezählt:

Vereinigungskirche

Ihr Gründer und Leiter, der Koreaner San Myung **Mun,** hat eine religiös verwurzelte, ideologisch politische Organisation aufgebaut, die die Welt aufgrund der „göttlichen Prinzipien" neu gestalten will. Die Gruppe ist geschlossen und streng autoritär geführt, Neulinge müssen ihren ganzen Besitz der Organisation übereignen. Die Welt und die Menschen werden in Gut und Böse, Gerettete und Nichtgerettete, Antikommunisten und Kommunisten usw. eingeteilt. So wird eine gesellschaftliche Abkapselung erreicht, bis hin zur Ablehnung aller Nichtsektenmitglieder. Beim Ausscheiden aus der Sekte kann es zu starken Schuldgefühlen kommen.

Kinder Gottes

Die Kinder Gottes (seit einiger Zeit auch Familie der Liebe) haben die Lehre ihres Gründers, des Amerikaners David Berg, in den sogenannten **„Mo-Briefen"** verbreitet. Rettung vor dem sicheren Untergang könne nur die Revolution der Kinder Gottes bringen. Diese verlangt vom einzelnen Mitglied eine sofortige Ganzhingabe, einschließlich des gesamten Besitzes auch des eigenen Körpers für die Mission oder den Unterhalt der Gruppe.

Krishna-Bewußtsein

Bei der „Internationalen Gesellschaft für Krishna-Bewußtsein" erfolgt eine strenge Einbindung des einzelnen in eine totale Lebensgemeinschaft. Von seinem Beitritt an lebt der „Mönch" in einer „anderen Welt". Dementsprechend groß sind die Gefahren, einer Fehlentscheidung zu erliegen oder an den aufgerissenen Gegensätzen innerlich zu zerbrechen.

Divine-Light-Mission

Die Organisationsformen der Divine-Light-Mission sind eher locker und wenig verbindlich. Ihr „Guru", der Inder **Maharai Ji,** wird als Meister und Gott verehrt. Wer sich ihm mit liebender Hingabe und ohne kritisches Vorurteil nähert, dem wird Friede und vollkommene Ruhe zugesagt. Nach einer Zeit der Umorganisationen geht die Divine-Light-Mission nun wieder stärker an die Öffentlichkeit.

Scientology-Kirche

Ihrem Erscheinungsbild nach ist die Scientology-Kirche in erster Linie ein Geschäftsunternehmen mit einer Reihe von Organisationen, die gegen hohe Bezahlung Techniken und Kurse zur Behebung von Kommunikationsproblemen und zur Selbstbefreiung anbieten. 1976 betrug der Stundensatz für das „Auditing", einer Mischung aus beicht- und interviewähnlichen Kurselementen 64,– DM; 1979 ist er auf 350,– DM angehoben worden. Mit dem hohen Leitbild der totalen Freiheit wird ein rücksichtsloser menschlicher Umgang gerechtfertigt. Auf Angriffe von außen reagiert die Scientology-Kirche sehr empfindlich und ist in zahlreiche Prozesse gegen ihre Kritiker verwickelt.

Transzendentale Meditation

Die Gesellschaft für Transzendentale Meditation verbreitet eine „Psychotechnik zur Entspannung und höheren Bewußtheit", die sie in Kursen gegen Gebühren zwischen 400,– und 10 000,– DM verkauft. Nach Aussagen von Ärzten kann die Anwendung der transzendentalen Meditation eine entspannende und gute Wirkung haben, jedoch bei solchen Meditierenden, die keinen Halt haben oder in einer Krise stehen, schlechte Auswirkungen hervorrufen, auf die weder die Methode noch die Organisation eingehen kann und will. Dies aber stellt gerade für junge Menschen eine Gefahr dar, die in einzelnen Fällen zu schweren psychischen Störungen führen kann. Über die Vermittlung einer Entspannungstechnik hinaus versteht sich die T. M. als „Initiative, die alle Erwartungen der Menschheit in sich vereint".

Bhagwan-Bewegung

„Bhagwan" (Gott) Shree Rajneesh, ein ehemaliger indischer Philosophie-Professor, hat in der Verbindung
– von westlichen Psychotechniken (vor allem Methoden der „humanistischen Psychologie") und
– von Elementen der altindischen Tantra-Tradition

einen religiös gefärbten neuen Lebensstil in **Poona**/Indien mit vielfältigen Angeboten zusammengefügt. Die Schüler Bhagwans, die orangegekleideten Sannyasin, haben auch in der Bundesrepublik eigene

Meditations- und Selbsterfahrungszentren aufgebaut. Ähnlich wie bei anderen Psychobewegungen, in denen Entwicklungsstörungen in kurzer Zeit ausgeglichen werden sollen, ist das Erleben der anderen Welt, der neuen Kommunikation in der Gruppe oder hier beim Meister so begeisternd, daß der Drang, die Gruppe wieder aufzusuchen bzw. in der Nähe des Meisters zu bleiben, groß ist. Dadurch entsteht die Gefahr, daß Ausbildung und Beruf etc. abgebrochen werden.

Ananda Marga

Ananda Marga, 1955 in Indien gegründet von Prabhat Ranjan Sarkar, der sich seither Anandamurti nennt, verfolgte von Anfang an zwei Ziele:
- persönliche Erneuerung durch geistige Praxis sowie
- Befreiung der Gesellschaft.

In der westlichen Welt zeigt sich die Gruppe einerseits jugendlich, religiös, „alternativ“, engagiert in Randgruppenarbeit. Auf der anderen Seite bedeutet
- die zunehmende Radikalisierung,
- die überhebliche Selbsteinschätzung,
- der Glaube an die Machbarkeit einer idealen Gesellschaft

verbunden mit der Bereitschaft, unter Hingabe des eigenen Lebens mit allen Mitteln dafür zu kämpfen, eine Gefährdung der betroffenen Anhänger und ihrer Umwelt. 2 Mitglieder von Ananda Marga demonstrierten dieses 1978 in Berlin durch ihre Selbstverbrennung.

Stellungnahme der Bundesregierung

Für die Bundesregierung stellt sich die Frage, inwieweit sie **unter Beachtung der Grundrechte** den einzelnen davor schützen kann, daß er unter dem Vorwand religiöser Zielsetzung seelisch oder materiell geschädigt wird.

Im Einzelfall sind z. B. möglich:
- Verbot der Benutzung öffentlicher Straßenflächen für Gewerbezwecke und Sammlungen,
- steuerrechtliche Maßnahmen, z. B. im Bereich des Gemeinnützigkeitsrechts,
- die Anfechtung von Schenkungen (z. B. wegen Irrtums, Täuschung oder Drohung),
- Überprüfung der Versprechungen der Werber von Jugendreligionen auf Betrug,
- wettbewerbsrechtliche Maßnahmen gegen unlautere Werbemethoden,
- die Geltendmachung der Nichtigkeit von Verträgen über den Nachlaß eines noch lebenden Dritten,
- Rückforderungsansprüche aus ungerechtfertigter Bereicherung,
- strafrechtliche Verfolgung wegen Kindesentziehung, Entführung (mit oder gegen den Willen der Entführten), Freiheitsberaubung, Nötigung, Körperverletzung, Straftaten gegen sexuelle Selbstbestimmung (insbesondere bei Förderung der Prostitution, Menschenhandel und Zuhälterei) oder wegen Betruges und Bildung krimineller Vereinigungen.

Die Bundesregierung wirkt darauf hin, daß den betroffenen Behörden Informationen über neuere Tendenzen der Jugendreligionen zukommen, damit sie bei Beratungen und Entscheidungen berücksichtigt werden können.

Die Jugendreligionen haben unterschiedliche Einnahmequellen entwickelt, wie etwa
- Bettelei und Sammlung,
- Straßenverkauf von Broschüren,
- Veranstaltung von Seminaren und Kursen gegen hohe, von Stufe zu Stufe steigende Gebühren,
- Einbringung von Geld und Gütern durch die Mitglieder.

Eine direkte Zuständigkeit des Bundes ist

in allen diesen Fällen nicht gegeben. Die Bundesregierung weist in ihrer Aufklärungsarbeit jedoch auf das große Interesse der Jugendreligionen an den finanziellen Leistungen und die Gefahren für das Vermögen der Mitglieder hin.
Zur Frage des Schutzes der Betroffenen muß festgestellt werden, daß die Mitglieder von Jugendreligionen meist volljährig sind. Somit können die Vorschriften des gesetzlichen Jugendschutzes und des Personensorgerechtes nicht mehr angewendet werden. Daher ist die sachliche Aufklärung über zweifelhafte Praktiken von Jugendreligionen besonders bedeutsam.
Die Bundesregierung trägt durch vielfältige Aufklärungsmaßnahmen zur notwendigen geistigen und politischen Auseinandersetzung mit dem Problem der Jugendreligionen bei. Sie arbeitet dabei eng mit den öffentlichen und freien Trägern der Jugend- und Erwachsenenbildung, den Elterninitiativen und anderen gesellschaftlichen Gruppen und Einrichtungen zusammen.
Die „Aktion für geistige und psychische Freiheit – Bundesarbeitsgemeinschaft der Elterninitiativen“ wird ab diesem Jahr durch finanzielle Hilfe des Bundes die Möglichkeit bekommen, ihre Arbeit zu verstärken.
Darüber hinaus sollten Hilfsmaßnahmen für ehemalige Mitglieder gefördert werden. Auf Anregung des Bundes wird inzwischen das einzige in der Bundesrepublik bestehende Rehabilitations- und Beratungsmodell für ehemalige Angehörige von Jugendreligionen in Altenberg bei Köln gefördert.

Bericht der Bundesregierung

Vorschlag: Fassen Sie die Informationen zusammen und nehmen Sie persönlich dazu Stellung!

Welche Gründe können Jugendliche veranlassen, drogenabhängig zu werden?

Stoffsammlung

Verführung
Nachahmung
Narkose
Weltflucht
Glücksgefühl
Rauschmittel
Abwehrhaltung
Angstbekämpfung
Glücksillusion
Leichtsinn
Freiheitsdrang

Stoffordnung

psychologische Gründe
soziale Gründe
wirtschaftliche Gründe
politische Gründe

Versuchen Sie, die Gedanken der Stoffsammlung einzuordnen!

Täuschung
Großmannssucht
Angabe
Sehnsucht nach Glück
Unabhängigkeitsgefühl
Ausweichen
Trotzhaltung
Resignation
Angst
Flucht vor der Wirklichkeit

A) Einleitungsgedanke:
Auf der Suche nach Befreiung suchen sie einen extremen Weg, der sie in völlige Unfreiheit führt. Wie ist dies zu erklären?

C) Schlußgedanke:
Sie suchen die Unabhängigkeit und geraten in tödliche Abhängigkeit.

DROGEN

Therapie statt Strafe

Der Staat will die Therapie, droht aber auch mit Gefängnis. Antje Huber (SPD) sieht darin einen „gewissen Motivationsdruck". Ihre Haupt-Argumente:

Es hat einige Kritik hervorgerufen, daß mit der neuen Regelung Auflagen verbunden werden müssen, die bestimmten therapeutischen Grundsätzen zu widersprechen scheinen.

1. Da ist zum einen das Prinzip der **Freiwilligkeit** jeder Therapie, welche hier durchbrochen sei. Der vor Gericht stehende Suchtstoffabhängige kann sich nur bedingt freiwillig für die Therapie entscheiden, tut er es nicht, hat er eine Freiheitsstrafe zu erwarten, die im Wiederholungsfalle oder auch aus anderen Gründen dann vom Richter nicht mehr zur Bewährung ausgesetzt werden wird. Das Prinzip der Freiwilligkeit ist bei genauerer Betrachtung aber auch sonst nicht gegeben. Wenn heute davon ausgegangen wird, der Leidensdruck müsse erst so groß werden, daß die Therapie als einziger rettender Ausweg bleibt, dann ist auch dies keine Freiheit der Entscheidung. Einrichtungen, die anders verfahren, sind derzeit nicht die Regel.

2. Es wird kritisiert, daß eine unter Strafandrohung erfolgte Entscheidung zur Therapie den Patienten nicht die **offene Einstellung gegenüber den Therapeuten** finden läßt, die dieser für seine Maßnahmen braucht. Diese Kritiker müssen jedoch berücksichtigen, daß solche Patienten ohne diese Auffangregelung zur Therapie nur eine einzige Alternative haben, den Freiheitsentzug. Wieviel Freiheit aber haben Suchtstoffabhängige mehr, trotz der Auflagen der neuen Regelung.

3. Ein weiterer Kritikpunkt knüpft sich an die unvermeidliche Rückkoppelung der therapeutischen Einrichtungen zu den Gerichten bei etwaigen **Therapieabbrüchen.** Der straffällig gewordene Suchtstoffabhängige, der anstelle einer verwirkten Freiheitsstrafe sich für die Therapie entscheidet, macht natürlich bei einem Therapieabbruch diese Entscheidung rückgängig. Es kann also eigentlich nicht anders sein, als daß dann die therapeutische Einrichtung darüber Mitteilung macht, ganz abgesehen davon, daß dies schon aus Gründen der Pflegekostenberechnung angezeigt werden müßte. Ein gewisser „Motivationsdruck" hilft sicher auch, die Therapie durchzustehen.

4. Schließlich wird kritisiert, daß Einrichtungen, die diesen Auflagen entsprechen, dem sog. **„Drogenknast"** (also der Behandlung in geschlossenen Einrichtungen) immer ähnlicher würden. Dies ist falsch und richtig zugleich: Falsch deshalb, weil diese Auflagen im Rahmen ohnehin geltender Leitlinien sind (mit Ausnahme der Freiheit zum Therapieabbruch). Richtig, weil die als „Drogenknast" abqualifizierten geschlossenen Einrichtungen in ihrer ganzen Konzeption humaner sind, als dies allgemein bekannt ist. Sie sind personell und materiell nach den neuesten Erkenntnissen der Drogentherapie ausgestattet.
Für suchtstoffabhängige Straftäter, die sich nicht für die Therapie entscheiden, sollten wir Spezialeinrichtungen überdenken, in denen so etwas wie eine „therapeutische Obhut" möglich ist. Es sollte nicht als unüberwindbar erscheinen, länderübergreifend Sonderstrafanstalten für suchtstoffabhängige Personen zu schaffen, wie es sie als Modelleinrichtungen durch Förderung des Bundes für drogenabhängige Jugendliche schon gibt.

Neue Form der Vorsorge

„Therapeutische Obhut" heißt Bereithaltung von Fachpersonal, mit dem einerseits vorbereitende Motivationsarbeit in Gruppen geleistet werden kann, ohne Therapie jedoch selbst zu versuchen oder aufzudrängen. In der Drogenarbeit Erfahrene wissen, daß nicht selten nach einer längeren Zeit von Drogenfreiheit bedingt
– durch Strafverbüßung,
– durch freiwillige Enthaltsamkeit oder
– durch Mangel an „Stoff"
die Einsicht in den Nutzen der Therapie wächst und damit die Einsicht reift, daß die Therapie letztendlich der bessere Weg für den Betreffenden selbst ist.
An diese neue Form der Vorsorge aus gesundheitspolitischer Sicht und aus gesellschaftspolitischer Verantwortung heraus wird bislang zu wenig gedacht. Hieran zeigt sich, daß unsere Vorstellungen von Strafe vielleicht doch noch nicht die humane Einbettung haben, die nötig ist, um auch straffällig gewordene Mitmenschen mitmenschlich zu begegnen.

Antje Huber

Vorschlag: Fassen Sie die Gedanken des Textes zusammen und nehmen Sie Stellung dazu.

Drogenaufklärung ist ein wichtiger schulischer Auftrag

Für eine verstärkte Zusammenarbeit von Schule und Elternhaus im Kampf gegen den Drogenmißbrauch hat sich Kultusminister Zehetmair ausgesprochen. Auch wenn es bislang nur sehr wenige konkrete Anhaltspunkte dafür gebe, daß auch das Schulgelände als Tatort für Drogenhändler in Frage komme, dürfe doch kein Schulleiter die Augen vor dieser Gefahr schließen.

„Die Zahl der Fälle, in denen Schüler mit Drogen in Berührung kommen, ist trotz aller Aufklärungsarbeit noch immer viel zu hoch“, stellte der Minister fest. 1989 seien in Bayern 274 Schüler und Studenten als Tatverdächtige von den Polizeibehörden ermittelt worden. Für den Minister steht die Schule daher in der Pflicht, „aufzuklären und nochmals aufzuklären, damit unsere Kinder und Jugendlichen sich schon frühzeitig der Gefahren bewußt sind.“

Hinsichtlich der schulischen Aufklärungsarbeit stellte der Minister fest, daß Drogenprobleme nicht als isoliertes Phänomen gewertet werden könnten, sondern vielmehr ein Symptom tiefgreifender Störung der Persönlichkeitsentwicklung seien. Suchtprävention müsse daher „vor allem an den Ursachen dieser Störung ansetzen, den gesamten Lebenszusammenhang im Auge haben und Hilfen zur Lebensbewältigung und Sinnerfahrung anbieten“.

Je enger Schule und Elternhaus hier zusammenarbeiten, so Zehetmair, desto wirkungsvoller werde diese vorbeugende Erziehung sein. Deshalb sei es ratsam, die Eltern in die schulische Präventionsarbeit einzubeziehen und etwa im Rahmen von Elternversammlungen die Ursachen und die Probleme des Drogenmißbrauchs sowie Lösungsvorschläge eingehend zu behandeln. Gerade die Familie „sei das beste Übungsfeld, in dem Kinder und Jugendliche lernen können, Konflikte auszutragen und gemeinsam zu lösen“.

Die Aufklärungsarbeit in der Schule, so der Minister, sei so angelegt, daß die Suchtvorbeugung über die gesamte Schulzeit in altersgemäßer Form erfolge. Neben der inhaltlichen Aufklärung komme es darauf an, den Schülern Einstellungen und Verhaltensweisen zu vermitteln, „die ein Leben ohne Drogen als Selbstverständlichkeit aufzeigen“. Zehetmair: „Ein gutes Vorbild sowie alle Aktivitäten, die eine positive, vertrauensvolle und angstfreie Atmosphäre in der Schule fördern, tragen wesentlich auch zur Suchtvorbeugung bei.“

Eine wichtige Stütze für die Aufklärungsarbeit, so Zehetmair, sei der engagierte Einsatz der Drogenkontaktlehrer. Aufgabe des Drogenkontaktlehrers, der an allen Schulen mit Ausnahme der Grundschulen zu bestellen ist, sei die Information der Kolleginnen und Kollegen an der Schule über den neuesten Stand der Drogenszene und über geeignete Aufklärungsmaterialien. Zu seinen

Aufgaben gehöre es auch, in konkreten Fällen Eltern und Schülern mit Rat und Tat zur Seite zu stehen. Hier sei allerdings nicht nur der Drogenkontaktlehrer gefordert: „Der natürliche Ansprechpartner für einen Schüler, der Probleme hat, ist immer derjenige Lehrer, dem er am meisten Vertrauen entgegenbringt."

Bereits 1000 Drogentote in der Bundesrepublik

Peter Scherer, **Wiesbaden**

Der Chef des Bundeskriminalamtes, Hans-Ludwig Zachert, hatte es schon vor Wochen kommen sehen: 1990 wird es in der Bundesrepublik so viele Drogentote geben wie nie zuvor. Gestern meldete das BKA nun das 1000. Rauschgiftopfer – ein 21jähriger in München geborener und dort auch gestorbener Gebäudereiniger. Der junge Mann mit jugoslawischer Staatsbürgerschaft starb an einer Überdosis Heroin, nachdem er zuvor Ausweichmittel genommen hatte.

Schon im vergangenen Jahr lag die Bundesrepublik Deutschland mit 991 Drogentoten im europäischen Vergleich an der Spitze der traurigen Statistik. Das BKA befürchtet, daß dies auch 1990 wieder der Fall sein wird. Wie dramatisch die Entwicklung eingeschätzt werden muß, macht ein Rückblick deutlich: Vor zehn Jahren waren in der Bundesrepublik 494 Rauschgiftopfer zu beklagen. Nach sinkenden Zahlen 1981 (360 Tote) und 1982 (383 Tote) kletterte die Opferstatistik 1983 wieder auf 472. Die folgenden drei Jahre gingen die Zahlen erneut zurück, um dann immer steiler anzusteigen. 1987 starben 442 Menschen den Drogentod, 1988 schon 670, und ein Jahr später waren es 991, die das Rauschgift und die internationalen Drogenhändler auf dem Gewissen haben.

Die Ursache für diese alarmierende Situation sehen die Rauschgiftfahnder des BKA sowohl im hohen Reinheitsgehalt der zur Zeit angebotenen Drogen als auch in der nach langen Jahren exzessiven Rauschgiftmißbrauchs eingetretenen körperlichen Auszehrung vieler Drogenkonsumenten. Hinzu komme die Unerfahrenheit von Neueinsteigern bei der Dosierung der Drogen.

Die „bedrohliche Rauschgiftsituation" (BKA-Chef Zachert) macht aber auch deutlich, daß trotz aller gerade in letzter zeit international erreichter Fahndungserfolge der Polizei die internationalen Drogenkartelle nicht wirklich in ihrer Substanz getroffen sind. Weder sind die Produktionsstätten lahmgelegt noch die logistischen Versorgungswege abgeschnitten. Der Nachschub des tödlichen Gifts läuft weiter. Und die Öffnung der Grenzen Europas scheint den Drogenkartellen noch höhere Gewinne zu garantieren.

Natürlich gibt es polizeiliche Gegenstrategien, aber leider zu wenig politische Umsetzung. Nur einige Beispiele: Wo ist der europäische Fahndungsverbund, die grenzüberschreitende Observation, die Abschöpfung von Verbrechensgewinnen? Was ist mit Beweislastumkehr, Meldepflicht größerer Geldtransaktionen und der Harmonisierung des Betäubungsmittelrechts?

Gefährliche „Entkriminalisierung“

... Selbst eingeschworene Rauschgiftermittler erheben mittlerweiler im Kampf gegen das Rauschgift die Forderung, in erster Linie Prävention durch Aufklärung zu betreiben und den Geschäftemachern den Markt zu entziehen, indem man die Nachfrage vermindert. Einer Aufklärung durch eine breit angelegte und andauernde Öffentlichkeitsarbeit, an der sich die Polizei zwar beteiligen, die sie aber nicht alleine führen kann ... Aufgerufen zu dieser Öffentlichkeitsarbeit sind in erster Linie die politisch Verantwortlichen, beginnend mit der Verpflichtung, sich aller unqualifizierten Äußerungen in der Öffentlichkeit über die angebliche Ungefährlichkeit mancher Drogen wie Haschisch zu enthalten. Stimmenfang durch die „Entkriminalisierung“ angeblich „weicher“ Drogen ist unverantwortlicher Umgang mit der Meinungsfreiheit und zeigt eine entsetzliche Unkenntnis von der Sozialschädlichkeit und Wirkung dieser Drogen. Wir können uns in unserer auf Warenproduktion ausgelegten Gemeinschaft keine im Haschischrauch träumenden Arbeiter leisten, auch keinen vor sich hindämmernden Kraftfahrer ...

„Entkriminalisierung“ ist – wie Beispiele zeigen – nicht nur ein scheußliches Wort, sondern die Umschreibung der (selbst verschuldeten) Tatsache, daß man einer Entwicklung nicht mehr Herr ist. Meist ist dann der Begriff „mündiger Bürger“ nicht mehr weit, den man nicht überstrapazieren sollte ...

Die Einsatzkonzeption der (bayerischen) Polizei zielt derzeit darauf ab, das Rauschgift soweit wie möglich aus der „Griffnähe“ des Konsumenten oder potentiellen Käufers zu bringen. Durch immer neue Maßnahmen gegen Transporteure, Händler und Käufer des Rauschgiftes will man möglichst große Mengen vom Markt ziehen, möglichst viele illegale Händler hinter Gitter bringen und durch eine mehr oder minder offen gezeigte Präsenz der Polizei an den Handelsplätzen (aber auch durch die eigenen Erfolge) den Drogenkäufer verunsichern und den Neugierigen abschrecken ...

Unterstützung erhofft man sich vom Gesetzgeber und einer verschärften Bestrafung der Rauschgifthändler. Gefordert wird auch eine dem freiwilligen Rücktritt und der tätigen Reue ähnliche Vorschrift im Betäubungsmittelrecht in der Hoffnung, doch noch durch „Umschwenker“ mehr Internas des Drogenhandels und der Drogenszene zu erfahren, quasi Information aus erster Hand zu erhalten ...

Viel wäre schon gewonnen, wenn man die bei einem Rauschgifthändler vorgefundenen Geldbeträge ersatzlos zugunsten des Staates einziehen könnte, als kleine Entschädigung für die finanziellen Belastungen, die er dem Staat für den Unterhalt von Drogenkliniken und -abhängigen auferlegt. Und ein Treffer ins Schwarze wäre eine Bestimmung, die es erlaubte, einem gefaßten Rauschgifthändler oder -hintermann neben der Freiheitsstrafe eine hohe (sehr hohe) Geldstrafe aufzugeben, die einschließlich der Verfahrens- und Unterbringungskosten auf Heller und Pfennig zu bezahlen ist. Vorher kommt er nicht frei, auch wenn die zeitliche Freiheitsstrafe schon an sich verbüßt wäre. Ungewöhnlich? Bei uns vielleicht. Aber in anderen Ländern wird dieses Verfahren bereits mit größtem Erfolg praktiziert ...

Erwin Ludwig

Schock-Therapie

Schonungslos, „richtig brutal“ muß die Aufklärung über die diversen Rauschgifte und ihre verheerende Wirkung auf Körper und Seele sein, wenn sie einen jungen

Menschen vor der Abhängigkeit bewahren soll. Nach dieser Devise hält Günter Speckmann – Zolloberamtsrat – Rauschgiftseminare für Schulklassen in Hamburg ab ...

„Nur mit der nötigen Brutalität können wir abschrecken vor dem ersten verhängnisvollen Schritt. Wir müssen ihnen einen Schlag versetzen. Sie müssen aber auch die Tricks der Dealer kennen, um sich vor ihnen zu schützen."

Zu diesen Tricks gehört die winzige Pille Heroin, die heimlich in halb ausgetrunkene Gläser in Diskotheken gestreut wird. „Die Jugendlichen merken nichts, nur daß es ihnen an diesem Abend besonders gut gefallen hat. Daher streben sie am nächsten Tag wieder in die Diskothek, um erneut in den Genuß des Gefühls der Unbeschwertheit und des Glücks zu kommen. Der Trick vom Abend vorher wird wiederholt, vielleicht noch ein- oder zweimal. Anschließend lassen sie die Kinder zappeln: keine Pille, keine Stimmung. Die ersten Entzugserscheinungen stellen sich ein. Heroin kann bereits nach dreimaligem Genuß zu psychischer Abhängigkeit führen. Wenn die Dealer ihren Opfern dann Drogen anbieten, greifen viele zu ..."

In den Seminaren beschönigt Speckmann nichts. Die meisten, so sagt er, kommen mutig und mit überlegenem Lächeln in seine Seminare, gehen dann jedoch still und nachdenklich nach Hause. Da er als einer der wenigen die Erlaubnis besitzt, zu zeigen, was es gibt, tut er das auch. Auf einem langen Tisch vorne im Raum stehen sie aufgereiht: in Folien und Leinenbeuteln die Haschsorten wie Grüner Türke, Roter Libanese, Schwarzer Afghane und Schimmel-Afghane; die Opiate: das Opium in schwarzen Blöcken, meist mit Warenzeichen in Form eines Drachens oder Tigers, in Plastik oder Cellophan gewickelt, aber auch als Würfel, Kapsel, Lösung und Ampulle zu haben; Heroin in Plastiktüten, Ballons usw. Als Pulver oder körnig, die synthetischen Drogen, wie LSD ...

„Und wenn ich ihnen dann auch noch sage, wie ihre Lunge oder die Leber nach Rauschgiftgenuß aussehen wird" – Speckmann schwenkt einen entsprechend präparierten Glasballon –, „dann ist der anfängliche Mut und die zur Schau gestellte Überlegenheit dahin."

Als Höhepunkt führt er einen Film vor. Eine halbe Stunde sehen die Jugendlichen die grauenhaften körperlichen Qualen junger Menschen, die man in letzter Minute aufgelesen und ins Krankenhaus gebracht hat. Der Film ist „echt". Es sind keine Schauspieler, sondern Drogenkranke, deren Schicksal da plastisch vor Augen tritt.

Bittere Drogenerfahrung

... Der aktuelle Anlaß, über den tatsächlichen Wert des Rauscherlebnisses nachzudenken, war ein Versuch der Gruppe, ihr Gemeinschaftserleben auf einem Tonband festzuhalten. Das wurde an einem Abend getan, an dem alle interessierenden Themen besprochen wurden und sich wiederum ein gegenseitiges Verstehen zeigte, das in eine glückliche Gefühlsstimmung versetzte. Das Abhören des Bandes an einem der darauffolgenden Abende in nüchternem Zustand ließ aber schlagartig erkennen, daß man völlig aneinander vorbeigeredet hatte und eine wirkliche Beziehung zueinander nicht erkennbar war. Als Folge wurden die bei vielen aufgetretenen Begleiterscheinungen wie schwindendes Interesse für Hobbys, Gleichgültigkeit gegenüber Fragen, die vormals von Bedeutung waren, Müdigkeit, Schlafstörungen usw., offen diskutiert. Man führte sie auf den Haschischkonsum zurück. Gleichzeitig wurde darüber gesprochen, was außer den angeblichen Rauscherlebnissen wirklich erfahren wurde. Das Ergebnis fiel negativ aus, und man kam zu der Ansicht, daß der Gewinn an Rauscherfahrung in keinem rechten Verhältnis zu der wohl tatsächlich vorhandenen gesundheitlichen Gefährdung und der Einbuße an vitalen Lebensinteressen stand. Nachdem zwei Teilnehmer unabhängig voneinander bei anderen Gelegenheiten „Trips geworfen" hatten und ausgesprochen unschöne Erlebnisse bekamen, faßte er für sich den Entschluß, keine Drogen mehr zu nehmen. Die anderen faßten fast alle denselben Entschluß. In der Folgezeit fühlte er sich gesundheitlich besser und wurde „jetzt eigentlich wieder der alte". Heute glaubt er, daß die Rauscherlebnisse ihm keine Erfahrungen gebracht haben, die für sein Leben von irgendwelcher Bedeutung sind. (Gruppenbericht über einen 20jährigen Zeichner in „Informationen zum Drogen-Problem", herausgegeben vom Bundesminister für Jugend, Familie und Gesundheit)

Wer ist verantwortlich?

... Süchtige sind Kranke. Man kann sie für ihre Krankheit nicht zur Verantwortung ziehen wie etwa einen Grippekranken, der sich nicht warm genug angezogen hat. Ist es nun wieder die Gesellschaft, die schuld ist? Nein, denn es gibt zu viele, die dieses Argument eindeutig widerlegen: Sie kommen mit der Gesellschaft aus und scheitern nicht. Alkohol- und Drogenkranke sind oft zu schwach, um sich selbst aus einer Krise zu helfen; sie rutschen immer mehr in die Abhängigkeit hinein, ohne es selbst zu bemerken. Sie sind also nicht allein schuld, denn oft wird ihnen nicht oder zu spät geholfen. Niemanden trifft die alleinige Schuld, verantwortlich ist die Kombination des Charakters und der Gesellschaft, in der sich der Alkohol- und Drogengefährdete bewegt.

Jeder Süchtige trägt – so gern er sich mit allen möglichen und unmöglichen Ausreden beruhigen mag – seinen Teil der Schuld: Am Anfang Prahlerei und Verharmlosung, später Willensschwäche und Verdrängung, kurz vor dem Zusammenbruch dann Selbstmitleid und Apathie. Dabei ist es bekannt, daß Alkohol und Rauschgift unberechenbar sind, daß sie auf die Dauer die Gesundheit zerstören; dabei gibt es Selbsthilfegruppen für Alkoholiker und Rauschgiftsüchtige, mit denen der Abhängige auch im Spätstadium noch umkehren kann. Diese Schuld gegen sich selbst wird dadurch nicht leichter, daß auch jeder Hersteller oder Händler, der legal oder illegal an der Vergiftung anderer verdient, einen anderen Teil der Schuld trägt. Oder dadurch, daß die öffentliche Aufklärung zu dürftig ist und die Bekämpfung des Rauschgifthandels nicht effektiv genug. Auch Hersteller, Händler, Staat und Gesellschaft sind schuldig – das ändert nichts an der Verantwortung, die jeder Abhängige letztlich für sich selbst trägt. (Philipp Hoelzmann, 18 Jahre, und Karl-Friedrich Lenz, 20 Jahre, in Antworten zu „Zeitlupe 20")

Vorschlag: Nehmen Sie Stellung zu der Behauptung „Niemanden trifft die alleinige Schuld, verantwortlich ist die Kombination des Charakters und der Gesellschaft, in der sich der Alkohol- und Drogengefährdete bewegt"!

Rauchverbot? Verbot der Zigarette?

In einer Diskussion, die eine Wochenzeitung unter jungen Leuten entfachte, wurden folgende Meinungen vertreten:

verstärkte Aufklärung über gesundheitliche Gefahren des Rauchens
Interessen der Nichtraucher vertreten
Staat verdient am Rauchen
Nichtraucherklub
verqualmte Jugendtreffs
Gesetz zum Schutz des Nichtrauchers
Totales Verbot für Zigarettenwerbung
Zivilisationskrankheit wie andere auch
Manipulation der Werbung
Tabaksteuer drastisch erhöhen
Entfaltungsfreiheit des Rauchers
Tabaksteuer soll zur Aufklärung verwendet werden
Zigaretten sind Genußmittel
Man kann nicht alles, was gesundheitsschädlich ist, verbieten
Teer in der Lunge ist eine Bagatelle bei der heutigen Umweltverschmutzung
Freiheit des Menschen, seine Gesundheit zu schädigen
Raucherbeine
Tabakgenuß gehört zu den kleinen Freuden des Lebens
Prestigegründe für jugendliche Raucher
Rauchen, ein Zeichen von Schwäche
Symptom für Nervosität
Verständnis für die armen Süchtigen
Das Rauchen ist eine vermeidbare Belästigung der Nichtraucher
Rauchen schafft eine bestimmte „Atmosphäre“ der Geselligkeit
Höhere Krankenkassenbeiträge von Rauchern
Bei Verbot gäbe es einen unkontrollierbaren Schwarzmarkt
Verbot des Rauchens in öffentlichen Gebäuden
Verbot des Rauchens in Gaststätten und Zügen
Recht des Nichtrauchers auf Gesundheit
Nichtraucherimage heben
Verständnis und Toleranz auf beiden Seiten
Rücksicht der Raucher auf Nichtraucher

Soll an unserer Schule eine Raucherecke oder ein Raucherzimmer eingerichtet werden?

Gliederung:

A. Auf den Toiletten wird heimlich geraucht.

B. Soll ein Raucherzimmer eingerichtet werden?

I. Bedenken gegen das Rauchen allgemein und besonders in der Schule:
   a) ....
   b) ....
   c) ....
   d) ....
   e) ....

II. Gründe für öffentliches Rauchen in der Schule:
   a) ....
   b) ....
   c) ....
   d) ....
   e) ....

III. Was sagen Eltern und Lehrer zu dieser Frage?
   a) ....
   b) ....

IV. Meine persönliche Meinung zu diesem Problem:
   a) ....
   b) ....
   c) ....

C. An unserer Schule gilt folgende Regelung: . . .

Das Rauchen ist gesundheitsschädlich. – **Behauptung**
Diese Tatsache ist ärztlich nachgewiesen. – **Begründung**
Ich werde deshalb das Rauchen aufgeben. – **Folgerung**

Unterscheiden Sie beim Erörtern eines Problems, was Behauptung und Feststellung ist, wie die Behauptung begründet oder belegt wird und ziehen Sie daraus die Folgerung. Durch ein Beispiel können Sie Ihre Behauptung und Begründung veranschaulichen.

Der Stichwortzettel

Für ein informierendes Gespräch, zu einem Interview, für eine Diskussion usw. brauchen Sie einen Stichwortzettel, damit Sie im Gespräch nichts Wesentliches vergessen und die Reihenfolge Ihrer Gedanken einhalten können.
Das Wort „Zettel" bedeutet nicht, daß Sie irgendeinen Fetzen Papier dazu benutzen sollen, um Stichwörter aufzuschreiben.
Wenn man die Stichwortzettel immer im gleichen Format anlegt (Schreibblock), kann man sie leichter ordnen und aufbewahren. Jeder findet seine eigene Art, einen Stichwortzettel anzulegen, und zu jedem Thema wird er abgewandelt werden.
Ein Beispiel:

Warum ich nicht rauche

A) Mitschüler rauchen – Versuchung – abfällige Bemerkungen, weil ich nicht rauche.

B) Ich bin Nichtraucher, weil
   1. gesundheitliche Gründe gegen das Rauchen sprechen
      a) Lungenkrebs
      b) Raucherbeine
      c) Bagatellisierung falsch!
   2. in meiner Familie nicht geraucht wird
      a) Rücksicht: Qualm, Geruch
      b) Sorge der Eltern um Gesundheit
      c) schlechtes Vorbild für jüngeren Bruder
   3. nach meiner Ansicht nichts für das Rauchen spricht
      a) Nichtrauchen ist männlicher als Rauchen.
      b) Ich lasse mich nicht beeinflussen.

C) Aufforderung an die Mitschüler, das Rauchen nicht zu einem Solidaritätsbeweis zu machen.

Ein Ärzteteam testete Nikotinsüchtige

tz München

Nicht der Genuß am Nikotin läßt immer mehr Jugendliche zur Zigarette greifen, sondern der „Zwang zur Anpassung“. Zu diesem Schluß kam ein Ärzte-Team, das die Rauchgewohnheiten von Schülern untersuchte. Das Ergebnis der Untersuchung wurde jetzt in der Münchner Medizinischen Wochenschrift veröffentlicht.

Die Ärzte kamen zur Überzeugung: Am anfälligsten sind Jugendliche von geringerem Intelligenzgrad. Sie ahmen kritiklos ihre Umwelt nach. Außerdem sind charakterschwache Typen besonders gefährdet.

Die Ärzte beobachteten bei ihrem Test im einzelnen:

Nikotingenuß schwächt die Sehschärfe des Menschen. Raucherinnen bringen Kinder zur Welt, die besonders krankheitsanfällig sind. Bei Rauchern ist der Kehlkopfkrebs zehnmal häufiger, der Mund- und Speiseröhrenkrebs sechsmal häufiger und der Lungenkrebs 17mal häufiger als bei Nichtrauchern. Bei Männern steigert sich das Sterberisiko infolge Herzkrankheit bei einem täglichen Zigarettenkonsum von 10 bis 19 Zigaretten um das 2,1fache, bei 20 bis 40 Zigaretten um das 2,4fache.

Die Untersuchung ergab außerdem: Jeder dritte Gymnasiast über 14 Jahre ist bereits Raucher. Der Durchschnittsverbrauch: 30 bis 40 Zigaretten pro Woche. Jeder vierte Schüler begann bereits vor dem zehnten Lebensjahr mit dem Rauchen.

Das Ärzteteam bezeichnete die Rauchgewohnheiten der Schüler zusammenfassend als „Herdentrieb zum Selbstmord auf Raten“.

Im Kampf gegen die Raucher an Bayerns Schulen eine Schlacht gewonnen

Landtag schlägt den Lehrern Glimmstengel aus den Händen

München – Nach einer fast schon dramatischen Konfrontation der Raucher und Nichtraucher in den Ausschüssen hat der Bayerische Landtag am Donnerstag eine Schlacht gegen den „Nikotin-Teufel“ gewonnen und dessen Lobby unter den Volksvertretern eine vernichtende Niederlage beigebracht: er trug dem Kultusministerium einen Appell an alle Lehrkräfte auf, im Schulbereich nicht länger in Gegenwart von Schülern zum Glimmstengel zu greifen. Dabei gelang es der Antragstellerin, der Amberger CSU-Abgeordneten Maria Geiss-Wittmann, wie einer Jungfrau von Orleans ein Heer aus allen Fraktionen gegen die qualmende Sünde hinter sich zu bringen, so daß nurmehr fünfzehn Abgeordnete – matt und vergeblich, vermutlich durch Rauchen geschwächt – Widerstand leisteten.

Selten hat sich jemand über einen Abstimmungssieg so gefreut wie die Nichtraucherin Geiss-Wittmann, deren Fraktion den Antrag wenige Tage zuvor nach internen Meinungsverschiedenheiten zur Sache noch mit großer Mehrheit abgelehnt hatte. Als Einzelkämpferin wagte sie dann doch die Entscheidungsschlacht, nachdem der Kulturpolitische Ausschuß sich für, der Sozialpolitische gegen ihre Initiative ausgesprochen hatte. Nach dem Sieg Szenen, wie sie der Landtag seit langem nicht mehr erlebt hat: Nikotin-Gegner, auch aus der SPD, eilten auf die CSU-Abgeordnete zu, beglückwünschten sie, während sie sich ihrerseits gerührt für die Unterstützung aus dem anderen Lager bedankte.
In der kurzen Debatte hatte sie davor gewarnt, daß die Schüler durch ein schlechtes Beispiel der Lehrer zum Rauchen animiert werden könnten. Ihre Hoffnung: Viele Schulleiter verankern ein Rauchverbot in der Hausordnung. Ihre Nachredner Peter Paul Gantzer (SPD) und Dr. med. Fritz Flath (FDP) wollten gleich noch den Politikern vor den Fernsehkameras den Glimmstengel aus der Hand schlagen und auch noch die Raucherecken in den Schulen abschaffen.

Erik Spemann

Schule im blauen Dunst

Bayerns Lehrer sollen von ihrem Dienstherrn mit moralischen Appellen unter Druck gesetzt werden, das Rauchen in Gegenwart von Schülern auch in den Unterrichtspausen zu unterlassen, forderte die Amberger CSU-Abgeordnete Maria Geiss-Wittmann vergeblich im Landtagsausschuß für Sozial- und Gesundheitspolitik. Dieser lehnte ihren Antrag ab, den vorher der kulturpolitische Ausschuß gebilligt hatte. „Es steckt einfach an“, befand die Abgeordnete, wenn Junglehrer sofort nach dem Unterricht auf dem Schulkorridor eine Zigarette anzündeten. Schließlich hätten Pädagogen auch Vorbilder zu sein. Monika Hornig-Sutter (SPD) witterte hinter einem solchen amtlichen Appell – von einem Verbot war nicht die Rede – dennoch den Obrigkeitsstaat und fragte, ob dann die Schüler in ihrem Raucherzimmer paffen dürften, während die Lehrer schmachten müßten. Fritz Flath (FDP), von Beruf Arzt, dennoch Dauerkonsument filterloser Virginia-Zigaretten, sprang Frau Geiss-Wittmann bei. Nach der Sitzung meinte sie enttäuscht: „Appelle des Kultusministers zum Verzicht sind dann doch bloß eine Phrase.“

Egon Scotland

Vorschlag: Erörtern Sie die „Probleme des Rauchens“ an Ihrer Schule!

Nichtrauchen in Schulen wieder „in"

Düsseldorf (AP)

Noch vor wenigen Jahren mußten sich Schulleitungen und Elternversammlungen mit Resolutionen auseinandersetzen, in denen Schüler und Schülerinnen an weiterbildenden und berufsbildenden Schulen eine Raucherecke beanspruchten. Wie das Landespresseamt in Düsseldorf mitteilte, werden jetzt Schülermitverwaltungen aktiv, um nichtrauchende Schüler und Schülerinnen vor Zigarettenqualm zu schützen.

Bei der Arbeitsgemeinschaft Gesundheitserziehung in Düren hatten viele Schulen eine Informationsausstellung über die Folgen des Rauchens angefordert. Meist sei die Initiative von den Schülermitverwaltungen ausgegangen.

Das Streiflicht

(SZ) Wenn irgendwo der Spaß aufhört, erkennt man es daran, daß in den Schlagzeilen zum Thema neben den vertrauten, milden Scherzen und Bildern düstere Metaphern auftauchen. Nehmen wir das Rauchen. Da verarbeiten zwar noch immer neun von zehn Schlagzeilen in irgendeiner Form den bewährten „blauen Dunst"; man liest aber auch schon von „schwarzen Wolken über den Rauchern". Es wird also ernst. In drei Ministerien von Baden-Württemberg darf in Räumen mit Publikumsverkehr überhaupt niemand mehr rauchen. Und aus Berlin kommt, was der Verband der Cigarettenindustrie eine durch nichts zu rechtfertigende Verunsicherung des Verbrauchers nennt. Dort hat die Stiftung Warentest von 37 Zigarettenmarken je 300 gekauft und von einem Schweizer Chemielabor in einer „Abrauchmaschine" verheizen lassen. Dabei fanden sich weit mehr Teer und Nikotin im Rauch, als drei Testinstitute im Auftrag der Zigarettenindustrie ermittelt hatten. Darüber hinaus maßen die Schweizer auch den Gehalt an Kohlenmonoxyd und Stickoxyden. Das sind jene Gifte, die der Raucher mit seinen Mitmenschen brüderlich teilt.

Nun sagen in dem Streit die einen: „Eure Werbung ‚im Rauch nikotinfrei' ist irreführend und bedeutet nichts, solange von den gefährlichen Giften nicht die Rede ist." Die anderen protestieren gegen unsaubere Meßmethoden von Leuten, die dem „hohen wissenschaftlichen Schwierigkeitsgrad" des Problems wohl nicht gewachsen seien. Auch wir sind in dieser Frage gespalten, aber liberal. Wir möchten nicht die Forderung des medizinischen Arbeitskreises *Rauchen und Gesundheit* unterstützen, die ungefähr darauf hinausläuft, daß auf den Packungen stehen müßte: „Raucharm im Teer, nikotinreich im Kohlenmonoxyd, volle Palette der Stickoxyde.“ Eine Menschheit, die gern dem Werbe-Sing-Sang lauscht, aber von Chemie wenig weiß, könnte solche Warnungen als besonders dynamische Reklame im Stil der neuen wissenschaftlichen Zeit verstehen. Im übrigen weiß niemand besser als der Raucher, daß Rauchen der Gesundheit schadet. Wenn er dennoch nicht davon läßt, so zeigt er, daß er den ersten Teil der Spruchweisheit schon begriffen hat „Gesundheit ist nicht alles . . .“ Den zweiten Teil “. . . aber ohne Gesundheit ist alles nichts“, lernt er, wie jeder Nichtraucher auch, dann früher oder später. Wir sollten froh sein, daß unter den ungezählten Giften, die wir ein- und aufnehmen, noch einige sind, über deren Aufnahme wir *selbst* entscheiden dürfen. Das sind die 1100 Gifte im Tabakrauch. Diese Entscheidungsfreiheit muß erhalten bleiben oder wiederhergestellt werden durch Mitbestimmung aller am gemeinsamen Atmungsplatz und durch Risikoversicherung des Rauchers auf seine Kosten, zum Beispiel mit einem „Raucherpfennig“ beim Zigarettenkauf. Nur in Freiheit und Toleranz kann das vergiftete Verhältnis zwischen den Abrauchmaschinen und den Rauchverzehrern unter uns entspannt werden.

Welche Erkenntnisse entnehmen Sie dieser Glosse?

Die Jugendkriminalität nimmt immer noch zu.
Untersuchen Sie die familiär bedingten Ursachen für diese Entwicklung, ihre Auswirkung auf die Familie und die Vorbeugemaßnahmen durch die Familie!

A. Die Jugendkriminalität nimmt immer noch zu.

B. Die Familie ist mitverantwortlich für die steigende Jugendkriminalität; sie hat die Folgen mitzutragen, kann aber auch vorbeugend der Jugendkriminalität entgegenwirken.

  I. Familiär bedingte Ursachen

    1. zerrüttete Familienverhältnisse

      a) in den ersten drei Lebensjahren keine feste Bezugsperson

      b) vorübergehende Heimunterbringung

2. Erziehungsfehler der Eltern
   a) verständnisloses, liebearmes Erzieherverhalten
   b) schlechtes elterliches Vorbild
   c) keine Vermittlung von Grundsätzen und Werten
3. existentielle Not
   a) zu geringes oder unregelmäßig eingehendes Haushaltsgeld
   b) Arbeitslosigkeit der Eltern
   c) Wohnen in Notunterkünften
   d) Aufwachsen in asozialem Milieu
4. mangelnde schulische und berufliche Förderung
   a) keine elterliche Anleitung und Unterstützung beim Lernen
   b) wegen Schuleschwänzens und zu geringer Leistungsbereitschaft wenig Erfolgserlebnisse
   c) häufig keine abgeschlossene Schul- und Berufsausbildung
   d) schlecht bezahlte Stellung als Hilfs- oder Gelegenheitsarbeiter

II. Auswirkung auf die Familie
1. Auswirkung innerhalb der Familie
   a) gestörtes Eltern-Kind-Verhältnis
   b) gegenseitige Vorwürfe und Beschuldigungen der Eltern
   c) u. U. Ablehnung des Jugendlichen durch Geschwister und Verwandtschaft
2. Auswirkung auf das Verhältnis Familie – Gesellschaft
   a) Diskriminierung durch die Nachbarschaft
   b) erschwerte Eheschließung für die Geschwister
   c) u. U. Wohnungskündigung
   d) eventuelle berufliche Nachteile für alle Familienmitglieder

III. Vorbeugemaßnahmen durch die Familie
1. harmonische Ehe der Eltern
2. liebe- und verständnisvolle Erziehung
   a) persönliche Betreuung des Kleinkindes
   b) intensive Förderung der körperlich-geistig-seelischen Anlagen des Kindes
3. ausreichende wirtschaftliche Verhältnisse
   a) gesichertes Familieneinkommen
   b) Finanzierungsmöglichkeit besonderer Interessen und Hobbys des Jugendlichen

4. Unterstützung des Jugendlichen in seinem schulischen und beruflichen Fortkommen
   a) Förderung der Lern- und Leistungsbereitschaft
   b) Hilfestellung zur Erlangung eines Schul- und Ausbildungsabschlusses

C. Der Staat sollte die Familie in ihrem Bemühen um die richtige Erziehung der Jugendlichen wirkungsvoller unterstützen.

Jung, gefühllos und brutal

Die wachsende Jugendkriminalität / Defekte unserer Zivilisation

WOLFGANG SALEWSKI/PETER LANZ: *Die neue Gewalt und wie man ihr begegnet. Verlag Droemer Knaur, 224 Seiten, 24 Mark.*
Ein fünfzehnjähriger Berufsschüler, seine dreizehnjährige Schwester und zwei Freunde im Alter von sechzehn Jahren fuhren gegen 23 Uhr mit ihren Mopeds zu einer Brücke über der Autobahn Venlo–Düsseldorf. Aus einer 200 Meter von der Straße entfernten Grundstücksmauer lockerten sie einen 12 Pfund schweren Basaltstein und ließen ihn um 23.55 Uhr von der Brücke auf ein gerade vorbeifahrendes Auto fallen. Sie trafen einen weißen Mercedes 220 D, in dem ein Verkaufsingenieur mit Frau und Kindern heimfahren wollte. Der schwere Stein durchschlug die Windschutzscheibe des Autos, traf die Frau am Hals und zerriß ihr die Schlagader. Sie starb noch am Unfallort. Als die Polizei die gefaßten Jugendlichen vernahm, konnten sie für ihre Tat keinerlei Erklärung geben.
Von einem neuartigen kriminellen "Spaß" junger Männer wurde aus Frankreich berichtet: Auto-Rodeo, wobei mit schweren, meist gestohlenen Limousinen von hinten gegen Kleinwagen gestoßen und gedrückt wird oder diese Vehikel mit den Stoßstangen geschoben werden, bis sie im Straßengraben landen. Der schlimmste Fall passierte in der Nähe von Bontoise im Departement Val d'Oise. Ein Peugeot 504 rammte auf der Landstraße einen Citroën 2 CV. Dabei schleuderte die Beifahrerin aus dem Kleinwagen auf das Pflaster. Sie war sofort tot. Mit ständig steigender Geschwindigkeit wurde der Citroën noch ein paar hundert Meter weitergeschoben, bis er von der Straße abkam. Der Fahrer und seine 2 Kinder wurden verletzt, die Täter entkamen unerkannt.

Dies sind zwei Beispiele von Gewalt, um die es in diesem Buch mehr geht als um den vielberedeten Terrorismus, der die Aufmerksamkeit so sehr auf sich gezogen hat, daß die andere, gefährlichere Bedrohung bisweilen übersehen wird: Es werden immer mehr Jugendliche immer früher kriminell. ...

Die Jugendlichen werden nicht nur immer öfter zu Verbrechern; ihre Straftaten werden zudem auch immer brutaler – und dies, obwohl sie zumeist kein Motiv für ihre Taten haben und völlig sinnlos handeln. (Die jungen Menschen richten ihre Gewalt aber nicht nur gegen andere, sondern auch gegen sich selbst. Die geplanten oder vollendeten Selbstmordversuche nehmen ebenfalls zu. Insgesamt nahmen sich im Jahr 1977 in der Bundesrepublik 13 920 Menschen das Leben.)

Auf diese Tendenz mit dem Ruf nach drakonischen Strafen zu antworten, sei zweifellos die völlig falsche Reaktion, weil damit die Entwicklung nicht gebremst werde, meinen die Autoren Salewski und Lanz. Sie schreiben: „Eine bisher unerforschte Gewalt ist über uns hereingebrochen, der wir mit den üblichen Methoden der Gewaltbekämpfung nicht begegnen können. Wir müssen deshalb versuchen, die Ursachen dieser weltumspannenden Gewalt zu analysieren, um in der Folge Mittel und Wege zu finden, sie zu besiegen."

Diagnose und Therapievorschlag der Autoren sind schlicht und überzeugend. Es gehört zu den wichtigsten Defekten unserer Zivilisation, daß wir nicht mehr ausführlich miteinander reden, daß wir einander nicht zuhören und die Gefühle unterdrücken. Kinder werden durch Unaufmerksamkeit oder Wortkargheit ihrer Eltern *provoziert,* wobei die Erwachsenen scheinbar gute Gründe für ihre Verweigerungen haben: Sie müssen zur Arbeit, sie müssen Geld verdienen, möglichst beide Eltern (denn „unser Kind soll es einmal besser haben als wir es gehabt haben"), sie sind müde. Kinderfeindlich ist das Leben der Kleinfamilie in der städtischen Kleinwohnung. Während vor dem Krieg oft drei oder vier Generationen unter einem Dach zusammenlebten und die Kinder einen Mangel an elterlicher Zuwendung bei den Großeltern kompensieren konnten, brachen die Familien nach dem Kriege auseinander.

Das vorliegende Buch, in einfacher Sprache formuliert, ist nicht für akademisch gebildete Leser geschrieben worden. Gerade deshalb ist es zu würdigen. Zutreffend heißt es im Vorwort, daß die psychologische Fachliteratur über Aggression und Aggressivität außerordentlich umfangreich ist, der Laie sich aber ohne notwendige wissenschaftliche Vorkenntnisse in diesen Büchern und Aufsätzen kaum zurechtfindet. Da aber nicht nur die Jugendkriminalität lawinenartig wächst, sondern schätzungsweise jedes fünfte Kind in der Bundesrepublik verhaltensgestört ist (und jährlich 30 000 Kinder aus dem

Elternhaus fortlaufen), muß über denkbare Gründe nicht nur in esoterischen Kreisen debattiert und nachgedacht werden.
Salewski und Lanz wollen in breiten Schichten verstanden werden. Das Bedürfnis nach „Feedback“ umschreiben sie beispielsweise so: Wie der Mensch zur Kontrolle seiner äußeren Erscheinung des Blicks in den Spiegel bedarf, andernfalls sein Unsicherheitsgefühl beklemmend wächst, so ergeht es der Seele (Psyche). Ihr Spiegel sind die anderen Menschen, die auf uns eingehen. Beängstigend ist daher die Tatsache, daß mit der städtischen Zusammenballung der Menschen ihre bewußt gewählte seelische Vereinsamung steigt und steigt. In der Isolierung stauen sich Wut und Aggressivität. Ein Bild aus dem Straßenverkehr: Jeden Tag spielen sich hinter verschlossenen Autoscheiben Pantomimen ab, wenn ein Autofahrer den anderen belehren und beschimpfen will. Könnte er mit ihm reden, würde er die Fehler oder die Unvorsichtigkeit wahrscheinlich ganz anders beurteilen. So aber ist man voneinander getrennt, kennt nur das Ärgernis und nicht den Menschen, der seine Handlung vielleicht erklären könnte. Die Aggressivität, die sich aufstaut, erleichtert den Gewaltausbruch.
Gibt es einen Zusammenhang zwischen Fernsehen und Jugendkriminalität? Wahrscheinlich vor allem diesen: Die erhöhte Brutalität der Straffälligen hat zu tun mit der wachsenden emotionalen Distanz zwischen dem Täter und seinem Opfer. Die Unfähigkeit zum Mitgefühl, diese Inhumanität, könnte gewiß seltener sein, wenn die Erwachsenen daran dächten, daß es für Kinder immer reizvoller ist, sich mit den Eltern zu beschäftigen, zu reden, zu spielen oder zu schmusen, als still nebeneinander vor dem Fernsehapparat zu sitzen. Ausführlich behandeln die Autoren den notwendigen Weg zur Selbstwerdung junger Menschen, zur Identitätsfindung. Ihre These: Den Gewalttätern ist es nicht gelungen, diesen Weg „normal“ zu durchschreiten, sei es aufgrund autoritärer Unterdrückung oder gleichgültiger Widerstandslosigkeit der Eltern. – Dies mag zwar nur ein (wenn auch wichtiger) Teilaspekt sein, dessen Erkenntnis den Autoren auch nicht als Originalität zugeschrieben werden kann. Die Deduktion ist gleichwohl pädagogisch wertvoll. (Salewski war einige Zeit psychologischer Berater der Münchner Polizei und beschäftigte sich mit dem Rockerproblem.) Daß das Buch darüber hinaus etwas breitgewalzt wurde, sei einschränkend angemerkt.

Peter Diehl-Thiele

Vorschlag: Erörtern Sie die Probleme, die in diesem Text angesprochen werden, und nehmen Sie Stellung dazu! (Texterörterung)

Die heutige Jugend wächst in einer Zeit technischen Fortschritts, wirtschaftlichen Wohlstands und Friedens auf. Dennoch sind viele Jugendliche unzufrieden und fühlen sich verunsichert. Auf welche Ursachen führen Sie diese Tatsache zurück?

Arbeitsschritte:

1. In welcher Aufsatzart sollen Sie das Thema behandeln?
2. Was verlangt diese Aufsatzart von Ihnen?
3. Untersuchen Sie das Thema:
   Der erste Satz ist eine Behauptung. Stimmt sie?
   Der zweite Satz ist eine auf den Begriff „viele Jugendliche“ eingeschränkte Feststellung.
   Der dritte Satz ist die Themafrage, die sie beantworten sollen.
4. Suchen Sie für die Beantwortung der Frage nach Ursachen, d. h. die „Stoffsammlung“.
5. Ordnen Sie diese Gedankensammlung d. h. die möglichen Ursachen, indem Sie „Oberbegriffe“ suchen.
6. Gliedern Sie die Oberbegriffe mit den eingeordneten Unterbegriffen nach dem Prinzip der Steigerung.
7. Wie kommen Sie am besten zum Thema, wie können Sie den Leser zum Thema hinführen (Einleitung)?
8. Wie können Sie das Thema, d. h. die Beantwortung der Themafrage abschließen (Schluß)?

A) ....

....

B) ....

....

I. ....

1. ....
2. ....
3. ....
4. ....

II. ....

1. ....
2. ....
3. ....

III. ....

1. ....

2. ....

IV. ....

1. ....

2. ....

3. ....

V. ....

1. ....

2. ....

C) ....

....

Jugend

Über Jugendrevolten und Protestbewegung wird viel geschrieben.
Die Mehrheit der Jugendlichen aber bejaht das politische System.
Dies zeigt eine Studie der Konrad-Adenauer-Stiftung und des Emnid-Instituts.

Wir haben uns angewöhnt, „die Jugend“ allzu vorschnell mit jenen gleichzusetzen, die entweder lautstark und militant dieses System als „kapitalistisch“ kritisieren, als unterdrückend verdammen und zum Teil gewalttätig bekämpfen oder sich dieser Republik auf eine eher passive Weise verweigern.

Wir folgen darüber hinaus der fatalen Neigung, uns der Problemgruppen – vor allem den protestierenden – in den Medien, in der politischen Bildung und nicht zuletzt in den Parteien anzunehmen und dabei häufig jene große Mehrheit der jungen Generation zu vernachlässigen, die Unzufriedenheit und Unbehagen weniger öffentlich zur Schau stellt und mehr oder weniger brav und tapfer auf dem Boden dieser Republik ihre Arbeit tut.

Ob die systemkritische akademische Jugend von heute die Wertorientierungen der breiten Mehrheit wird prägen können, ist angesichts der wachsenden Barrieren unterschiedlicher Sprachformen, Erfahrungshorizonte und Lebensweisen sehr fraglich. Vor allen Dingen aber hängt die „Vorreiter-Rolle“ der Systemkritiker davon ab, ob und wie weit es gelingt, jene weithin eher unpolitisch zufriedene große Mehrheit der Jugendlichen politisch gegen links- oder rechtsideologische Verführungen zu wappnen.

Werte

Bleiben wir also bei der großen Mehrheit von gut 80% der Jugendlichen der unteren und vor allem der mittleren Bildungsschichten sowie der nach wie vor deutlichen Mehrheit von Gymnasiasten und Hochschülern, die diesem System nicht grundsätzlich kritisch gegenüberstehen. (Gleichwohl steht deren Systembejahung auf dünnem Fundament, wie noch gezeigt werden wird.)
Denn die große Mehrheit junger Menschen droht in wachsendem Maße in Privatismus und Individualismus zu verfallen. Auf die Frage nach den „wichtigen Dingen" für das eigene Leben stellten fast 100%
- persönliche Freiheit, gute Freunde

obenan, gefolgt von
- angenehmem, gesichertem Leben,
- beruflichem Erfolg,
- persönlichen Idealen,
- privatem Lebensglück,
- Geborgenheit,
- guter Ehe,
- partnerschaftlicher Treue,
- viel Geld.

Mit Abstand weniger wichtig scheinen den Jugendlichen dagegen:
- freie politische Betätigung,
- mal ausflippen,
- persönliche Vorbilder,
- Nationalbewußtsein,
- Vaterlandsliebe,
- politische Führungspersönlichkeiten.

Charakteristisch ist jedenfalls, daß materielle und nicht-materielle Werte, Geld, Freiheit, Freunde und privates Glück gleichermaßen erstrebt werden und offenbar eine enge Verbindung in den persönlichen Wertorientierungen junger Menschen eingegangen sind. Ob sich die Jugendlichen allerdings bewußt sind, daß die Verfolgung vieler immaterieller Wertvorstellungen Wohlstand voraussetzt, ist gegenwärtig sehr zweifelhaft.

Bewußtsein

Brisanz liegt darin, daß die gegenwärtig weitverbreitete Zufriedenheit mit dem politischen System der Bundesrepublik, zu der sich

von den 14- bis 17jährigen 90%
von den 18- bis 21jährigen 87%
der Befragten bekennen, sich offenbar eng mit einer insgesamt positiven Einschätzung der wirtschaftlichen Lage und der Leistungsfähigkeit unserer Wirtschaft verbindet. Die verbreitete Systembejahung der großen Mehrheit der Jugendlichen scheint also weitgehend von der wirtschaftlichen Konjunktur abzuhängen.

Diese Konjunkturabhängigkeit muß uns sehr zu denken geben. Sie läßt offen, wie diese Jugendlichen reagieren, wenn sie sich spürbar werden einschränken müssen. Denn diese Jugend weiß zum Teil erschreckend wenig über die politisch-ethischen Grundlagen der Bundesrepublik und über weltpolitische Entwicklungen.

Die Verführbarkeit ist um so größer, als das Interesse der Jugendlichen an der Politik und am Staat in den letzten fünf Jahren geringer geworden ist. Nur 14% der Jugendlichen zwischen 14 und 17 sind gegenwärtig „sehr stark" bis „stark" politisch interessiert,
85% dagegen nur „etwas", „kaum" oder „überhaupt nicht".

Das politische Interesse wird mit wachsendem Alter, höherem Bildungsgrad und höherer Schichtzugehörigkeit zwar größer (bei den 18- bis 21jährigen steigt es auf gut 25%, bei Gymnasiasten und Hoch- und Fachhochschülern auf 42%), für die breite Mehrheit gerade der systembejahenden jungen Menschen aber scheint die Politik keine wesentliche Rolle zu spielen. Sie glauben offenbar, ihr Leben jenseits der Politik gestalten zu können.

Der Staat wird offenbar nur als ein gewaltiger Apparat begriffen, der Dienstleistungen, wirtschaftlichen Wohlstand und Luxus zu produzieren hat. Als solcher, nicht als eine politisch-ethische Wertordnung, wird er hoch geschätzt. Der Staat wird andererseits kritisch als ein System technischer Regeln betrachtet, die die individuelle Freiheit, Selbstbestimmung und die persönlichen Handlungsspielräume einschränken.

Dies individualistisch-privatistische Selbstgefühl verbindet sich durchaus mit Leistungsbereitschaft. Das Leistungsprinzip ist für drei Viertel der Jugendlichen „so in Ordnung", weil es Chancengleichheit und gerechte Belohnung und mithin die Chance bietet, seinen Lebenskomfort zu steigern. Am ausgeprägtesten halten Real- und Fachschüler das Leistungsprinzip hoch, am geringsten (nur zu 60%) Hochschüler.

Angesichts dieser Grundzüge wird schon deutlich, daß es falsch wäre, die Jugend heute für überwiegend ideologisch linksstehend zu halten. Im Gegenteil, das linksextreme Potential, das in der ersten Hälfte der siebziger Jahre etwa

20 bis 25% ausmachte, hat sich an der Schwelle zu den achtziger Jahren fast halbiert. Die ganz große Mehrheit Jugendlicher gruppiert sich heute politisch-ideologisch um die Mitte herum.

Hans-Joachim Veen

Wie würden Sie die Frage nach den „wichtigen Dingen" in Ihrem Leben beantworten?
Wie wird der Staat von der „Jugend" gesehen?

Jugendprobleme

Die einen probieren es mit Moral, die anderen mit Psychologie.
Aber eine Lösung der Jugendprobleme bietet keiner der Kritiker.
Statt dessen kuriert man an Symptomen herum.

Chaos und Anarchie prophezeihen konservative Kritiker als Folge des Protestverhaltens eines Teils der Jugendlichen (lt. der Emnid-Untersuchung sind es 15%), die entweder auf die Straße gehen, um zu demonstrieren, sich ihre eigenen Subkulturen aufbauen (Beispiel: Punk) oder sich in Drogenabhängigkeit oder Sektenkult der Gesellschaft entziehen.
Es gibt besonders extreme Kritiker, wie den bayerischen Kultusminister Hans Maier, der diesen Monat auf der Bundesdirektorenkonferenz davor warnte, daß eine „unruhige Jugend" im ganzen Land Stützpunkte schaffen würde, um sich dem Zugriff der Staatsgewalt zu entziehen. Maier scheute sich nicht, unter dem Motto „Jugend führt Jugend" sogar Parallelen zum 3. Reich herzustellen.
Mangelndes politisches Interesse und kritiklose Angepaßtheit ist eine ganz andere Kritik, die aber ebenfalls von konservativer Seite an der großen Mehrheit der Jugendlichen geübt wird. Darin zeigt sich, wie in der vorliegenden Studie der Konrad-Adenauer-Stiftung, vor allem die Sorge um den staatsbürgerlichen Nachwuchs und die Jungwähler.
Die Suche nach den Ursachen für den Staatsverdruß der Jugendlichen reicht unterschiedlich weit:

- **Die Anlässe** sind meist offensichtlich, vor allem bei den Protestbewegungen. Sie geben aber noch keine ausreichende Erklärung für das Phänomen der tiefen Unzufriedenheit. Einzelne Ursachen zu beseitigen (etwa, den Zuschuß für ein Jugendheim schließlich doch zu geben), kann die Unmutsäußerungen selten stoppen, weil die Bedürfnisse der Jugend damit noch nicht erfüllt sind.

● **Die Gründe** sind politische oder soziale. Dazu gehören so unterschiedliche Bereiche wie Vietnamkrieg, Notstandsgesetze, Atomrüstung, Kernkraft-Nutzung, Schulpolitik und Arbeitslosigkeit. Aber während die Gründe wechseln, bleiben Protestbewegung ebenso wie der Rückzug ins Privatleben als Phänomen bestehen.

● **Die tieferliegenden Motive** psychologischer Natur sind sicher nicht nur in dem Prozeß des Erwachsen-Werdens zu suchen und in der damit verbundenen Unsicherheit. Die „freiflottierende Angst" (Siegmund Freud), die ohne unmittelbaren Anlaß ist und sich Gründe und Motive sucht, ist statt dessen ein schichten- und generationenübergreifendes Phänomen unserer Gesellschaft. Sie wird unter anderem erklärt mit dem Verlust herkömmlicher Werte und dem damit verbundenen Orientierungsverlust. Trotzdem soll diese psychologische Erklärung nicht unterstellen, es handele sich um einen naturgegebenen Zustand, der ohne Bezug zur gesellschaftlichen Realität sei.

Die Medien bringen fast nur negative Berichte über die Jugendlichen, nämlich über die Protestbewegungen und die Unruhen. Deshalb versucht man seit neuestem, auch die schweigende Mehrheit der Jugendlichen ins Gedächtnis zu rufen:

– Die Konrad-Adenauer-Stiftung stellt als Ergebnis ihrer Forschungen (s. Dokument) fest, daß die Jugend besser als ihr Ruf sei.

– Auf einem Symposium der Hanns-Martin-Schleyer-Stiftung wird von einer „gesunden Mitte" (bei lediglich gefährdeten Rändern) gesprochen.

– Die Bundeszentrale für politische Bildung wendete sich kürzlich mit einem Rundschreiben an die Chefredakteure der Tageszeitungen. Sie verschickte eine Dokumentation der überparteilichen Stiftung „Die Mitarbeit" mit beispielhaften Vorbildern von Jugendgruppen, die in der Sozialarbeit tätig sind. Die Zeitungen wurden aufgefordert, ihr einseitiges Bild der Jugendszene zu berichtigen.

Nach den Untersuchungen der Konrad-Adenauer-Stiftung scheint die Mehrheit der Jugendlichen heute dennoch durch drei abträgliche Grundeinstellungen charakterisiert:

– politisches Desinteresse
– Rückzug ins Private
– individuelle Leistungsbereitschaft zum persönlichen Vorteil

Als Gründe dafür nennen

● **die Sozialliberalen** die Stagnation der 1968 begonnenen Reformen und ein Versäumnis der Politiker, auf die speziellen Bedürfnisse der Jugendlichen einzugehen. Man fordert dazu auf, ein „Forum" (Glotz) zu schaffen, in dem sich die Jugendlichen darstellen und engagieren können.

● **die Konservativen** den sozialstaatlichen Zentralismus und den Wohlfahrtsstaat, der den einzelnen zum Objekt staatlicher Versorgung abwerte. Durch eine falsch verstandene Emanzipation seien die moralischen Werte verloren worden. Mehr Disziplin und eine strengere Einbindung der Jugend in die Gesellschaft sollen die Bindung an den Staat wiederherstellen.

Beide Seiten versuchen letztlich nicht mehr, als mit psychologischen Kunstkniffen Symptome zu kurieren, anstatt an die Wurzeln des Übels zu gehen. Die Protestbewegungen ebenso wie die Verweigerung als Ausdruck einer politischen und gesellschaftlichen Krise zu sehen, wäre ein Eingeständnis der Tatsache, daß das bestehende System nur mangelhafte Lösungen für Probleme wie Arbeitslosigkeit, Aufrüstung, Umweltzerstörung und Entfremdung im Beruf anbieten kann. Erst diese Erkenntnis würde aber wirklich erklären, warum so viele Jugendlichen sich nicht mehr (zumindest nicht aktiv) in dieses System eingliedern lassen.

Mark Spiegel

Vorschläge für die eigene Arbeit: 1. Erörtern Sie „Anlässe, Gründe und tieferliegende Motive" für den „Staatsverdruß" der Jugend! 2. Erörtern Sie aus Ihrer Sicht die angeführten drei Grundeinstellungen der Jugend: politisches Desinteresse, Rückzug ins Private, individuelle Leistungsbereitschaft zum persönlichen Vorteil! 3. Erörtern Sie die Mitarbeit von Jugendlichen in der Sozialarbeit!

Wo ist Ihr Standort in der „Jugend von heute"?

Gedankensammlung:

drogenabhängige Jugend
Sektenkult
Punk-Jugend
unruhige Jugend
demonstrierende Jugend
lautstarke Jugend
militante Jugend
gewalttätige Jugend
unterdrückte Jugend
passive Jugend
systemkritische Jugend
unpolitsche Jugend
nicht grundsätzlich kritische Jugend
linksideologische Jugend
rechtsideologische Jugend
systembejahende Jugend
individualistische Jugend
unzufriedene Jugend
verführbare Jugend
leistungsbereite Jugend
leistungsverweigernde Jugend
aktive Jugend
angepaßte Jugend

Gedankenordnung:

I. Randgruppen der Jugend
1. ....
2. ....
3. ....
4. ....

II. Mehrheit der Jugend
1. ....
2. ....

Oder:

I. Unpolitische Jugend

II. Politische Jugend

Oder:

I. ....

II. ....

III. ....

Vorschlag: Schreiben Sie über das Thema „Mein Standort in der Jugend von heute". Begründen Sie Ihre Stellungnahme!

Jugend

Die Klage ist vermutlich fast so alt wie die Menschheit: daß auf die Jugend von heute kein Verlaß mehr sei, daß sie sich nicht mehr um die Götter und Tugenden schert, daß sie arbeits- und wissensscheu ist und, nicht zuletzt, das Alter nicht ehrt. Die griechischen Philosophen waren so erzürnt wie die römischen Rhetoren, die Kirchenväter wie die Gründerväter des 19. Jahrhunderts, und die „Buddenbrooks" ließen jeden echten Leser zweifelnd in der Genealogie suchen – ein Hanno schon in Sicht, oder gar man selber?

Die Klage ist in der umgekehrten Richtung nicht weniger alt, eher älter, wenn man das Hadern des ersten Menschenpaares mit seinem Übervater einbezieht. Engherzig, verstaubt, verzopft sind sie, die Alten, ohne Sinn für das Neue, ohne Verständnis für die Begierde nach Leben und Liebe, vertrocknet und gerade noch mit der Macht regierend, die ihnen ein Scheckbuch verleiht. Das Aufeinandertreffen der beiden Klagen nennt man Generationenkonflikt, und daß er im Normalfall nicht zu Mord und Totschlag führt, liegt daran, daß die Rädelsführer und Revolutionäre der Jugend selber älter werden, Familie gründen, Beamtenstellen anstreben und sich zu ihrer Überraschung plötzlich auf der Beklagtenseite wiederfinden. Und nun kann sich die Erde weiterdrehen . . .

Kann sie? Zunächst einmal stehen sich Klagen und Konsequenzen symmetrisch gegenüber. „Trau keinem über dreißig!" ist eine aus den siebziger Jahren bekannte Parole. „Trau keinem unter dreißig!" hätten die antiken Philosophen gesagt, denn unter dreißig fehlt es in Ethik und Politik schlichtweg an der Erfahrung, um mitreden zu können. Zuhören wäre da besser. Nietzsche beobachtet das Phänomen, daß die eben der Jugend Entwachsenen nun nichts heftiger zu tun haben, als gegen die Jugend Partei zu ergreifen. „Ein Jahrzehnt später, und man begreift, daß auch dies Alles noch – Jugend war!" (IGB 31)

Hier ist der Anknüpfungspunkt gegen die These von der Symmetrie der beiden Klagen. Faktum ist, daß alle älter werden (auch Dorian Gray; daß es Menschen gebe, die „von Tag zu Tag jünger werden", hat mir, als pharmazeutischem Werbetexter, in meiner Jugend einmal einen Tausender eingetragen). Die Asymmetrie der beiden Klagen ist vielmehr eine dreifache. Erstens die triviale, daß die Älteren alle einmal jung waren, von den Jüngeren aber keiner schon mal alt. Zweitens diejenige des Wissens; daß die Älteren sich häufig noch ganz ausgezeichnet ihrer Jugend, ihrer Lieben und Vorlieben erinnern, zumeist viel besser als an das, was dann so nach dreißig oder vierzig geschah, gleichermaßen an das, was richtig, wie das, was falsch war (selbst wenn man den Fehler wieder beginge, hätte man nur noch einmal die ausreichenden Möglichkeiten dazu).

Die dritte Asymmetrie ist die entscheidende, nämlich diejenige, die sich aus der Konsequenz aus der nur scheinbar symmetrischen Wechselklage ergibt. Sie kann nur lauten: Erziehung. „Erziehung ist Liebe zum Erzeugten, ein Überschuß von Liebe über die Selbstliebe hinaus" – Friedrich Nietzsche, vielleicht weniger bedeutend als Philosoph denn vielmehr als Zeitdiagnost, als Lyriker und vor allem als Erzieher. Er stellte sich 1875 als Ausgangsfrage aller seiner pädagogischen Bemühungen:

„Die Griechen sind interessant und ganz toll wichtig, weil sie eine solche Menge an großen Einzelnen haben. Wie war das möglich? Das muß man studieren." Zur Antwort aus derselben Zeit ermahnt er sich in einer Notiz: „Die Kenntnis des Menschen vorwärts zu bringen! ... Es wird irgendwann einmal gar keinen Gedanken geben als Erziehung." Und wer zu erziehen ist, das ist klar: „Der Jugend gedenkend, rufe ich: Land! Land! ... Ich vertraue der Jugend, ... wenn sie mich jetzt zu einem Proteste gegen die historische Jugenderziehung des modernen Menschen nötigt."

In seinen späteren Reflexionen zur Erziehung, vor allem aus der „Zarathustra"-Zeit, wendet sich Nietzsche immer weiter weg vom Ideal der Möglichkeit, eine ganze Jugend in großem Stil zu erziehen, hin zum Appell an einige wenige Junge, die dazu gebracht werden sollen, durch eine Art indirekter Erziehung den Weg zu sich selbst zu finden – Erziehung also als Appell zur Selbstermächtigung. „Das ist nun mein Weg – wo ist der Eure?" fragt Zarathustra seine Jünger. Und an anderer Stelle heißt es: „Niemand kann Dir die Brücke bauen, auf der gerade Du über den Fluß des Lebens schreiten mußt, niemand außer Dir allein."

Alle vernünftige Erziehung in der Menschheitsgeschichte war bisher darauf gerichtet, ihren Einfluß auf die zu Erziehenden allmählich abzubauen und sich am Ende selbst überflüssig zu machen. Der Schritt zum Selbst ist dann der Schritt aus der Jugend zum Mann und zur Frau. Alle Redensarten, man sei so jung, wie man sich fühle, und ähnliches mehr, mögen so richtig sein, wie sie wollen. Sie wären schlechte Surrogate für die Würde des Alterns, wenn unsere Gesellschaft sich zum Begriff „Jugend" nicht mehr die Konsequenz Erziehung denkt, sondern mit Jugend vor allem ein dynamisch zupackendes, energisches, Ellenbogen nicht scheuendes Auftreten im privaten und öffentlichen Leben meint. Eine Gesellschaft, die in dieser Weise auf Jugend setzt, wird aufgrund der genannten Asymmetrie des Älterwerdens notwendig tragisch, wobei es an Farcen wie dem Facelifting nicht fehlt. Daß die Alten sich mittlerweile selbst der Ellenbogen bedienen und angreifen, verwundert nicht. Es ist die andere Seite des Zerfalls der traditionellen Familienstruktur, deren Konsequenzen noch nicht einmal zu ahnen sind.

Reinhard Löw

Was verstehen Sie unter „Generationskonflikt"?
Was versteht der Verfasser unter der „scheinbar symmetrischen Wechselklage"?
„Die Symmetrie der beiden Klagen ist ... eine dreifache". Erklären Sie diese Aussage anhand des Textes.

Gipfelkonferenzen – oder: wie man Probleme auf höchster Ebene löst.

Peter Leger

Elefanten-Logik

Ich stelle mir das manchmal vor: Ich bin ein Elefant. Ich bin ein Elefant, der fünf Jahre seines Lebens in der afrikanischen Savanne friedlich-frei vor sich hingelebt hat. Eines Tages werde ich eingefangen und in einen europäischen Zoo gebracht. Hinter Wassergraben und Zaun fühle ich mich gefangen.

Erörterung im Anschluß an einen Text

Erschließung der Problematik:
Der Savannen-Elefant erfährt den Verlust seiner persönlichen Freiheit (fühlt sich im Zoo in Gefangenschaft)

Ich stelle mir auch das manchmal vor: Ich bin ein Elefant. Ich bin ein Elefant, der in einem europäischen Zoo geboren wurde und die Savanne nicht kennt. Hinter Wassergraben und Zaun lebe ich friedlich-frei vor mich hin. Und wenn ich denken könnte, hielt ich vielleicht die Besucher für die Gefangenen.

Der Zoo-Elefant lebt von Anfang an im Gehege (fühlt sich wohl in seiner beschränkten Welt).

Im Gehege geboren, gehegt und gepflegt, geht es mir blendend. Frühstück, Mittag- und Abendessen kommen pünktlich auf die Minute, das Fressen ist immer vom besten. Bei schönem Wetter habe ich Auslauf, bei Regen und Kälte kann ich mich in mein Elefantenhaus zurückziehen. Mein Wärter ist freundlich. Er sorgt dafür, daß ich regelmäßig gewaschen werde, daß der Tierarzt kommt, wenn es mir schlechtgeht, daß Gehege und Haus immer sauber sind. Mit einem Wort: er sorgt dafür, daß mit mir und um mich herum alles seine Ordnung hat.

Leben im Gehege bedeutet für den Zoo-Elefanten:
geregelter Tagesablauf, pünktliche Versorgung mit Nahrung, Schutz vor schlechtem Wetter, hygienische und ärztliche Versorgung
= Leben in geregelter Ordnung und Sicherheit

Nur mein Kollege, der aus der Savanne kam, macht mich nervös. Sein ständiges Jammern über die verlorene Freiheit macht mich krank. Denn was war denn seine Freiheit, die er so anpreist? Wenn ich ihm glaube, war es die Freiheit, in einem Steppenbrand umzukommen. Die Freiheit, in einer langen Dürrezeit zu verdursten. Die Freiheit, jeden Tag selbst für Fressen und Trinken sorgen zu müssen. Die Freiheit, an einer Krankheit zu

Leben in der Savanne bedeutet für den Zoo-Elefanten:
Sorge um Nahrung, ständige Bedrohung durch Feuer, Dürre und Großwildjäger
= Leben ohne festen Plan und voller Gefahren

sterben. Die Freiheit, von einem Großwildjäger der schönen Stoßzähne wegen abgeschossen zu werden. Die Freiheit – mit einem Wort – der Gefahr. Uns geht es doch hier blendend, predige ich ihm immer wieder. Aber immer wieder kommt er mir mit seiner Savanne . . .

Vertiefung der Problematik:

Der Zoo-Elefant

lebt sorglos; ihm bleibt vieles erspart, er braucht nicht zu lernen, wie man sich schützt, wo man Nahrung findet; er braucht keine Erfahrungen zu machen; das „Denken" wird ihm abgenommen; er braucht auch nicht für seine Artgenossen zu sorgen;
aber: es fehlen ihm viele Freiheiten, z. B. Bewegungsfreiheit und damit vor allem Willensfreiheit. Die Funktionen der Herde und des Leittieres hat der Zoo übernommen.

Der Savannen-Elefant

lebt ständig in Sorge um seine Existenz; er muß dazu vieles lernen: wie man sich schützt, wo man Nahrung findet; Instinkt und Erfahrung sind lebensnotwendig; er ist auf die Herde angewiesen und trägt auch zu ihrer Sicherheit bei; er ordnet sich freiwillig der Autorität des Leittieres unter.

In der Übertragung auf die menschliche Existenz geht es hier hauptsächlich um das Problem der Willensfreiheit, also um den Unterschied zwischen einem Leben unter äußerem Zwang und einem Leben aus eigener Entscheidung.
Freiheit bedeutet zunächst, daß der Mensch nicht durch äußere, insbesondere gewaltmäßige Einwirkungen zu einem bestimmten Verhalten gezwungen und von anderen Möglichkeiten des Tuns abgeschnitten wird. Sinnvoll wird dieses von äußerem Zwang befreite Auf-sich-selbst-gestellt-Sein des Menschen dadurch, daß es ihm die Möglichkeit eröffnet, im einzelnen Fall auf Grund eigener Entschließung zu handeln und im ganzen sein Leben in eigener Verantwortung zu führen. So bedeutet Freiheit vor allem die Fähigkeit zur Selbstbestimmung.

Die Ethik der europäischen Aufklärung und des deutschen Idealismus sah in der Freiheit die Voraussetzung alles sittlich wertvollen Lebens und die Grundlage der Humanität (Kant, Schiller, W. v. Humboldt).

Begriff „Freiheit": *Wortfamilie*

Freiheitsbegriff, Freiheitsberaubung, Freiheitsdrang, Freiheitsentzug, Freiheitskrieg, Freiheitsglocke, Freiheitsstatue, Freiheitssymbol, Freiheitsstrafe; Freiheitsrechte; Freiheitsbestrebungen; Freiheitsbeschränkung, freiheitlich, freiheitsfeindlich, freiheitsliebend;
Handlungsfreiheit, Willensfreiheit, Meinungsfreiheit, Informationsfreiheit, Pressefreiheit, Glaubensfreiheit, Religionsfreiheit, Koalitionsfreiheit, Vereinigungsfreiheit, Versammlungsfreiheit, Wahlfreiheit, Entscheidungsfreiheit . . .

Kurzdefinitionen zum Begriff „Freiheit"

Augustinus: Das Gesetz der Freiheit ist das Gesetz der Liebe.
Johannes Pauli: Wahre Freiheit ist nicht die Willkür zu denken und zu tun, was man mag, sondern der Gehorsam gegen das, was uns im Innersten verpflichtet.
Montesquieu: Die Freiheit ist das Recht, alles zu tun, was die Gesetze erlauben.
Th. v. Hippel: Auf die Frage, was ist Freiheit? antwortet ein Meister: ein gutes Gewissen.
J. G. Seume: Die wahre Freiheit ist nichts anderes als Gerechtigkeit.
J. W. v. Goethe: Nicht das macht uns frei, daß wir nichts anerkennen wollen, sondern daß wir etwas verehren, was über uns ist.
M. Claudius: Der ist nicht frei, der da will tun können, was er will, sondern der ist frei, der da wollen kann, was er tun soll.
Schiller: Der Mensch ist frei und wäre er in Ketten geboren.
Nietzsche: Nicht frei wovon? sondern frei wozu?
Benda: Je tiefer die Einsicht eines Menschen in das Wesen der Welt ist, um so freier ist er in seinen Entschlüssen.

Kann der Bürger unseres demokratischen Staates in jeder Hinsicht frei sein?
(Sekundarstufe II)

Gliederung:

A) DDR-Bürger dürfen im Gegensatz zu Bewohnern der Bundesrepublik Deutschland nicht reisen, wohin sie wollen.

B) Kann der Bürger unseres demokratischen Staates in jeder Hinsicht frei sein?
1. Freiheiten, die der demokratische Staat gewährt
2. Die Grenzen der Freiheitsrechte
2.1. gegenüber dem Mitmenschen
2.1.1. Gründe für die Begrenzung
2.2. gegenüber dem Staat
2.2.1. Gründe für die Begrenzung

C) Freiheitsrechte beruhen auf der Bereitschaft zur Verantwortung.

Ausführung:

Letztes Jahr verbrachten wir unseren Sommerurlaub am Schwarzen Meer in Bulgarien. Am Strand kam ich mit jungen Leuten aus der DDR ins Gespräch. Dabei fragte ich, ob sie auch schon mal in Jugoslawien gewesen seien, und bekam zur Antwort: „Da dürfen wir nicht hin." Eine derartige Einschränkung der Bewegungsfreiheit können wir uns in der Bundesrepublik nicht vorstellen. Denn unser Staat ist nicht nur dem Namen nach freiheitlich-demokratisch.	Ausgang von einem persönlichen Erlebnis
Aber kann der Bürger in unserem Staat in jeder Hinsicht frei sein?	Überleitung: Themafrage!
Die Verfassung unserer Republik, das Grundgesetz, beinhaltet im wesentlichen Freiheitsrechte, so z. B. die allgemeine Handlungsfreiheit, das Recht auf Leben und körperliche Unversehrtheit, die Freiheit der Meinungsäußerung, die Pressefreiheit oder die Freiheit von Forschung und Lehre. Manche sind jedem Eingriff seitens des Gesetzgebers entzogen,	Beispiele

z. B. die Glaubens-, Gewissens- und Religionsfreiheit. Dadurch unterscheidet sich unser Staatswesen am deutlichsten von der Diktatur. Denn der totalitäre Staat des 20. Jahrhunderts will auch die privateste Form der Freiheit nicht dulden.

Gegensatz!

Aber viele Freiheitsrechte stoßen auch bei uns auf nicht zu umgehende Grenzen.

Kernproblem!

Die absolute Freiheit wäre das Freisein von jeglichem Zwang. Das ist weder theoretisch noch praktisch möglich; denn beispielsweise begrenzt die Handlungsweise des einen zwangsläufig die Handlungsfreiheit aller anderen. Wenn ich an einer Kreuzung Vorfahrt habe, heißt das, daß die anderen sich danach richten müssen und umgekehrt. Hat sich im Supermarkt an der Kasse eine Warteschlange gebildet, muß ich mich einordnen. Manchmal weisen Geschäfte sogar durch Tafeln auf diese Notwendigkeit hin, die eigentlich selbstverständlich ist.

These
Widerlegung

Beispiele

Besonders Jugendliche wollen ihr Leben möglichst frei gestalten. Vielen fällt es sehr schwer, Ordnungsprinzipien einzusehen. Wie soll man es sich sonst erklären, daß manche meinen, sie könnten mit Allgemeingut umspringen, wie es ihnen paßt? Der junge Mensch unterliegt der Pflicht, eine Schule zu besuchen. Hier lebt er in einer Gemeinschaft, in der er viele Einschränkungen erfährt, die auch später wirksam sind.

Argumentation in Frageform

Anwesenheitspflicht, Pünktlichkeit, gewissenhafte Aufgabenerfüllung, Rücksichtnahme, Höflichkeit usw. zeigen, daß im Zusammenleben Ordnung und Ziele notwendig sind.

Beispiele

So müssen wir einsehen, daß schon die äußeren Umstände des Gemeinschaftslebens die absolute Freiheit unmöglich machen. So kann derjenige, der genügend Geld hat, sich eine schönere Wohngegend aussuchen als derjenige, dem der Lohn nur zum

Zwischenbilanz

Anschaulichkeit

Nötigsten reicht. Oder was nützt einem die Freiheit der Berufswahl, wenn einer ein Studium abschließen kann, das ihm keine Aussicht auf Anstellung eröffnet?

In der menschlichen Natur sind leider weder Freiheit noch Gleichheit angelegt. Daß beides Naturrecht sei, war ein edler Irrtum der Aufklärung.

Folgerung

Während die meisten Einschränkungen der Freiheit im Zusammenleben der Menschen auf ungeschriebenen Vereinbarungen beruhen, ist die Begrenzung der Freiheit durch den Staat fast in allen Bereichen schriftlich festgelegt. Es gibt Gesetze, Vorschriften, Verordnungen. Bevor wir ein öffentliches Verkehrsmittel besteigen, weisen Tafeln darauf hin, daß der Aufenthalt innerhalb der Absperrung nur mit einem gültigen Fahrausweis gestattet ist. Vielen wäre der „Nulltarif" lieber; aber die zahlreichen Gemeinschaftseinrichtungen, die Verwaltungskräfte müssen bezahlt werden. Deshalb gibt es auch das Finanzamt, das die Freiheiten des einzelnen durch die Steuern empfindlich beschneidet. Mit achtzehn Jahren unterliegen die männlichen Jugendlichen der Wehrpflicht, oder sie müssen Zivildienst leisten. Die Verteidigung unseres Staates wäre ohne die Wehrpflicht nicht gesichert.

Überleitung

Beispiele

So dienen fast alle Freiheitsbeschränkungen durch den Staat der Wahrung der Freiheit und der sonstigen Rechte der Mitmenschen. Es ist z. B. strafrechtlich verboten, andere zu beleidigen, ihren guten Ruf zu zerstören, sie durch Boykottandrohung zu einem bestimmten Verhalten zu nötigen. Die Vereinigungsfreiheit muß eingeschränkt werden, wenn der Zweck oder die Tätigkeit einer Gruppe den Strafgesetzen zuwiderlaufen oder sich gegen die verfassungsmäßige Ordnung richten. Ein Lehrer kann nicht Mitglied einer Partei sein, die

Weitere Zwischenbilanz

Beispiele

unsere freiheitlich-demokratische Grundordnung beseitigen möchte.

Überhaupt soll durch das Parteienverbot verhindert werden, daß solche politischen Kräfte zur Macht kommen, die ihre Ideologie dem Staatswesen aufzwingen wollen. Unser Grundgesetz verteidigt nicht eine bestimmte Weltanschauung, sondern schützt alle Weltanschauungen mit Ausnahme jener, die andere ausschalten möchten.

Begründungen

Die rechtlichen Einschränkungen der persönlichen Freiheit in der Bundesrepublik Deutschland sind so gering, daß ein weiterer Abbau kaum denkbar erscheint. Leute, die dies nicht einsehen und deshalb „aussteigen" oder sich auf Kosten anderer Freiräume schaffen wollen, verkennen den tieferen Sinn der freiheitlichen Demokratie. Diese kann nämlich auf die Dauer nur dann erfolgreich sein, wenn sich die einzelnen Bürger der Verantwortung, die ihnen aus der Freiheit erwächst, bewußt sind.

Schluß: Zusammenfassung und Ausblick

Welche Forderungen stellen Sie an Persönlichkeit und Tätigkeit eines Abgeordneten?

Erschließungsfragen:

1. Welche Aufgaben muß der Abgeordnete erfüllen? (Sachfrage)
2. Welche politisch-moralischen Regeln sollte der Abgeordnete bei seiner Tätigkeit beachten? (Wertfrage)

Stoffsammlung:

zu 1) Besuch von Voll- und Ausschußsitzungen, Verhandlung mit Interessenvertretern, Gespräch mit Besuchern aus seinem Wahlkreis, Wählerkontakt, Vorträge, Reden, ständige Information über das neueste Tagesgeschehen.

zu 2) Neben der Beherrschung der Rhetorikregeln ist wichtig, daß die Reden Beiträge zu einer echten Diskussion sind; Verpflichtung gegenüber seinem

Gewissen; Mut, auch gegebenenfalls entgegen der Parteidisziplin zu entscheiden; Vorbild für demokratisches Verhalten (Zivilcourage, Toleranz, Bereitschaft zum Konsens; Fähigkeit, auf andere einzugehen); Konsequenz und Ehrlichkeit (er muß Wahlversprechungen auch halten können); Menschenkenntnis; er darf kein reiner Spezialist sein; Engagement für die Belange des eigenen Wahlkreises, aber auch für die Allgemeinheit; Beachtung von Spielregeln im Umgang mit dem politischen Gegner (fair play); Sauberkeit in der Amtsführung.

Vorschlag: Erstellen Sie zu dem Thema eine Gliederung!

„Manche unserer Politiker bekommen und verdienen gewiß den ‚Orden wider den tierischen Ernst', aber insgesamt bestehen doch starke Wechselbeziehungen zwischen Ehrgeiz und Humorlosigkeit: die Ehrgeizigen suchen und die Humorigen meiden weithin die Politik, eine der vielen fatalen Vertracktheiten unseres vertrackten Daseins."

Ernst Müller-Meiningen jr.

Zehn Wahlkampfgebote — Erörterung im Anschluß an einen Text

Politiker diskutierten politisch-moralische Regeln

Aufgrund einer Diskussion über den Stil des Wahlkampfes, an der die Politiker Hans-Jochen Vogel, Norbert Blüm und Günter Verheugen beteiligt waren, erstellte P. Wolfgang Ockenfels OP die folgenden „Zehn Wahlkampfgebote":

1. Du sollst mehr deinem Gewissen folgen als den Interessen deiner Partei.
2. Du sollst nicht von höchsten Werten reden, wenn du nicht danach handelst.
3. Schütze dein und des Nächsten Privatleben vor Eingriffen.
4. Verzeihe die politischen Jugendsünden deines Gegners und rücke seine Partei nicht in die Nähe einer demokratiefeindlichen Bewegung.
5. Du sollst nicht rufmorden!
6. Du sollst die Solidarität der Demokraten nicht aufs Spiel setzen.
7. Achte das geistige Eigentum deines Gegners und spreche ihm nicht die Fähigkeit ab, eine Alternative zu bilden.
8. Du sollst kein falsches Zeugnis reden wider deinen Nächsten.

9. Du sollst die Begehrlichkeit und das Anspruchsdenken nicht durch Wahlversprechungen anstacheln.
10. Du sollst deine Parteiinteressen nicht zu Lasten der Allgemeinheit durchsetzen.

Vorschlag: Verfassen Sie einen Aufsatz zu dem Thema: „Wie sollte Ihrer Meinung nach ein Wahlkampf geführt werden?“

Thesen gegen den Mißbrauch der Demokratie

I.
Demokratie ist kein Religionsersatz. Jede pseudoreligiöse Verfälschung des Demokratiebegriffs gefährdet den demokratischen Staat.

II.
Die repräsentative Demokratie sichert den Raum für die Selbstbestimmung und Selbstverwirklichung des Menschen.

III.
Rationalität der Politik ist eine sittliche Forderung an den demokratischen Staat und eine sittliche Verpflichtung aller, die ein demokratisches Mandat innehaben. Moralische Absolutheitsansprüche führen zum Irrationalismus und damit zur Schädigung des allgemeinen Wohls.

IV.
Freiheit und Gleichheit sind Prinzipien der Demokratie. Die Spannung zwischen beiden wird durch die Prinzipien der Solidarität und Gerechtigkeit ausgeglichen.

V.
Politisches Denken und Handeln ist nicht identisch mit gesellschaftlichem Denken und Handeln.

VI.
Die Forderung nach Demokratisierung der Gesellschaft ist der Sache nach berechtigt, in der Formulierung jedoch mißverständlich. Als politischer Begriff

kann „Demokratie" nicht auf nichtpolitische Bereiche angewandt werden. Welche Formen der Demokratisierung legitim und welche nicht legitim sind, wird durch die Verfassung entschieden.

VII.
Politische Diskussion ist auf politisches Handeln und Entscheiden bezogen. Sie ist deshalb grundsätzlich anderer Art als theoretische Diskussion, insbesondere, weil sie an der praktischen Verantwortung orientiert sein muß.

VIII.
Politische Beratungen im freiheitlichen Rechtsstaat können nur in bestimmten Grenzen öffentlich sein. Eine Mißachtung dieser Grenzen führt zu Unfreiheit und Terror.

IX.
Gesellschaftliche und politische Umgangsformen sind notwendig um des Schutzes der Menschenwürde in der modernen Gesellschaft willen. Wer sie mißachtet, verletzt Persönlichkeit und Freiheit des anderen.

Diese neun Thesen wurden 1971 vom Beirat für politische Fragen des Zentralkomitees der deutschen Katholiken erarbeitet. Sie sollten ein Beitrag zur Diskussion über das Demokratieverständnis sein.

Vorschlag: Erörtern Sie der Reihe nach kritisch die neun Thesen!

Texterörterung

Von rechten Zeitungen hochgejubelt, von progressiven Gruppen attackiert, haben die „Thesen gegen den Mißbrauch der Demokratie" seit ihrer Veröffentlichung vor fast einem Monat eine beachtliche Grundsatzdiskussion über das Demokratieverständnis vorwiegend innerhalb des deutschen Katholizismus ausgelöst. Es mag freilich dahingestellt bleiben, ob die erfreuliche öffentliche Auseinandersetzung zu diesem Thema dem vom *Beirat für politische Fragen des Zentralkomitees der deutschen Katholiken* erarbeiteten Papier selbst zu verdanken ist oder der Tatsache, daß eine Reihe von Kritikern dieser Thesen die Bedeutung des Zentralkomitees (und erst recht seines Beirats) innerhalb der Kirche und innerhalb der Gesellschaft ganz beträchtlich überschätzt haben.

Was immer man nämlich von diesem Dokument halten mag und was immer die Autoren für Motive haben mochten: die Thesen sind nicht mehr und nicht weniger als ein auch für Katholiken völlig unverbindlicher Diskussionsbeitrag.

...

Formal gesehen kann man an dem 26seitigen Dokument aussetzen, daß es für „Thesen" erheblich zu lang und als grundlegende Abhandlung über Demokratie – wie es streckenweise auch angelegt ist – natürlich viel zu kurz geraten ist. Ferner fehlt ein exakt beschriebener Adressat, die direkte Konfrontation, die eine kürzere polemische Diskussion rechtfertigen würde; statt dessen sind diejenigen, die gemeint sind, immer sehr vage umschrieben, wie „die ganz anderen" in Ludwig Thomas Filserbriefen, „die sich schon auskennen". Somit bleibt beim Lesen dieses Papiers der Eindruck, daß man einiges davon „eigentlich" sagen wollte, während anderes zur Abschwächung, zur Ausgewogenheit, als Kompromiß mit anderen Beitragsmitgliedern oder zum Kaschieren der eigentlichen Absicht von „bewährten" Grundsatzreferaten aus der Schublade dazugekleistert wurde. In dem Dokument steht so unendlich viel Wahres und nie ernsthaft Umstrittenes, gegen das man nichts einwenden kann, weil es einfach überflüssig war, daraus Thesen zu machen.

...

Alle neun Thesen durchzieht die Überzeugung der Verfasser, daß man den Begriff Demokratie nur streng auf den politischen Bereich anwenden, nur als Staatsform verstehen darf, nicht aber als ein demokratisches Ordnungsprinzip auf die Gestaltung der Gesellschaft anwenden kann. Aus dieser Verengung und Fixierung des Demokratiebegriffs auf Staat und Politik allein entstehen fast alle Kontroversen mit den Thesen, weil hier Schlußfolgerungen gezogen und Gefahren aufgezeigt werden, die mitunter als rein akademisch konstruierte Verbalkonflikte erscheinen.

So wird etwa zur Untermauerung der völlig unbestrittenen ersten These (siehe Kasten) das abschreckende Beispiel des ideologisierten politischen Schlüsselbegriffs „Nation" dargestellt von der Mitte des 19. Jahrhunderts bis zur pseudoreligiösen Übersteigerung, die an den Rand der Vernichtung der wirklichen Nation führte. Mit Recht auch wird vor der jede Demokratie verfälschenden Verabsolutierung einzelner demokratischer Grundsätze wie zum Beispiel der Freiheitlichkeit, Gleichheit oder der Öffentlichkeit gewarnt, ebenso vor der Überforderung der Demokratie, wenn Leistungen von ihr erwartet werden, die sie nicht erbringen kann, etwa ein konfliktloses Leben. Aber die Behauptung erscheint nicht gerechtfertigt, daß die Schwelle der Ideologie schon überall dort überschritten wird, wo man Demokratie nicht mehr nur als Staatsform und „politische Lebensform" versteht, sondern „ihr das Ziel setzt, die Menschen besser zu machen und einen Zustand materieller, geistiger und sittlicher Vollkommenheit herbeizuführen".

Wo ein solches Ziel von der Demokratisierung der Gesellschaft im Sinne eines Automatismus verstanden würde, handelte es sich gewiß nicht um Ideologie, sondern schlicht um politische Naivität und Dummheit. Wo man aber eine Verbreiterung der Mitverantwortung der Menschen in allen gesellschaftlichen Bereichen nach demokratischen Spielregeln und Prinzipien anstrebt als Voraussetzung für alle weiteren Bemühungen, die obengenannten Ziele zu erreichen, dort kann man nicht von Ideologie sprechen. Bereits für Papst Johannes XXIII. war die Demokratie nicht mehr nur ein formales Prinzip der Staatsform, sondern bereits eine Lebensform der Gesellschaft; erst recht für Papst Paul VI.

In der zweiten These wendet sich der politische Beirat mit Recht gegen alle Versuche, die repräsentative Demokratie abzulehnen und die direkte Demokratie, in der alle Entscheidungen an der Basis vom Volk gefällt werden, als alleinseligmachende Demokratie zu verabsolutieren. Andererseits wird aber von den Thesen-Autoren selbst die repräsentative Demokratie idealisiert, und es werden weder ihre Schwächen aufgezeigt noch Vorschläge für deren Überwindung gemacht. Gewiß sichert die repräsentative Demokratie maximale Rechte für die Selbstbestimmung und Selbstverwirklichung des Menschen, ist also kein institutionelles Hindernis, aber mit den Rechten sind noch nicht die Chancen gegeben, nicht die Hilfsmittel und positiven Anstöße. Insofern hat die gesellschaftspolitische Diskussion heute durchaus die legitime Aufgabe, auf der Basis der repräsentativen Demokratie Ausschau zu halten nach zusätzlichen Chancen für den Menschen durch „mehr Demokratie".

Die dritte These richtet sich – anscheinend ungewollt – stärker gegen die extreme Rechte, die ja bisher vor allem das anstrebte, was in den Thesen abgelehnt wird: Politik, die den Menschen zum „Guten" zwingt, irrationales Argumentieren aus hohen sittlichen Prinzipien und moralische Unduldsamkeit. Die vierte These ist ein weitschweifiger Ausflug in philosophische Begriffsumschreibungen, die viel über die natürliche und historische Ungleichheit unter den Menschen zu berichten weiß, aber wenig über die von der Politik verursachte und damit politisch behebbare.

These V ist ein Gemeinplatz, der breit erläutert wird und dem man eigentlich nur hinzufügen müßte: Politisches Denken und Handeln ist zwar mit gesellschaftlichem nicht identisch, aber auch nicht voneinander isoliert zu betrachten. Zumindest gewagt und aus Christenmund sehr merkwürdig mutet jedoch die Behauptung an, daß das Leben in der Gesamtgesellschaft um so humaner würde, je rationaler die als „politisch" zu bezeichnenden Gesamtaufgaben gelöst werden. Den Satz „Rationalität ist in der Politik Voraussetzung und Garant der Humanität" wird man auf Bereiche wie Schutz des werdenden Lebens, Euthanasie und soziale Fürsorge kaum anwenden können, wo manches politisch vernünftig erscheinen mag, was sittlich nicht gerechtfertigt werden kann.

Die sechste These führt die prinzipielle Trennung von Politik und Gesellschaft fort und gipfelt in der Feststellung: „Demokratie ist eine politische Ordnung und findet ihre Grenze dort, wo der Bereich der Politik aufhört und die nichtpolitischen Bezirke der Gesellschaft beginnen. In gleicher Weise ist ‚Demokratisierung' ein politischer Begriff und bezeichnet eine bestimmte Ordnung. Wer also fordert, Universität und Schule, Kindergarten, Familie, Krankenhäuser, Gefängnisse etc. zu demokratisieren, der fordert damit auch deren Politisierung und strebt praktisch eine Politisierung der gesamten Gesellschaft an."

Es ist zwar richtig, daß das Wort „Demokratisierung" ein Begriff aus der *politischen Ordnung* ist, die nicht auf alle Bereiche des Lebens beliebig und vollständig übertragen werden kann. Aber es ist nicht einzusehen, warum etwa die Kirche schon politisiert sein sollte, wenn ein demokratisch gewähltes Gremium den Kirchensteuerhaushalt kontrolliert oder über die Besetzung von kirchlichen Ämtern mitentscheidet.

Von dieser falschen Gleichsetzung von Demokratisierung und Politisierung ausgehend, werden dann aber zahlreiche Gefahren für die Demokratie aufgezählt wie Schattenspiele mit Teufeln an der Wand, die nur von einer falsch eingestellten Lampe verursacht wurden. So viel muß man zur Ehrenrettung unserer Gesellschaft ja wohl sagen, daß es immerhin schon eine ganze Reihe demokratischer Bereiche gibt und daß dies keineswegs zu einer Politisierung geführt hat. Die Mitbestimmung und Mitwirkung im gesellschaftlichen Bereich nicht Demokratisierung, sondern Partizipation zu nennen, wie der Beirat vorschlägt, ist nicht nur ein Beitrag zur zusätzlichen Sprachverwirrung, sondern verfälscht auch das geforderte Recht auf Mitentscheidung zu einem von bisher

Privilegierten patriarchalisch gewährten Gnadengeschenk des Teilnehmendürfens an andere.
These VII betont ebenfalls über Gebühr einen Gegensatz, wo es sich oft nur um fließende Übergänge handelt. Die zwei restlichen Thesen sind für vernünftige Menschen Selbstverständlichkeiten, die man freilich sendungsbewußten Wirrköpfen durch wiederholtes Vorbeten auch nicht näherbringen kann. Vielleicht könnte es der gesamten noch folgenden und von diesen Thesen zumindest wieder neu angeregten Diskussion um die Weiterentwicklung der Demokratie recht gut tun, wenn man künftig in Denkschriften und Kritiken sich weniger mit unheilbaren Extremisten herumschlagen und statt dessen die wesentlichen Fragen als Kontroverse unter Demokraten mit größerer Gelassenheit betrachtet.

Hannes Burger

„Ausländer raus!" – „Gastarbeiter: Mitmenschen, Mitbürger". Nehmen Sie zu diesen äußerst gegensätzlichen Meinungen in unserem Land Stellung! (10. Klasse)

Erschließungsfragen; Stoffsammlung:

Wer fordert „Ausländer raus!" ?
Leute mit Vorurteilen; manche Arbeitslose; Leute, die sich Sorge um Überfremdung machen; Nationalisten; rechtsradikale Gruppen.

Warum sollen „Gastarbeiter" integriert werden?
Sie sind Menschen wie wir; Achtung vor der Würde des Menschen; sie waren und sind für unsere Wirtschaft notwendig; gerade in südlichen Ländern kann man auf Reisen Gastfreundschaft erleben; ausländische Arbeiter finanzieren auch Renten unserer Arbeitnehmer mit.

Was kann gegen Ausländerfeindlichkeit getan werden?
Gastarbeiter müssen integriert werden; die Zuwanderung muß in sozial verantwortbarer Weise gesteuert werden; illegales Einreisen muß bekämpft werden; Sensationsberichte über „Gastarbeiter-Kriminalität" müssen unterlassen werden; Gastarbeiter müssen sich um Integration bemühen; Vorurteile müssen abgebaut werden; Schüler müssen für die Problematik objektiv sensibilisiert werden.

Welche Möglichkeiten der Integration gibt es?
Die Ausländer müssen sich der Lebensart des Gastlandes anpassen; wir müssen die andersartige Mentalität und Lebensweise der Ausländer anerkennen; Hilfe bei der Wohnungssuche; Informationsstände bei Ämtern und Behörden; Kollegialität am Arbeitsplatz, Hilfe bei der Überwindung der Sprachbarriere; Verbesserung der schulischen Ausbildung von Ausländerkindern; gemeinsame Veranstaltungen

Gliederung:

A. Das Ausländerproblem ist zur Zeit ein wichtiges politisches Thema.

B. „Ausländer raus!" – „Gastarbeiter: Mitmenschen, Mitbürger". Wie sind diese gegensätzlichen Meinungen zu beurteilen?

   I. Die Beurteilung der Forderung „Ausländer raus!":

      1. Unberechtigte Begründungen der Forderung:
         a) übertriebene Angst vor Überfremdung
         b) Vorurteile gegenüber Ausländern
         c) Rassismus

      2. Berechtigte Einwände gegen die Zuwanderung:
         a) die Bundesrepublik Deutschland ist kein Einwanderungsland
         b) Ausländerkinder verlieren ihre nationale Identität
         c) Schwierige Integration von Ausländern aus dem nichteuropäischen Kulturkreis
         d) Mißbrauch des Asylrechts

   II. Die Beurteilung der Einstellung: „Gastarbeiter – Mitmenschen, Mitbürger":

      1. Gründe für diese Haltung:
         a) „Gastarbeiter" waren und sind für unsere Wirtschaft notwendig
         b) Deutschen Touristen wird besonders in südichen Ländern mit Gastfreundschaft begegnet
         c) Ausländer sind Menschen wie wir

      2. Möglichkeiten der Integration von Ausländern:
         a) Abbau von Vorurteilen auf beiden Seiten
         b) Anpassungsbemühungen der Ausländer
         c) Kollegialität am Arbeitsplatz
         d) Hilfe im Alltag
         e) Verbesserung der schulischen Situation
         f) soziale Gerechtigkeit

C. Die Lösung des Ausländerproblems in der Bundesrepublik Deutschland ist ein wichtiger Schritt zu einem vereinten Europa.

Eine Einleitungsmöglichkeit:

(Einstieg aufgrund eines aktuellen Ereignisses)
Im Geschichtsunterricht behandeln wir zur Zeit das „Dritte Reich“, dessen Antisemitismus Millionen von Juden das Leben kostete. Deshalb erschrecke ich heutzutage vor Wandschmierereien wie „Kanacken raus!“, weil ich hier eine parallele Entwicklung sehe. So stelle ich mir die Frage, ob die ausländerfeindliche Einstellung in unserem Land berechtigte Gründe hat, oder ob man Ausländer, besonders „Gastarbeiter“, als gleichgestellte Mitmenschen und Mitbürger akzeptieren muß.

Hauptteil:

Die Fremdenangst in unserem Volk ist keine typisch deutsche Erscheinung, aber angesichts unserer Lage und Geschichte für uns gefahrvoller als für andere Völker. Sie ist verständlich, weil unsere Politiker die Probleme rechtzeitig zu lösen versucht haben. Die Deutschen glaubten, die Anwesenheit der Ausländer sei vorübergehend. Nun macht sich „Fremdenangst“ breit. So hört man häufig Aussprüche wie: „Es gibt bald keine deutsche Kneipe mehr, überall sind Jugoslawen und Türken . . . Unser ganzes Deutschtum geht zu Ende . . . Die Ausländer nehmen uns die Arbeit weg . . . Unsere Frauen und Mädchen sind ihres Lebens nicht mehr sicher . . .“
Die Angst vor kultureller Überfremdung ist sicher unbegründet. Die andersartige Einstellung der Ausländer könnte hier sogar belebend wirken, wenn man an ihre Freude am Gespräch, an ihren Familienzusammenhalt, an ihre Religiosität und Sparsamkeit denkt. Um der Fremdenfeindlichkeit entgegenzutreten, ist die Zusammenarbeit aller erforderlich.
Denen, die aus rassischen Gründen den Aufenthalt von Ausländern ablehnen, kann man nur sagen, daß alle europäischen Völker aus vielen Gruppen zusammengesetzt sind. Gerade wir Deutschen sollten wissen, daß Rassismus für die Zukunft keine Chance mehr haben darf.
Fremdenangst, Vorurteile oder gar Rassismus sind also unberechtigte Begründungen für die Ablehnung von Ausländern in unserem Land. Aber es gibt auch begründete Sorge gegenüber der immer noch steigenden Zahl von

Zuwanderern. Es dürfte wohl klar sein, daß Deutschland kein typisches Einwanderungsland ist. Die Bevölkerungsentwicklung und die wirtschaftliche Leistungsfähigkeit haben ihre Obergrenze erreicht. So muß die Zuwanderung von Ausländern begrenzt und die Rückkehrbereitschaft der Fremden in ihre Heimat gestärkt werden.

Mehr als 1,1 Millionen Ausländer in der Bundesrepublik Deutschland sind Kinder und Jugendliche unter 16 Jahren. „Wir sprechen nicht richtig Griechisch, wir sprechen nicht richtig Deutsch" – dies schrieben ausländische Jugendliche auf Transparente, um auf ihre Probleme aufmerksam zu machen. Als Wanderer zwischen zwei Kulturen droht ihnen ihre soziale Heimatlosigkeit.

Besonders schwierig ist die Integration von Fremden aus dem nichteuropäischen Kulturkreis. Von den Türken sind über 90 Prozent Moslems, die der Sitte und den Lebensverhältnissen in unserem Land skeptisch gegenüberstehen. Die Frauen werden oft in strenger Abgeschlossenheit gehalten. Mangelnde deutsche Sprachkenntnisse und häufiges Analphabetentum verstärken Unselbständigkeit und Isolation vieler ausländischer Frauen. Weil sie obendrein Angst haben, in der fremden Umgebung ihre nationale und kulturelle Eigenart zu verlieren, sind sie häufig besonders streng bei der Erziehung ihrer Kinder – strenger als in ihrer Heimat.

Die rasche Zunahme der Ausländer in unserem Land ist auch darauf zurückzuführen, daß unser Staat immer mehr Flüchtlingen aus aller Welt Asyl gewähren muß. Dieses Recht ist im Grundgesetz verankert. Viele fliehen vor der Armut in ihrem Land und geben sich als politisch Bedrohte aus. Ihnen kann das Asylrecht nicht helfen. Es muß leider konsequent gehandhabt werden, weil sonst der Fremdenhaß stark steigen würde.

Doch alle diese Einwände gegen den Aufenthalt von Fremden in unserem Land berechtigt nicht zu der radikalen Forderung „Ausländer raus!"

Mehr als 95 Prozent der bei uns wohnenden Ausländer leben zum großen Teil bereits seit langer Zeit bei uns. Sie haben einen bedeutenden Beitrag zur wirtschaftlichen Entwicklung der Bundesrepublik Deutschland geleistet und zur Verbesserung des Lebensstandards beigetragen. Deshalb trägt unser Staat auch in schwierigen Zeiten eine besondere Verantwortung ihnen gegenüber.

Wir sollten unsere Haltung zu den Ausländern auch überdenken, wenn wir die sprichwörtliche Gastfreundschaft gerade in südlichen Ländern erleben, eine Gastfreundschaft, die nicht nur an Profit denkt.

Viele von uns Jugendlichen, die in ihren Ferien das Ausland durchwandern, um so Land und Leute kennenzulernen, können dies bestätigen. Wir sollten in unseren „Gastarbeitern“ in erster Linie den Mitmenschen sehen. Zur Verantwortung ihnen gegenüber müssen wir Deutsche uns aus der verpflichtenden Humanität unserer christlich-abendländischen Tradition und aus der besonderen Verpflichtung unserer jüngsten Vergangenheit bekennen. Integration, letztlich also Einbürgerung, setzt voraus, daß wir auf die Ausländer zugehen. Häufig werden Eigenarten, gewisse Schwächen und Fehler einzelner „Gastarbeiter“ zu gedankenlosen Pauschalurteilen. Viele von uns meinen, daß Ausländer häufiger Verbrechen begehen als Einheimische; wir lesen es ja in manchen Zeitungen. Es ist aber erwiesen, daß die Kriminalität erwachsener Ausländer nicht höher ist als die erwachsener Deutscher. Anders ist es allerdings bei den Jugendlichen. Fremdländische unter 25 Jahren werden bei uns in erheblich höherem Maß straffällig als Deutsche dieser Altersgruppe. Das hängt aber damit zusammen, daß ausländische Jugendliche ohne Schulabschluß, ohne Berufsausbildung, ohne Hoffnung auf eine bessere Zukunft, mit Verständigungsschwierigkeiten besonders gefährdet sind. Hier tut sich für unseren Staat das größte Problemfeld auf.

Aber auch die Ausländer müssen auf uns zugehen. Sie müssen sich bemühen, unsere Sprache zu erlernen und vermeiden, daß sie in größeren Städten in ganzen Straßenzügen nur unter ihresgleichen wohnen. Diese Gettobildung dient nicht der Integration.

Ohne ein Mindestmaß an Vertrauen gibt es kein Zusammenleben. Vertrauen kann aber nicht befohlen werden, es kann auch nicht erbeten werden. Wir Deutsche können hier den Ausländern entgegengehen, indem wir ihnen bei ihren Sprachschwierigkeiten helfen, beim Ausfüllen von Formularen oder bei Auskünften. Dem Mietwucher skrupelloser Vermieter, welche die Hilflosigkeit fremder Arbeiter mißbrauchen, muß entgegengetreten werden. Besonders am Arbeitsplatz kann der einzelne durch Freundlichkeit und Hilfsbereitschaft viel zum Gelingen der Integration beitragen. Ältere Arbeitnehmer können den jüngeren ein Vorbild beim Abbau von Vorurteilen sein.

Die in der Bundesrepublik geborenen ausländischen Kinder haben das Recht, hier für unbegrenzte Zeit zu leben; sie sollten auch deutsche Staatsbürger werden können, wenn sie es wollen. Dies ist aber eine lange Entwicklung. Dazu muß ihnen die Chance gegeben werden, in Schule und Berufsausbildung die gleichen Bedingungen zu haben wie ihre deutschen Altersgenossen. Für die ausländischen Arbeitnehmer müssen Gewerkschaften, Verbände und Politiker erreichen, daß sie keine soziale Ungerechtigkeiten erleiden. Sie sollen sich auch gewerkschaftlich organisieren, an Arbeitskämpfen teilnehmen und die Vereinigungsfreiheit nützen können.

Schluß

Wenn der einzelne, die Verbände, die Kommunen und der Staat geeignete Maßnahmen zur Integration ergreifen, werden unsere ausländischen Mitmenschen auch wirklich zu Mitbürgern und nicht immer mehr in die Rolle einer lästigen Randgruppe gedrängt.

Sicher läßt sich aber das Ausländerproblem erst dann endgültig lösen, wenn das unerträgliche Gefälle zwischen Industrieländern und der Dritten Welt abgebaut wird. Die Menschen müssen in die Lage versetzt werden, in ihren Heimatländern ein menschenwürdiges Leben zu führen.

Hinweis: Vergleichen Sie den Schlußgedanken der Gliederung mit dem ausgeführten Schluß des Aufsatzes! Ändern Sie den Schlußgedanken der Gliederung!

Unhaltbare Zustände in der Untersbergstraße

Die Asylanten-Anlaufstelle läuft über

Auf monatlich 380 Antragsteller projektiert – es kommen aber über tausend / Uhl: Grundgesetz ändern

Anfang dieses Jahres war das Asylantenlager an der Giesinger Untersbergstraße in eine zentrale „Anlaufstelle für Asylbewerber Südbayern" umgewandelt worden. Durch die Zusammenfassung von drei Behörden unter einem Dach erhoffte sich der Freistaat eine Beschleunigung der Asylverfahren. Doch nach einem dreiviertel Jahr ist die Situation in der „Untersbergstraße" – noch zurückhaltend ausgedrückt – deprimierend. Der Flüchtlingsstrom ist in den letzten vier Wochen dramatisch angewachsen. Die Zentrale Anlaufstelle war personell berechnet für 380 Asylanträge pro Monat. Es kamen aber 1380.

Von Alfred Dürr

Gestern vormittag im Eingangsbereich des Hauses an der Untersbergstraße, an das neue Asylbewerber aus Oberbayern, Niederbayern und Schwaben verwiesen werden: Vor dem Aufnahmeschalter warten sie in einer langen Schlange auf den Beginn eines bürokratischen Hindernislaufs. Es fängt an bei der „Zentralen Anlaufstelle für Asylbewerber Südbayern", dann geht es weiter zur „Zentralen Ausländerbehörde", also dem Kreisverwaltungsreferat, und schließlich werden manche Asylbewerber noch von der „Außenstelle des Bundesamtes für die Anerkennung ausländischer Flüchtlinge" angehört.

Im Foyer ist es eng und stickig. In einer Ecke sitzt eine Frau mit drei kleinen Kindern auf ihren wenigen Habseligkeiten und starrt vor sich hin.

Ein paar Türen weiter ist ein kleines Büro in aller Eile buchstäblich in einen Lagerraum für eine gerade aus Rumänien eingetroffene Großfamilie mit vielen Kleinkindern und Babys umgewandelt worden. Ein paar Stockwerke höher, über den Schlafräumen, vor einem kleinen Schalterfenster der Ausländerbehörde, erneut Gedränge und Konfusion. Hier ist die „ausländerbehördliche und melderechtliche Erfassung" der Asylbewerber. Außerdem werden hier die Termine für ein Gespräch über die Asylgründe vergeben. So mancher, der sich seinen Platz vor dem Fensterchen ergattert hat, blickt schlicht nicht mehr durch. Die Sachbearbeiterin auf der anderen Seite versucht geduldig, die Prozedur zu erklären. Die Fremden werden zu anonymen Ziffern in der Statistik. Im Januar 1990 waren die türkischen Staatsangehörigen mit 198 Asylsuchenden die stärkste Gruppe; es folgten die von Asiaten mit 117 Personen. Die Zahl der türkischen Asylsuchenden ging allerdings in den letzten Monaten stetig zurück. Zur Zeit sind es die Rumänen, die das größte Kontingent stellen. Bisher sind 1400 Personen gekommen. An zweiter Stelle in der Statistik stehen die Asiaten (hauptsächlich Vietnamesen) mit insgesamt 1500 Personen und an dritter Stelle osteuropäische Länder, außer Rumänien, mit 617 Personen. Die Türken belegen mit 502 Personen den vierten Rang in der Zahlenreihe.

Daß es in der „Untersbergstraße" inzwischen unerträglich eng ist, belastet nicht nur die Asylsuchenden. Es kommt immer wieder zu Aggressionen. Das kann von der Rempelei bis zur Messerstecherei oder einem Vergewaltigungsversuch gehen.

Kreisverwaltungsreferent Hans-Peter Uhl, der sich gestern wieder in der Zentralen Anlaufstelle umgesehen hat: „Wir haben eine unmenschliche Überbelegung." Die Behörden seien kaum mehr in der Lage, das alles noch organisatorisch zu steuern.

Damit ist nach einem dreiviertel Jahr Erfahrung für Uhl auch klar: „Obwohl Freistaat und Stadt alles getan haben, um der wachsenden Zahl von Asylbewerbern gerecht zu werden, ist das Problem so nicht lösbar." Uhl spricht von einem „massiven Mißbrauch des Asylrechts" und der verfassungsrechtlichen Rechtsschutzgarantien. Seine Erfahrungen als oberster Chef einer großstädtischen Ausländerbehörde zeigten, daß mit allen Mitteln versucht werde, Asylverfahren in die Länge zu ziehen. Gerade im Interesse der „wirklich politisch Verfolgten" müsse alles darangesetzt werden, den „ständigen Mißbrauch des Asylrechts" zu unterbinden und das Grundgesetz entsprechend zu ändern.

Die Umstrukturierung der „Untersbergstraße" zu einer Einrichtung, in der die Asylverfahren beschleunigt werden sollten, ist für Uhl nicht mehr als eine „Goodwill-Aktion", die nicht mehr funktioniere. Das Fazit des Kreisverwaltungsreferenten: „Damit sind alle bisherigen Möglichkeiten unterhalb der Schwelle der Grundgesetzänderung gescheitert."

In Nordrhein-Westfalen kippt die Stimmung gegenüber Asylanten

Städte fordern Abschiebung – Autokorso um Lager – Steine fliegen

Köln (dpa). – Die Städte in Nordrhein-Westfalen erleben einen drastischen „Stimmungsumschwung" ihrer Bevölkerung gegen Asylbewerber, Roma und Aussiedler und registrieren zunehmend Übergriffe gegen diese Menschen. Sie fordern deshalb jetzt die Abschiebung von Roma und Bewerbern, deren Asylanträge abgelehnt wurden.

So faßte gestern in Köln der Vorsitzende des Städtetages Nordrhein-Westfalen, der Aachener Oberstadtdirektor Heiner Berger, die Ergebnisse einer Landesvorstandssitzung des Städtetages NRW zusammen. Im Namen der Städte im bevölkerungsreichsten Bundesland verlangte Berger Hilfen von Land und Bund bei der Unterbringung, Betreuung und Versorgung von Aussiedlern, Asylbewerbern und Ausländern, denen die Landesregierung Bleiberecht gewähre.

Berger und die Wuppertaler Oberbürgermeisterin Ursula Kraus (SPD) gaben Beispiele aus jüngster Zeit für den von ihnen beobachteten „Stimmungsumschwung": In Essen seien ein Auffangheim in Brand gesteckt und eine Baustelle für ein Asylantenhaus zerstört worden. In Hagen habe es einen Autokorso um ein Lager gegeben. Dabei seien auch Steine geflogen. Ähnliche Vorfälle seien aus Gelsenkirchen gemeldet worden. Auch in den Lagern gäre es. So habe man in Solingen 80 Polizeibeamte rufen müssen, um eine Schlägerei zwischen Roma und Aussiedlern zu schlichten.

Der Landesvorstand des Städtetages NRW verlangte eine Abschaffung des von der Düsseldorfer Landesregierung praktisch gewährten Bleiberechts für ausländische Roma, für Bewerber, deren Asylanträge abgelehnt wurden, und für Ausländer, die sich seit Jahren illegal im Lande aufhielten. Diese Menschen müßten konsequent abgeschoben werden. Außerdem müsse die Landesregierung dringend Initiativen zur Begrenzung des Zuzugs von Asylbewerbern und Aussiedlern ergreifen. Die Mitgliedsstädte wurden aufgefordert, Asylbewerbern und Übersiedlern nicht mehr länger dezentrale Unterkünfte und Bargeld-Hilfen anzubieten.

Verzerrtes Problem der Fremdenfeindlichkeit

Von PETER BOENISCH

CDU-Innenminister Schäuble hat „erhebliche Zweifel", ob der gerade zwischen CDU/CSU, FDP und SPD beschlossene Asylanten-Kompromiß funktioniert. Bayerns Innenminister Edmund Stoiber sagt es noch deutlicher: „Untauglicher Versuch."

Es ist zu befürchten, daß beide recht behalten. Für viele Gemeinden wäre das eine Katastrophe. Schon jetzt ist ihre Aufnahmefähigkeit erschöpft. Menschenwürdige Quartiere sind nicht mehr vorhanden.

Die Listenlösung (jene Staaten werden aufgelistet, in denen politische, rassische oder religiöse Verfolgung tatsächlich stattfindet; nur diese Verfolgten haben Anspruch auf Asyl) verspricht nicht viel Erfolg. Denn über 80 Prozent der Asylsuchenden kommen illegal beziehungsweise bleiben illegal.

Nun soll nach der Listenlösung die Fristenlösung helfen: Für jeden Asylanten zwei Wochen Verwaltungsverfahren, dritte Woche Rechtsmittelfrist (Widerspruch), vierte und fünfte Woche gerichtliches Eilverfahren, sechste Woche Abschiebung.

Wenn es denn so einfach wäre, warum hat man es nicht längst gemacht? Ohne Verfassungsergänzung wird es keine wirksame Lösung des Problems geben. Das gilt erst recht ab 1993, wenn bei geöffneten innereuropäischen Grenzen noch mehr Menschen zu uns kommen werden, die von einem besseren Leben träumen.

Die kahlgeschorenen Polit-Pyromanen haben mit ihren Brandanschlägen auf Asylantenheime das Problem total verzerrt. Im In- und Ausland ist der falsche Eindruck entstanden, als ob bei uns Ausländerfeindlichkeit grassiere. In Wirklichkeit leben die meisten von uns gut mit Ausländern zusammen, arbeiten mit ihnen, kaufen bei ihnen ein, essen mit steigender Vorliebe in ihren Restaurants.

Die ihren Frust in Fußballstadien oder vor Asylantenheimen abreagierenden „Skinheads" sind nicht typisch für Deutschland '91. Sie sind eine Gewalt vergötzende Randgruppe, die mit ihren Haaren auch ihre Vernunft rasiert hat. Es ist ziemlich unverfroren von Politikern aller Richtungen, die Missetaten dieser „Skinheads" zum Anlaß zu nehmen, der Bevölkerung mehr Fremdenfreundlichkeit zu empfehlen.

Erst hat die Politik versagt, dann ist das Problem explodiert. Mit dieser Feststellung über Ursache und Wirkung soll nicht ein einziges Schimpfwort gegen Ausländer entschuldigt werden – geschweige denn Brandflaschen oder Gewalt. Nur um eines geht es: Quer durch alle Parteien erwarten die Wähler von ihren Politikern Handlungen, nicht Predigten.

Die Deutschen von heute sind – bis auf eine Handvoll von Extremisten – nicht gegen Ausländer, sondern nur gegen den Mißbrauch des Asylrechts.

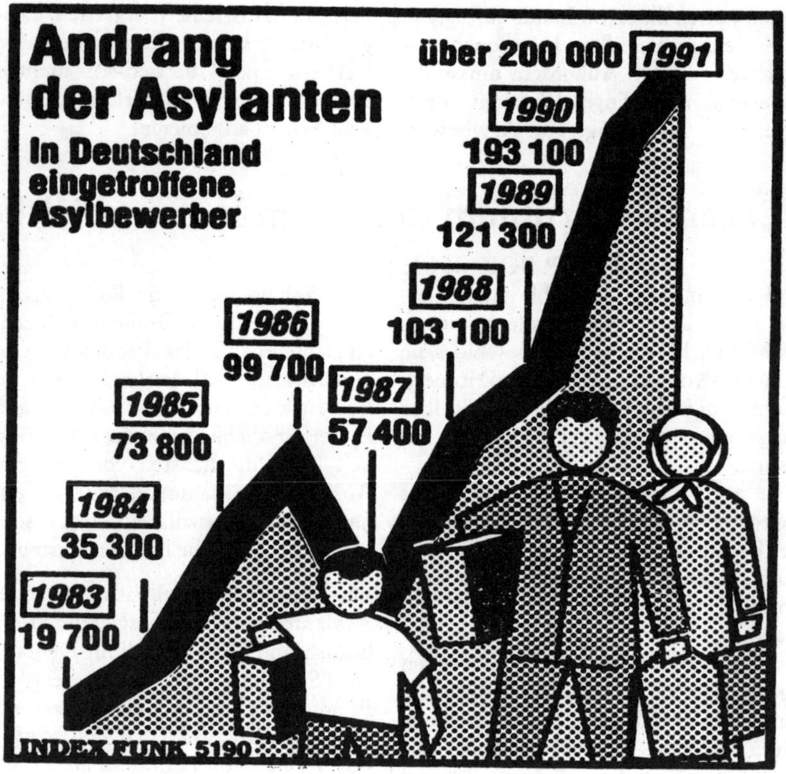

Vorschläge:

1. *Unterscheiden Sie die Begriffe:*
   Übersiedler, Aussiedler, Umsiedler, Asylanten, Ausländer als allgemeiner Begriff für Touristen, Arbeitskräfte, Studenten, Auszubildende usw.
2. *Was versteht man unter dem Begriff „politisches Asyl"?*
3. *Was verstehen Sie unter dem Begriff „Wirtschaftsasylanten"?*
4. *Die Reichen sollen teilen mit den Armen. Wie verstehen Sie diesen Satz im Hinblick auf „Flüchtlinge"?*

Horst Haitzinger

Konflikt ist ein Lebenselement jeder Gesellschaft; er hält sie offen für Wandlungen; er verhindert die Dogmatisierung des Irrtums. Nehmen Sie kritisch Stellung zu dieser Meinung Ralf Dahrendorfs! (Sekundarstufe II)

Erschließungsfragen:

1. Was bedeutet Konflikt (Definition)?
2. Welche Arten und Ebenen von Konflikten gibt es?
3. Ist Konflikt ein Lebenselement jeder Gesellschaft?
   a) Welche Bedeutung hat der Konflikt in der Diktatur?
   b) Welche Bedeutung hat der Konflikt in der sozialistischen Gesellschaft?
   c) Welche Bedeutung hat der Konflikt in der freiheitlich-demokratischen Gesellschaft?
4. Wie kann der Konflikt für Wandlungen offenhalten?
5. Wie kann der Konflikt Dogmatisierung des Irrtums verhindern?

Beantwortung in Stichpunkten oder knappen Sätzen:

Zu 1. Konflikt ist der Widerstreit verschiedener Motive oder Motivgruppen, die zum gleichzeitigen Auftreten verschiedener Verhaltenstendenzen führen.

Zu 2. Es gibt:
individuelle (persönliche) Konflikte, die der Mensch mit sich selbst auszutragen hat (für die Bearbeitung des Themas unwichtig!),
soziale Konflikte z. B. Generationenkonflikt, Klassenkonflikt, Arbeitskampf, Parteienstreit (für die Bearbeitung des Themas von zentraler Bedeutung!),
militärische Konflikte (für die Bearbeitung des Themas unwichtig)

Zu 3a) In der Diktatur (z. B. „Drittes Reich") werden Konflikte gewaltsam unterdrückt; dies verhindert Wandlungen und verfestigt eine Ideologie.

Zu 3b) Karl Marx hat zwar den sozialen Konflikt (Klassenkampf) als Bedingung für den sozialen Fortschritt betrachtet; doch im real existierenden Sozialismus wird alles, was von der Norm der Staatsdoktrin abweicht, bekämpft (Bsp. Polen).

Zu 3c) Konflikt wird eigentlich nur in der freiheitlich-demokratischen Grundordnung zum Lebenselement.

Zu 4. Konflikte sind häufig Voraussetzungen für politisches Engagement und für politische Debatten; die Demokratie löst Konflikte durch Liberalität und „Spielregeln". Demokratie lebt eigentlich von der Öffnung für Wandlungen.
Konflikte dienen der politischen Willensbildung.
Konflikte führen dazu, daß sich das Staatswesen notwendigen Neuerungen nicht verschließt.
Im Konfliktsfall
- läßt man sich vom Gegner überzeugen
- überzeugt man den Gegner
- schließt man einen Kompromiß.

Zu 5. Die Dogmatisierung des Irrtums wird in der Demokratie verhindert durch:
Kampf gegen den Extremismus
Kampf gegen Demagogen
Kampf gegen Terrorismus
Verteidigung der demokratischen Grundwerte

Wortfamilie „Konflikt“:
Konfliktbewältigung, Konfliktaustrag, **Konfliktfähigkeit,** Konfliktforschung, Konfliktherd, Konfliktkommission (DDR), Konfliktstoff, Konfliktsituation, Konfliktstrategie, Konflikttheorie, Konfliktunterdrückung, Konfliktvermeidung;
Interessenkonflikt, Tarifkonflikt, Klassenkonflikt, Gruppenkonflikt, Völkerkonflikt, Ost-West-Konflikt, Nationenkonflikt, Rassenkonflikt, Sprachenkonflikt, Religionskonflikt, Parteienkonflikt, **Gewissenskonflikt,** Rollenkonflikt, Familienkonflikt, Geschlechterkonflikt, Verfassungskonflikt, Kompetenzkonflikt, **Generationenkonflikt;** konfliktlos, konfliktreich, konfliktgeladen, konfliktträchtig, konfliktär, konfliktfähig;

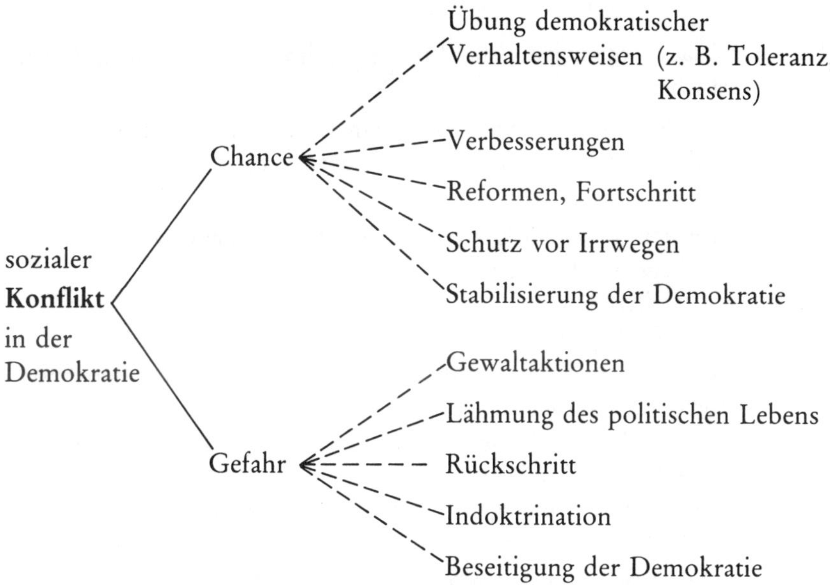

Wortfeld „Konflikt“:
Widerstreit, Streit, Zusammenstoß, Kollision, Auseinandersetzung, Debatte, Diskussion, Zwiespalt, Gegensatz, Schwierigkeit, Problem, Kampf, Konfrontation, Zwistigkeit, Zwist, Hader, Zerwürfnis, Handgemenge, Saalschlacht, Wortwechsel, Wortgefecht, Kontroverse, Differenzen, Spannungen, kalter Krieg, Polemik, Meinungsverschiedenheit, Unstimmigkeit, Opposition, Dissens, Nichtübereinstimmung, Protest, Widerspruch, Demonstration,

Krawall, Auflehnung, Ablehnung, Verweigerung, Widerstand, Massenerhebung, Revolte, Revolution, Staatsstreich, Putsch, Bürgerkrieg, Umsturz, Meuterei, Abfall, Aufruhr, Anarchie, Aufstand, Rebellion.
einen Konflikt heraufbeschwören, auslösen, austragen, schlichten, beilegen, aus der Welt schaffen, beenden, bewältigen;
die Ausweitung eines Konflikts vermeiden, in einen Konflikt eingreifen, in der Parteiführung kam es zum offenen Konflikt, mit etwas in Konflikt geraten/kommen, der Konflikt bricht aus, spitzt sich zu, sich aus einem Konflikt heraushalten, über einen Konflikt hinwegzukommen suchen, jemand vor einem Konflikt bewahren, in Konflikt mit dem Gesetz bringen.

Gliederung:

A) Konflikte auf verschiedenen Ebenen gehören zum menschlichen Zusammenleben.

B) Inwiefern ist der Konflikt ein Lebenselement jeder Gesellschaft, wie hält er offen für Wandlungen und wie verhindert er die Dogmatisierung des Irrtums?

   I. Staatsformen, in denen Konflikt kein Lebenselement darstellt:
      1. Die Weimarer Republik
      2. Das „Dritte Reich“
      3. Die „DDR“ und andere sozialistische Staaten des Ostblocks

   II. Konflikt kann nur in der freiheitlich-demokratischen Gesellschaft zum Lebenselement werden.
      Am Beispiel der Bundesrepublik Deutschland wird gezeigt, wie
      1. der Konflikt offenhält für Wandlungen:
         a) durch Interessengegensätze in der Kommunalpolitik
         b) durch Bürgerinitiativen und Debatten im Stadtparlament
         c) durch Meinungsbildung in den Massenmedien
         d) durch Parteiprogramme, Parlamentsdebatten und Opposition
      2. der Konflikt die Dogmatisierung des Irrtums verhindert:
         a) durch Bekämpfung antidemokratischer Bestrebungen
         b) durch Abwehr des Terrorismus
         c) durch Auseinandersetzung mit den Aktionen der Alternativszene
         d) durch Beschäftigung mit den Problemen der jungen Generation.

C) Konflikte sind in der Demokratie nicht nur Gefahr, sondern auch eine Chance.

Ausführung:

Der Mensch ist ein Wesen, das Konflikte auszutragen hat, das immer wieder in Entscheidungssituationen gestellt ist. Es gibt persönliche Konflikte, die der Mensch mit sich selbst auszutragen hat. Sie entstehen entweder durch einen Zwiespalt in ihm oder durch die Ansprüche anderer Instanzen an ihn. Möchte z. B. ein Kollegiat einen Grundkurs besuchen, wann er es für richtig hält, so gerät er damit in Konflikt mit der Anwesenheitspflicht, welche die Schule vorschreibt. Konflikte gibt es nicht nur auf der individuellen, sondern auch auf der kollektiven Ebene als soziale Konflikte.

Ralf Dahrendorf ist der Meinung, daß der Konflikt ein Lebenselement jeder Gesellschaft sei, sie offenhalte für Wandlungen und die Dogmatisierung des Irrtums verhindere. Bevor diese Funktionen des Konflikts erläutert werden sollen, muß man zunächst die Frage klären, ob die Feststellung Dahrendorfs für jede Gesellschaft unseres Jahrhunderts gilt.

Die bedeutendste Institution eines Staates, in der Konflikte ausgetragen werden, ist das Parlament. Eine der wichtigsten Ursachen für den Zusammenbruch der ersten parlamentarischen Demokratie in Deutschland, der Weimarer Republik, war das gestörte Verhältnis bedeutender gesellschaftlicher Gruppen zum Parlamentarismus. Der Reichstag wurde häufig als „Schwatzbude" bezeichnet, die Parteienvielfalt und die zahlreichen Straßenkrawalle oder Saalschlachten zeigten, daß die Mehrheit der Bürger nicht in der Lage war, demokratische Spielregeln anzuerkennen. Die Auseinandersetzungen wurden durch die auf Weltanschauungen gegründeten Parteien (NSDAP und KPD) verschärft. Kam es im Parlament zu unüberwindlichen Konfliktsfällen, so entschied schließlich der Reichspräsident, der in der Endphase der Republik zum wichtigsten Machtfaktor wurde.

1933 wurde das Parlament zum Herrschaftsmittel der Nationalsozialisten umgeformt, alle anderen Parteien wurden beseitigt. Hitler und seine Anhänger konnten keine politischen Gegner und damit keine Konflikte in ihrem Machtgefüge brauchen. Deshalb wurden Parlament und Parteien „aus-" und das Volk „gleichgeschaltet". Damit wurde der Irrtum der nationalsozialistischen Ideologie zum Dogma, für den das deutsche Volk mit der furchtbaren Niederlage im Krieg und der Teilung danach bezahlen mußte.

Nach dem Zusammenbruch des „Dritten Reichs" bildeten sich allmählich zwei deutsche Staaten auf deutschem Boden mit unterschiedlicher Gesellschaftsordnung. Die sog. DDR basiert auf der Lehre des Marxismus-Leninismus. Karl Marx hat im 19. Jahrhundert den sozialen Konflikt in der Form des

Klassenkampfes als Bedingung für den sozialen Fortschritt betrachtet. Wie sieht es nun aber in der DDR und im gesamten kommunistischen Machtbereich mit der Einstellung der Regierenden zu sozialen Konflikten aus? Neben der Einheitspartei spielen andere Parteien im politischen Leben keine wirkliche Rolle. Die Partei „hat immer recht". Freie Wahlen gibt es nicht. Wie im Ostblock auflodernde soziale Konflikte gelöst werden, zeigten bisher besonders die Ereignisse in der DDR vom 17. Juni 1953, wo der Aufstand der Arbeiter blutig niedergeschlagen wurde, die Volkserhebungen in Ungarn und in der Tschechoslowakei und die Verhängung des Kriegsrechts in Polen. Der Versuch, oppositionelle Gruppierungen auf breiter Basis zu bilden, wie z. B. durch die freie Gewerkschaft „Solidarität", muß von den Machthabern unterdrückt werden. Auch die sozialistischen Einparteiendiktaturen können also soziale Konflikte nicht brauchen.

So muß man wohl zu dem Ergebnis kommen, daß Konflikt nur in der freiheitlich-demokratischen Gesellschaftsordnung ein Lebenselement sein kann.

Aufgrund der Fehler der Vergangenheit und der Entwicklung im Ostblock wird es für die Lebensfähigkeit und den Ausbau unserer demokratischen Grundordnung der Bundesrepublik entscheidend darauf ankommen, wie die bedeutenden Konflikte ausgetragen werden. Ohne die Kollision politischer Meinungen und Interessen, ohne Konflikte also, würde sich politisches Engagement nur schwer entwickeln können. So kann sich der einzelne besonders in der Kommunalpolitik für oder gegen ein Projekt entscheiden.

Interessenkonflikte entstehen z. B. bei der Festlegung eines Straßenverlaufs oder bei der Erstellung einer Bausatzung. Bei den Aussprachen darf es dabei nicht ums bloße Kritisieren gehen, Einzelinteressen müssen zurücktreten vor den berechtigten Belangen der Gemeinschaft. Scheint eine Durchsetzung von Zielen einzelner gegenüber der Verwaltung aussichtslos, so bilden sich immer häufiger sog. Bürgerinitiativen, die besonders auf dem Gebiet der Umweltpolitik falsche Entwicklungen stoppen oder zumindest in eine bessere Bahn lenken. Dem Prozeß der politischen Willensbildung dienen kontroverse Debatten im Stadtparlament, in Bürgerversammlungen und in den Massenmedien. Neben der Berichterstattung haben die Medien die wichtige Funktion der Kritik und Kontrolle, weil auch in der Demokratie ein Mißbrauch der Staatsgewalt nicht auszuschließen ist und Konflikte entstehen, die ausgefochten werden müssen. Der Demokratie wird oft vorgeworfen, sie trage jeden Streit öffentlich aus und lege damit ihre Schwächen bloß. Aber gerade dies ist auch ihre Stärke. Ständige Überwachung der Staatsorgane beugt Machtmißbrauch vor und läßt Raum für notwendige Neuerungen. Die unterschiedlichen politischen Meinungen werden in der pluralistischen Gesellschaft in den Parteien gebündelt und öffentlich artikuliert. Besonders im Wahlkampf geraten dabei die Vertreter der Parteien in die Gefahr, über ihren Konflikten die Bürger zu vergessen. Hier muß den Verantwortlichen klargemacht werden, daß nicht vorwiegend die eigenen Interessen und Emotionen Konflikte bewältigen helfen, sondern in erster Linie sachliche Argumente. Am deutlichsten kann der Bürger bei Fernsehübertragungen von Bundestagsdebatten erkennen, daß Konflikte ein Lebenselement der Gesellschaft sind. Wichtig ist dabei, daß er das Vertrauen gewinnen kann, daß im demokratischen Konfliktaustrag Vernunft und Menschenwürde maßgeblich zum Zuge kommen. Eine intakte Opposition zeigt durch ihr Alternativprogramm am besten, daß der politische Konflikt die Gesellschaft für Wandlungen offenhält.

Im politischen Bereich müssen Konflikte riskiert und ausgetragen werden können, wenn eine allseits zumutbare und erträgliche Gesamtordnung zustande kommen und gewährleistet werden soll. Aber es gibt auch Konflikte zwischen dem demokratischen Staat und gesellschaftlichen Gruppierungen, bei denen sich die Staatsmacht zur Wehr setzen muß. Eine besondere Herausforderung sind totalitäre Bestrebungen, weil es in unserer pluralistischen Gesellschaft immer wieder Unbelehrbare gibt. Um Irrwege in der Politik zu vermeiden, müssen die Ursachen antidemokratischen Verhaltens bekämpft werden. Gerade deswegen kann der Staat nicht zulassen, daß Lehrer einer extremistischen Partei angehören, daß Juristen bei gewalttätigen Demonstrationen mitwirken.

Vor besondere Probleme war unser Staat in den letzten Jahren durch den Terrorismus gestellt. Von den ersten Aktionen der sog. „Roten Armee Fraktion" bis hin zur Ermordung H. M. Schleyers stand die Bundesrepublik Deutschland vor großen Prüfungen. Sie darf auch heute den politischen Terrorismus nie zu schwach einschätzen, sondern muß sich auf Maßnahmen zu seiner Abwehr einstellen.

Demonstrationen, Protestaktionen und leider auch gewaltsame Ausschreitungen der Hausbesetzerszene, der Ökologie- und Friedensbewegung führten in Berlin und anderen Städten zu Konflikten um das Legalitätsprinzip. In der Auseinandersetzung mit diesen Aktionen entstehen neue Konfliktbereiche. Der Staat und die Verantwortlichen müssen hier Gewaltanhängern entschieden entgegentreten; sie müssen aber auch die Ursachen der Unruhe vor allem in

der jungen Generation analysieren und Methoden entwickeln, die den inneren Frieden sichern. In den Zielrichtungen der unruhigen Jugend stecken auch Möglichkeiten für notwendige Reformen. Aber Demagogen, Extremisten und Terroristen dürfen im demokratischen Staat keine Chance haben.
Konflikte werden nur zum Lebenselement einer Gesellschaft, wenn sie in Form von Diskussionen, Verhandlungen, Bürgerinitiativen, Protestkundgebungen und Demonstrationen gewaltlos ausgetragen werden. Daß in einem Staat wie der Bundesrepublik Deutschland erhebliche Konflikte bestehen – auch im Bereich der inneren Sicherheit –, ist nicht unbedingt ein Anlaß zur Klage, sondern kann auch ein Zeichen für demokratische Offenheit sein. Denn der Konflikt gehört ebenso zu einer freiheitlichen, reformbedürftigen und notwendigerweise unvollkommenen Demokratie wie der Konsens.

Unserer Gesellschaft wird häufig vorgeworfen, sie trage ihre Konflikte nicht aus. Prüfen Sie diesen Vorwurf, indem Sie die wesentlichen Ursachen sozialer Konflikte erörtern und die Möglichkeiten untersuchen, solchen Konflikten zu begegnen!

A) Konflikte als Motoren des Wandels

B) Das Problem der Konflikte

- I. Formen der Konflikte
  - a) Aufeinanderprallen von materiellen und ideellen Interessen
  - b) Aufeinanderprallen von Machtansprüchen
  - c) Aufeinanderprallen unterschiedlicher Wertvorstellungen
- II. Ursachen der Konflikte
  - a) In der Triebstruktur des Menschen
    1. Neidgefühle
    2. Haßgefühle
    3. Aggressionsbereitschaft
  - b) In angeborener Schwäche
  - c) In der Struktur der gegenwärtigen Gesellschaft
    1. Benachteiligung gesellschaftlicher Gruppen
    2. Aufstellung von Normen, Verhängung von Sanktionen
    3. Verherrlichung von Gewalttaten
    4. Schaffung von Feindbildern
    5. Ideologische Verblendung

III. Behandlung von Konflikten
  a) Seelisch-geistig
    1. Sublimation aggressiver Neigungen (Spiel, friedlicher Wettbewerb)
    2. Kritische Analyse von Konfliktsituationen
    3. Verstärkung der Information über Folgen von Vorurteilen, Schablonen, Fanatismus
    4. Bewußtmachung wechselseitiger Abhängigkeit
    5. Förderung des Dialogs und der Diskussion
  b) Praktisch
    1. Repressionsfreie Erziehung
    2. Förderung des Verständnisses für natürliche und sozial unschädliche Bedürfnisbefriedigung
    3. Verbesserung materieller Lebensbedingungen, Abbau des sozialen Gefälles
    4. Verstärkung zwischenmenschlicher Kontakte
    5. Entwicklung und Verstärkung der Partnerschaft und der Kooperation
    6. Entwicklung von Formen der Konfliktregelung oder Konfliktschlichtung (Abbau von Abschreckung oder Gewalt)

C) Vermeidung, Beseitigung oder Austragung von Konflikten?

Dr. Hans Peter Stolberg

Unter welchen Umständen würden Sie an einer Demonstration teilnehmen?

Für die Teilnahme an Demonstrationen:

1. Mobilisierung
2. Aufruf
3. Unterstützung einer Initiative
4. Solidarisierung
5. Information
6. Durchsetzen einer Forderung
7. Unterstützung einer Idee
8. Aufmerksamkeit erzwingen
9. Ausdruck der Demokratie
10. Zwang zum Handeln

Gegen das Demonstrieren:

1. Wichtigtuerei
2. Anmaßung
3. Belästigung
4. Nötigung
5. Ausschreitungen
6. Gewalt
7. Aufsässigkeit
8. Beeinträchtigung anderer
9. Intoleranz
10. Massenpsychose

Welche Motive könnten Sie zu einer Demonstration bewegen?

Protest	Demonstration
1. gegen Ungerechtigkeit	1. für Gerechtigkeit
2. gegen Umweltsünden	2. für gesunde Umwelt
3. gegen Krieg	3. für Frieden
4. gegen Korruption	4. für Anständigkeit
5. gegen den Bau eines Kraftwerks	5. für ordentliche Stromversorgung
6. gegen	6. für

Meine Stellungnahme zu Bürgerinitiativen

A) Überall in Deutschland werden aus verschiedenen Anlässen Bürgerinitiativen ins Leben gerufen.

B) I. **Für** die Bürgerinitiativen sprechen viele Gründe:
1. Mißstände sollen beseitigt werden.
2. Schäden sollen abgewendet werden.
3. Falsche Entscheidungen sollen verhindert werden.
4. Sie sind Ausdruck eines politischen Bewußtseins.
5. Sie wollen überzeugen.
6. Sie bedeuten Aktivität und Selbsthilfe.
7. Sie richten sich gegen die Schwerfälligkeit der Bürokratie.
8. Sie nehmen das Recht der Basisdemokratie in Anspruch.

II. Es gibt auch Gesichtspunkte, die **gegen** Bürgerinitiativen sprechen.
1. Man fühlt sich zuständig, obwohl man es nicht ist.
2. Man trifft nicht selten ein großes Imponiergehabe an.
3. Manche Veranstaltungen sind öffentliche Ruhestörung.
4. Sie führen oft zu Gesetzesüberschreitungen.
5. Sie können durch Staatsfeinde mißbraucht werden.
6. Sie führen zu Eskalation und Radikalismus.
7. Sie können als Aufwiegelung und Meuterei verstanden werden.
8. Sie können den Initiatoren aus dem Ruder laufen.
9. Sie repräsentieren eine aktive Minderheit gegen eine passive Mehrheit.
10. Sie handeln aus einem Gruppenegoismus.

III. Unter welchen Bedingungen würde ich mich einer Bürgerinitiative anschließen?

1. ....
2. ....
3. ....
4. ....
5. ....

C) Jede im Grunde gute Sache kann in ihr Gegenteil verkehrt werden.

Orden und Ehrentitel

ARGUMENTE FÜR UND GEGEN

In dieser Kolumne der Wochenzeitung DIE ZEIT brachte in den Jahren 1972 und 1973 der Schriftsteller Rudolf Walter Leonhardt mehrere Themen, die auch in der Schule als Diskussions- und Aufsatzthemen behandelt werden. Wir lassen die Einleitung und die eigene Stellungnahme des Schriftstellers weg und bringen nur seine Argumente für und gegen **„Orden und Ehrentitel"**, so wie sie in der ERÖRTERUNG auch gesucht werden müssen.

PRO:

1. Es macht dem Menschen Freude, sich „höheren Orts" anerkannt zu finden und solche Anerkennung auch weiterzuzeigen.
2. Orden und Ehrentitel geben denjenigen, die so etwas zu verleihen haben, die Möglichkeit, sich erkenntlich zu zeigen, ohne sich zu verausgaben.
3. Verdienste werden vergessen; Orden und Ehrentitel bleiben.
4. Auch „Professor", auch „Doktor" sind oft nichts anderes als Ehrentitel, „Sir" und „Lady" natürlich erst recht. Wer ihnen zustimmt, kann anderen Orden und Ehrentiteln seine Zustimmung nicht prinzipiell versagen.

CONTRA:

1. Die höheren Orte wechseln. Manche Österreicher und Deutsche, zum Beispiel, waren nach 1945 gar nicht mehr so froh über Orden und Ehrentitel, die sie vor 1945 verliehen bekommen hatten.
2. Die von Königen, Fürsten, Lehnsherren verliehenen Orden und Ehrentitel mögen uns heute fragwürdig erscheinen; die von einer Bürokratie (mit Vorliebe an Bürokraten) verliehenen sind lächerlich.
3. Alle Versuche, Orden, Ehrenzeichen, Adelstitel breiter zu streuen, um wenigstens eine gewisse Gerechtigkeit nicht ganz auszuschließen, sind nach kühnen Anfängen immer wieder in die Routine-

PRO:

5. Als Orden und Ehrentitel finden auch Preise (etwa für Künstler und Schriftsteller) oder Mitgliedschaften in Akademien (in der Académie française, *par excellence*) Verwendung: Man sehe sich Künstler- und Gelehrtenbiographien an. Auch sie müßten abgelehnt werden, wo Orden und Ehrentitel generell abgelehnt werden.

6. Orden halten manchen Puff ab im Gedränge, meinte der Geheimrat von Goethe. Adelstitel hätten wenigstens das Gute, daß ihre Träger in englischen Gefängnissen anständig behandelt werden, meinte Lord Russell.

7. Die richtigen Titel garantieren auch anderswo gute Behandlung.

8. Orden schmücken jeden Frack und jede Uniform; das gilt um so mehr, je höher die Orden sind. Großkreuze mit Kette schmücken ganz ungemein.

9. Gegen Orden und Ehrentitel sind doch nur diejenigen, die selber keine haben.

CONTRA:

geleise von Privilegien eingemündet. Der erste Versuch dieser Art war übrigens das preußische „Eiserne Kreuz".

4. Welcher Mensch, welches Gremium ist imstande, Verdienste anderer Menschen, anderer Gremien gerecht zu beurteilen? Behandelt jedermann nach seinem Verdienst – und wer ist vor Schlägen sicher?

5. So richtig es ist, auch „namhafte Preise" und Mitgliedschaften in illustren Vereinigungen als Ehrentitel zu verstehen, so bleibt da ein anderer Aspekt: mit ihnen leistet die Gesellschaft notwendige Subventionen für Kunst und Wissenschaft, die sie ja haben will, die sich jedoch auf dem freien Markt nicht auszahlen.

6. Im allgemeinen werden Orden und Ehrentitel gar nicht für besondere Verdienste verliehen, sondern für erwiesenes oder erwünschtes Wohlverhalten des also Ausgezeichneten zugunsten der Ordensverleiher.

7. Kriegsauszeichnungen könnte man noch akzeptieren; wenn man dabei nicht *nolens volens* auch akzeptierte, daß Kriege ausgezeichnet werden.

8. Es ist nicht recht einzusehen, warum Goethe hätte weniger gepufft und Lord Russell im Gefängnis anständiger behandelt werden sollen als – um in der Nachbarschaft zu bleiben – Heinrich Heine oder Ludwig Wittgenstein.

9. Wer trägt heute schon noch freiwillig Frack oder Uniform?

Gespräch:

A: Nach Klärung der Sachfrage, nachdem ich die Gründe für und gegen die Verleihung von Orden und Ehrentiteln gelesen und durchdacht habe, spreche ich mich dafür aus, daß weder Orden noch Ehrentitel verliehen werden sollten.

B: Ich nehme an, daß du deine Entscheidung reiflich überlegt hast, ich respektiere deine Meinung, habe jedoch noch eine zusätzliche Frage: Soll also auch die „Lebensrettungsmedaille“ nicht mehr verliehen werden?

A: Doch! Wer einem anderen Menschen unter eigener Lebensgefahr das Leben rettet, sollte ausgezeichnet werden. Eine solche Medaille ist ja kein Kriegsorden.

B: In unserer Frage wird aber nicht nach der Verleihung von „Kriegsorden“ gefragt, sondern von „Orden“! Dann hast du das Thema, bzw. einen Themabegriff, gefühlsmäßig eingeengt und bist deshalb zu einer Ablehnung gekommen und hast deshalb eine falsche Stellungnahme bezogen.

A: Du hast recht, ich bin nur gegen die Verleihung von Kriegsorden. Und bei Ordensverleihungen im Frieden lasse ich auch nur die Lebensrettungsmedaille gelten.

B: Wenn also die Lebensrettung im Krieg erfolgt, wenn ein Soldat sein Leben einsetzt, damit seine Kameraden sich zurückziehen können, dann soll der Mann nicht etwa eine Tapferkeitsmedaille erhalten?

A: Du verdrehst immer meine Gedanken! Ich lehne doch nur die Orden ab.

B: Was verstehst du unter „Orden“?

A: Und was verstehst du unter „Ehrentiteln“?

Das Ergebnis dieses erfundenen Gesprächs ist, daß man die in einem Thema genannten Begriffe klären muß, bevor man Argumente für und gegen die Themafrage sammelt. Man muß die eigene Vorstellung, die sich bei einem Begriff einstellt, überprüfen. Man muß überlegen, ob man nicht einen Teilbegriff für den Inhalt des umfassenderen Begriffs hält.
Bei dem genannten Thema sollte man also einmal den Begriff „Orden“ und dann den Begriff „Ehrentitel“ genau definieren.
Wir schlagen in einem „Schülerlexikon“ nach:
Orden (lat.) m. 1) eine Gemeinschaft von Mönchen oder Nonnen, die dem weltlichen Leben entsagt . . .
2) eine Auszeichnung bzw. ein Ehrenzeichen, das v. a. von Staatsoberhäuptern

an verdienstvolle Personen verliehen wird. Es gibt O. für militärische, politische, wissenschaftliche und künstlerische Verdienste. O. haben verschiedene Formen, manche gibt es auch in verschiedenen Klassen. Nach der Tragweise unterscheidet man Schulterbandorden, Halsorden und Brustorden . . .

Der Lexikontext erinnert uns, daß der Begriff „Orden" auch bei 1) noch eine Bedeutung hat, die für unsere Themafrage sicher nicht zutrifft. Die Begriffserklärung 2) gibt uns sogar noch Gliederungsmöglichkeiten:

1. Orden werden für Verdienste verliehen:
   a) für militärische,
   b) für politische,
   c) für wissenschaftliche,
   d) für künstlerische Verdienste

   Hier können wir die „Lebensrettungsmedaille" nicht einordnen, deshalb ergänzen wir noch:

   e) für soziale und moralische V.
2. Orden werden in verschiedenen Formen verliehen.
3. Orden werden in verschiedenen Klassen verliehen.
4. Die Orden werden nach der Tragweise unterschieden in
   a) Schulterbandorden,
   b) Halsorden,
   c) Brustorden.

   (Hier kann der britische „Hosenbandorden" nicht eingeordnet werden!)

Für unsere Themafrage werden wir nur die Aufgliederung des Begriffs „Verdienste" verwenden können. Bei den Argumenten muß erörtert werden, für welche Verdienste Orden verliehen werden.

Ein Ordensfachmann wird uns nun erklären wollen, daß die „Lebensrettungsmedaille" im strengen Sinne des Ordensgesetzes kein Orden ist. Auch die Ehrenzeichen des Roten Kreuzes oder der Feuerwehr sind keine Orden.
Wir sehen also die Notwendigkeit ein, daß wir den Begriff „Orden", wie er bei unserer Themafrage aufgefaßt wird, klären müssen, bevor wir Argumente für und gegen ihre Verleihung suchen.

Bei dem zweiten Begriff des Themas „Ehrentitel" haben wir es noch schwerer, den Begriff klar zu umreißen. Was sind „Ehrentitel"? Ist der Begriff gleichbedeutend mit „Titel"? Ist „Bundeskanzler" ein Ehrentitel? Oder „Regierungsrat"? Oder „Landrat"? Oder „Stadtrat"?
Oder „Fußballer des Jahres"? Oder „Kavalier am Steuer"?
Wenn wir so weit vorgestoßen sind in der Analyse der Themafrage, dann setzt die Kritik am Thema ein. Wir wollen das vorgeschlagene Thema: Sollen Orden und Ehrentitel verliehen werden? abwandeln zu dem Thema: Sollen Orden und

Ehrenzeichen grundsätzlich nicht verliehen werden? Oder: Sollen alle Titel abgeschafft werden?

Erdient und erdiniert **Kommentar**

Gegen die Verleihung von Orden an Minister, Abgeordnete und andere Personen, die durch Wahl in ein öffentliches Amt ohnehin die Verpflichtung eingegangen sind, der Allgemeinheit zu dienen, wendet sich die SPD-Fraktion der Bremer Bürgerschaft. Gerichtet ist der Appell an Bundespräsident und Länderchefs, die Präsidenten von Bundestag und Bundesrat und an die Minister in Bund und Ländern.

Sieht man einmal von dem Purismus in Sachen Dekoration ab, der Sozialdemokraten gelegentlich, Hanseaten im Regelfall zu eigen ist, und auch davon, daß sich der Aufruf gezielt gegen eine „Ordensflut" wendet, die angeblich derzeit über niedersächsische CDU-Politiker kommt: im Grunde haben die Bremer recht.

Die Verleihung von Orden – verdient, erdient, erdienert und erdiniert – ist nirgendwo Ausdruck höchster Gerechtigkeit. Und immer mal wieder kommt es zu irgendwelchem Kuh- und Schwarzhandel und Orden und Ehrenzeichen wegen sogar zum Skandal. Daß Staatsgäste, Demokrat oder Diktator, dekoriert werden, mag noch angehen. Orden sind nun einmal das Wechselgeld der Diplomatie.

Daß aber Minister und Staatsdiener nur schon deshalb, weil sie einige Jahre im Amt waren, eine hohe Stufe des Bundesverdienstkreuzes bekommen, während für Landärzte – um ein Beispiel zu nennen – am Ende einer aufopferungsvollen Tätigkeit eine „kleine" Stufe (falls überhaupt) gerade gut genug ist, zeigt die Bewertungsmaßstäbe. Zudem erinnern sie manchmal an die (inoffizielle) Begründung britischer Soldaten für das Dienstabzeichen: „Für fünfzehn Jahre, ohne aufzufallen oder geschnappt zu werden".

Oder sollte für Ordensverleihungen an Minister und Parlamentarier auch schon die neudeutsche Ansicht gelten, wonach Gehalt als Anwesenheitsprämie zu verstehen, Leistungen aber besonders zu honorieren sei?

Henk Ohnesorge

Danke für den Orden **Glosse** (keine Erörterung)

Da heutzutage geheimste Gedanken, Papiere und Gespräche unbedingt veröffentlicht werden müssen (ich verweise nur auf die Fälle Bahr, Brandt, Knef und Kohl/Biedenkopf), habe ich mich entschlossen, folgenden Beitrag zu publizieren, der den größten Wunsch eines jeden redlichen Münchners in allgemein verständlicher Form darstellt und der eigentlich erst nach meinem Tode bekannt werden sollte, damit mir zu Lebzeiten kein Ungemach zustieße. Aber der *Stern* hat mir Mut gemacht. Es geht um den Erwerb des Verdienstordens des Freistaates Bayern, der als einziges Bundesland in unserer würdelosen Zeit dem Orden noch den gebührenden Platz in der eigenen Gesellschaft einräumt. Dieser Weißwurst-Pour-le-mérite setzt sich zusammen aus einem weißblauen Malteserkreuz, einer Urkunde, einer kleinen weißblauen Rosette für das Revers und einem Freifahrtschein (plus Begleitperson) auf bayerischen Gewässern. Wie ich zu diesem heißbegehrten Set kommen könnte, ist Inhalt der Geheimstudie.

Da in Bayern unendlich viele verdiente Menschen leben, ist es ungemein schwer, den Orden zu erhalten. Aber ich war auf die Verleihung an mich irgendwie seelisch vorbereitet. Beim Briefträger hatte ich die Rosette noch für ein Vereinsabzeichen gehalten. Als der Hausmeister sein Rasenmähen unterbrach und mich bat, seinen Verdienstorden seiner Gattin zu überbringen, da er auf der schweißnassen Haut reibe, war ich leicht betroffen. Nachdenklich wurde ich, als der Metzgersfrau ihr Orden auf den warmen Leberkäs fiel und sie sich mit dem Hinweis entschuldigte, man müsse ihn stets tragen, weil er sonst stumpf würde. Als mein Neffe einen gegen ein Beckenbauer-Autogramm eintauschte, und als die Putzfrau einen meiner Frau schenken wollte, weil ihr Mann ja noch einen habe, wußte ich, daß meine Ordensstunde nun bald schlagen müsse.

Es geschah an einem Mittwochvormittag. Ich schlenderte in meinem alten schwarzen Anzug, der mal gelüftet werden mußte, am Antiquarium der Münchner Residenz vorbei, wurde von einem Sog dunkel gekleideter Herren erfaßt und zum Eingang gespült. „Dr. Seidelbast, Georg, zweiter Präsident des bayerischen Schneckenmuseums", sagte der Glatzkopf vor mir zum Geheimagenten an der Tür. Dessen Finger glitten über eine Liste, sein Kopf nickte. Zu mir sagte er: „Name?" Ich stotterte: „Jendral, Hans Jürgen, aber . . ." Er suchte, stutzte, unterhielt sich mit einem General, entschuldigte sich für das Versehen, fragte nach meinem Beruf, schrieb in die Liste „Dr. Baron Hans Jürgen von Jendral, Schriftsteller" – und ich war im Saal. Nachdem mir der

Glatzkopf erklärt hatte, warum wir hier waren („Jetzt kann meine Frau wieder schlafen!"), bewegte ich mich selbstsicher und erläuterte den Umstehenden mein Gesamtwerk. Während des Festvortrags „Über die Zivilcourage zwischen Arber und Bodensee" wuchs die Vorfreude in mir, schwoll zur zitternden Erwartung, als der Ministerpräsident Herrn Baron Dr. Hans Jürgen von Jendral zu sich rief, ihm die Hand schüttelte, ich die seine.
Er wußte alles über mich: „Baron Dr. Hans Jürgen Jendral wird geehrt für seine grundlegenden Arbeiten über ... (ich flüsterte, den Föderalismus im Straubinger Tertitär, er sagte es laut, erster Beifall) ... wegen seiner unnachahmlichen Darstellung ... (ich: der Reise von Walther von der Vogelweide durch das Germeringer Moor, stärkerer Applaus) ... und für die zarte Lyrik in seinem Vers-Gesamtwerk ... (ich: die Linksradikalen im bayerischen Schuldienst, tosender Beifall, Trampeln). Er übergab mir die Ordensinsignien. Ich hielt mich noch knapp zwei Stunden mit Autogrammgeben und Fachsimpeleien mit einigen Literatur-Nobelpreisträgern auf, ehe ich ihn bat, mich in seinem Dienstwagen heimbringen zu lassen. Dieses Fahrzeug überzeugte meine Frau mehr als die Urkunde, in der sie in der Hast den Baron vergessen hatten.
Manchmal fühle ich, wie meine Ehefrau nachts an meinem Hals herumtastet und dann Licht macht, um den Orden zu bewundern. Gestern habe ich ihn erstmals offen im Garten gegen 21.30 Uhr getragen. Das darf ich, Urkunde und 155 Mitordensträger können es bezeugen. In zwei Jahren rechne ich mit der nächsten Ordensstufe, denn schließlich stehe ich jetzt auf der Liste.

Hans Jürgen Jendral

Was können wir gegen den Hunger in der Welt tun?

Bei diesem Thema muß zuerst der „Hunger in der Welt" demonstriert werden, der Themabegriff.
Dann sollte man den Begriff „wir" definieren: Jugend, Schüler, Menschen, Bundesrepublik.

Möglichkeiten der Hilfe: (= Stoffsammlung)	*Gliederung:*
Organisationen Spenden Sammlertätigkeit Werbetätigkeit Rotes Kreuz UNICEF Hilfe zur Selbsthilfe Lebensmittelspenden Ärztliche Hilfe	I. Was der einzelne tun kann: II. Was eine Gemeinschaft tun kann: III. Was der Staat tun kann: IV. Was die Vereinten Nationen tun können:

Jahresbericht der UNICEF – „Kampf gegen Armut bewegt sich rückwärts"

Ein Leben kostet 230 Mark – 17 Millionen Kinder starben

New York (dpa) – Will man es in Zahlen ausdrücken, dann ist das Leben eines Kindes hundert Dollar wert – das wäre im Augenblick so um die 230 Mark. Die Kinderhilfsorganisation UNICEF der Vereinten Nationen hat dies in ihrem Jahresbericht so errechnet. Würde man im Jahr 230 Mark für jedes der ärmsten Kinder dieser Erde aufwenden, dann bräuchte es nicht zu verhungern oder Opfer einer frühen Krankheit zu werden. 17 Millionen Kinder mußten deshalb 1981 sterben.

Nicht eines dieser vielen Millionen Kinder war zum Beispiel gegen die sechs gefährlichsten Kinderkrankheiten geimpft, obwohl „diese Impfung pro Kind nur etwa zwölf Mark gekostet hätte". Umgekehrt hat das Versäumnis dieser Impfung fünf Millionen Kindern das Leben gekostet. Gleichzeitig prophezeit UNICEF, daß dieses jährliche Massensterben der Kinder wohl bis auf weiteres weitergeht. „In vielen armen Ländern", so erklärte UNICEF-Direktor James Grant, „zeigt die wirtschaftliche Entwicklung an, daß sich der Kampf gegen die Armut nicht nur verlangsamt, sondern vielleicht sogar rückwärts bewegt."

Zahlen aus der Industriewelt zeigen den gleichen Stand der Rückwärtsentwicklung auf, denn dem UNICEF-Bericht zufolge haben sich die Mittel, die diese Staaten an Entwicklungshilfe zahlen, im Durchschnitt in den vergangenen 15 Jahren von 0,49 auf 0,37 Prozent des Brutto-Sozialprodukts vermindert.

Nach Vorstellungen der UNICEF sollten die Entwicklungsländer bis zum Ende des 20. Jahrhunderts ihre Säuglingssterblichkeitsrate (gemessen an Sterbefällen pro tausend Lebendgeburten) auf 50 (Bundesrepublik 1980: 12,6) oder weniger vermindert und gleichzeitig die generelle Lebenserwartung auf 60 Jahre und darüber gesteigert haben. Aber in der Praxis würde dies bedeuten, die gegenwärtige Entwicklung in dieser Richtung zu verdoppeln oder gar zu verdreifachen. Dieses Ziel hält

Grant unter den gegebenen wirtschaftlichen Umständen für schlichtweg „naiv“. Wie man nun aber im Grenzgebiet zwischen Naivität und Realismus operiert, ist laut Grant eine Frage der Prioritäten, die man den Dingen zuweist, mehr noch als der bestehenden, tatsächlichen Möglichkeiten. Man kennt diese Vergleiche, aber geben sie nicht doch immer Denkanstöße? Eine Volksschulbildung und grundlegende Gesundheitspflege für eine große Mehrheit der betroffenen Kinder in den Entwicklungsländern wären billiger als die alkoholischen Getränke, die die Menschen in den Industrieländern jedes Jahr in sich hineinschütten.

Das stille Leiden vieler Millionen Kinder

Abschlußbericht von Unicef ist eine Bilanz der Not

GITTA BAUER, **New York**

Das ablaufende Jahr war erfüllt von „stiller Not“ für die Kinder in der Dritten Welt, hauptsächlich in Afrika und Südasien. Das ist die Bilanz eines Berichts des Kinderhilfswerks der Vereinten Nationen (Unicef). Und auch für die Zukunft konnte Direktor James P. Grant keine günstige Prognose stellen, weil man befürchtet, daß die Entwicklungshilfe, die vor fünfzehn Jahren 0,49 Prozent des Bruttosozialprodukts der Industrieländer ausmachte und jetzt 0,37 Prozent beträgt, noch weiter absinkt.

„40 000 Kinder sterben still jeden Tag, hundert Millionen Kinder gehen still jeden Abend hungrig schlafen, zehn Millionen Kinder verlieren schweigend körperliche oder geistige Fähigkeiten und bleiben behindert, 200 Millionen Kinder zwischen sechs und elf Jahren sehen still zu, wie andere Kinder zur Schule gehen“, heißt es in dem Unicef-Bericht. Dabei würde eine Summe von weniger als hundert Dollar pro Jahr und pro Kopf den 500 Millionen ärmsten Müttern und Kindern der Welt bessere Nahrung, leichtere Schwangerschaften, eine Elementarbildung und Gesundheitsfürsorge verschaffen.

Das Ziel des Kinderhilfswerks bleibt dennoch, die Säuglingssterblichkeit in Entwicklungsländern auf 50 bei tausend Lebendgeburten zu senken, die Lebenserwartungen auf 60 Jahre zu erhöhen, allen Kindern eine Schulbildung von mindestens vier Jahren zu geben. Eine Bevölkerungsexplosion setzt nach dem Unicef-Bericht zwar in dem Augenblick ein, wo die Säuglingssterblichkeit sinkt, mit zunehmender Bildung und Gesundheit jedoch werde es zwischen zwölf und 20 Millionen weniger Geburten im Jahr geben.

Als Beispiele führt der Grant-Bericht an: Kolumbiens Todesrate fiel um sechs Punkte (von 14 auf acht pro 1000), es folgte ein Absinken der Geburtenrate um 15 Punkte (von 46 auf 31 pro 1000). In Jamaika fiel die Mortalität um drei Punkte, die Geburtenrate sank um zehn Punkte, in Süd-Korea folgte dem Absinken der Sterblichkeit um fünf Punkte eine Abnahme der Geburtenrate um 20 Punkte. (SAD)

Vorschlag: Entnehmen Sie diesen Texten Daten und Fakten für die Erörterung des Themas! (Quellenangaben nicht vergessen!)

Die Bundesvereinigung Lebenshilfe für geistig Behinderte
schreibt am 2. November 1991:

Sehr geehrter Herr . . .,
dies ist sicher nicht der einzige Brief, den Sie jetzt zum Jahresausklang mit der Bitte um eine Spende erhalten.
Wenn ich Ihnen heute schreibe, so in der Hoffnung, daß Sie auch dieses Mal gerne an diejenigen denken, die kaum im Schlaglicht der Öffentlichkeit stehen und unsere Hilfe so dringend brauchen: die fast 400 000 geistig behinderten Menschen und deren Angehörige in der Bundesrepublik.
Gleichzeitig möcht ich die Tradition fortsetzen und Ihnen zum Jahresausklang einen kleinen Rück- und Ausblick auf die Arbeit der Lebenshilfe geben. Eine Arbeit, die durch Zuwendungen wie die Ihre überhaupt erst möglich ist.
Wie Sie sich vorstellen können, bildeten in diesem Jahr die Probleme in den neuen Bundesländern einen besonderen Schwerpunkt. Lassen Sie mich Ihnen an drei kurzen Beispielen zeigen, was Ihre Spende dort bewirken kann.
– Unter Beteiligung der Lebenshilfe wurden in den neuen Bundesländern neue Schulgesetze erarbeitet. Damit erhalten über 120 000 geistig behinderte Kinder im Osten Deutschlands erstmals die Chance auf eine gezielte schulische Förderung. Gleichzeitig wurde das Schulnetz weiter ausgebaut.
– In Zusammenarbeit mit den Kultusbehörden wurden durch die Lebenshilfe im Rahmen neugeschaffener Fortbildungsangebote Pädagoginnen und Pädagogen aus Rehabilitationszentren für ihre Tätigkeit in Sonderschulen weiterqualifiziert. Um dem schlimmen Notstand an ausgebildeten Fachkräften abzuhelfen.
– Zur Unterstützung von Familien mit geistig behinderten Kindern wurden auch in den neuen Bundesländern die ersten „Familienentlastenden Dienste" der Lebenshilfe eingerichtet, die sich sehr segensreich auswirken.
Aber nicht nur die Situation in den neuen Bundesländern stellt die Lebenshilfe vor große Aufgaben.
Denn vergessen wir nicht: Auch hier leben immer noch viele Menschen mit geistiger Behinderung ohne ausreichende Förderung in psychiatrischen Anstalten und Heimen.
Erst kürzlich hat das Bundesministerium für Gesundheit in einer Untersuchung darauf hingewiesen, daß auch in den alten Bundesländern die Ausgliederung geistig behinderter Menschen aus psychiatrischen Krankenhäusern kaum realisiert ist.

Vergeltung oder Resozialisierung?

Die beiden Themabegriffe „Vergeltung“ und „Resozialisierung“ machen bei der Klärung keine Schwierigkeiten. Man soll sich aber darüber klarwerden, daß die Verbindung der beiden Begriffe durch „oder“ das Thema zur Entscheidungsfrage werden läßt, daß also nicht nur die Argumente für die Vergeltung und für die Resozialisierung zu erörtern sind, sondern auch die Stellungnahme gefragt ist.

Gedankensammlung

Bewährungshelfer
Ruf nach staatlicher Hilfe
persönliche Initiative
persönlicher Einsatz
soziale Hilfe
sachlich und methodisch fundierte Hilfe
therapeutische Hilfe
sozialpädagogische Hilfe
Verbrechensvorbeugung
menschliche Hilfe zur Eingliederung
Resozialisierung
resozialisierungswillig?
Herausforderung an die Gesellschaft
unnachgiebige Verbrechensbekämpfung
Ruf nach Härte
während der Haftzeit
in der Endphase der Haftzeit
auf Bewährung entlassen
Freundschaft mit einem Vorbestraften?

Gliederung:

Ordnen Sie die Gedanken zum Thema nach den folgenden Gesichtspunkten:

I. Abschreckung und Vergeltung:
1. ....
2. ....
3. ....
4. ....
5. ....

II. Bemühen um soziale Eingliederung:
1. ....
2. ....
3. ....
4. ....

Heirat mit einem Vorbestraften?	5.	....
Abschreckung		
Vermittlung von Arbeit	6.	....
Wohnungsvermittlung		
verabscheuungswürdige Verbrechen	III. Persönliche Stellungnahme:	

Einleitungs- und Schlußgedanken können Sie dem Text der Anzeige entnehmen.

Vorschlag: Schreiben Sie eine Erörterung über das Thema „Sollen wir Straffälligen zu einem neuen Anfang verhelfen?“ oder: „Wie können wir Straffälligen zu einem neuen Anfang verhelfen?

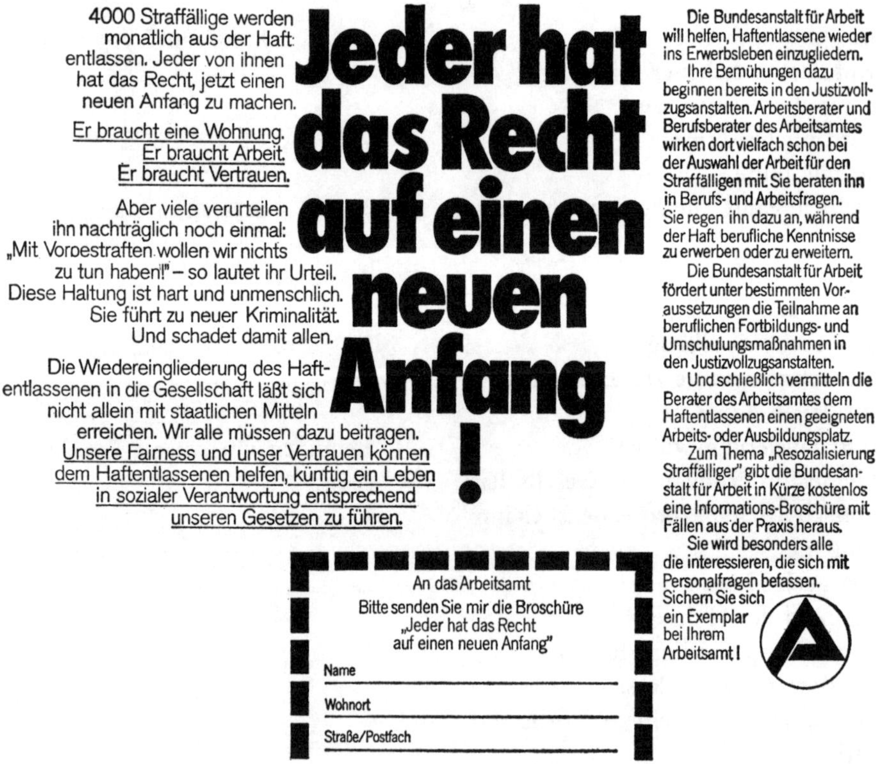

Der Medikamentenmißbrauch nimmt erschreckend zu.
Auf welche Ursachen führen Sie diese Tatsache zurück, und welche Maßnahmen zur Einschränkung des Mißbrauchs schlagen Sie vor?

A. Übergroßes Angebot an Arzneimitteln auf dem Markt

B. Ursachen für den Medikamentenmißbrauch und Abhilfe

I. Ursachen

1. Ausgeprägtes Gesundheitsbewußtsein in der Bevölkerung
    a) aufgrund intensiver Öffentlichkeitsarbeit durch die Arzneimittelindustrie
        aa) sachliche Information über Krankheiten und Beschwerden
        ab) Werbung für Erfolg versprechende Medikamente
    b) aufgrund der Idealisierung von Jugend und Schönheit in Boulevardpresse und Fernsehwerbung
        ba) Bestreben um eine schlanke, sportliche Figur
        bb) Wunsch nach frischem, jugendlichem Aussehen
        bc) Bedürfnis nach Vitalität und Schaffenskraft
2. Starker Leistungsdruck in Ausbildung und Beruf
    a) Vorbeugemaßnahmen gegen Abgespanntsein und Ermüdung
    b) Schutz vor seelischen Spannungen und Nervosität
    c) Hinauszögern des Ausfalls wegen Bettlägerigkeit
3. Unfähigkeit, mit körperlichen und seelischen Leiden anders fertig zu werden
    a) Schmerzbetäubung aus Angst vor der Diagnose
    b) Unterdrückung depressiver Stimmungen
4. Zu leichte Beschaffungsmöglichkeit der Medikamente
    a) fehlende Rezeptpflichtigkeit vieler Medikamente
    b) zu große Bereitwilligkeit der Ärzte, jedes gewünschte Medikament zu verschreiben

II. Einschränkung

1. Erschwerte Beschaffung von Medikamenten
    a) Einbeziehung weiterer Arzneimittel in die Verordnungspflicht
    b) sparsamere Verschreibung von Medikamenten durch die Ärzte
2. Intensivere Beschäftigung des Arztes mit dem Patienten
    a) Gründliche Information über Dosierung und Begleiterscheinungen der verordneten Medizin
    b) Warnung vor der Selbsttherapie

3. Besinnung auf natürliche und gesunde Lebensweise
   a) Verwendung homöopathischer Mittel
   b) maßvolle sportliche Betätigung
   c) ausreichende körperliche Bewegung
   d) genügend Schlaf
   e) vernünftige Ernährung
   f) Vermeidung von Dauerstreß

C. Einschränkung des Medikamentenmißbrauchs – eine vordringliche Aufgabe unserer Gesundheitspolitik

Sind Sie für oder gegen die Todesstrafe?

In der Diskussion über die Todesstrafe werden immer wieder Argumenten für die Todesstrafe Argumente gegen die Todesstrafe gegenübergestellt. Wenn man eine eigene Entscheidung treffen soll, kann man sich nicht der herrschenden Meinung einfach anschließen. Man muß die Argumente erörtern.
Die Befürworter der Todesstrafe nennen vor allem den Schutz der friedlichen Bevölkerung vor Verbrechern als Hauptargument. Sie wollen mit der Todesstrafe mögliche Verbrecher abschrecken, Verbrechen verhindern. Oft ist auch das Prinzip der Vergeltung im Gespräch: „Aug' um Aug', Zahn um Zahn." Gelegentlich wird aber auch angeführt, daß es den „Anständigen" nicht zuzumuten sei, einen Verbrecher sein Leben lang durchzufüttern, sichere Gefängnisse zu bauen und Bewachungspersonal zu bezahlen. Diese Gedankengänge zielen auf eine soziale Entlastung der Bürger und finden deshalb oft Zustimmung.
Diesen Argumenten steht nicht nur der geringe Abschreckungseffekt der Todesstrafe gegenüber, nicht nur die Unwiderruflichkeit der Entscheidung, sondern vor allem die Unmenschlichkeit der Todesstrafe. Der Mensch ist nicht Herr über Leben und Tod. Mit der Todesstrafe überschreitet der Mensch seine Grenze. Rache ist des Menschen unwürdig. Der heutige Mensch sollte über die Grausamkeit des Blutopfers erhaben sein. So bequem darf sich der Mensch das Leben nicht machen, andere Menschen einfach zu töten, weil sie ihn durch ihre Taten herausgefordert, bedroht haben und vielleicht in Zukunft wieder bedrohen werden.

Aber, wie ist es mit der Tötung anderer Menschen im Krieg?
Menschen werden getötet, weil sie eine Bedrohung, eine Gefahr, wirklich oder eingebildet, darstellen.

Vorschlag: Führen Sie das Thema nach Ihren eigenen Gedanken weiter aus!

Die Todesstrafe

„Wir wollen nicht von neuem der Todesstrafe den Prozeß machen", heißt es in einer Verlautbarung des Pariser Instituts für Kriminologie. „Alles, was über ihre Nutzlosigkeit, Grausamkeit und Unwiderruflichkeit zu sagen war, ist bereits gesagt worden." Und dennoch: wurden gerade in Frankreich wieder zwei Todesurteile vollstreckt (wegen Geiseltötung), hört man aus den USA von Bestrebungen, die Todesstrafe wieder einzuführen. Es gibt also offenbar Argumente für die Todesstrafe, die sehr viele Menschen überzeugen; vor allem jedesmal dann, wenn ein besonders abscheuliches Verbrechen die Öffentlichkeit erregt hat.

PRO

1. Unleugbar haben schwere Verbrechen wie Entführung und Geiseltötung, hat überhaupt Gewalttätigkeit während der letzten Jahre in der westlichen Welt ständig zugenommen. Dagegen muß mit aller Schärfe vorgegangen werden.
2. „Auge um Auge, Zahn um Zahn, Hand um Hand, Fuß um Fuß" (2. Mose 21, 24) – nach diesem mosaischen Gesetz über die Angemessenheit der Strafe gilt auch: ein Leben um ein Leben.
3. Das mosaische Gebot „Du sollst nicht töten" kann nicht auf die Todesstrafe bezogen werden; denn im Volke Israel galt ja beides: das

CONTRA

1. Die Gewalttätigkeit in der Welt wird dadurch nicht verringert, daß man sie vermehrt um die staatliche Gewalt der Henker.
2. Die Bibel ist nicht beim mosaischen Gesetz stehengeblieben. 2. Mose 21, 24 wird ausdrücklich widerrufen von Matthäus 5, 38 ff. Und schon im Dekalog steht: „Du sollst nicht töten."
3. Es wäre traurig bestellt um den „Fortschritt des Menschengeschlechts", wenn die Gesetze, die sich ein Nomadenstamm vor mehr als

Tötungsverbot ebenso wie die Todesstrafe.

4. Liberale mobilisieren so viel Scharfsinn und Mitleid, um die Mörder zu verstehen, daß ihr Fonds an Sympathie erschöpft zu sein scheint, wenn es um die Opfer geht.

5. In den autoritären Staaten, in denen es die Todesstrafe gab oder noch gibt, herrschen Gesetz und Ordnung zum allgemeinen Wohl stärker als in den liberalen Demokratien.

zweitausend Jahren gab, noch heute allgemeine Gültigkeit beanspruchen könnten.

4. Wenn es zuweilen den Anschein hat, als ob Liberale an den Verbrechern mehr interessiert wären als an ihren Opfern, dann ist da eine Verzerrung der Optik im Spiel. Für die noch Lebenden kann man mehr tun als für die Toten.

5. Auf die wichtige Frage, ob die Todesstrafe abschreckend wirke, kann es keine wissenschaftlich exakte Antwort geben. Der „normale" Bürger ist überzeugt von dieser Abschreckungskraft – denn auf ihn selber würde sie abschreckend wirken. Der Kriminologe weiß aus empirischen Untersuchungen, daß die meisten Kriminellentypen vom Risiko der Todesstrafe so wenig abgeschreckt werden wie die meisten Autofahrer durch die Verkehrsunfallstatistiken. Trotz Todesstrafe waren die USA das Land mit den meisten Gewaltverbrechen innerhalb der zivilisierten Welt. Auch ohne Todesstrafe war die Sowjetunion ein Land mit bemerkenswert niedriger Kriminalitätsrate. Daran hat sich nichts geändert, als vor einiger Zeit die Todesstrafe in den USA abgeschafft, in der Sowjetunion wieder eingeführt wurde. Daran wird sich aller Voraussicht nach nichts ändern, wenn demnächst die Todesstrafe in den USA wieder eingeführt, in der Sowjetunion wieder abgeschafft wird.

6. Lebenslängliche Haft ist unmenschlicher als ein schneller Tod.

6. Die „Humanität der Todesstrafe“ ist nicht diskussionswürdig.

7. Warum soll die Gesellschaft Schwerverbrecher auch noch ernähren?

7. Auch wer die moderne Auffassung, die Gesellschaft erst mache Menschen zu Verbrechern, für in dieser Form falsch hält, wird schwerlich behaupten können, der Gesellschaft falle dabei gar keine Verantwortung zu. Im übrigen müßten sich Gefängnisse so einrichten lassen, daß die zur Sicherheit dort Verwahrten ihren bescheidenen Lebensunterhalt selber verdienen.

8. Bei „guter Führung“ werden die „Lebenslänglichen“ nach zwanzig Jahren entlassen und morden dann weiter.

8. Das Risiko, daß potentielle Mörder frei herumlaufen, wird durch die Todesstrafe so gut wie gar nicht verringert (da ja niemand im Ernst dafür sein kann, alle potentiellen Mörder umzubringen).

9. Wo sich die Gesellschaft vor Schwerverbrechern durch Gefängnismauern schützt, delegiert sie ihr Risiko an das Aufsichtspersonal des Strafvollzugs. Wer möchte Gefängniswärter sein, Tag für Tag von Mördern umgeben?

9. Wer gegen die Todesstrafe ist, macht es sich in der Tat zu einfach, wenn er das Risiko den Beamten des Strafvollzugs aufbürdet. Es kann aber doch nur eine Frage der Organisation sein, lebensgefährliche Kontakte zwischen Tätern und Wärtern auszuschließen.

10. Es hätte kaum jemals Todesurteile gegeben, wenn diejenigen, die sie aussprechen, sie selber vollstrecken müßten. Der Henker war zu allen Zeiten und in allen Zivilisationen ein verachtetes Werkzeug.

11. Justizirrtümer gibt es ja. Wenn einer erst mal tot ist, sind sie nicht mehr revidierbar (dieses Argument war das stärkste, als in England die Todesstrafe abgeschafft wurde).

CONCLUSIO

Ich bin froh, in einem Lande zu leben, wo Liberale den günstigen Augenblick der Stunde null nutzen konnten, die Abschaffung der Todesstrafe ins Grundgesetz zu schreiben. Ich würde gern noch weitergehen, als die meisten meiner Landsleute mitzugehen bereit sind. Mancher Schußwaffengebrauch der Polizei erscheint mir als gesetzeswidrige Wiedereinführung der Todesstrafe. Ich sehe keinen Grund, demjenigen, der (ohne ein gemeingefährlicher Killer zu sein) über eine Gefängnismauer den Weg in die Freiheit sucht und „auf der Flucht" erschossen wird (alte Soldaten wissen, was das alles heißen kann), jene Sympathien zu entziehen, die mich auch mit dem verbinden, den man bei dem Versuch totschießt, ohne Erlaubnis eine Staatsgrenze zu überwinden.

Rudolf Walter Leonhardt

Vorschlag: Sie können in Ihrer Erörterung die Argumente für und gegen die Todesstrafe nacheinander aufführen im Kapitel I und Kapitel II des Hauptteils. Sie können aber auch versuchen, jedes Argument für die Todesstrafe durch ein Argument gegen die Todesstrafe zu widerlegen, bzw. bei jedem Abschnitt Ihre eigene Stellungnahme abzugeben.
Die Stellungnahme darf nicht zu kurz kommen. Deshalb ist es bei diesem Thema nicht ratsam, sie in den Schluß zu verbannen.

Kind und Fernsehen

Karikatur: Stauber

Welches Problem steckt in den beiden Karikaturen?
Formulieren Sie ein entsprechendes Thema für eine Erörterung!
Erstellen Sie eine Gliederung!

ZEITUNG UND FERNSEHEN

Massenmedien

Kennzeichen: Einwirken auf viele Menschen;
moderne technische Mittel

A. Druck
- I. Zeitungen
  - 1. Tageszeitungen
    - a) Lokalzeitungen — Beispiele:
    - b) Regionalzeitungen — Beispiele:
    - c) Überregionale Zeitungen — Beispiele: FAZ ...
  - 2. Boulevardpresse — Beispiele: AZ ...
  - 3. Wochenzeitungen — Beispiele: DIE ZEIT ...
- II. Zeitschriften
  - 1. Unterhaltungszeitschriften
    - a) Illustrierte
    - b) Fernsehzeitschriften
    - c) Familienzeitschriften
  - 2. Fachzeitschriften
    - a) berufliche F.
    - b) wissenschaftliche Z.
  - 3. Werkzeitschriften
  - 4. Verbandszeitschriften
  - 5. Politische Zeitschriften
  - 6. Jugendzeitschriften
  - 7. Popularwissensch. Z.
- III. Bücher

B. Bild
- I. Film (privat)
  - 1. Unterhaltungsfilm
  - 2. Dokumentarfilm
  - 3. Literarischer Film

II. Fernsehen (öffentl.-rechtlich)
   1. ARD
   2. ZDF
   3. Regionalprogramme
C. Ton: Hörfunk (öffentl.-rechtl.)

Fernsehen contra Zeitung/Hörfunk

I. Die Zeitung
   1. Vorteile:
      a) Mitnahme ist leicht.
      b) Viele Möglichkeiten der Lektüre
      c) Gedrucktes kann nachgelesen werden.
      d) Lokalnachrichten kommen fast nur in der Zeitung.
      e) Anzeigenteil ist wichtig.
   2. Nachteile der Zeitungen:
      a) Nachrichten kommen mit Verspätung zum Empfänger.
      b) Die Zeitungen können nur Schrift und stehende Bilder bringen.
II. Das Fernsehen hat eine ungeheure Entwicklung genommen.
   1. Vorteile des Fernsehens sind bestechend:
      a) Durch Ton und lebende Bilder kann man die Ereignisse miterleben.
      b) Das Fernsehen kann sich den Ereignissen schneller anpassen.
      c) Im allgemeinen läßt das Fernsehen eine schnellere Information zu.
      d) Die Bildschirmzeitung ist in Vorbereitung.
   2. Selbstverständlich sind auch Nachteile damit verbunden:
      a) Fernsehen ist Verführung zu Massenkonsum.
      b) Es verführt zu wahllosem Konsum.
      c) Es verleitet zur Nachahmung von Verbrechen.
      d) Wort und Bild sind nur für einen Augenblick zur Verfugung.
III. Der Rundfunk hat noch eine bedeutende Stellung.
   1. Vorteile des Hörfunks sind allgemein bekannt:
      a) Mit tragbaren Geräten kann Hörfunk überall empfangen werden.
      b) Mit dem Hörfunk ist die schnellste Übermittlung von Nachrichten möglich.
      c) Jede Art von Musik kann empfangen werden.

2. Einige Nachteile sind auch zu vermerken:
   a) Das Wort ist im Augenblick der Sendung vorbei.
   b) Es fehlt das anschauliche Bild.

Vorzüge und Nachteile des Fernsehens

Was spricht **für** das Fernsehen, was da**gegen**?

Pro	**Contra**
Information	Überflutung
Aktualität	Scheinwelt
Bequemlichkeit	Familienleben
Ausbildung	Kinder
Bildung	Werbung
Unterhaltung	falsche Vorstellungen
Wissen	Mangel an Bewegung
Anschaulichkeit	Auswahl
schnelle Information	Manipulation
Diskussionsthemen	Überforderung
weltweit	Gesundheit
Filme	Kommunikation
Theater	Beeinflussung
Nachrichten	Sucht
Musik	Augenprobleme
Schulfernsehen	Passivität
Belehrung	Verführung
Fernkurse	Brutalität

Vorschlag: Wählen Sie aus und fassen Sie zusammen!

Der Kampf zwischen Buch und Mattscheibe

Hoffnung auf die große Leserwelle

Die Buchmarktforscher wissen von der Leserfront wenig Erfreuliches zu melden. Auf die Frage: „Könnten Sie mir sagen, wann Sie zum letztenmal ein Buch gelesen haben?“ antworteten im Jahre 1973 28 Prozent der Gefragten: „Das ist länger als ein Jahr her.“ 1966 noch hatten sich nur 24 Prozent als notorische Nichtleser bekannt.

Die Demoskopen nennen auch Ursachen für die nach dem unaufhaltsamen Aufstieg in den Nachkriegsjahren wieder schwindende Leselust: Am liebsten lassen sich die Bundesbürger ihre Freizeit von den Massenmedien vertreiben. Dem Fernsehkonsum wird viel an Bücherlektüre geopfert. Sogar die gebildeten Schichten erliegen den Televisionen offensichtlich widerstandslos.

Die Verleger scheint diese Entwicklung nicht zu schrecken. Sie weisen auf andere Erfahrungen hin: Der Bücherumsatz stieg in den ersten Monaten dieses Jahres um 15 Prozent. Selbst eine fallende Tendenz in den Sommermonaten dämpfte ihren Zweckoptimismus nur wenig. Nun werden Bücher allerdings nicht ausschließlich zur Lektüre gekauft. Die Möbelproduzenten haben mit ihren Regalsystemen einen außerliterarischen Bedarf an Büchern geweckt. Man sollte den Leseanreiz der laufenden Meter Schmuckbücher indes nicht gering schätzen. Wer Bücher aufstellt, kommt auch als Leser in Betracht.

Ein weiteres Indiz für die Zuversicht der Büchermacher: Zur 26. Internationalen Frankfurter Buchmesse haben sich fast 4000 Verlage aus 62 Ländern angesagt. Sie werden 250 000 verschiedene Titel präsentieren, darunter 80 000 Neuerscheinungen. Allein die 906 ausstellenden Verlagshäuser aus der Bundesrepublik bieten auf dieser größten Bücherschau der Welt an die 30 000 Novitäten an. Wer soll das denn lesen? – Der herstellende und vor allem der vertreibende Buchhandel faßt die Frage längst nicht mehr nur rhetorisch auf. Überproduktion ist tödlich geworden. Denn die Kosten für Papier und Druck, für Lektorate und Distribution sind unverhältnismäßig gestiegen; diese Kosten lassen sich aber nicht einfach auf den Käufer überwälzen: Weil der Handel und Wandel mit Büchern ein Verkäufermarkt ist, das Angebot die Nachfrage stimulieren muß, wirken notwendige Preiskorrekturen nur allzuleicht prohibitiv. Die Verleger müssen darum auf Rationalisierung drängen.

In unserer Umfrage (siehe Seite 1 der DZ-Literaturbeilage in dieser Ausgabe) fordern profilierte Vertreter der Branche: „Keine unnötigen Bücher mehr.“ Sie appellieren dabei nicht nur an die Konkurrenten, sie haben durchaus auch das eigene Programm im Auge: So reduzierte der Rowohlt-Verlag die jährliche Titelzahl der respektierten Paperback-Reihe „das neue buch“, und der Luchterhand-Verlag will seine „Sammlung Luchterhand“ drastisch einschränken. Die Auguren in den Feuilletons der Tages- und Wochenpresse reagierten auf diese Selbsteinschränkung der Verleger gereizt. Sie sahen die Bereitschaft der Verlage zum literarischen Experiment sich der absoluten Schwundstufe nähern, fürchteten ein noch härteres Marketing für Bestsellerware.

Das Urteil darüber, welche Titel nötig, welche unnötig seien, klafft zwischen Büchermachern und ihren Kritikern unvereinbar auseinander. Unnötig sind für die Verleger naturgemäß jene Titel, die von den Lesern nicht oder nur zögernd angenommen werden. Für die Anwälte des gesellschaftlichen Fortschritts wie für die Hüter traditioneller Kulturwerte – so spinnefeind sich diese Antipoden des Zeitgeistes sonst sein mögen – entscheidet dagegen allein der Innovationscharakter der Bücher über ihre Notwendigkeit. Dieses Dilemma scheint unauflöslich, solange eine breitere Leserschaft nicht mündig genug ist, durch ihre gezielten Ansprüche von sich aus ausschließlich den „wichtigen" Titeln eine Marktchance zu geben.

Das bleibt, zumindest vorläufig, Utopie. Denn lesen will gelernt sein. Daran aber hapert es in der bundesdeutschen Lerngesellschaft. Unsere Bildungseinrichtungen von der Haupt- bis zur Hochschule fördern das Lesevermögen und die Lesebereitschaft nicht zureichend. Gewiß, noch immer gilt die Relation, je gründlicher der Bildungsweg, desto höher die Lesefrequenz. Doch deutet eine zunehmende Buch-Verdrossenheit gerade auch bei den höher gebildeten Lesern, bei Juristen, Medizinern, Ingenieuren, darauf hin, daß Lektüre hierzulande weithin als belastend, nicht als befreiend, entspannend, stimulierend empfunden wird und nur wenigen für unverzichtbar gilt. Auf den Lesezwang während der Ausbildung reagieren auch die sogenannten Gebildeten mit einer zumindest latenten Bücherphobie.

Die tradierte Legende vom Buch als höchstem Kulturgut, die Aura, die hierzulande Literatur umwölkt – eine Folge der Unterscheidung von hoher und trivialer Literatur –, macht den Umgang mit gedruckter, gebundener Information und Unterhaltung noch immer beschwerlich. Unsere Pädagogen fördern noch die Schwellenangst vor dem Medium Buch, anstatt sie abzubauen.

Allerdings tragen auch die Autoren wenig dazu bei, das Bücherlesen verlockend erscheinen zu lassen. Die Verfasser von Informationsliteratur schreiben am Adressaten vorbei und blockieren mögliche Kommunikation, die Belletristen haben das Vertrauen in ihr Metier verloren, konfrontieren den Leser fast ausschließlich ihren Selbstzweifeln oder erliegen ideologischen Kurzschlüssen, indem sie sich für Arbeiter-Literatur über die Arbeitswelt abquälen.

Günter Grass hielt zum 50jährigen Jubiläum der Büchergilde Gutenberg eine vielbeachtete Rede. Er unterbreitete seinen Vorschlag für eine Arbeiterbibliothek in 20 Bänden und schwelgte in der Hoffnung, unsere Gesellschaft könne von einer großen Lesewelle erfaßt werden. Nicht nur die Daten der Demoskopen widersprechen dieser Erwartung, sondern leider auch die Geringschätzung des Mediums Buch in diesem Staat, in seinen Ländern und in dieser Gesellschaft. Noch immer gibt es kein verbindliches Bibliotheksgesetz, bleiben die Bürger der Bundesrepublik bibliothekarisch unterversorgt. Die Aufwendungen zur Förderung der Lesekultur stagnieren weiterhin, obwohl das Buch unbestritten das Informationsmedium Nummer eins geblieben ist. Qualifizierte Information aber ist ein Grundrecht jeder demokratischen Gesellschaft, mehr noch: Nur wenn die informierte Massengesellschaft möglich wird, kann die Menschheit überleben.

Günther Schloz

Gerade heute gehen die Meinungen über das Medium Fernsehen weit auseinander. Welche Argumente bringen seine Befürworter, welche seine Gegner? Nehmen Sie kritisch dazu Stellung!

(Dialektische Erörterung, 10. Klasse)

Gliederung:

A) Auch unser Bundeskanzler beschäftigt sich mit der Bedeutung des Fernsehens.

B) Die Nach- und Vorteile des Mediums Fernsehen:

I. Nachteile:

1. Das Familienleben ist gefährdet;
2. Fernsehen schadet der Gesundheit;
3. die Freizeitgestaltung verläuft nur noch passiv;
4. durch Gewaltdarstellung im Fernsehen wird die Jugend negativ beeinflußt;
5. manche Fernsehsendungen wirken manipulierend.

II. Vorteile:

1. Die Informationsmöglichkeiten sind gegenüber anderen Medien vielfältiger;
2. Dokumentationen können anschaulicher gestaltet werden;
3. Live-Übertragungen sind möglich;
4. Das Fernsehen ermöglicht Entspannung im Familienkreis.

C) Die Nützlichkeit oder Schädlichkeit des Fernsehens hängt von seinem Benützer ab.

Ausführung:

Einleitung:

Aktueller Anlaß zur Erörterung des Problems

Es ist ganz gleich, welche Tageszeitung man abonniert hat; einmal pro Woche findet sich bestimmt ein Artikel, der sich kritisch mit dem Medium Fernsehen auseinandersetzt. Dabei überwiegen oft die negativen Stimmen. Das Fernsehen, das man früher als echte Bereicherung unseres Daseins begrüßte, ist heute häufig zur schädlichen „Flimmerkiste“ degradiert worden. Sogar unser Bundeskanzler sah sich genötigt, uns mitzuteilen, daß er vom Fernsehen nicht viel halte. Unsere

Tageszeitung, die diese Stellungnahme abgedruckt hatte, rief nun ihre Leser auf, sich in Leserbriefen ebenfalls zum Thema Fernsehen zu äußern. Das Ergebnis war in meinen Augen etwas merkwürdig, denn über zwei Drittel aller Stimmen brachten ihren Unwillen über das Fernsehen zum Ausdruck. Der Widerspruch ist offensichtlich: Die meisten Leute haben einen Fernseher, aber die wenigsten halten das Medium für etwas Gutes oder Nützliches. Diese Tatsache erfordert es, das heutzutage vielgeschmähte Fernsehen einmal genau auf seine Nach- bzw. Vorteile hin zu untersuchen.

Überleitung

Ein von den Gegnern des Fernsehens oft und gern angeführtes Argument ist die schädliche Wirkung des „Flimmerkastens" auf das Familienleben. Man sitze, so wird gesagt, Abend für Abend nur noch vor dieser „fünften Wand" im Wohnzimmer, und für Gespräche im Familienkreis bleibe keine Zeit mehr. Die Folgen liegen klar auf der Hand: Keiner hat mehr Zeit für den anderen, für seine Probleme, da der Western im ZDF, der Krimi im „Ersten" oder ein Fußballspiel in „Ö 2" oder . . . viel wichtiger sind. Wie notwendig ist es doch, sich bei Schwierigkeiten mit Eltern oder Kindern unterhalten zu können! Übermäßiges Fernsehen kann zum Feind der Geborgenheit in der Familie werden.

Hauptteil:
1. Argument
Fremdurteil
Folgerung
Beispiele
Eigenurteil
Folgerung, Wertung

Es kann nicht bezweifelt werden, daß jung und alt in Zeiten, wo es noch nicht das Fernsehen gab, mehr körperliche Bewegung hatte. Sport und besonders Spazierengehen fallen häufig einer interessanten Sendung zum Opfer. Das lange Sitzen vor dem Gerät ist damit auch der Gesundheit abträglich. In vielen Familien werden dabei „Chips" geknabbert, alkoholische Getränke oder Süßigkeiten erhöhen den Genuß. Da braucht man sich nicht zu wundern, daß es in unserer Bevölkerung so viele Menschen mit Übergewicht gibt, das doch die Lebenserwar-

jung und alt = jedermann; daher Singularform des Verbs!
Pluralform des Verbs!
2. Argument
Beispiele
Folgerung

tung verringert. Das Fernsehen verleitet also zu einer passiven Gestaltung der Freizeit. Dies gilt sowohl für die körperliche als auch für die geistige Betätigung, denn selbst das Lesen eines Romans erfordert ein Mindestmaß an Phantasie und Geduld. Fernsehen ist bequemer, es spricht die Sinne direkt an, bei vorgeführten Spielen bleiben die Zuschauer meist passiv. Gerade für Kinder wirkt sich daher aufgrund der körperlichen und geistigen Bewegungsarmut das Fernsehen für die Entwicklung äußerst schädlich aus. Zu viele Sendungen hintereinander führen dazu, daß sich die Eindrücke verwischen, nichts wird intensiv verarbeitet, was sicher zu Oberflächlichkeit im Denken führt.

3. Argument
Wertung
Begründung
Stützende Argumentation
Beachte die Verknüpfung der Argumente!
Folgerung

Besonders gefährlich sind aber Filme mit äußerst realistischer Gewaltdarstellung. Oft werden Gewaltszenen nicht nur genau gezeigt, sondern auch noch verharmlost. Nicht selten wird Gewalt als einziges Mittel zur Problemlösung vorgeführt, sie wird über die Flimmerkiste zu etwas Alltäglichem, zu etwas, an das man sich gewöhnt, das man sogar bejaht. Die Abstumpfung der Jugend gegenüber Gewalttaten und die damit verbundene Verrohung sind in vielen Fällen auf einen überhöhten Konsum betreffender Filme zurückzuführen.

Steigerung
Ausführliche Erörterung einer Feststellung
4. Argument
Eigenurteil

Es gibt Menschen, die zu Sklaven des Fernsehens geworden sind. Sie sind nicht in der Lage, aus dem Programmangebot auszuwählen. Die Anziehungskraft dieses Mediums macht sich besonders die Werbung zunutze. Ihre Fachleute verstehen es geschickt, in vielen Zuschauern Bedürfnisse zu wecken, die ihnen vorher gar nicht in den Sinn gekommen wären. Durch die gezielte Methode hält man tatsächlich ein vorgestelltes Produkt für das bestmögliche. Es zeigt sich also, daß das Fernsehen durchaus imstande ist, viele von uns zu manipulieren. In Staaten mit Diktaturen wird diese

Überleitung
5. Argument
Beschreibung
Folgerung
Querverbindung

Möglichkeit natürlich besonders auf politischem Gebiet „genutzt“. Da nimmt sich die Beeinflussung durch Werbung bei uns noch relativ harmlos aus.	Wertung
Wie bei vielen „Errungenschaften“ unseres technischen Fortschritts hat auch das Fernsehen zwei Seiten. Neben den dargestellten Nachteilen sind natürlich Vorteile auf zahlreichen Gebieten nicht abzustreiten.	Überleitung
In unserer schnellebigen Zeit ist es besonders wichtig, daß sich der einzelne gründlich und ohne große Mühe über das Tagesgeschehen informiert. Daß ein durch Bilder und Filme anschaulich gemachter Bericht ungleich eindrucksvoller ist als eine Zeitungs- oder Rundfunkmeldung, liegt auf der Hand.	1. Argument
Das Fernsehen sorgt also für bessere Information und damit auch für besser informierte Bürger. Verschiedene Darstellungen in Magazinen mit unterschiedlicher politischer Tendenz ermöglichen, daß man sich im wahrsten Sinn des Wortes ein klares Bild machen kann.	Folgerung
Ein großer Vorteil des Fernsehens besteht in der Möglichkeit, mit Dokumentationen auf verschiedenen Gebieten größere Verständlichkeit zu erreichen. Vieles läßt sich eindringlicher darstellen als z. B. in der Presse.	2. Argument
Nehmen wir einmal das Thema Umweltschutz. In der Zeitung liest man von einer Mülldeponie, die in einem landschaftlich schönen Gebiet errichtet werden soll. Man zuckt die Achseln und freut sich, daß die Gegend so weit weg ist. Stellt jedoch das Fernsehen die Schönheit der Landschaft der Häßlichkeit einer solchen Deponie gegenüber,	Beispiel – Mittel zur Überzeugung
so fühlen sich die Zuschauer unmittelbar betroffen, und einige sind sicher zum Protest bereit. Auf diese Weise kann das Fernsehen den Bürger sogar zum Engagement für eine gute Sache bewegen.	Folgerung
Möglich wird dies durch die anschauliche, weil sichtbare Darstellung.	Bekräftigung
Das Fernsehen hat noch einen weiteren, sehr wichtigen Vorteil: Es kann durch Live-Übertragung	3. Argument

den Zuschauer unmittelbar ansprechen. Man denke nur an die Landung der amerikanischen Raumfähre „Columbia“. Über den Bildschirm konnten viele Millionen Menschen dieses Ereignis zeitgleich verfolgen, sie waren sozusagen „hautnah“ dabei. Diese Möglichkeit hat die Presse nicht und das Radio durch das Fehlen des Bildes nur begrenzt.	Beispiel
Die Beliebtheit von Sportsendungen im Fernsehen ist sehr verständlich.	Eigenurteil
Es gibt genug Leute, die es vorziehen, ein Fußballspiel im Fernsehen zu betrachten, als ins Stadion zu gehen.	Begründung
Gründe sind die Kostenersparnis, Bequemlichkeit, aber auch die Möglichkeit, einzelne Spielzüge auf dem Bildschirm besser beobachten zu können.	Überleitung Beispiel
Man fiebert im Familien- oder Bekanntenkreis gemeinsam dem Sieg der Nationalmannschaft entgegen.	4. Argument
So kann das Fernsehgerät auch für Gemeinsamkeit in der Familie sorgen.	Bekräftigung
Wenn man es fertigbringt, sich ab und zu miteinander einen Film anzuschauen und hinterher darüber zu sprechen, unterstreicht dies die positive Wirkung.	Schlußfolgerung
Hier werden die gegensätzlichen Möglichkeiten des Fernsehens deutlich. Es kann z. B. das Familienleben stören, ist aber auch in der Lage, es zu fördern.	
Man darf in der heutigen Zeit das bedeutende Medium Fernsehen nicht einfach verdammen, sollte sich aber auch nicht zu seinem Sklaven machen. Wert oder Schädlichkeit hängen also vom Benützer ab. Häufig ist der Knopf zum Abschalten wichtiger als der zum Einschalten.	**Schluß:** Abwägung und Gesamturteil
Was aber zur Lösung des Problems am ehesten beiträgt, ist eine Erziehung der Kinder und Jugendlichen zum rechten Umgang mit dem Gerät. Sie müssen lernen, kritisch das Programm auszuwählen und die Zeitdauer des Zusehens zugunsten anderer wichtiger Aktivitäten zu beschränken.	Weiterführender Gedanke

Wortfelder:

Vorteil		Nachteil
Für	und	Wider
Pro	und	Kontra

Nutzen, Nützlichkeit, Wert, Qualität, Plus, Trumpf, Vorzug, Ertrag, Dienst, Gewinn, Möglichkeit, Chance, Gelegenheit, Bereicherung, Geschenk, Gabe, Erfüllung, Schatz, Freude, Glück, Sicherheit, Schutz, Hilfe, Förderung, Unterstützung.	Schaden, Schädlichkeit, Mangel, Hindernis, Minderwertigkeit, Verlust, Schädigung, Beeinträchtigung, Gefahr, Gefährlichkeit, Gefährdung, Bedrohung, Störung, Minderung, Unglück, Unsicherheit, Wertlosigkeit, Behinderung.
vorteilhaft, günstig, gewinnbringend, wertvoll, gut, geeignet, wichtig, bedeutend, erfreulich, lohnend, förderlich, positiv.	nachteilig, ungünstig, schädlich, schädigend, wertlos, minderwertig, schlecht, ungeeignet, gefährlich, schwierig, schlimm, unbedeutend, negativ, hemmend.
den Vorteil haben, dienen, bereichern, Gewinn bringen, nützen, begünstigen, fördern, helfen, unterstützen, erfreuen, erfüllen, beglücken.	den Nachteil haben, benachteiligen, schädigen, Schaden zufügen, Schaden erleiden, einen schlechten Dienst erweisen, aufs Spiel setzen, gefährden, gefährlich sein, gefährlich werden, hindern, behindern, beeinträchtigen.

Brutalität via Bildschirm **Leserbrief**

Zu dem Leitartikel „Brutalität im Fernsehen“ von Ernst Müller-Meiningen jr. in der SZ vom 11. 2.:

Bravo Ernst Müller-Meiningen, bravo SZ zum Leitartikel vom 11. 2. „Brutalität im Fernsehen“. Sie haben – mit milder Ironie für die Krimigemeinde der Erwachsenen, deren Seelenleben durch die tägliche Box- und Schießdroge auch nicht eben veredelt wird – unsere Fernsehanstalten als die erfolgreichsten, massivsten Jugendverderber im Lande angeklagt. In der Tat werden mit einem Überangebot an Krimis und Western Roheit, Sadismus, Faustrecht methodisch salonfähig gemacht. Auch Morde sind nichts Besonderes, zur Beseitigung unbequemer Zeugen und Mitwisser etwa eine leider unvermeidbare, „logische“

Notwendigkeit. Dergestalt werden Bewußtsein und Phantasie unmerklich an Exzesse als scheinbar normale, typische Vorgänge und Formen, sich durchzusetzen, gewöhnt. Die Bemäntelungen ziehen nicht. In den USA, dem Hauptlieferanten der Ware, wo sich nach Einbruch der Dunkelheit abseits der Hauptstraße bald keiner mehr aus dem Hause traut, glaubt niemand mehr an den abschreckenden oder gar an den angeblich kathartischen Effekt (des Abreagierens aggressiver Triebe). Ebenso faul ist die Ausrede, daß doch allemal das Gute triumphiere. Das Gute? Nein, da kämpft kein sichtbar gutes mit einem bösen Prinzip. Im quasi sportlichen Duell behält die stärkere, besser organisierte, noch schlauere Partei, der Sicherheitsapparat der Gesellschaft zum Schluß die Oberhand. Ein Hinweis auf das Risiko des Verbrechens, das ist alles. Müssen oder wollen Staat und Gesellschaft noch länger zuschauen? Mit diesem Gebrauch der „Freiheit“ können wir den kommunistischen Staaten gewiß nicht imponieren: Dort wird solche Korrumpierung nicht geduldet. Wenn wir schon unserer Jugend kaum noch überzeugende (von uns vorgelebte) Ideale zu bieten haben, sollten wir sie wenigstens nicht via Mattscheibe pausenlos mit der schmutzigsten Nachtseite der Gesellschaft traktieren. Von wem nehmen die Unterhaltungsdirektoren des Fernsehens die Vollmacht, – des Profites wegen – Volk und Jugend zu verderben? Wer sitzt in den Aufsichtsgremien und trägt die Mitverantwortung?

Unser Staat bemüht sich um Gewaltverzichtsabkommen mit anderen Staaten; im privaten Bereich wird die Televisionspropaganda der Gewalt zugelassen. Freilich, nach den zwei größten Kriegen der Weltgeschichte, nach den Massenmorden des Dritten Reiches genügte die zwanzigjährige Herrschaft einer sich christlich nennenden Partei, daß in diesem Lande „Pazifisten“ wie eh und je als anrüchige Narren, als unmännliche Feiglinge, wenn nicht Staatsfeinde gelten (ein katholischer Bischof brachte es jüngst fertig, Kriegsdienstverweigerung als Entartungserscheinung der Gesellschaft zu qualifizieren!). Auch die Justiz schockiert immer wieder durch eine, aus verwandter Mentalität stammende, unbegreifliche Milde gegenüber Roheitsdelikten (inkl. Kindsmißhandlungen). Einem anderen 20 Mark zu entwenden, kommt meist teurer, als ihn zusammenzuhauen.

Am meisten könnte wohl ein deutliches Wort des Bundespräsidenten ausrichten, der täglich an moralischer Autorität gewinnt und von dem jeder weiß, daß er das Christentum nicht nur im Munde führt.

Dr. Hermann Kapphan
Donaustauf, Pilgramshof

Der gute Wille zur Verbesserung der ach so bösen Welt und Ihre sicherlich ehrliche Entrüstung Ihres Kommentars „Brutalität im Fernsehen“ in allen Ehren – aber bitte keine Aktion „Sauberer, sanfter Bildschirm“! Auch dann nicht, wenn Sie auf schlechte, auf billige Serienfilme zielen! Nach meiner Überzeugung fällt es allein in den Verantwortungsbereich der Eltern, Kinder, um deren Wohl Sie sich primär besorgt zeigen, von mehr oder weniger wahlloser Konsumierung dieser Art der Fernsehunterhaltung abzuhalten.

Abgesehen von der bewiesenen Tatsache, daß das oft zitierte zarte kindliche Gemüt gar nicht so zart ist und normalerweise sehr massive Attacken unbeschadet übersteht, abperlen läßt, glauben Sie wirklich, die Verlegung der Sendezeit um eine halbe Stunde, nach 20 Uhr, wäre geeignet, diesem Übel abzuhelfen? Auf das Problem der günstigsten Sendezeit für Werbespots möchte ich erst gar nicht eingehen.

Ich benutze allmorgendlich ein öffentliches Verkehrsmittel, das stark von Schülern, zumeist Abc-Schützen, frequentiert wird, und bin Ohrenzeuge von Nacherzählungen des abendlichen Fernsehprogramms. Von Filmen, die ich mir oft nicht ansah, weil mir die Sendezeit, nach 22 Uhr, zu spät war. Ein Appell an die offensichtlich unterentwickelte Vernunft oder das mangelnde Durchsetzungsvermögen der Eltern dieser Schulkinder erscheint mir wesentlich angebrachter als ein Aufruf zur Aktion „Sanfter Bildschirm“.

Nebenbei bemerkt: Filme im Stil „Happy, happy America“ (s. Hessisches Regionalprogramm: „Doris Day in . . .“) und niedliches, süßes, zucker-honig-bonbon-süßes Disneyland sind um nichts besser, nützlicher oder schlechter für Kinder als die von Ihnen angegriffenen Western- und Crime-Serien.

Ich halte mich für einen erwachsenen Menschen, der sich die Dosierung und die Auswahl der Unterhaltung, auch der Fernsehunterhaltung, für sich und seine – wenn einmal vorhanden – Kinder sehr gut selbst zutraut, d. h. ohne den Großen Bruder Vorzensur im Hintergrund. Und geschähe diese auch nach den Richtlinien der „großen schweigenden Mehrheit“.

Ursula Führes
Göttingen, Von-Ossietzky-Straße 15

Ich habe mein Büro bzw. meine Wohnung in einer Straße in München 2, in der sich mehrere große Wohnblocks mit Eigentumswohnungen befinden. Mehrmals am Tag fällt mein Blick auf die Straße – ich arbeite im Parterre –, und immer wieder sehe ich die gleichen Szenen: schwerbewaffnet mit Imitations-Revolvern, -Pistolen, -Maschinengewehren, -Tomahawks, -Messern usw., ziehen Gruppen von Jungen und Mädchen im Alter von 6–12 Jahren, angeführt von Jugendlichen im Alter zwischen 11 und 13 Jahren, durch die Straße. Der Vorrat an Knallkapseln in ihren Waffen scheint unerschöpflich zu sein. Diese Szenen zeigen, daß diese Kinder am Abend vor dem Bildschirm sitzen und sich die Handlungen einprägen. Ich frage mich oft, was sich die Eltern dabei denken, wenn sie ihre Kinder solche Filme ansehen lassen und wenn sie ihre Kinder dann auch noch bis an die Zähne bewaffnet und bühnenreif kostümiert auf die Straße schicken! Ich habe schon mehrmals Väter beobachtet, die mit stolzer Miene dem aktiven Treiben ihrer Kinder zusahen – was geht in den Gehirnen dieser Väter vor?

Fest steht für mich, daß die Generation 10 Jahre nach mir wesentlich brutaler ist, als wir es waren. Die steigende Jugendkriminalität, die brutalen Ausschreitungen links- und rechtsradikaler Studenten usw. beweisen es! Diese Jugend ist brutaler geworden! Wie aber wird in meinem Alter diese Jugendgeneration werden, diese Jugend, die jetzt als Kinder das Faustrecht, den um Sekundenbruchteile früher gezogenen Colt verherrlichen, die sich jetzt schon im Straßenkampf üben? Wird diese Jugend unbewußt auf die Glorifizierung der Gewalt trainiert oder auf einen künftigen Krieg vorbereitet – oder wird diese Jugend eines Tages direkt ein Verlangen nach Krieg haben und wieder einzelnen verrückten „Führern" begeistert zujubeln?

Und ich glaube, hier liegt die Schuld nicht nur beim ZDF und bei der ARD, weil sie diese Filme in ihr Programm übernehmen. Das Publikum giert doch nach dieser „unterhaltsamen Brutalität"! Ich brauche mich nur in meinem eigenen Bekanntenkreis umzusehen, wenn Filme wie „Kobra übernehmen Sie", „Mannix" usw., ja selbst wenn „gut"-(brutale) Filme wie „Big Valley" auf dem Programm stehen, dann sind sie kaum zu sprechen, denn sie glotzen, glotzen in den Bildschirm! Und damit sie in Ruhe glotzen können, lassen sie ihre Kinder mitglotzen! Ich kann nur gleich wie Sie fordern: vor 20 Uhr massive

Eindämmung der in jedem Sinne billigen Krimi- und Westernware, nach 20 Uhr vernünftige Dosierung! Wir wollen uns nicht zu Sklaven primitivsten Geschmacks machen!

Frank-J. Cardes
München-Schwabing 23, Postfach 63

Die Macht des Fernsehens nicht unterschätzen **Leserbrief**

Wenn Eltern, die ein Fernsehgerät besitzen, gelegentlich kritischer Stellungnahme zum gesamten Fernsehprogramm hier und da entgegengehalten wird, man möge halt diesen Faktor aus dem Leben der Familie entfernen, so sind solche Ratschläge doch wohl von den Realitäten weit überholt. Es wird vergleichsweise nur wenige Kinder (von acht Jahren aufwärts) „fernsehloser" Eltern geben, die nicht jede Möglichkeit nutzen, außerhalb des Elternhauses so viel wie möglich von den unter ihresgleichen jeweils populären Sendungen mitzubekommen, um „up to date" zu bleiben. Zum anderen sollten neben den Gefahren auch die gegebenen Chancen des Fernsehens nicht unterschätzt und von seiten der Programmgestalter immer noch besser und mit größtem Verantwortungsbewußtsein wahrgenommen werden.
Das Fernsehen gehört mittlerweile auch hierzulande weitgehend zum Leben; und es ist aller Initiativen wert, ihm aus dem noch immer nicht unbegründeten Odium des „Teufelswerkzeugs" heraus- und zum allgemein anerkannten Vermittler von Information und guter Unterhaltung bei gleichzeitiger Erfüllung seiner wichtigen Aufgabe der Meinungs- und Geschmacksbildung zu verhelfen. Der Heranwachsende (und nicht nur er!) bildet und orientiert seinen guten oder minderen Geschmack an den Einflüssen durch die Umwelt – welch eine Chance auch hier für die Macht des Fernsehens!
Meine Hauptsorge gilt allerdings auch der Frage, wieweit Figuren und Inhalt bestimmter Filme „vom Zuschauer als Rezepte begriffen werden" (wie Ernst Müller-Meiningen jr. einen anderen Autor zitiert). Ich halte die Grenzen zwischen den durch das Erleben brutaler Handlungen nach „Wild-West"-Manier abzureagierenden Aggressionen und solchen durch derartige Filme andererseits erst angefachten Tendenzen für fließend und gar nicht sicher zu bestimmen. Immerhin bleiben Denken und Empfinden labiler Kinder von wiederholten Erlebnissen solcher brutalen und – wie sie selbst meinen – „heldenhaften" Szenen nicht unberührt, und die Maxime „Auge um Auge, Zahn um Zahn" gewinnt Raum.

In summa kann man nur hoffen, daß Erwägungen und Forderungen des oben genannten Artikels möglichst schnell und direkt an die zuständigen Fernsehprogrammgestalter gelangen und von ihnen so ernstgenommen werden, wie es diesem ganzen Komplex gebührt.

Barbara Schattenmann

München 22, Himmelreichstraße 4

Vorschlag für die eigene Arbeit: 1. Wählen Sie sich einen Leserbrief aus, der Sie zur Stellungnahme reizt. 2. Fassen Sie kurz die Gedanken des Leserbriefes zusammen und stellen Sie jedem Argument ein Gegenargument oder ein zustimmendes Beispiel gegenüber!

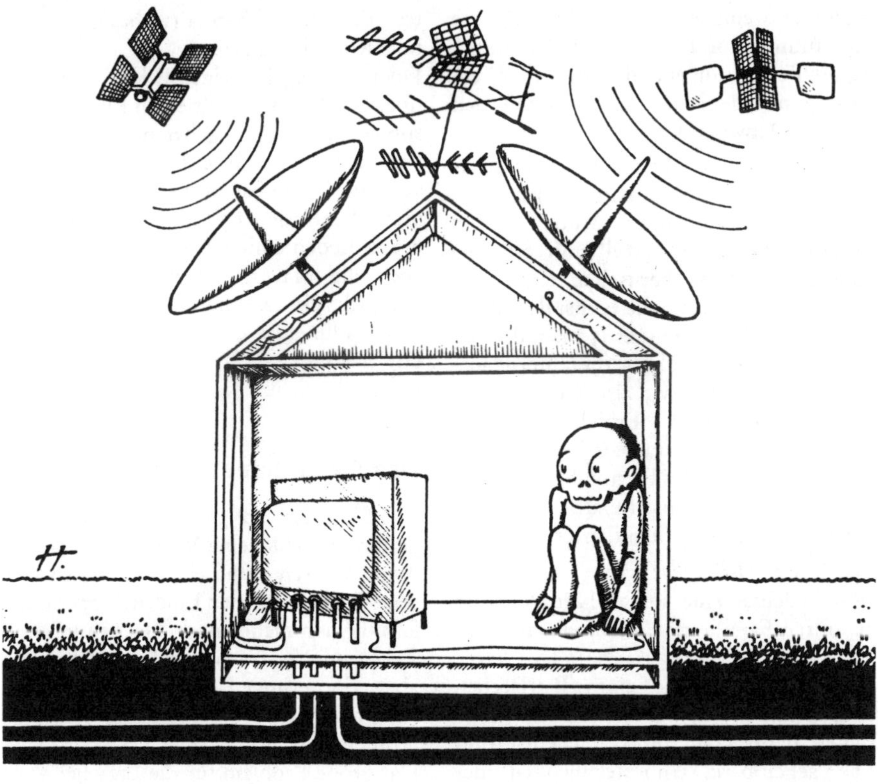

Was sagt diese Karikatur aus?
Welchen Titel würden Sie dieser Zeichnung geben?

Stimmen zum Thema „Fernsehen“

Fernsehen und Familienleben

... Ist dem neuen Ritual nicht auch ein wesentliches Stück der traditionellen Familie zum Opfer gefallen? Viel zu oft wird der abendliche Familienkreis zu einem Halbkreis aufgebrochen, der sich ähnlich wie damals vor dem offenen Kaminfeuer jetzt und das magische Licht des Fernsehers gruppiert. Wir alle wissen, daß dann das Interesse des einzelnen wie mit Scheuklappen auf das flimmernde Rechteck eingeengt ist. Menschliche Kommunikation beschränkt sich auf kürzeste Bemerkungen, die oft eher ein Dialog mit dem Fernseher als mit den anderen Anwesenden sind.

Wenn nun ein Kind mit typischer Unbefangenheit dieses Ritual stört, wenn es wagt, Vater oder Mutter direkt anzusprechen, wird es allzuoft erfahren müssen, daß das Fernsehen ein echter Rivale im Kampf um die Gunst der Eltern ist. Umgekehrt stimmt es ja auch, daß der elektronische Verführer die Eltern aussticht. Hier reden wir also nicht so sehr von vermeidbaren Erziehungsfehlern, sondern von der geradezu hypnotischen Anziehungskraft des Fernsehbildes, das in psychologischer Hinsicht zu einem neuen, noch nicht richtig identifizierten Familienmitglied geworden ist.

Was bedeutet eine solche Hörigkeit der gesamten Familie gegenüber einem einzigen „Mitglied“ ihres Kreises? Der Fernseher hat die Rolle eines Patriarchen übernommen: Er hat oft den Vater in seiner natürlichen Autorität entthront. Die scheinbare Unbestechlichkeit der Fernsehbilder hat die früher „heilige“ Meinung des Vaters zu einer subjektiven und privaten Ansicht degradiert. Man wettert oft gegen die Auswüchse autoritärer Erziehung, übersieht aber, daß die exklusive Ausrichtung einer noch so liberalen Familie auf den Fernseher ein typisches Beispiel für jenen Gehorsam ist, von dem jedes autoritäre System lebt. Wenn das Unterbewußtsein des Kindes lernt, daß einer dominiert und alle übrigen sich fügen, so wird diese Erfahrung in Widerspruch zu der allgemein angestrebten demokratischen Erziehung geraten und Konflikte auslösen.

Doch wir begehen einen Fehler, wenn wir über den Fernseher als einen Eindringling sprechen, der als ungebetener Gast in das Familienleben einbricht und wegzugehen vergißt. Wir selbst sind es schließlich, die ihm Abend für Abend mit einem Knopfdruck Leben einhauchen. Und wir haben auch die Macht, ihn mit eben diesem Knopfdruck aus unserem Leben hinauszukomplimentieren. (Dipl.-Psychologen Dr. Kelmer/Dr. Stein in Ratgeber-Serie „Fernsehwoche“ Nr. 45/1976)

Das Gespräch suchen

... Ein noch so gut konzipiertes Programm verfehlt seine Wirkung, wenn der junge Mensch – und ebenso der Erwachsene – es beim bloßen Eindruck bewenden läßt. Aussprache und Nachgestaltung, Zeit zum Verdauen der Eindrücke sind aber Forderungen, die nur durch die persönliche Einschaltung der Erzieher zu erfüllen sind.

Das große Problem für die Erzieher wird sein, mit dem jungen Menschen ins Gespräch zu kommen. Medien sind immer zu einem bestimmten Grad unpersönlich

und kommen damit einem gewissen Hang des jungen Menschen, anonym bleiben zu können, entgegen. Eine entscheidende Aufgabe der Erziehung ist es aber gerade, ihn aus dieser Anonymität herauszuheben, ihn als Person ernst zu nehmen, ihm zu helfen, seine individuellen Probleme selbständig lösen zu können. Aus diesem Grund muß hier nochmals an die Forderung erinnert werden, daß man zum Beispiel Fernsehsendungen gemeinsam anschaut, sich darüber unterhält, über bestimmte Artikel in Zeitschriften spricht, aber auch einmal über eine Geschichte, einen Comic gemeinsam lacht.
Es ist im übrigen auch eine interessante erzieherische Aufgabe, festzustellen, was Kinder und Jugendliche besonders lustig finden. Ich habe des öfteren erlebt, daß Kinder Dinge sehen und darüber lachen können, die uns gar nicht mehr auffallen. Orientierung am jungen Menschen bedeutet, daß man ihn gerade auch von dieser Seite kennenlernt und fragt, was wohl die große Popularität eines Schlagers oder eines Schlagerstars ausmacht.
Zu dem Bereich der Werbung, einem wichtigen Bestandteil der Medienszene, nur ein paar Worte. Wir müssen uns darüber im klaren sein, daß seit längerer Zeit Kinder und Jugendliche als Konsumenten entdeckt wurden; ganze Wirtschaftszweige leben von ihnen. Wieder ist es meines Erachtens nicht mit einer bloßen Verteufelung der Werbung getan. Es scheint sinnvoller, die Werbung in die Erziehungsthematik mit einzubeziehen und beispielsweise das Kind zu Ich-Findung und Selbständigkeit zu führen. So lernt es kritisch auszuwählen und vermag sich aus einem gewissen Selbstbewußtsein heraus auch gegen bestimmte Einflüsse zu stellen. (Prof. Dr. Helmut Zöpfl in Schulreport Nr. 5/79)

Medien als Miterzieher

. . . Es wäre zu einfach, wollte man sagen, heute hätten sich die Medien zwischen Elternhaus und Schule gedrängt. Die Medien sind ja auch in der Schule: als audiovisuelle Hilfsmittel. Und sie sind im Elternhaus: manche Eltern konsumieren das Fernsehen eifriger, als es Kinder tun. Die Sache ist komplizierter: Die Medien und die von ihnen vermittelten Erfahrungen haben die Primärerfahrung (der Straße, der Umwelt) fast aufgezehrt. Wie es „draußen" aussieht, erfährt der junge Mensch heute vor allem von ihnen. Oft ist es, wie wir wissen, ein flüchtiges, ein einseitiges, ein emotionsgefärbtes Bild. Hier tut Gegensteuerung not – und hier liegt eine zentrale Aufgabe der Schule. Sie muß angesichts der Wucht suggestiver Bilder (und eines nur allzuoft verstummenden elterlichen Gesprächs!) aus diffusen Eindrücken, bruchstückhaften Vorstellungen junger Menschen im buchstäblichen Sinn wieder ein Ganzes machen, indem sie sie zur Sprache bringt. Sie muß übersättigte Seher und Hörer wieder das Sprechen lehren. Diese Aufgabe kann ihr niemand abnehmen – auch und gerade in nachgutenbergschen Zeiten nicht. Ob sie gelöst wird, daran entscheidet sich, ob wir auch im Zeitalter der Medien ein kulturelles Erbe weitergeben oder ob uns am Ende mit der verlorenen Sprache buchstäblich auch das Hören und Sehen vergehen wird. (Prof. Dr. Hans Maier im *Münchner Merkur* Nr. 273/1980)

Sind Ihrer Meinung nach die Informationen und Dokumentationen in den Massenmedien ein Spiegelbild der Wirklichkeit?

„Tagesschau". „Heute". Oft und immer wieder furchtbare, erschütternde Bilder, harte Szenen über das Leid in der Welt auf dem Bildschirm. Tatsachen, die zu Herzen gehen, die das Mitleiden überfordern oder zum aktiven Mitleid, zur tatkräftigen Hilfeleistung herausfordern.

Jeden Tag berichten die Medien über die Wirklichkeit in unserer Welt, trägt vor allem das Fernsehen die Realität des Weltgeschehens direkt in die Familien. Aktuelle Nachrichten, Dokumentationen, Diskussionen – eine Fülle von Informationen und Meinungen gelangt an jeden einzelnen, stellt ihn vor Entscheidungen, zwingt zur Auseinandersetzung und stellt den eigenen Lebenskreis in Frage: Welche Bedeutung haben die eigenen kleinen und großen Sorgen angesichts der weltweiten Krisen und Konflikte und angesichts der globalen, oft ausweglosen Not, mit der die Leser der Presse, die Fernseher vor dem Bildschirm Tag für Tag konfrontiert werden?

Doch entsprechen die kompakt ins Haus gelieferten Berichte wirklich dem ganzen Bild der Welt? Spiegeln sie die Wirklichkeit des Weltgeschehens umfassend und wahrheitsgetreu wider? Oder zeigen sie nur ein Negativbild der Welt, weil sie, allein den Gesetzen aktueller Berichterstattung folgend, davon größere Aufmerksamkeit und Attraktivität erwarten? Gilt das Wort „Eine gute Nachricht ist keine Nachricht" mehr als das Bemühen um eine möglichst objektive Information?

Kein Zweifel: Die Medien haben die Pflicht, über die Ereignisse so schnell und so anschaulich zu berichten wie nur möglich. Dabei müssen sie sich dem obersten Gesetz der Aufrichtigkeit, Zuverlässigkeit und Wahrheit unterwerfen. Im Rahmen der aktuellen Berichterstattung, die auf zuverlässigen Informationsquellen beruht und in Auswahl und Darstellung die Ereignisse möglichst sachlich und in der richtigen Wertabstufung ins Blickfeld rücken muß, werden diese Forderungen weithin beachtet – auch auf die Gefahr hin, daß die Leser und Zuschauer auf die Dauer durch die zusammengeballte Informationslast ein einseitig negatives Bild über die Welt erhalten und sich vielleicht überfordert fühlen. Ihnen stellt sich dann die Aufgabe, die Welt der Medien mit den Erfahrungen aus ihrer eigenen Umwelt zu verbinden, das Positive zu entdecken und so einen Ausgleich für die seelische Belastung zu suchen, der sie durch die Katastrophen- und Leidensflut ausgesetzt sind.

Umgekehrt kann jedoch die Teilnahme am Medienkonsum, vor allem das seelisch unbeteiligte Miterleben des Leids anderer, auch zu einer problematischen Selbstgerechtigkeit führen – etwa nach dem Motto: „Wie gut, daß mir's so gut geht." Die von Martin Walser in seiner Erzählung „Die Gallistl'sche Krankheit" mit großer Anschaulichkeit geschilderte totale Passivität zeigt am deutlichsten, was innerlich unbeteiligter Medienkonsum bedeutet. Hier wird vom Fernsehen nur eine Lückenfüller-Funktion erwartet, weil man nichts mehr mit sich und seiner Umwelt anzufangen weiß: „Wenn heute nichts im Fernsehen kommt! Mein Gott, das wäre wohl eine Katastrophe. Wenn nichts Spannendes kommt heute, wenn heute kein Krimi kommt, in Farbe und mit Weibern, und nicht bloß so eine Folge aus einer Serie. Eine ausführliche Handlung, bitte. Genau gebaut. Mitreißend. Treppauf, treppab. Und Autofahrten. Wenn heute nichts dergleichen kommt. Ich darf gar nicht daran denken . . . wenn dann nichts im Fernsehen kommt. Mein Gott! Ich weiß wirklich nicht, was dann werden soll."

Wie weit ist eine solche Einstellung dann noch entfernt von der völlig unkritischen Aufnahme der vom Fernsehen im Unterhaltungsbereich ausgestrahlten Krimi-„Wirklichkeit"? Sie hat mit der wirklichen Situation der Kriminalität nichts mehr zu tun, sondern verdreht stets und ständig die Tatsachen im Sinne größerer Dramatik.

Diese vom Zuschauer bewußt nicht wahrgenommene Verdrehung ist wissenschaftlich untersucht worden. Danach ergab sich bei einer Überprüfung von 160 Fernsehsendungen, daß eine völlig falsche Kriminalitätsstruktur gezeigt wird; denn Gewaltkriminalität spielt, im Gegensatz zu den Fernsehkrimis, innerhalb der Gesamtkriminalität nur eine untergeordnete Rolle. Vermögens- und Wirtschaftsdelikte haben eine weit größere Bedeutung, werden aber überhaupt nicht dargestellt. So erschwert die falsche Akzentuierung der Delikte eine erfolgreiche Verbrechensvorbeugung, weil das Denken der Bevölkerung auf eine falsche Fährte gelockt wird und vor allem auf Gewaltkriminalität, nicht auf Eigentumsdelikte eingestellt ist. Auf der anderen Seite wird durch übersteigerte Gewaltdarstellung Angst erzeugt und verstärkt.

Verstärkte Angst hängt also augenscheinlich mit dem übersteigerten Konsum von Gewaltsendungen und „harten" Informationen zusammen. Doch wie oft sind wir von einem generellen Mißtrauen gegenüber der Welt und der Zukunft befangen! Wie oft hört man Aussagen, daß die Welt noch niemals vorher so von Greueln und Gewalttaten, von Mord und Totschlag angefüllt gewesen sei wie in der Gegenwart.

Hier wird die Medienwelt mit ihren zusammengeballten, dramatisch akzentuierten Informationen, Dokumentationen, Filmen und Spielen zum

Maßstab für die Wirklichkeit genommen. Dabei übersieht man jedoch, daß besonders der Bildschirm einen von den Zuschauern noch nicht richtig eingeschätzten Verdichtungs- und Aktualisierungsprozeß vornimmt: Er zieht in relativ wenigen Minuten und Stunden die Ereignisse der Welt und den Ablauf geschichtlicher Entwicklungen zusammen. Er überschüttet den Zuschauer mit einer Fülle von Bildern und Texten, in denen sich überwiegend eine Ausnahmesituation, nicht aber die Normalität des Lebens widerspiegelt. So reiht sich ein Ereignis schnell an das andere, während Entwicklungen und Motivationen übergangen werden. Bedrohliche, angsterregende Ereignisse, die früher nur in einem eng begrenzten Zeitvertreib und gefühlsmäßig abgeschwächt weitergetragen wurden, werden heute in Sekundenschnelle weltweit bekannt und tragen dazu bei, das Bild aus der eigenen Welt zu verdunkeln und schließlich alles für fragwürdig zu halten. Aufgabe der Konsumenten ist es, sich diese Wirkung der Medien bewußt zu machen und so ein von den Medien unabhängiges Weltbild zu gewinnen – ein Weltbild, das sich an Grundhaltungen und Wertentscheidungen orientiert. Mit einer solchen Orientierung sind Leser und Zuschauer dazu in der Lage, manipulierte „Tatsachen“ von objektiv dargestellten Ereignissen zu unterscheiden und der Medienwirklichkeit die eigene, durch Urteilsfähigkeit und kritische Fragehaltung erworbene Weltsicht gegenüberzustellen.

Vorschlag: Erstellen Sie zu diesem Aufsatz eine Gliederung!

Druck auf den Abschaltknopf **Buchbesprechung**

1976 strahlte das ZDF in seiner Reihe „Betrifft: Fernsehen“ die Resultate eines Experiments aus: Vier Wochen lang hatten sich zwei Berliner Arbeiterfamilien dabei beobachten lassen, wie sie ohne Fernsehen auskommen. Das wirkte sich so schlimm aus wie ein Entzug nach starker Abhängigkeit – man hatte sich weit mehr an die Glotze und den von ihr mitbestimmten Tagesablauf gewöhnt als einem bewußt war; der Nachholbedarf nach der schrecklichen fernsehlosen Zeit war groß . . .
Autor *Hein Retter*, der die Droge Fernsehen attackiert mit dem Sendungsbewußtsein eines Rufers in der modernen TV-Wüste, zitiert natürlich auch triumphierend dieses Experiment aus dem Jahr 76. Es ist ihm einer von vielen Beweisen für die zerstörerischen Kräfte des Fernsehens, die

kinder-bildungs-kommunikations-sprachfeindlich sind, den Spieltrieb hemmen, das Bewußtsein manipulieren und wie die bekannten kritischen Argumente alle lauten.
Retter lehrt Pädagogik an der Technischen Universität Braunschweig, und er tritt als Hein der Retter auf, wenn er vor den falschen Propheten warnt, die fordern, Fernsehkritik solle einen vernünftigen Umgang mit dem Medium lehren. Umgang sieht er als Selbstbetrug, eine andere Form der Sucht; was wirklich hilft, ist die totale Abschaffung des Fernsehens. Auch und gerade sein kritischer Ausblick auf das Zeitalter totaler Telekommunikation läßt keine andere Lösung zu. Totalverzicht für die Familie bedeutet nicht Rückwärtsorientierung in eine idyllische Verweigerung hinein, sondern die Rückkehr zu einem normalen Familienleben. Dazu will er mit seiner Antifernsehfibel „anstiften" und liefert nach der Abrechnung mit der Medienkritik konkrete, im eigenen Alltag erprobte Rezepte.
Man liest es gerne und skeptisch, wie der begeisterte Pädagoge und Vater von fünf Kindern dabei vorgeht. Wie er mit erfrischender Verve versucht, seine individuell konsequente Einstellung zum Heilmittel für alle zu machen. Wie er es als reale Chance für den einzelnen sieht, den Abschaltknopf zu drücken, um dem totalen Medienzugriff zu entgehen.
Retters Glaube an die reinigende Kraft fernsehloser Verhältnisse wirkt so, als könne damit allein die konfliktfreie Familie geschaffen werden. Dazwischen allerdings gesteht auch er ein, daß unlösbare Meinungsunterschiede zwischen Eltern und Kindern meist in Zusammenhang stehen mit generellen – latenten oder offenen – Konflikten, die es zunächst zu lösen gelte, um das Problem Fernsehen lösen zu können ...
Und tröstlich für alle Leser, die ihren Nachwuchs versuchen, zum kritischen Umgang mit dem Gerät zu erziehen, die also sich als mündig, aufgeklärt nur kaschieren, wie Retter ihnen zu bedenken gibt – tröstlich für sie ist es doch, daß der fernsehfreie Familienvater auf Seite 105 schreibt, jedes seiner drei Kinderzimmer sei mit einem Plattenspieler ausgerüstet, dazu komme noch ein Kassettenrekorder ...

Birgit Weidinger

Hein Retter, Antifernseh-Fibel. Kindererziehung ohne Fernsehen. Anstiftung zu einem fernsehfreien Familienleben. Kart. Wenos Verlag, Bamberg.

Vorschlag: Stellen Sie die Thesen dieser Buchbesprechung zusammen, stellen Sie Antithesen gegenüber und versuchen Sie, in der Synthese Ihren Standpunkt zu erläutern!

Buch im Schatten des Videogeschäfts

Sinkende Auflagen bei Belletristik und Fachliteratur

Auf einem quadratischen Tisch türmt sich die neue Ware. Meist sind es schmale Bände, die im Schein einer Decke voller Leuchten wie in einem Fernsehstudio präsentiert werden. Wieder einmal hat der Wiener Residenz-Verlag einen Handke ausgeliefert. Der schmucklose Band mit dem schnell hingeworfenen Titel *Die Geschichte des Bleistifts* ist pünktlich zur Frankfurter Buchmesse erschienen. Auf eine andere Publikation, Bölls Erzählung *Das Vermächtnis,* wartet der Münchner Buchhändler am Marienplatz noch. Er wird für die 158 Seiten lange Novelle, die der Nobelpreisträger vor mehr als drei Jahrzehnten geschrieben und nun „unter umfangreichen und weitverstreuten Materialien" für das bevorstehende Weihnachtsgeschäft ausgegraben hat, fast einen Zwanzigmarkschein verlangen. Da bietet die Trivialliteratur mehr Lesestoff fürs Geld. Den Vogel abgeschossen hat der Verlag Droemer Knaur. Er offeriert eine abenteuerliche Geschichte aus dem fernen Hongkong *(Noble House)* für 39,80 DM. Ein Preis, der nach einhelliger Meinung von Beobachtern der Buchmesse ungewöhnlich knapp kalkuliert wurden, denn der Band ist 880 Seiten stark.

Kein Verleger wagt freilich, für ein Werk der Belletristik 40 DM und mehr zu verlangen. Ohnehin befindet sich das gebundene Buch, im Fachjargon Hard Cover genannt, in der Defensive, denn mit hohen Zuwachsraten dringt das Taschenbuch vor, das zum Bedauern vieler Buchproduzenten zu billig verkauft wird. Mittlerweile liegt der Anteil der geleimten Bändchen am Umsatz der Buchhandlungen (rd. 8 Milliarden DM im vergangenen Jahr) bei über einem Zehntel. Gemessen an der Zahl der Erst- und Neuauflagen – 1981 waren es insgesamt 59 168 – beträgt die schnell wachsende Quote bereits 15 nach 12 Prozent im Jahr zuvor. Der Buchhändler betrachtet diese Entwicklung mit einem lachenden und weinenden Auge. Zugegebenermaßen steigern Taschenbücher den Umsatz, aber wie mühevoll, so die häufige Klage im Sortimentsbuchhandel, sind die Bände zu verkaufen. Das einst in Amerika als Selbstbedienungsartikel konzipierte Pocket Book verstaubt im Regal, wenn der Kunde nicht beraten wird. Bei der Flut von Neuerscheinungen läßt sich dieser Marktsektor immer schwerer überblicken; denn inzwischen ist das Taschenbuch in alle Sachgebiete vorgedrungen, so etwa auch in den wissenschaftlichen Bereich. Gerade diese Publikationen müssen aber dem potentiellen Käufer ausführlich erläutert werden. Auch bei der Belletristik wird

die Wahl zur Qual. Da die Kleinbände mit einem Drittel partizipieren, muß der Buchhändler viel Zeit zur Beratung einkalkulieren. Das wird ihm um so schwerer fallen, als das betriebswirtschaftliche Ergebnis mittlerweile auf magere 0,6 Prozent geschrumpft ist. Vor drei Jahren hatte es noch 1,7 Prozent betragen. Der schnelle Rückgang resultiert aus den wachsenden Personalkosten und dem Anstieg der Ladenmieten.
Dem Taschenbuch ist es aber zu verdanken, daß mehr Kunden bereits in jungen Jahren gewonnen werden. Für weniger als zehn DM (oft reicht sogar ein Fünfmarkstück) kann sich der Schüler oder Lehrling einen Band zum Schmökern kaufen. Die Auswahl von Kinder- und Jugendbüchern im Taschenformat ist besonders groß. Mittlerweile zielt jeder vierte Titel der flexiblen Bände auf die heranwachsende Käuferschicht ab. Dies läßt den bedrängten Buchhändler etwas aufatmen, denn Kinder und Jugendliche sind eifrige Leser. Nach einer (allerdings nicht mehr ganz taufrischen) Untersuchung des Münchener Infratest-Instituts verbringen sie 40 Prozent ihrer Schul- und Freizeit mit Buchlektüre. Nachdenklich stimmen jedoch die regelmäßigen Befragungen von Erwachsenen des Allensbacher Instituts für Demoskopie. Ein Drittel aller Bundesbürger, heißt es in der jüngsten Studie, liest (nach wie vor) überhaupt kein Buch. Ein Fünftel greift nur einmal im Jahr zu einem Band, und nur ein knappes Zehntel liest jede Woche.

Lesefaule Studenten

Lesefaul, so bedauert Christiansen, werde auch der Student. Zum Leidwesen der Hochschullehrer kaufen sich viele Hörer nicht einmal mehr die grundlegenden Lehrbücher. Statt dessen photokopieren sie auch längere Passagen und begnügen sich ansonsten mit den Skripten. „Punktuelle Informationsbeschaffung", so formuliert es Christiansen, trete also an die Stelle umfassender Erarbeitung von Themenbereichen durch Buchlektüre. Zudem kürzen die öffentlichen Hände die Mittel auch für wissenschaftliche Bibliotheken. Es werden also weniger Bücher angeschafft und Abonnements von Fachzeitschriften gekündigt. Der Verleger wissenschaftlicher Literatur muß sich demnach auf noch kleinere Auflagen beschränken. Seit längerem ist die (mittlerweile dreistellige) Zahl der Exemplare ständig gesunken, denn Fachliteratur veraltet in relativ kurzer Zeit, meist in drei bis fünf Jahren. Auf der anderen Seite werden wegen der zunehmenden Spezialisierung immer mehr Titel veröffentlicht.

In der Belletristik schrumpfen ebenfalls die Auflagen (auf etwa 5000 Exemplare), weil der Buchhändler kleinere Posten ordert. Bei dem glänzenden Videogeschäft ist ohnehin zu befürchten, daß immer weniger gelesen wird. Aus dieser Einsicht warnt Helmut Schmidt vor einer „Verkabelung des ganzen Landes". Es müsse ein vernünftiges Gleichgewicht zu dem herkömmlichen kulturellen Angebot bleiben. „Wenn das Lesen und das Verarbeiten des Gelesenen verlorengeht, gerät sehr viel und Wichtigeres in Gefahr als der Umsatzanstieg des Verlagswesens und der Druckerei-Industrie." So manche Fernsehausstrahlung hat freilich die Auflage eines Romans in sechsstellige Höhen getrieben.

Theodor Fuchs

Vorschlag: Stellen Sie die wirtschaftlichen Schwierigkeiten des Buchgeschäfts zusammen!

Was wollen Sie in Ihrem Leben erreichen?

Gedankensammlung:

gesicherte Lebensumstände
privates Lebensglück
gute Ehe
angenehmes Leben
viel Geld
Erfolg im Beruf
Ansehen
Leben ohne Zwang
gute Freunde
Leben voller Pflichten
Kinder
Viel Verantwortung
Karriere
politischer Wirkungskreis
Ideale verwirklichen
Abenteuer
persönliche Freiheit

Gedankenordnung:

Können Sie diese Gedanken folgenden Oberbegriffen zuteilen?
I. Persönliches Leben
II. Gemeinschaftsleben
III. Politisches Leben
Oder:
I. Familie
II. Beruf
III. Politik
Oder:
I. Materielle Werte
II. Nicht-materielle Werte

Was die Ausbildungsbereitschaft fördert und hemmt

Es gibt Faktoren, die schon seit Jahrzehnten auf den Ausbildungsstellen-Markt einwirken. Von ihnen hängt das magere oder fette Angebot an Lehrstellen entscheidend ab. Sie sind wie Schaltknöpfe an einem Steuergerät.

Fördernde Faktoren

Hochkonjunktur
Für Aufträge und Gewinne sind ausreichend viele und qualifizierte Fachkräfte nötig · Weil diese auf dem

Hemmende Faktoren

Rezession
Den Betrieben geht es zuerst um das Überleben · Sie wollen keine neuen Arbeitskräfte, sondern den Stamm der

Arbeitsmarkt fehlen, wird selbst ausgebildet · Unangenehme Ausbildungsvorschriften werden hingenommen · Ausbildungskosten spielen eine geringe Rolle, denn sie sind auf die Kosten abwälzbar

Optimistische Grundstimmung

Stabile politische Verhältnisse fördern in der Wirtschaft das Vertrauen in die Zukunft · Absichten und Entscheidungen in der Wirtschafts- und Gesellschaftspolitik fördern eine positive Einstellung zum Unternehmertum, zur Risikobereitschaft und Investitionsneigung einerseits und Gewinnen andererseits · Das bewirkt eine optimistische Grundstimmung und damit Interesse an Nachwuchs und Ausbildung

Freiheit

Der Ausbildende darf eigene Vorstellungen und Erfahrungen in die Ausbildung einbringen · Er kann Ziele, Formen und Maßstäbe dafür setzen und er ist nicht nur an staatlich anerkannte Ausbildungen gebunden · Solche Ausbildungsfreiheit wirkt motivierend

Nutzen

Eigene Ausbildung sichert den Nachwuchs · Sie kann auf betriebliche Belange zugeschnitten werden · Betriebe sind auf Gewinne angewiesen · Ausbildung kann einen gewissen Gewinn bringen, wenn nutzbrin-

Fachkräfte halten · Kostendruck zwingt zu Einsparungen, auch bei der Ausbildung · Bei Kurzarbeit und Entlassungen wird Ausbildung vertagt · Rationalisierung vermindert zusätzlich den Nachwuchsbedarf.

Pessimistische Grundstimmung

Unstabile politische Verhältnisse verursachen in der Wirtschaft Unsicherheit und Vorsicht · Absichten und Entscheidungen in der Wirtschafts- und Gesellschaftspolitik sind eher ideologisch als ökonomisch bestimmt · Diskriminierung des Wirtschaftswachstums, der Leistung, des Unternehmertums und Gewinnstrebens · Bürokraten und Funktionäre wollen Investitionen lenken · Das fördert eine pessimistische Grundstimmung, die negativ auf das Interesse an Nachwuchs und Ausbildung wirkt

Reglementierung

Berufsbildungsgesetz, Jugendarbeitsschutzgesetz, Ausbilder-Eignungs-Verordnung, Berufsgrundbildungsjahr- und Berufsfachschul-Anrechnungsverordnung werden als Reglementierung empfunden · Sie stehen oft im Widerspruch zu gewachsenen betrieblichen Verhältnissen und Interessen

Kosten

Steigerung der Ausbildungsqualität erfordert mehr Aufwand und höhere Kosten · Ausbildungsvergütungen steigen ständig · Ausbildung wird zu einem erheblichen Kostenfaktor · Mehr Ausbildung vermindert die

gende Arbeitsleistung des Lehrlings und Ausbildungskosten in einem zumutbaren Verhältnis zueinander stehen · Das wirkt als Anreiz auf die Ausbildung

Ansehen
Es gilt als ehrenvoll, den Nachwuchs für den eigenen Beruf und die Branche auszubilden · Können und Erfahrung im Beruf gelten mehr als oft unausgegorene Theorien · Durch eigene, vorbildliche Ausbildungeinrichtungen gewinnt der Betrieb zusätzliches Ansehen in Fachkreisen und bei Kunden

nutzbringende Arbeitsleistung des Lehrlings · Das Verhältnis von Kosten und Nutzen verändert sich zum Nachteil des Ausbildenden · Ausbildung erfolgt nur noch aus ideellen Motiven

Diskriminierung
Nur schulische Berufsbildung ist qualifiziert, betriebliche Ausbildung gilt als Ausbeutung · Schwierigkeiten mit einer schwierigen Generation entstehen durch die Unfähigkeit der Ausbilder · Die Wirtschaft wird für Reformen nicht motiviert, diese erfolgen bürokratisch und von oben herab

Friedrich Hermann

Welche Faktoren können die Berufswahl beeinflussen?

Stoffsammlung

Zeugnisnoten
Prüfungen
Numerus clausus
Wünsche der Eltern
Ausbildungsplatz
Ansehen
Arbeitszeit
Berufsbild
Berufsvorstellung
Vorbilder
Lehrer
Hobby
Freunde
Berufsberatung
Pensionsaussichten
Gehalt oder Lohn
Beamteneigenschaft

Gliederungsmöglichkeit

I. Berufsneigung

II. Berufseignung

III. Berufschancen

IV. Wirtschaftliche Situation

Vorurteil
Berufsaussichten
Ausbildungskosten
Arbeitsmöglichkeit am Wohnort
Angebot
Zufall
Neigung
Fähigkeiten
Gesundheitszustand
Schulbildung
Überfüllung
Abneigung zu Ortswechsel

V. Gesellschaftliche Situation

Beachten Sie, daß einige Oberbegriffe schon in der Stoffsammlung enthalten sind!

Vorschlag: 1. Ergänzen Sie die Stoffsammlung! 2. Ordnen Sie die Gedanken der Stoffsammlung den Oberbegriffen zu! 3. Überprüfen Sie die Reihenfolge der Oberbegriffe!

Gibt es nach Ihrer Ansicht ein Recht auf Leistungsverweigerung?

Wir nehmen das willkürlich gestellte Thema zum Anlaß, die Argumente **für** die Leistungsgesellschaft und **gegen** den Leistungsdruck vorzustellen. Die Entscheidung müssen Sie treffen.

A) In den letzten Jahren war oft von Leistungsdruck und Leistungsverweigerung die Rede.

B) Welche Argumente sprechen **für** den sog. Leistungsdruck und welche **gegen** den Leistungsdruck?

Bedarfsdeckung	⟷	Konsumterror
Lebensverbesserung	⟷	Profitgier
Zivilisation	⟷	Umweltverschmutzung
Erfüllung	⟷	Unmenschlichkeit
Bestätigung und Bewährung	⟷	Streß
Wohlstand	⟷	Wohlstandsfetischismus
Betätigungsdrang	⟷	Rücksichtslosigkeit
Glück	⟷	Verlust der Lebensfreude

Meine Stellungnahme zu den beiden extremen Standpunkten:

1. ....

2. ....

3. ....

C) Mit diesem Standort in der Forderung nach Leistung hoffe ich, das Leben zu meistern.

Vorschlag: Nehmen Sie Stellung zu folgendem Zitat:
Der Leistungsdruck ist der einzige Weg, der dem jungen Menschen zum Bewußtsein seiner selbst und seiner Kräfte verhilft, also zum Glück.

Heddy Neumeister

Leistung gilt wieder

„Wir müssen wieder mehr leisten, damit wir uns mehr leisten können." Der dies unlängst auf einer Unternehmertagung in München sagte, war der Präsident der Bayerischen Arbeitgeberverbände. Von dieser Seite hat man solche Forderungen schon oft gehört, gewiß nicht, weil die Arbeitgeber in jedem Fall fleißiger sind als ihre Mitarbeiter, sondern weil sie dringender als je zuvor darauf angewiesen sind, ihre Lohnkosten in Grenzen zu halten. Aber auch auf der anderen Seite unserer politisch-ökonomischen Bühne wird die Leistung neuerdings nicht mehr vorwiegend nur im Zusammenhang mit den Begriffen „Zwang" und „Druck" apostrophiert. Gewerkschaftler und linke Politiker fordern und fördern sie wieder – sei es aus Überzeugung, sei es in der Erkenntnis des Notwendigen.

Das war nicht immer so: Jahrelang galt es als chic und fortschrittlich, die Leistung zu verteufeln, ihrer Verweigerung besonderen sittlichen Rang zu verleihen. Dahinter mag in manchen Fällen berechtigte Kritik an den Auswüchsen einer Leistungsgesellschaft gestanden haben. Oft war der Beweggrund aber ganz einfach naive Unkenntnis. Nicht selten ging es auch um das präzise Ziel, durch Leistungsverweigerung die Grundlagen für wirtschaftliche, technische und soziale Fortschritte zu unterminieren und damit den Weg zu bereiten für eine Veränderung des „Systems".

In der jetzt erkennbaren Beförderung einer bisweilen als unanständig verketzerten Eigenschaft zur Tugend muß man freilich ein Kind der Not sehen.

Es ist ja eine alte Erfahrung, daß Fleiß und Arbeitseifer in der Rezession wachsen und in der Hochkonjunktur verkümmern. Hier bringt die Sorge um den Arbeitsplatz offensichtlich etwas zustande, was der Einsicht in selbstverständliche Zusammenhänge nicht gelingt. Keine erfreuliche, aber eine realistische Erkenntnis! In der Tat: Wie kann ein wenn auch nur noch langsam steigender Lebensstandard finanziert werden? Wer bestreitet die wachsenden Ansprüche der Gesellschaft an den Staat und an unser soziales Sicherheitssystem? Wie soll das gehen – immer kürzer zu arbeiten, dabei aber mehr zu verdienen?

Welche Schlüsselstellung der ökonomischen Leistung in diesem Prozeß zukommt, wird deutlich, wenn man sich die physikalische Definition des Begriffs Leistung vor Augen hält: Arbeit geteilt durch Zeit, also – Arbeit, die in einer bestimmten Zeit „abgeleistet" wird. Die Leistung steigt, wenn in der gleichen Zeit mehr Arbeit getan oder die gleiche Arbeit in kürzerer Zeit bewältigt wird. Im ökonomischen Wortschatz pflegt man hier von Produktivität zu sprechen. In der letzten Rezession während der Jahre 1966/67 ist die Produktivität in den deutschen Unternehmen deutlich gestiegen, und man kann jetzt schon prophezeien, daß es auch diesmal wieder so sein wird. So sehr der Stimmungswandel in der Öffentlichkeit zu loben ist, die aktuelle Politik hat ihn nicht überzeugend unterstützt. Die Steuerreform zum Beispiel bringt gewiß keine neuen Leistungsanreize, wenn mitverdienende Ehefrauen oder ältere Arbeitnehmer daran denken, ihren Beruf an den Nagel zu hängen, weil der Fiskus mehr als bisher abkassiert.

Die Leistung hat also wieder einen guten Ruf. Das wirkt sich auch auf den Krankenstand aus. Fast jeder Personalchef weiß ein Lied davon zu singen, wie „gesund" seine Mitarbeiter sind, wenn es dem Unternehmen einmal nicht mehr so gut geht: Die Krankheitsquote sinkt auffallend. Wer ein bißchen hustet, der fühlt sich noch nicht gleich sterbenskrank, wer die Grippe erwischt, bleibt vielleicht 4 statt 14 Tage lang daheim. Das ist für den Betrieb zweifellos eine gute Sache. Dabei ist allerdings auch die Gefahr nicht zu übersehen, daß der Leistungswille aus Angst um den Arbeitsplatz zum Leistungszwang wird – das kann für die Gesundheit ebenso gefährlich wie für die Volkswirtschaft teuer werden. Von einem Extrem ins andere zu fallen, hat sich selten gelohnt.

Es ist gut, wenn Leistungsbereitschaft und Leistungsfähigkeit des einzelnen in unserer Gesellschaft hohen Rang erhalten und behalten – auch als Maßstab für Lohn und Einkommen. Oder was sollte sonst darüber entscheiden, ob der eine mehr oder der andere weniger Geld verdient? Soziale Herkunft oder Beziehungen? Das Parteibuch womöglich oder die Klubkarte? Ellbogenstärke

und Brutalität? Die reine Formalität einer bestimmten Ausbildung? Wer ohne Scheuklappen in die Betriebe hineinschaut, der weiß, daß manches von dem Aufgezählten auf der Karriereleiter eine wichtige, bisweilen sogar eine dominierende Rolle spielt. Da ist die Leistung – vor allem, wenn auch soziale Umstände berücksichtigt werden – immer noch der sympathischste und gerechteste Maßstab.
Eine Gesellschaft tragen und prägen kann die ökonomische Leistung allerdings erst dann, wenn sie sich mit Humanität verbündet. Was wir damit meinen: Es gibt in jedem Gemeinwesen Alte, Schwache und Kranke, nicht mehr oder noch nicht Arbeitsfähige, die von der Leistung der anderen mitgetragen werden müssen. In der Bereitschaft zur Solidarität erst bekommt die Leistungsgesellschaft eine ökonomische und moralische Rechtfertigung zugleich.

Volker Wörl

Warum ich Karriere machen will

Ich will
Erfolg haben
Leistung zeigen
Ansehen genießen
gutes Einkommen haben
Autorität haben
Handlungsspielraum haben
selbständig entscheiden können
meine Begabung ausnützen
Verantwortung tragen

Warum ich nicht Karriere machen will

Ich will
kein Streber sein
nicht dem Leistungszwang unterliegen
kein Opportunist sein
kein Materialist sein
nicht übertrieben ehrgeizig sein
nicht rücksichtslos sein
nicht der Managerkrankheit verfallen
nicht eingebildet sein
mein Privatleben nicht vernachlässigen

Es gibt zwei Möglichkeiten, Karriere zu machen. Entweder leistet man wirklich etwas, oder man behauptet, etwas zu leisten. Ich rate zur ersten Methode, denn hier ist die Konkurrenz bei weitem nicht so groß.

Danny Kaye

Wer heutzutage Karriere machen will, muß schon ein wenig Menschenfresser sein.

Salvador Dali

Der Begriff „Karriere“ hat also für viele Menschen einen positiven Akzent, für andere einen negativen. Manche betonen das Positive, manche sehen nur das Negative in diesem Begriff.
Nach DUDEN ist Karriere: erfolgreicher Aufstieg im Beruf, erfolgreiche berufliche Laufbahn (eine steile Karriere machen, am Anfang einer steilen Karriere stehen usw.). Eine Karrierefrau ist eine „Frau, die konsequent dabei ist, Karriere zu machen, die eine wichtige berufliche Stellung errungen hat“. Ein „Karrieremacher“ ist aber jemand, der „in rücksichtsloser Weise seinen Aufstieg erkämpft“, wird abwertend eingestuft.

Polaritätenprofil: Karriere

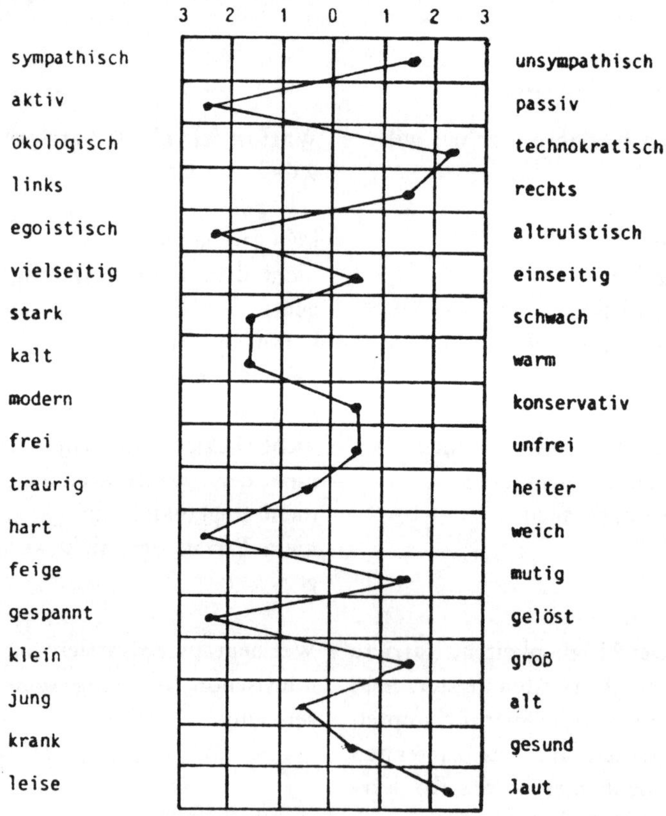

Kein Bock auf Karriere im ökologischen Zeitalter

DOKUMENT: Prof. Lutz von Rosenstiel untersuchte in einem Referat die ablehnende Haltung Jugendlicher gegenüber dem Wort Karriere.

Ich habe einer Stichprobe meiner Studenten ein sogenanntes Polaritäten-Profil vorgelegt, mit der Bitte anzugeben, welche Gedanken und Gefühle das Wort „Karriere" bei ihnen auslöst.
„Karriere" wird zwar mit Wortmarken wie aktiv, stark, jung und groß in Verbindung gebracht, aber auch solchen wie technokratisch, einseitig, gespannt und laut sowie (bedenklicher noch) mit unsympathisch, kalt und hart. Das Bild des effektiven Machers steht vor uns, der zwar tüchtig aber ohne Rücksicht auf die Umwelt und andere Menschen seine Interessen und vielleicht auch die seiner Organisation „durchzuboxen" sucht.
Obwohl ich keine Vergleichsdaten habe, darf man wohl annehmen, daß dieses Bild noch vor wenigen Jahren anders aussah, das Urteil weniger kritisch, das Bild positiver, weniger „unsympathisch". Falls es einen allgemeinen **Wertwandel** tatsächlich gibt, so sind sicherlich so zentrale Lebensbereiche wie die Arbeit, die Verantwortung über die Organisationen, in denen sich Arbeit vollzieht, und die Ziele dieser Organisationen davon nicht ausgenommen.
Es geht um die Frage, ob jene bürgerlichen Werte verlorengehen, die uns eine am Leistungsprinzip orientierte Wirtschaft bescherten, die vom einzelnen die Bereitschaft zur individuellen Verantwortung, Fleiß und Pünktlichkeit forderte und die ihn dafür mit Wohlstand und Ansehen belohnte. So zeigen Umfragen, daß Erziehungsziele wie:
– „die Arbeit ordentlich, gewissenhaft tun"
– „sich in eine Ordnung einfügen"
und ähnliche bei der jungen Generation z. T. dramatisch geringer bewertet werden als bei der älteren bzw. daß in neueren Umfragen sehr viel weniger Personen als in älteren diese Werte als besonders wichtig einstufen.

Wenn wir zunehmend auf befähigte junge Menschen stoßen, für die die Karriere nicht wünschenswert erscheint, die trotz der gebotenen Chance verzichten, so sind dies sicherlich nicht nur Postmaterialisten; es sind sicher auch sogenannte „Materialisten" darunter. Und auch diese stehen, vor die Frage des Aufstiegs gestellt, vor einem Dilemma, das sich aus Daten ableiten läßt, die an einem repräsentativen Querschnitt (1) von Führungskräften der Wirtschaft gewonnen wurden. Greifen wir die besonders wichtigen Befunde heraus:
– Bei der befragten Gruppe ist „ein höheres Einkommen" das meist genannte

Motiv (in 42% der Fälle) für den Aufstieg bzw. für den Wunsch nach Veränderung der gegenwärtigen Position.
– Das Arbeitsengagement der Führungskräfte ist hoch: 95% arbeiten mehr als 40 Stunden pro Woche; mehr als ein Drittel über 50 Stunden. Mit dem Aufstieg steigt das erforderliche Arbeitsengagement.
– Im Bewußtsein der Führungskräfte ist die Entlohnung für das Engagement unzureichend; d. h. sie rechnen mit einer Nivellierung der Einkommen. Geschätzt wird, daß die tariflichen Gehälter jährlich um 6,5% steigen werden, für sie selbst aber nur 5% herausspringen werden, die netto durch die progressive Steuerbelastung noch weiter überdurchschnittlich vermindert werden. 90% der Befragten gingen davon aus, daß sich ihr Nettoeinkommen (falls sie auf ihrer bisherigen Führungsposition verbleiben) unterdurchschnittlich entwickeln wird. Noch beunruhigender erscheint, daß auch diejenigen, die an ihren weiteren Aufstieg glauben, hier nicht sonderlich optimistisch sind. 71% dieser Gruppe nehmen an, daß sie (trotz weiterem Aufstieg) in ihrer Netto-Einkommensentwicklung unterdurchschnittlich dastehen werden.
Der Lohn des Aufstiegs erscheint – subjektiv zumindest – in materieller Hinsicht mager.

Prof. Lutz von Rosenstiel

Das Streiflicht

(SZ) Karriere? Nein danke! Drei Wörter nur, aber recht gefühlsstark. Man braucht kein deutscher Professor zu sein und „Polaritätenprofile" zu erstellen, um zu merken, wie vielen jungen Leuten diese Absage an das Wettrennen nach Positionen aus dem Herzen gesprochen ist. Hier die leidigen Zwänge des geregelten Achtstundentages; dort ein Stückchen ersehnter Freiheit, unter Verzicht erkauft, vielleicht nicht immer ganz freiwillig und gelegentlich auch im Verlaß auf das soziale Netz. Wer Jahre zuvor die Arbeitswut ganzer Generationen mißfällig verfolgt hat, kann nun froh sein, daß die Tendenz zunehmend auf schlichte menschliche Lebenswerte hinweist. Uralte Tugenden werden wieder neu, und, wie das so geht, flugs ist auch schon ein soziologisch-psychologisch-wissenschaftlicher Begriff bei der Hand. Das neueste, das *post-materielle* Zeitalter wird verkündet. Man muß auch hier amerikanischen Wissenschaftlern zugestehen, als erste das Stichwort zur Kennzeichnung des kommenden Menschen gegeben zu haben; allerdings mit einer bemerkenswerten Nuance: Als Post-Materialisten gelten meist jüngere, aber gut ausgebildete Leute, denen mehr an politischem Einfluß als an steigenden Gehältern liegt. [. . .]

Was spricht für, was gegen die Berufstätigkeit der Frau?

A) ___________________________________

B) Die Berufstätigkeit der Frau bringt Vor- und Nachteile.

I. Vorteile der Berufstätigkeit der Frau

1. materieller Art:

a) Eigener Verdienst gibt finanzielle Unabhängigkeit.

b) Die Frau lernt mit dem Geld wirtschaften.

c) Die Frau kann sich beruflich fortbilden und Karriere machen.

d) Ihre Altersversorgung ist gesichert.

e) Sie kann in Notsituationen die Familie erhalten.

2. ideeller Art:

a) Die Frau gewinnt an Selbstbewußtsein und Selbständigkeit.

b) Sie wird als Gleichberechtigte akzeptiert.

c) Sie hat das Gefühl, benötigt zu werden.

d) Sie erweitert ihre Bildung und hat geistige Interessen.

e) Sie lernt, mit ihrer knapp bemessenen Freizeit sinnvoll umzugehen.

II. Nachteile der Berufstätigkeit, vor allem bei der verheirateten Frau und Mutter

1. praktischer Art:

a) Sie hat zu wenig Zeit für den Haushalt.

b) Es besteht die Gefahr, daß die Kinder vernachlässigt werden.

c) Berufliche Verpflichtungen können ein harmonisches Familienleben verhindern.

d) Die Frau hat zu wenig Freizeit für Erholung und Entspannung.

e) Dadurch besteht die Gefahr der körperlichen und geistigen Überanstrengung.

2. menschlicher Art:

a) Die Frau kann an fraulichem Wesen und Charme verlieren.

b) Geltung und Leistung im Beruf

können zu Herrschsucht, übersteigertem Geltungsbedürfnis und zu Überheblichkeit führen.

c) Das Verhältnis zwischen Mann und Frau kann gestört werden.

d) Zwischen Mutter und Kind kann eine Entfremdung eintreten.

G) Ein allgemein gültiges Urteil ist bei diesem Problem nicht möglich; jeder Fall liegt anders.

Arbeitslosigkeit – unser Schicksal?

Heute gehen alle Experten wie selbstverständlich davon aus, daß es noch auf Jahre hinaus nicht genügend Beschäftigungsmöglichkeiten gibt

Dies ist nun schon der dritte Winter mit mehr als einer Million Arbeitslosen. Die Zahl der Dauer-Arbeitslosen ist höher als je zuvor; das Problem der Jugendarbeitslosigkeit ist ungelöst; immer mehr Akademiker müssen damit rechnen, daß sie nach dem Abschluß ihres Studiums keinen angemessenen Arbeitsplatz finden – wenn sie überhaupt einen finden. Die Mehrzahl derjenigen, die sich in Ministerien und Instituten, bei Verbänden und Gewerkschaften Gedanken über die zukünftige Entwicklung des Arbeitsmarktes machen, bevorzugen die Modefarben Schwarz und Grau.

Bundeswirtschaftsminister Hans Friderichs erklärte vor dem Wirtschaftsausschuß des Bundestages, nach den bisherigen Lohnabschlüssen müsse nun mit einer noch höheren Arbeitslosigkeit gerechnet werden, als in der erst wenige Wochen alten Jahresprojektion der Bundesregierung angenommen wurde (3,5 bis 4 Prozent).

Das Münchner Ifo-Institut für Wirtschaftsforschung war schon zuvor skeptischer und setzte in seine jüngste Vorausberechnung für 1977 eine Arbeitslosenquote von 4,3 Prozent ein.

Und das Institut für Arbeitsmarkt- und

Berufsforschung der Bundesanstalt für Arbeit rechnet jetzt mit durchschnittlich 880 000 Arbeitslosen in diesem Jahr – aber auch nur dann, wenn wir eine gesamtwirtschaftliche Wachstumsrate von mindestens fünf Prozent schaffen. Inzwischen sind aber viele Konjunkturforscher davon überzeugt, daß dies kaum noch zu erreichen ist.

Schwarz und Grau sind auch die bevorzugten Farben der meisten Experten, wenn sie die langfristige Entwicklung auszumalen versuchen. Karl-Heinrich Oppenländer, Präsident des Ifo-Instituts, hält noch auf Jahre hinaus ein Millionenheer von Arbeitslosen für wahrscheinlich. Er geht davon aus, daß sich bis 1980 die Verhältnisse am Arbeitsmarkt kaum ändern.

Professor Armin Gutowski, Mitglied des Sachverständigenrates, glaubt angesichts des zu hohen Lohnniveaus ebenfalls nicht daran, daß „in absehbarer Zeit wieder Vollbeschäftigung erreicht werden könnte".

Der Präsident der Bundesanstalt für Arbeit, Josef Stingl, sieht bis 1980 eine Million Arbeitsplätze als bedroht an und fordert: „Will man nicht nur die gegenwärtige Arbeitslosigkeit beseitigen, sondern auch die vermehrte Zahl der Erwerbstätigen unterbringen, so brauchen wir bis 1980 zusätzlich etwa zwei Millionen Arbeitsplätze."

Das aber scheint angesichts des weitverbreiteten und tiefsitzenden Pessimismus in der Wirtschaft und der vielen durch Firmenpleiten für immer vernichteten Arbeitsplätze (siehe Seite 29) nichts anderes als ein frommer Wunsch zu sein. Wirklich? Wir alle neigen dazu, unsere gegenwärtigen Sorgen und Probleme einfach in die Zukunft zu verlängern. Die Möglichkeit, daß alles ganz anders kommen könnte, wird gar nicht mehr gesehen. Das gilt für Politiker und die jeweiligen Experten ebenso wie für die breite Öffentlichkeit. Ein Beispiel, das erst wenige Tage alt ist: Noch am Freitag vergangener Woche wurde es als selbstverständlich angesehen, daß um und auf dem Gelände des Kernkraftwerks Brokdorf am Samstag bürgerkriegsähnliche Zustände herrschen würden. Schon machten Schätzungen über die Zahl der Toten auf beiden Seiten die Runde. Auf den Gedanken, daß vielleicht gar nichts passieren könnte, kam kaum jemand.

Rekorde nach der Krise

Ganz ähnlich war es, als die Automobilindustrie 1974 und 1975 durchs Krisental fuhr. Unter dem Eindruck der scharfen Bremspolitik von Bundesregierung und Bundesbank (Bundeskanzler Schmidt damals stolz: „Wir haben die härteste Stabilitätspolitik der Welt") und nach dem Ölpreisschock war die deutsche Autoproduktion, die 1973 rund 3,7 Millionen Einheiten erreicht hatte, 1974 abrupt auf 2,8 Millionen gefallen, die Zulassungen im Inland von 2,03 auf 1,69 Millionen zurückgegangen. Rings um die Fabriken füllten sich die Wiesen mit unverkäuflichen Autos.

Damals erschienen Berichte mit Schlagzeilen wie: „Ist die deutsche Autoindustrie zu retten?"

Damals zahlten einige Unternehmen allen Arbeitnehmern, die von sich aus kündigten, hohe Prämien, und der *Spiegel* unkte: „Ob die Autofabriken in Deutschland ihren Personalbestand je wieder auffüllen werden, ist zweifelhaft."

Damals forderten Politiker wie Franz Josef Strauß Steuererleichterungen für

Autokäufer, und Ford-Chef Schaberger schrieb in einem Brandbrief an den Kanzler Brandt: „Zehn Millionen Menschen in der Bundesrepublik, die direkt oder indirekt von dieser Schlüsselindustrie leben und nicht wissen, ob sie morgen noch ihren Arbeitsplatz haben, warten auf die Hilfe der Bundesregierung."

Doch 1976 hat diese Branche, deren Schicksal von Politikern und Experten noch drei Jahre zuvor im Chor beweint wurde, ein Glanz-Jahr erlebt: Die Pkw-Produktion erreichte 3,5 Millionen Einheiten, im Inland wurden 2,31 Millionen neuer Autos zugelassen – mehr als jemals zuvor. Und auch im Januar dieses Jahres gab es wieder einen Zulassungsrekord.

Ähnlich stark von der jeweils vorherrschenden intellektuellen Mode bestimmt waren bisher auch viele Prognosen über den Energiebedarf, den privaten Verbrauch, die Rohstoffvorräte der Welt – und die Entwicklung des Arbeitsmarktes. Kaum jemand hätte nach dem Krieg die kühne Vorhersage gewagt, daß die neun Millionen Flüchtlinge aus dem Osten innerhalb weniger Jahre eingegliedert, mit Wohnungen und Arbeitsplätzen in der Bundesrepublik versorgt sein würden.

Wer hat 1949 vorausberechnet, daß außerdem drei Millionen landwirtschaftlicher Arbeitskräfte abwandern und eine Beschäftigung in anderen Wirtschaftsbereichen finden würden? Wer hätte auch nur im Traum daran gedacht, daß darüber hinaus eines Tages bis zu 2,5 Millionen Gastarbeiter ins Land geholt werden müßten, weil der heimische Arbeitsmarkt leergefegt war?

Als es aber soweit war, konnte sich wieder kaum jemand vorstellen, daß es auch einmal anders kommen könnte. In seiner 1970 veröffentlichten Perspektive des Wirtschaftswachstums bis 1985 ging das Bundeswirtschaftsministerium ganz selbstverständlich davon aus, daß die Zahl der deutschen Erwerbstätigen bis in die Mitte des nächsten Jahrzehnts nicht ausreichen würde, um die Nachfrage zu befriedigen: „Eine Folge davon wird sein, daß auch künftig die Zahl der ausländischen Arbeitnehmer zunehmen muß, wenn das jeweils vorhandene technische Produktionspotential möglichst optimal genutzt werden soll." Im schlimmsten Fall wurde damals mit einer Arbeitslosenquote von 1,1 Prozent gerechnet (tatsächlich sind es zur Zeit 5,5 Prozent).

Acht Millionen Gastarbeiter?

Der baden-württembergische Arbeitsminister Hirrlinger rechnete zur gleichen Zeit mit einer Verdoppelung der Gastarbeiter in seinem Land bis 1975. In Hamburg herrschte 1970 bei einer Diskussion zwischen Vertretern der Behörden, der Gewerkschaften und der Gastarbeiter Einigkeit darüber, daß bis 1980 die Zahl der ausländischen Arbeitskräfte auf acht Millionen steigen könnte.

Präsident Stingl, der jetzt mit tiefen Sorgenfalten auf der Stirn in die Zukunft blickt, war noch Ende 1972 davon überzeugt, daß „in den nächsten 10 bis 15 Jahren mindestens mit einer Ausländerbeschäftigung in der jetzigen Größenordnung gerechnet werden muß". Es könnten 1985 aber durchaus auch 2,8 Millionen sein. Inzwischen sind es in Wirklichkeit nur noch 1,9 Millionen.

So wie viele damals mit Schrecken den wachsenden sozialen und politischen Problemen entgegensahen, die eine ungezügelte Zuwanderung von Gastarbeitern aus immer ferneren Regionen mit sich bringen würde, so sehen heute viele Politiker, Publizisten, Gewerkschafter

und Wissenschaftler mit Sorge einer anhaltenden Massenarbeitslosigkeit entgegen.
Wieder glauben viele, dies sei ein unabänderliches Schicksal – und wieder lassen sich fast alle davon anstecken. 1970 oder auch noch 1973 dachte kaum jemand daran, daß unvorhersehbare Ereignisse die komplizierten Rechenwerke wieder über den Haufen werfen könnten, bei denen unter dem Strich ein Mangel an Arbeitskräften als Dauerzustand herauskam. Heute ist es genauso – nur mit umgekehrten Vorzeichen.
Fazit: Es muß alles getan werden, um die Rückkehr zur Vollbeschäftigung zu beschleunigen, den Strukturwandel der Wirtschaft zu erleichtern und die berufliche Mobilität zu fördern. Hüten sollten wir uns jedoch vor den Plänen und Ratschlägen derjenigen, die sich wieder einmal nicht vorzustellen vermögen, daß heute noch nicht vorhersehbare Entwicklungen und Ereignisse auch die Lage auf dem Arbeitsmarkt vollkommen verändern können. Praktisch unwiderrufliche Maßnahmen, unter dem Eindruck einer als schicksalhaft angesehenen Arbeitslosigkeit beschlossen – dazu gehören beispielsweise die meisten Vorschläge zur Verkürzung der Arbeitszeit –, könnten sonst dafür sorgen, daß wir in einigen Jahren vor noch größeren Problemen stehen als heute.

Michael Jungblut

Hinweis: Dieser informative Text ist aus dem Jahr 1977. Die Zahlen und manche Fakten sind nach dem heutigen Stand überholt. Vergleichen Sie mit heutigen Verhältnissen! Sammeln Sie entsprechende Berichte aus dem Wirtschaftsteil Ihrer Zeitung!

Die Ursachen der heutigen Arbeitslosigkeit

Einleitung (Vorschlag)

Die Arbeitslosigkeit ist zur Zeit eines der großen Probleme in unserem Staat.	Einleitungsgedanke
Es werden große Anstrengungen unternommen, mehr Arbeitsplätze zu schaffen.	Überleitungsgedanke
Voraussetzung für alle Bestrebungen ist die Kenntnis der Ursachen für die heutige Arbeitslosigkeit.	Themagedanke

Vorschlag: Stellen Sie die Ursachen der heutigen Arbeitslosigkeit zusammen und ordnen Sie die Gedankensammlung. Gliedern Sie die Gedankenordnung nach dem Prinzip der Steigerung.
Das Thema ist eine Sachfrage ohne eigene Stellungnahme.

Vergleichen Sie damit das Thema:

Die Folgen der heutigen Arbeitslosigkeit

Arbeitsschritte:

Gedankensammlung
Gedankenordnung
Gliederung
Folgen für den einzelnen,
die Familien,
die Volkswirtschaft.

Schluß (Vorschlag)

Die Folgen der heutigen Arbeitslosigkeit sind also sehr vielseitig und belasten den einzelnen, die Familien und die ganze Volkswirtschaft.	Zusammenfassung
Wir können nur wünschen, daß die Anstrengungen aller Betroffenen bald zur Überwindung der Arbeitslosigkeit führen.	Ausblick, Wunsch

Vergleichen Sie damit das Thema:

Die Auswirkungen der Arbeitslosigkeit für die Gastarbeiter

Fehlende Kenntnisse zu diesem Thema können Sie in Gesprächen mit Gastarbeitern einholen.
An Ihnen liegt es, die sehr subjektiven Beiträge Ihrer Gesprächspartner daraufhin zu untersuchen, ob die berichteten Auswirkungen für einen größeren Kreis zutreffen oder nur für diese einzelne Familie. Ordnen Sie die Aussagen der Gastarbeiter nach Oberbegriffen. Bedenken Sie den größeren Umfang des Themas, wenn Sie Auswirkungen untersuchen, die sich aus der Arbeitslosigkeit Deutscher gegenüber Ausländern ergeben, die noch Arbeit haben.
Die allgemeine Arbeitslosigkeit wirkt sich auf das menschliche Verhältnis zu Gastarbeitern aus.
Die Arbeitslosigkeit der Gastarbeiter wirkt sich auf den einzelnen, seine Familie, seinen Aufenthalt in Deutschland aus.

Entspricht der folgende Schluß eines Aufsatzes dem vollen Umfang des Themas?

Die Arbeitslosigkeit betrifft besonders stark die Gastarbeiter und ihre Familien, denn sie verlieren nicht nur den Arbeitsplatz, sondern vielfach auch die Aufenthaltsgenehmigung.	Zusammenfassung
Es ist eine soziale Verpflichtung unseres Staates, die Situation der Gastarbeiter zu berücksichtigen.	Erwartung

Wie kann ich dem Schicksal der Arbeitslosigkeit vorbeugen?

Einleitung

Die jetzige Arbeitslosigkeit wird von den Betroffenen meist als unabänderliches Schicksal empfunden.	Einleitungsgedanke
Als junger Mensch wehre ich mich gegen diese Vorstellung.	Überleitungsgedanke
Ich frage mich deshalb, was ich unternehmen kann, damit die Arbeitslosigkeit nicht mein Schicksal wird.	Themagedanke

Vorschlag: Denken Sie über dieses Thema nach! Suchen Sie nach Möglichkeiten für sich und für andere. (Manche Möglichkeiten werden nur von Ihnen verwirklicht werden können!) Die Beantwortung dieser Themenfrage kann für Sie lebensbestimmend werden.

Jeder vierte Arbeitslose in der Bundesrepublik Deutschland ist ein Jugendlicher unter 25 Jahren.
Erläutern Sie die Maßnahmen, die Staat und Wirtschaft durchführen müssen, damit die Jugendarbeitslosigkeit zurückgeht; untersuchen Sie aber auch, was der Jugendliche selbst tun kann, damit er nicht arbeitslos ist bzw. ohne Lehrstelle dasteht!

A) Die Jugendarbeitslosigkeit ist ein ernstes Problem

B) Maßnahmen des Staates, der Wirtschaft und des Jugendlichen gegen die Jugendarbeitslosigkeit

I. Maßnahmen des Staates
   1. Mehr Ausbildungsplätze in der öffentlichen Verwaltung anbieten
   2. Größere Finanzmittel einsetzen
      a) zur Förderung der beruflichen Bildung
         aa) Einrichtungen zur beruflichen Eingliederung jugendlicher Problemgruppen
         ab) Fach- und Berufsschulen mit Berufsgrundbildungsjahr
         ac) Weiterbildungs- und Umschulungsmaßnahmen
      b) zur Förderung der Wirtschaft
         ba) Prämienzahlung bei Einrichtung neuer Ausbildungsplätze
         bb) Steuererleichterungen zur Stärkung der Investitionsbereitschaft

II. Maßnahmen der Wirtschaft
   1. Mehr Ausbildungs- und Arbeitsplätze anbieten
      a) für behinderte Jugendliche
      b) in unterversorgten Gebieten und Branchen
   2. Die Qualität der Ausbildung verbessern
      a) Ausbildungsordnungen modernisieren
      b) breite berufliche Grundbildung vermitteln
      c) gute fachspezifische Kenntnisse weitergeben

III. Maßnahmen des Jugendlichen
   1. Größere Aktivität entwickeln
      a) berufliche Informationen einholen
      b) persönliche Beziehungen nutzen
      c) mehrere Bewerbungsschreiben aufgeben
      d) an Einstellungstest teilnehmen
   2. Bei der Berufs- und Arbeitsplatzwahl mobiler sein
      a) mehrere Berufe ins Auge fassen
      b) einen Ausbildungs- und Arbeitsplatz wegen eines längeren Anfahrweges nicht ablehnen
      c) einen eventuell notwendigen Ortswechsel akzeptieren
   3. Die schulische Ausbildung abschließen und verbessern
      a) die Abschlußprüfung ablegen
      b) u. U. eine weiterführende Schule besuchen

C) Je qualifizierter ein Jugendlicher ausgebildet ist, desto größer sind seine Chancen, einen Arbeitsplatz zu finden.

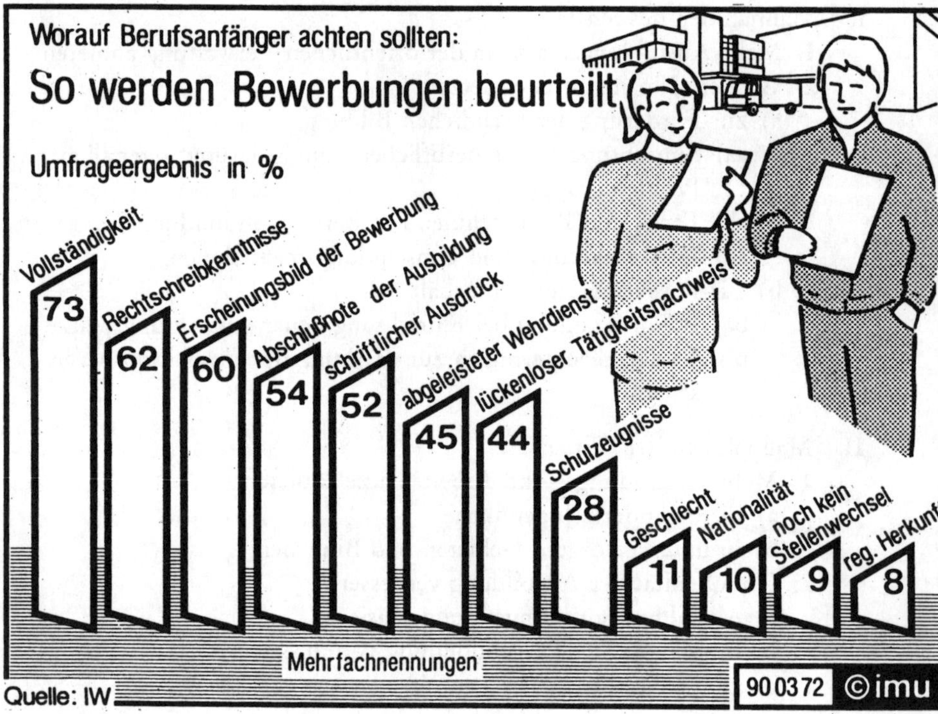

ACHTUNG BEI BEWERBUNGEN: Berufsanfänger tun gut daran, größten Wert auf die äußere Form ihrer Bewerbungsunterlagen zu legen. Mit ihrer Bewerbung geben sie so etwas wie eine Visitenkarte ab, die Hinweise auf persönliche Eigenschaften zuläßt. In den Betrieben werden zuallererst Vollständigkeit, Rechtschreibung und Erscheinungsbild einer Bewerbung in Augenschein genommen. Erst danach kommt die Abschlußnote ins Spiel.

Kochan

Welche Entwicklung wird in dieser Bilderfolge dargestellt?

Was können wir zum Umweltschutz beitragen?

Themabegriff „Umweltschutz":

„Umweltschutz, die auf Umwelterforschung und Umweltrecht basierende Gesamtheit der Maßnahmen (und Bestrebungen), die dazu dienen, die natürlichen Lebensgrundlagen von Pflanze, Tier und Mensch zu erhalten bzw. ein gestörtes ökologisches Gleichgewicht wieder auszugleichen: im engeren Sinne der Schutz vor negativen Auswirkungen, die von der ökonomischen Tätigkeit des Menschen, seinen technischen Einrichtungen und sonstigen zivilisatorischen Gegebenheiten ausgehen, wobei die Umweltvorsorge (d. h. Maßnahmen und Techniken, die Schäden gar nicht erst aufkommen lassen) effektiver und billiger ist als nachträgliche Maßnahmen des technischen Umweltschutzes. Der Umweltschutz geht damit über den bloßen Naturschutz ... hinaus. Zum Umweltschutz gehören nicht nur die Verhinderung fortschreitender Verkarstung, Versteppung und Verwüstung (z. B. durch Grundwasserabsenkung ...) oder der Schutz des Bodens vor Erosion und Deflation, sondern v. a. die zahlreichen und umfangreichen Maßnahmen zur Bewahrung von Boden und Wasser ... vor Verunreinigungen durch chemische Fremdstoffe, durch Abwasser ... durch Auslaugung abgelagerter Stoffe auf Deponien ... und durch Erdöl. Zum Umweltschutz gehören ferner Vorschriften und Auflagen z. B. zur Erreichung größerer Umweltverträglichkeit von Wasch- und Reinigungsmitteln ..., zum Transport und zur grundwasserungefährlichen Lagerung von Erdöl und Kraftstoffen sowie zur Rekultivierung ausgebeuteter Rohstofflagerstätten ..."

Meyers Enzykl. Lexikon (Auszug)

Themabegriff „wir": Schüler, Jugend, jedermann

Zu einer ergiebigen Stoffsammlung und Stoffordnung kommen wir, wenn wir den Umweltschutz als Bekämpfung der Umweltverschmutzung auffassen.

Müllablagerung	im Wald
	auf öffentlichen Grünflächen
	in Gewässern
	auf Straßen und Plätzen
	auf wilden Halden

Schadgase	Industrieabgase alle Feuerungsanlagen Kfz-Motore Abfallverbrennung
Ölverseuchung	Ölunfälle auf den Straßen undichte Öltanks Einleiten von Öl in Gewässer Tankerunfälle
Lärmbelästigung	Rasenmäher Mopeds und Mofas Gaststätten nach Kinobesuch Schreien und Toben Flugzeuglärm
Geruchsbelästigung	Gewerbeanlagen Industrieanlagen Ölgeruch Tierhaltung

Unsere natürliche Umwelt wird gestört durch

Zersiedlung Abholzung Pflanzenschutzmittel Düngemittel Bergbau	} Grund und Boden
Chemikalien Ölrückstände Verunreinigung Abwasser	} Wasser
Siedlungsabfälle Lärm Ablagerungen	} Pflanzen, Tiere, Menschen
Hausbrand Industrie Verkehr	} Luft

Gliederungsmöglichkeiten:

A. Umweltschutz ist nicht nur in der Verantwortung der Politiker und der Industrie, sondern eine Herausforderung für jedermann.

B. Wir können zum Umweltschutz beitragen:

I. in der Schule:
a) ....
b) ....
c) ....

II. am Arbeitsplatz:
a) ....
b) ....
c) ....
d) ....

III. im Haushalt:
a) ....
b) ....
c) ....

I. Gegen die Lärmbelästigung:
a) ....
b) ....
c) ....

II. Gegen die Verschmutzung durch Müll:
a) ....
b) ....
c) ....
d) ....

III. Gegen die Verschmutzung durch Schadstoffe:
a) ....
b) ....
c) ....

C. Umweltschutz kann nur durch die aktive Mitwirkung aller realisiert werden.

Beispiel für eine Einleitung:

A) Umweltschutz bedeutet Erkenntnis und Maßnahmen zum Schutz unserer natürlichen Lebensgrundlagen bzw. Wiederherstellung des gestörten Gleichgewichts der Umwelt des Menschen. Damit wir leben können! Das bedeutet für jeden Menschen, der weiterleben will, zum Schutz der Umwelt beizutragen. Was können wir tun?

B) (Hauptteil des Aufsatzes)

Beispiel für einen Schluß:

C) Wir Schüler, wir als Jugend können also viel tun. Das wissen wir! Aber ziehen wir auch die Konsequenzen aus der Erkenntnis? Aktiv werden!

[. . .]
Das Wort „Umwelt“ ist eines der am häufigsten gebrauchten Modewörter, obwohl es erst Ende der sechziger, Anfang der siebziger Jahre in seiner neuen Bedeutung aufkam. Erstmals tauchte das Wort in der auch heute noch überwiegenden Zusammensetzung *Umweltschutz* auf. Zugrunde lag die Erfahrung, daß es für den Menschen nicht ausreicht, sich selbst und seine körperliche Gesundheit zu schützen, sondern daß seine Lebensfähigkeit von unzähligen Umweltfaktoren abhängt.

Nicht ohne Grund sprach man zunächst in Nordamerika von „human environment protection“, weil dort die Schädigung der Umwelt durch „pollution“ einen besonders hohen Grad erreicht hatte. Diese „Umweltverderbnis“ erstreckt sich in der Hauptsache auf folgende Bereiche:

- Luftverunreinigung;
- Wasserverschmutzung;
- Lärmerzeugung;
- Abfallanhäufung;
- Verbrauch oder Zerstörung von Natur und Landschaft;
- chemische Vergiftung des Bodens und damit Beeinträchtigung der biologischen Kreisläufe.

Da nicht nur die chemischen Stoffe synergetisch wirken, sondern auch die anderen Faktoren verstärkend hinzukommen, ergab sich die Notwendigkeit, das ganze Gefüge der organischen Welt mit einzubeziehen. Es entstand eine neue Wissenschaft, die *Ökologie* als die Lehre vom Haushalt der Natur oder besser von den Wechselbeziehungen zwischen den Lebewesen untereinander und mit ihrer Umwelt. Die Vielfalt der Zusammenhänge und der gegenseitigen Bedingtheiten, die offenbar wurden, ist längst noch nicht vollständig erforscht. Immerhin begann der Mensch zu begreifen, daß er als Lebewesen der organischen Welt zugehörig ist und bleibt. Ohne Sauerstoff ist er nach einigen Minuten tot, ohne Wasser nach wenigen Tagen und ohne Nahrung nach wenigen Wochen. Er kann die Natur nicht länger als sein Gegenüber betrachten, lediglich als ein Objekt der wirtschaftlichen Ausbeutung, der Kalkulation unterworfen.
[. . .]

Herbert Gruhl

Der Umweltschutz gehört heute zu den wichtigsten Aufgaben der Gesellschaft. Geben Sie Gründe dafür an, und setzen Sie sich mit Maßnahmen eines wirkungsvollen Schutzes auseinander.

Gliederung:

A) Der Mensch hat sich heute eine Industriekultur geschaffen, der er bereits verfallen ist.

B) Warum ist der Umweltschutz so wichtig? Welche Möglichkeiten eines wirkungsvollen Schutzes gibt es?

I. Es gibt heute viele Umweltgefahren, die einen wirkungsvollen Schutz erfordern.
 1. Die Luftverschmutzung ist eine Gefahr für die Umwelt
 a) Sie wird verursacht durch
 – private Haushalte
 – Industrie
 – Gewerbe und Verkehr
 b) Sie wirkt sich gefährlich aus
 – auf Sachgüter
 – auf Pflanzen und Tiere
 – auf den Menschen

 2. Die Wasserverschmutzung ist eine Gefahr für die Umwelt
 a) Sie wird verursacht durch
 – private Haushalte
 – Abwässer der Industrie
 – Schiffahrt
 b) Sie gefährdet
 – das Trinkwasser aus Flüssen und Seen
 – Flüsse und Seen und Meer als Erholungsgebiete
 – das ökologische Gleichgewicht und damit die Bedeutung des Wassers als Eiweiß- und Nahrungsspender

 3. Boden und Landschaft werden zerstört und gefährdet
 a) Überbauung beeinträchtigt das natürliche Gleichgewicht
 b) die Landschaft wird verschandelt
 – Müll
 – Zersiedelung

c) Bodenfauna und -flora werden beeinträchtigt
   - durch Verunreinigungen (Müll, Öl)
   - durch Vergiftungen (Insektizide, Herbizide)

4. Die ständige Zunahme der Lärmplage ist gefährlich
   a) durch die Lärmquellen wird der Lärm immer mehr
      - private Haushalte
      - Industrielärm
      - Verkehrslärm
   b) Die Auswirkungen gefährden den Menschen
      - körperlich
      - seelisch
      - sozial

II. Deshalb muß unsere Umwelt durch wirkungsvolle Maßnahmen geschützt werden.

1. Maßnahmen der Wirtschaft
   a) Bau von Reinigungsanlagen aller Art
   b) Einsatz geräuscharmer Maschinen
   c) Gewissenhafte Selbstkontrolle bei Produktion und Verkauf von Chemikalien
   d) Förderung der Forschung zur Herstellung umweltfreundlicher und unschädlicher Produkte

2. Maßnahmen des Staates
   a) klare Zielvorstellungen über künftige Raumordnung
   b) Gesetzliche Verankerung umfangreicher, durchgreifender Bestimmungen
      - zum Schutz von Landschaft und Natur
      - zum Schutz der Gesundheit
   c) Unterstützung bei der Entwicklung umweltfreundlicher Produkte und Produktionsmethoden

3. Wandlung im gesellschaftlichen Bewußtsein jedes einzelnen
   a) Einschränkung des Egoismus
      - Komfort
      - Konsumverhalten
   b) gezieltes persönliches Engagement
      - Erziehung zum Gemeinwohl
      - politische Mitarbeit

C) Die Fragen des Umweltschutzes und der Umweltplanung können nicht allein durch staatliche Gebote und Verbote, sondern nur durch Einsicht und Verantwortlichkeit gelöst werden.

„Die heile Umwelt kann Wirklichkeit werden." (Zitat v. Dr. Wolfgang Engelhardt, Präsident des deutschen Naturschutzringes)
Welche Naturschutzmaßnahmen sind erforderlich, damit diese Prognose zutrifft?

A) Belastung der Natur durch unsere Industriegesellschaft
B) Die folgenden Naturschutzmaßnahmen sind erforderlich:
- I. Schutz seltener Pflanzen und Tiere
  1. Erhaltung und Vermehrung selten gewordener Pflanzen- und Tierarten
  2. Wiedereinbürgerung bei uns ausgestorbener Tierarten
- II. Schutz besonders schöner und einmaliger Einzelbestandteile der Natur und ganzer Naturräume vor Zerstörung
  1. Schutz von Naturdenkmälern
  2. Schutz von Heiden, Mooren, Ödland, Wald
  3. Schutz des Alpenraumes
  4. Erklärung einzelner Naturgebiete zu Natur- und Nationalparks
- III. Erhaltung und Wiederherstellung des biologischen Gleichgewichts
  1. Rekultivierung von Halden, Steinbrüchen u. ä.
  2. Aufforstung, Anlage von Mischwaldkulturen
  3. Pflege und Regulierung des Wildbestands
  4. Reinigung „umgekippter" Seen
  5. Bewahrung der Bäche und Flüsse vor Verschmutzung und rigoroser Regulierung
- IV. Wahrung eines abwechslungsreichen Landschaftsbildes
  1. Vermeidung von Zersiedlung und Landschaftsverbauung
  2. überlegte Standortwahl für Industrieanlagen
  3. landschaftsschonender Straßen- und Wegebau
- V. Förderung der Naherholungsmöglichkeiten unter Wahrung der Belange des Naturschutzes
  1. Ausbau von Wander- und Reitwegen sowie Rastplätzen
  2. Anlage weiterer Badestrände

3. Ausbau der städtischen Naherholungseinrichtungen

VI. Förderung des Naturschutzgedankens

1. Erlernen richtigen Verhaltens in der Natur
2. ehrenamtliche Mitarbeit

C) Berechtigte Hoffnung auf Verwirklichung der „heilen" Umwelt

Die Unwirtlichkeit unserer Städte

... Die städtische Welt mit ihrem verengten Eigenterritorium für den einzelnen verlangt erhöhte Anpassung der Triebäußerungen. Der Überschuß an ungesättigter Aggressivität kann gerade in diesem Milieu bedrohlich anwachsen. Darin stecken Chance und mögliches Unglück der städtischen Populationen. Sie müssen wendiger, aufmerksamer, ansprechbarer in ihrem Habitus sein, um zwischen den unvermeidbaren aggressiven Triebeinschränkungen des städtischen Lebens die dort zugleich sich bietenden Entschädigungen suchen und finden zu können. Es kommt in der Stadt demnach auf eine Entschärfung, eine „Neutralisierung" primärer aggressiver Triebenergie und auf ihre Bindung an die „intelligenten" Zielbereiche besonders an. Die überragende Bedeutung des Denkens in Kategorien der rücksichtsfreien Konkurrenz in unserer Umwelt zeigt aber an, daß die Verwandlung der archaischen Aggressivität in sozial geschmeidige, die Rechte des anderen anerkennende Aktivität nur recht unvollkommen gelungen ist ...

Der tertiäre Sektor, die Dienstleistungen, treten immer mehr in den Vordergrund. Die Kaste der Angestellten erreicht den dominanten Anteil an der Gesamtgesellschaft. Für den Angestellten ist die Aussicht, durch Initiative (als sozialem Umformungsprodukt undifferenzierter Aggressivität) zu etwas zu kommen, weit mehr eingeschränkt als in den Frühepochen der industriellen Gesellschaft. Die Reaktion ist eine doppelte: die Neid- und Konkurrenzgefühle innerhalb der Eigengruppe (in der Firma, in der Abteilung, im Büro) sind permanent gereizt, der affektive Anteil an der eigenen Arbeitsleistung, das Befriedigung schaffende Interesse sind erlahmt, fast schon unbekannt geworden ...

Wir erwähnen dies, weil der Zusammenhang mit der Stadtgestalt offen zutage liegt. Man pferche den Angestellten hinter den uniformierten Glasfassaden der Hochhäuser dann auch noch in die uniformierte Monotonie der Wohnblocks, und man hat einen Zustand geschaffen, der jede Planung für eine demokratische

Freiheit illusorisch macht. Denn sie ist praktisch nirgendwo mehr erfahrbar. Wo keine Phantasie an der Gestaltung der Gruppenbeziehungen wirksam wird, wo die Dynamik dieser Beziehungen nicht beflügelt wird durch Kühnheiten des Versuchs, da bleibt dem einzelnen nur der Rückzug in archaisches Wunschträumen, das ohne große Widerstände in dumpfes Handeln umgesetzt werden kann. Das kritische Bewußtsein wird dann – wie unsere Nazivergangenheit es demonstriert – erfolgreich überrumpelt ... (Alexander Mitscherlich in „Die Unwirtlichkeit unserer Städte“, 1965).

Nostalgische Grundstimmung

... Die rasch fortschreitende Erweiterung des naturwissenschaftlich-technologischen Erkenntnisstandes führte nach dem Zweiten Weltkrieg zu einem nicht minder rasch fortschreitenden Ausbau der industriellen Produktionsverfahren und damit auch zu einem entsprechenden Anstieg der Produktivität. In den Jahren 1952 bis 1962 etwa zeigte der europäische Durchschnitt eine industrielle Produktivitätssteigerung von ca. 100 Prozent, eine Verdoppelung also innerhalb eines Zeitraums von zehn Jahren. Hand in Hand mit diesem sprunghaften Wirtschaftswachstum ging ein verstärkter „Verstädterungs- und Regionalisierungsprozeß“ (Vogel), der im Sog der industriellen Produktionsstätten eine Entvölkerung der Land- und eine Übervölkerung der Stadtregionen nach sich zog. Die physiologischen und psychologischen Auswirkungen des Lebens in verseuchten und verhäßlichten Verdichtungsräumen haben allenthalben und in ständig wachsendem Maße zu emotionalen Fluchtreaktionen geführt. Das Wissen um die Tatsache etwa, daß die Lebenserwartung im Ruhrgebiet ca. zehn Prozent unter und die pathologischen Lungenbefunde in manchen Ballungsgebieten nahezu 100 Prozent über dem Bundesdurchschnitt liegen sowie auch die mannigfachen Implikationen der heute auch empirisch belegten Tatsache, daß die vielbeschworene „Unwirtlichkeit“ (Mitscherlich) unserer Städte der Entstehung von Neurosen jeder Art Vorschub leistet, machen es verständlich, daß die Fluchtperspektiven so manchem Zeitgenossen zum Blick ins Wiesental à la Hans Thoma geraten.
Daß wir angesichts der unaufhörlich gewachsenen und wachsenden Komplexität unserer Lebensverhältnisse nicht mehr erwarten dürfen, die „Kulturlandschaft“ mit den Augen der Landschaftsmaler vergangener Zeiten sehen zu können, ist unabweisbar. Die nostalgische Grundstimmung kann und darf nicht zum kategorischen Imperativ der Raumordnungspolitik erhoben

werden. Andererseits birgt sie ein derart hohes Maß an Einsicht in lebens- und kulturbedrohende Fehlentwicklungen und zugleich auch ein derart hohes Maß an Überlebens- und Gestaltungswillen, daß sie keinesfalls als planungspolitische quantité négligeable betrachtet werden sollte. Das ihr innewohnende emotionale und rationale Widerstands- und Ausgleichspotential ist m. E. unverzichtbar, um die – ungeachtet aller rhetorischen Reduktionen – nach wie vor vorherrschende Expansionsmentalität in erträglichen Grenzen zu halten . . . (P. C. Mayer-Tasch in „Kulturlandschaft in Gefahr", Landeszentrale für politische Bildungsarbeit).

Vorschlag: Übertragen Sie die Formulierungen der Wissenschaftler in Ihre eigene Sprache und versuchen Sie, Argumente durch Beispiele anschaulich zu machen.
Vergleichen Sie den Beitrag „Nostalgische Grundstimmung" mit der Karikatur von Kochan!

Der wissenschaftliche Bericht – eine wichtige Grundlage für die Problemerörterung

Wohnen in der Stadt als Streßfaktor

Alternativen zu Individualverkehr und menschenfeindlichen Hochhäusern gefordert

FREISING – Daß die Stadt mit ihren unterschiedlichen Streßfaktoren, wie Dichte, Lärm, Überreizung, Abgasen und ähnlichem, auf den dort lebenden Menschen einen nachhaltigen Einfluß mit teilweise erheblichen negativen Streßfolgen, wie physische und psychische Störungen sowie Aggressivität, hat, belegt Professorin Liesa Nestmann von der Fachhochschule Flensburg an Hand anschaulicher Beispiele bei einer Veranstaltung der Akademie für Naturschutz und Landschaftspflege in Freising, wo über 60 Wissenschaftler und Fachleute das Thema „Humanökologische Aspekte des Menschen in seiner städtischen Umwelt" diskutierten.
Durch die schädigenden Einflüsse der städtischen Umwelt werde – so Professor Helmut Stickl von der Bayerischen Landesimpfanstalt München – vor allen Dingen das Immunsystem des Menschen erheblich angegriffen, was neben chronischen Infektionen auch beispielsweise das Auftreten bösartiger Tumoren zur Folge haben könne.
Aus kriminalwissenschaftlicher Sicht wurde von Professor Klaus Rolinski von

der Universität Regensburg eine im Auftrag des Bundeskriminalamts angefertigte empirische Studie über „Wohnhausarchitektur und Kriminalität“ vorgestellt, bei der als Ergebnis herauskam, daß ein unmittelbarer Einfluß der Wohnhausarchitektur auf die Höhe der Kriminalität nicht bestehe. Die Wohnhausarchitektur – so wurde betont – beeinflusse jedoch nachhaltig die Entwicklung von Kindern und Jugendlichen, da diese häufig im sozialen Vakuum aufwüchsen.

Alternative Konzepte zur Verbesserung der oft trostlosen Situation in unseren Großstädten legte Gerhard Geissler vom Institut für Umweltwissenschaften und Naturschutz der Österreichischen Akademie der Wissenschaften vor. Der Individualverkehr als eines der Hauptübel müsse vorrangig vermindert werden, dem öffentlichen Verkehr solle Vorrang eingeräumt werden, dem Fahrrad müsse eine Chance in der Stadt geboten werden. Als Alternative zu den als „Nutzmenschenbatterien“ bezeichneten Hochhäusern, die zudem noch äußerst kinderfeindlich seien, wurde verdichteter Flachbau mit drei Stockwerken angeboten, der ein kommunikatives Zentrum beinhalten und den Kindern „Erlebnisräume“ zum „Begreifen“ der Natur bieten müsse.

Nach den Worten von Wulf-Dietrich Rose vom Institut für Baubiologie in Rosenheim sollen Mensch und Haus oder Wohnung, als dritte Haut gewissermaßen, eine Einheit bilden. Beim Bauen müsse unter anderem darauf geachtet werden, daß nur natürliche, unverfälschte Baustoffe verwendet werden, daß der Bauplatz geobiologisch ungestört sei, daß die Innenraumfeuchte optimal sei, daß auf naturgemäße Licht-, Beleuchtungs- und Farbverhältnisse geachtet werde und daß in der Wohnumwelt die natürlichen luftelektrischen Felder wirken können.

Hilfe durch Wohnungspolitik

Durch einen Forschungsbericht werden nun Annahmen und Beobachtungen bestätigt, die in den vergangenen Jahren bereits Ansatzpunkt für neue Aufgabenstellungen in der Städtebaupolitik waren: Die „Stadtflucht“ hält an, und in den nächsten zehn Jahren werden zahlreiche Städte bis zu 15 Prozent ihrer Bevölkerung verlieren, wenn keine wirksamen Maßnahmen ergriffen werden. Die sozialen Schichten der Bevölkerung rücken räumlich immer weiter auseinander. In den Städten droht die Gefahr einer Gettobildung . . . Jedes Jahr verlieren vor allem die großen Städte bis zu einem Prozent ihrer Wohnbevölkerung an das Umland.

Die Bevölkerungsabwanderung betrifft nicht nur die eigentlichen Innenstadtbezirke und die innenstadtnahen Wohngebiete, sondern hat mittlerweile nahezu alle Stadtteile erfaßt . . . Als Hauptursachen für diese Entwicklung nennt die GEWOS-Studie den Mangel an größeren und komfortableren Wohnungen mit einer größeren Anzahl von Zimmern, die fehlenden Möglichkeiten zum Erwerb von Wohneigentum und die geringe Qualität des Wohnumfelds in den Städten. Diese Wohnwerte findet die Stadtbevölkerung kurzfristig nur im Stadtumland. Für die Städte habe diese Entwicklung erhebliche negative Auswirkungen, so etwa eine Unterauslastung innerstädtischer öffentlicher Einrichtungen und Dienstleistungen sowie eine Zunahme des Pendlerverkehrs, der das Wohnumfeld zusätzlich belastet. Für besonders bedenklich hält das Bundesbauministerium eine Entwicklung, die nach der GEWOS-Studie unvermeidlich ist: Durch die „Stadtflucht“ rücken die sozialen Schichten der Bevölkerung immer weiter auseinander. Zur Erfüllung ihrer Wohnwünsche, die in der Stadt nicht

verwirklicht werden können, ziehen jene Bevölkerungsgruppen in das stadtnahe Umland, die sich diesen Schritt finanziell leisten können. Die finanzschwachen Bevölkerungsteile bleiben in der Kernstadt zurück. Daraus folgt nach der Untersuchung langfristig die Gefahr einer Gettobildung mit allen Folgen, die aus dem Ausland hierüber bekannt sind.
Die Studie kommt zu dem Schluß, daß angesichts dieser Entwicklung der Wohnungs- und Städtebaupolitik eine zentrale Bedeutung zukommt und daß Instrumentarien geschaffen werden müssen, um dem nach wie vor starken Wanderungstrend zu begegnen. Vor allem sei es wichtig, auch in den Städten ein ausreichend großes Angebot an geräumigen und komfortablen Wohnungen in einem guten Wohnumfeld für alle Bevölkerungskreise zur Verfügung zu stellen. Hierdurch werde die „Stadtflucht“ zwar nicht gestoppt, doch ein gesellschafts- und sozialpolitisch positiver Effekt dadurch erreicht, daß die Stadt-Umland-Wanderung die Bevölkerung nicht mehr in arm und reich unterteile ... (Süddeutsche Zeitung).

Bemerkung: Die Problemerörterung kann auf die Ergebnisse wissenschaftlicher Untersuchungen nicht verzichten.
Vorschlag: Sammeln Sie derartige Zeitungsausschnitte und stellen Sie sie thematisch zusammen!

Was kann der einzelne gegen die Luftverschmutzung tun?

Achten Sie beim Kauf eines Autos darauf, daß Sie das Modell mit den „saubersten“ Abgasen wählen. Es gibt Autos ohne und mit, mit geringer oder mit weitgehender Abgasentgiftung!
Lassen Sie den Motor nie unnötig im Leerlauf laufen; das ist auch für den Motor besser!
Unterziehen Sie Ihr Auto zweimal im Jahr einem Abgastest (bei Werkstätten und TÜV); das spart auch Ihr Benzin!
Überlegen Sie, ob es immer günstig ist, mit dem eigenen Wagen zu fahren, oder ob es nicht zweckmäßiger und billiger wäre (Gesamtkosten ansetzen!), zumindest manchmal ein öffentliches Verkehrsmittel zu benutzen!
Unterlassen Sie unnötige Spazierfahrten; eine Wanderung ist auch Ihrer Gesundheit förderlich!
Wenn Sie regelmäßig die gleiche Strecke befahren (z. B. zur Arbeitsstelle), so tun Sie sich mit anderen Leuten zusammen, die den gleichen Weg haben – evtl.

abwechselnd! Statt zwei oder gar vier Autos verursacht dann nur noch eines Luftverschmutzung und Kosten!
Lassen Sie die Einstellung Ihres Heizungs-Ölbrenners regelmäßig überprüfen; das hilft Ihnen außerdem, Heizöl zu sparen; setzen Sie sich dafür ein, daß Ihre Gemeindeverwaltung alle Ölheizungen jährlich überprüfen läßt!
Verwenden Sie keine minderwertigen Brennstoffe mit hohem Schwefelgehalt; das schont auch Ihre Heizanlage, Ihr Haus samt Garten und Ihre Gesundheit!
Lassen Sie bei Neu- oder Umbau eine (nahezu schadstofffreie) Erdgasheizung einrichten bzw. wählen Sie Elektro- oder Fernheizung (denn am zentralen Energiegewinnungsort lassen sich die Abgase wesentlich wirkungsvoller reinigen)! Setzen Sie sich in Neubaugebieten für den Bau solcher Heizungsanlagen ein; auch Ihre Atemluft wird dadurch besser!
Verbrennen Sie keine Gartenabfälle! Das gibt nicht nur viel Qualm, sondern nimmt Ihnen auch besten Kompost!
Geben Sie das Rauchen auf, das nachgewiesenermaßen gesundheitsschädlich ist, Krebs und andere Erkrankungen verursacht! Falls es Ihnen nicht gelingt, nehmen Sie wenigstens Rücksicht auf Nichtraucher! (Albert-Skizzen)

Wo sehen Sie Möglichkeiten und Grenzen für den einzelnen, wirksam zum Schutz seiner Umwelt beizutragen?

(Problemerörterung, 10./11. Kl.)

Gliederung:

A. Auch der einzelne Mensch trägt viel zur Verschmutzung der Umwelt bei.
B. Möglichkeiten und Grenzen für den einzelnen, wirksam zum Schutz seiner Umwelt beizutragen:
   I. Die Bereiche der Umweltverschmutzung durch den einzelnen:
      1. Müll:
         a) die Beseitigung des Mülls
         b) die hohe Produktion an Müll
      2. Luftverschmutzung:
         a) durch Autoabgase
         b) durch Heizungen im Haushalt
      3. Lärm
      4. Energieverbrauch
      5. Wasserverschmutzung

II. Die Möglichkeiten des einzelnen, zum Schutz seiner Umwelt beizutragen:
   1. durch Verringerung des Autoverkehrs:
      a) Bildung von Fahrgemeinschaften
      b) verstärkte Benützung öffentlicher Verkehrsmittel
      c) autofreie Tage
   2. durch überlegtes Verhalten im Haushalt
      a) Sparmaßnahmen beim Stromverbrauch
      b) Drosselung der Heizung
      c) sinnvolle Müllbeseitigung
   3. durch Initiativen des einzelnen im allgemeinen:
      a) Verringerung des Lärmpegels
      b) Verhinderung der Wasserverschmutzung
   4. durch Information und Aufklärung der Mitmenschen
   5. durch Beteiligung an Bürgerinitiativen und Demonstrationen.

III. Grenzen zum Schutz der Umwelt für den einzelnen:
   1. durch die Übermacht der Industrie:
      a) Sie ist der größte Verursacher der Umweltverschmutzung
      b) Sie hat starken Einfluß auf die Politiker
   2. durch zu wenig politischen Einfluß
   3. durch zu geringes Verantwortungsbewußtsein und zu wenig Weitblick bezüglich der Auswirkungen der Umweltverschmutzung

C. Der Beitrag des einzelnen zum Umweltschutz ist unbedingt nötig.

Stimmen zum Müllproblem

Den praktischen Rat, den Menschen dadurch zur richtigen Einstellung zum Naturschutz zu bringen, daß man schon bei den Kindern das Organ dafür entwickelt, ist so simpel wie tiefsinnig zugleich – und vermutlich der einzige Weg, zu einer neuen und anderen Bewußtseinshaltung gegenüber der Natur auf breitester Basis zu kommen.

Wenn Konrad Lorenz von seiner Mutter gelernt hat, daß man im Wald keine Papierfetzen wegwirft, ja, daß es gemein und schlecht und böse ist, so etwas zu tun, so wird angesichts einer immer mehr malträtierten Landschaft klar, daß es das potenzierte Papierfetzen-Wegwerfen ist, das den natürlichen Spielraum des Menschen immer mehr einengt – was mit dem Papierfetzen beginnt, hört mit dem abgestellten Autowrack auf ... Der ästhetische Naturschutz, der sich in erster Linie um die Sicherung schöner Naturlandschaft bemüht, hatte bislang die wohl größte Anhängerschaft ... (W. Scharnagl in „Der Dreck, in dem wir leben")

Engagierte Jugend

... Der Vergleich der Dimension – bleiben wir beim Beispiel Abfälle – ist nicht minder interessant: Ein Amerikaner produziert alljährlich mit knapp 900 kg Hausmüll beinahe die dreifache Abfallmenge wie ein Westdeutscher (270 kg/Jahr); und dennoch stellen auch für Amerikaner die bundesdeutschen Müll-Lawinen mit ihren 200 Millionen jährlichen Abfall-Kubikmetern und die 13 Milliarden Mark für Verpackungsmaterial im Jahr respektable Zahlen dar, insbesondere, wenn man erst die Bevölkerungsdichte zum Vergleich stellt: 242 Einwohner je Quadratkilometer in Deutschland stehen nämlich nur 36 in den USA entgegen oder gar kaum zehn Einwohner je Quadratkilometer in Kanada, das eine besonders führende Rolle bei der Anti-litter-Kampagne einnimmt und eine halbe Million organisierter Jugendlicher aufzuweisen hat! ...
Zwei Dinge blieben von den New Yorker Umwelt-Tagen vor allem in fester Erinnerung: Einmal die konsequente Reklame, mit der man die Reinhaltung der Umwelt einer Ware gleich und mit modernstem Werbemanagement verkauft; bestes Beispiel dafür ist eine Grusel-Show im Natural History Museum, die unter dem Motto „Kann die Menschheit überleben" den Besucher einer modernst gemachten Multi-Medien-Darstellung ohne Antwort, aber mit bangem Gefühl entläßt.
Der andere bleibende Eindruck ist zweifelsfrei das enorme Engagement der Jugend, die ihrerseits dazu aufruft, die Alten besser zu erziehen, oder die Gesellschaft anklagt, sie habe die Umweltvergiftung entfesselt, also könne sie diese auch wieder abstellen: „People start pollution, people can stop it." (Hubert Weinzierl in „Blätter für Naturschutz")

Müllhaufen in den Bergen

„Unsere Berge sind im Begriff, Müllhaufen zu werden", klagte der Schweizer Alpenclub. In seinen 160 Hütten, die meist im Hochgebirge liegen, finden im Jahresdurchschnitt 240 000 Übernachtungen statt. Trotz aller Verbundenheit mit der Natur hinterlassen die Bergsteiger dort jährlich rund 150 Tonnen Abfälle. Da dieser Müll sich zu 96 Prozent aus leeren Metallbüchsen, zu einem Prozent aus Glas- und Plastikflaschen und nur zu drei Prozent aus Papier, Pappe und anderem Material zusammensetzt, stapelt er sich langsam zu immer höheren und unangenehmeren Bergen rings um die Hütten. Der Alpenclub will nunmehr bei den großen Hütten eigene Kehrrichtbeseitigungsanlagen bauen lassen und von den anderen Hütten die in Plastiksäcken gesammelten Abfälle mit Hubschraubern ins Tal bringen. (dpa)

Überflüssiger Aufwand

Der übermäßige Verpackungsaufwand sollte die Industrie veranlassen, ein vernünftige Maß zwischen Verpackung und Verpackungsinhalt einzuhalten; denn zuweilen ist der Inhalt weniger wertvoll als die Verpackung, so daß der Anschein entsteht, als ob die Verpackung das Wichtigere und der Inhalt nur von sekundärer Bedeutung sei. Vor allem Mehrfachverpackungen – eine Ware in zwei, drei oder vier Umhüllungen – sind ein überflüssiger Aufwand, der Sorge bereitet. Insbesondere sollte dem Unwesen der Schummelpackungen, die größer sind, als ihr Inhalt rechtfertigt, die oft nur halb gefüllt sind, Einhalt geboten werden . . .
Durch Öffentlichkeitsarbeit könnte auf die Verbraucher eingewirkt werden, den Anfall an Hausmüll zu reduzieren und überhöhten Verpackungsaufwand zurückzuweisen. Letzten Endes müssen die Verbraucher sowohl für die Herstellung wie für den Vertrieb als auch für die Beseitigung der Verpackung bezahlen. So sollten in den Supermärkten nicht mehr Kunststoff-Tragetaschen in beliebiger Menge griffbereit liegen, denn auch sie stellen eine unnötige Erhöhung des Müllanfalls dar. Durch entsprechende Öffentlichkeitsarbeit sollte auf die Hausfrauen eingewirkt werden, wieder ihre Einkaufstaschen zu benutzen. Notwendig ist heute eine Beschränkung des Müllaufkommens und notwendig ist auch eine Förderung der Müllaufbereitungs- und Wiederverwertungsanlagen sowie die Errichtung von Demonstrationsanlagen. Der Bund sollte dabei durch Kredite oder auf andere Weise fördernd wirken . . .

(Prof. Dr. W. Langer)

Umweltschutz ist teuer. Kein Wunder, daß viele Unternehmen als Verursacher von Luft- und Gewässerverschmutzung vom Staat durch Gesetz gezwungen werden müssen, die notwendigen Maßnahmen zu ergreifen. Wenn diese Gesetze strenger und damit kostenträchtiger sind als die Gesetze in den Ländern der Konkurrenz, kann dies einen Wettbewerbsnachteil bedeuten. Andererseits setzt sich immer stärker die Erkenntnis durch, daß Umweltschutz das Ansehen hebt und damit den Absatz fördert.

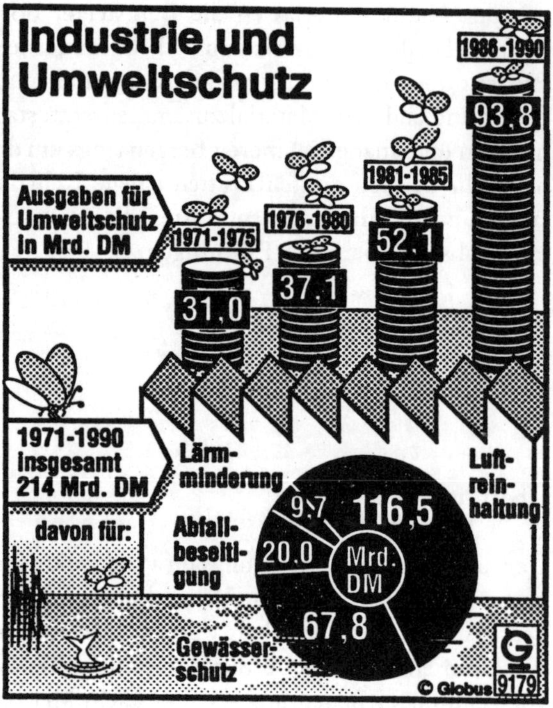

Vorschläge:

1. *Was können Sie der Grafik „Industrie und Umweltschutz" entnehmen? Text!*
2. *Wie können Abfälle im Haushalt vermieden oder verringert werden?*
3. *Welche Teile des Hausmülls lassen sich verwerten?*
4. *Versuchen Sie, den anfallenden Müll zu sortieren in: Wertmüll (verwertbare Abfälle), Problemmüll, Sperrmüll, Restmüll.*

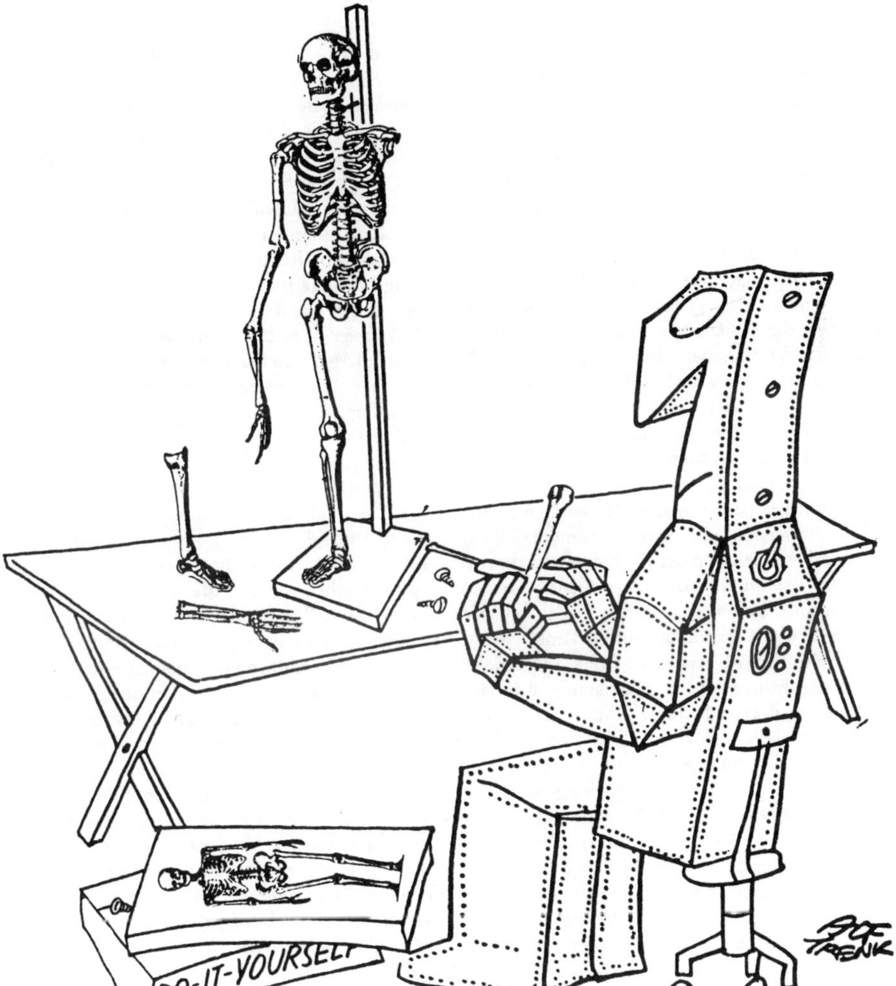

Alf Trenk

Homunculus verkehrt

Wenn Computer denken

Möglichkeiten der „künstlichen Intelligenz“

Können Computer denken lernen? Typische Kennzeichen der menschlichen Intelligenz sind unsere Fähigkeit, Strukturen zu erkennen und zielgerichtet Schlüsse zu ziehen, zu lernen, über uns selbst zu reflektieren und ein Bewußtsein der eigenen Identität zu entwickeln. „Künstliche Intelligenz“ (oder „AI“: Artificial Intelligence) galt lange als ein exotischer Zweig der Informatik, der seine Aufgabe in dem Versuch sah, solche Eigenschaften auf Maschinen zu übertragen, oder genauer gesagt, auf Programme, die die Computer steuern. In letzter Zeit hat sich daneben eine „Angewandte AI“ entwickelt, deren Ziel Resultate von unmittelbarer Nutzanwendung sind. „Expertensysteme“ sind ein Ergebnis dieser Arbeit.

Ein Expertensystem ist ein Computer-Programm, das in begrenztem Umfang die Fähigkeit eines menschlichen Experten imitiert: es besitzt Wissen auf einem bestimmten Gebiet, kann mit seinem Wissen Probleme aus diesem Bereich lösen und – besonders wichtig für den praktischen Gebrauch – es kann seine Schlußfolgerungen begründen und damit deren Glaubwürdigkeit erhöhen. Einige Beispiele: Beim Reaktorunfall in Harrisburg war das Bedienungspersonal durch die Vielzahl der Alarmsignale überfordert. Die Fehleinschätzung der Situation führte zur Beinahe-Katastrophe. Das in der Entwicklung stehende Expertensystem REACTOR will mit seinem Wissen über die äußerst komplexen Systeme in einem Kernkraftwerk eine korrekte Fehlerdiagnose entscheidend beschleunigen. Bereits im praktischen Einsatz ist „Prospector“, ein System zur Gesteinsanalyse bei der Suche nach Rohstoffen. Statt hochbezahlter Geologen können mit Unterstützung des Programms Hilfskräfte die notwendigen Routine-Untersuchungen von Bodenproben vornehmen. Ein weiteres bewährtes Expertensystem ist „Dendral“, das aus Spektraldaten die Struktur von organischen Molekülen bestimmen kann; die Resultate wurden in chemischen Fachzeitschriften veröffentlicht. Die Liste der Anwendungsbereiche für Expertensysteme wird ständig länger und reicht von medizinischen Diagnosen über Börsenanalysen und Planung molekulargenetischer Experimente bis zu militärischen Lagebeurteilungen und Terroristenfahndung.

Ein gemeinsames Kennzeichen dieser Gebiete ist, daß das Fachwissen oft aus unscharfen Erfahrungsregeln besteht, zum Beispiel „Wenn das Auto nicht anspringt und die Scheinwerfer nicht leuchten, dann ist wahrscheinlich die Batterie leer“. Tatsächlich speichern Expertensysteme ihr Wissen oft in Form solcher Wenn-dann-Regeln und können ihre Schlußfolgerungen mit dem Verweis auf die benutzten Regeln unterstützen; der Benutzer kann mit dem Programm an der Computer-Konsole einen „Dialog“ im Fachjargon des jeweiligen Gebiets führen. Diese Kontrollmöglichkeit ist sehr wichtig, denn ein Expertensystem kann immer nur so gut sein wie das in ihm abgelegte Wissen, und das ist der Natur der Sache nach unvollständig. Vor blinder Computer-Gläubigkeit sei also gewarnt: Expertensysteme stehen erst am Anfang ihrer faszinierenden Möglichkeiten, aber eines haben sie jetzt schon mit Menschen gemeinsam, sie können sich irren.

Jack Schiff

Ist das Unbehagen vieler Menschen an der modernen Technik gerechtfertigt?

Gliederung

A. Nicht alle Menschen freuen sich über die moderne Technik.

B. Ist das Unbehagen vieler Menschen an der modernen Technik gerechtfertigt?

I. Ursachen fürs Unbehagen

a) Technik bringt Gefahren für die Gesundheit des Menschen:

1. Leben hastiger, nervliche und körperliche Schädigungen,
2. Unfallquote ist bedenklich gestiegen,
3. unmittelbare Gefahren wie Luftverpestung, Wasserverseuchung, keine Erholungsgebiete.

b) Technik bringt Gefahren für die Lebensbedingungen der Menschen:

1. Mechanisierung, Automatisierung führen zu Arbeitslosigkeit,
2. Neue Medikamente, weniger Menschen sterben, Überbevölkerung der Erde.
3. Eventueller Krieg ist eine Katastrophe.

c) Unbehagen rufen die Änderungen des Wesens des Menschen durch die Technik hervor:

1. Abstumpfung – Gleichgültigkeit
2. Gefahr der Vermassung, kein eigenes Denken
3. Mensch degeneriert, Ordnung unmöglich.

II. Gerechtfertigt sind nicht alle Unbehagen

a) gerechtfertigt sind die, denen Menschen schutzlos ausgeliefert sind,

b) nicht gerechtfertigt sind die Unbehagen, die auf Gründen beruhen, denen der Mensch begegnen kann.

C. Die Technik muß dem Menschen dienen; sie darf ihn nicht beherrschen.

Vorschlag: Verbessern Sie diese Gliederung! Ergänzen Sie fehlende Gedanken!

Die Energievorräte werden knapp. Erörtern Sie Maßnahmen zur Energieeinsparung durch Staat, Wirtschaft und Privathaushalt.

A) ______________________________

B) ______________________________

____

I. Maßnahmen des Staates zur Energieeinsparung:

1. Gesetze zur Energieeinsparung
   a) beim Bauen
   b) im Verkehr
2. Ausbau der öffentlichen Verkehrsmittel
3. steuerliche Erleichterungen für die Anwendung energiesparender Maßnahmen
4. Förderung der Erforschung von energiesparenden Technologien
5. Aufklärung des Bürgers

II. Maßnahmen der Wirtschaft zur Energieeinsparung:

1. Anwendung energiesparender Maßnahmen bei Produktionsabläufen

2. Erforschung und serienmäßige Herstellung neuer Energiesysteme für Heizzwecke
3. Entwicklung energiesparender Verkehrsmittel
4. verstärkte Produktion von langlebigen Konsumgütern

III. Maßnahmen zur Energieeinsparung im privaten Bereich:
1. Anwendung der Gesetze von der Wärmedämmung bei der eigenen Wohnung
2. Kauf von Gütern mit geringerem Energiebedarf
3. vernünftiger Umgang mit allen energieverbrauchenden Geräten
4. stärkere Inanspruchnahme öffentlicher Verkehrsmittel

C) ______________________________

____

Vorschlag: Ergänzen Sie die Gliederung.

Kaum eine Wahl

Von Heinz Heck

Mit der geplanten CO_2-Abgabe soll der Einsatz von Kohle vermindert werden. Doch den Versorgungsunternehmen bleibt kaum eine Wahl: Der Jahrhundertvertrag zwingt ihnen eine bestimmte Kohlemenge auf, der Ausweg in die Kernenergie ist politisch versperrt.

Umweltminister Klaus Töpfer ist zuversichtlich: Obwohl die Bundesregierung die im Weltmaßstab ehrgeizigsten Ziele für die CO_2-Minderung beschlossen hat – bis 2005 mindestens 25 Prozent oder 250 Millionen Tonnen weniger –, erwartet er, daß das Ziel zu erreichen ist. Bestärkt wird er in seiner Überzeugung durch den Umstand, daß die EG-Kommission eine Vorlage erarbeitet, die wesentliche Bestandteile seines Konzepts enthält. Die von Brüssel geplante CO_2-Abgabe ist – je nach Ausgestaltung – sogar höher als Töpfers Obolus.

Er beruft sich auf die Koalitionsvereinbarung vom 16. Januar: „Der CO_2-Ausstoß wird durch eine restverschmutzungsabhängige CO_2-Abgabe belastet, wobei gesetzlich vorgeschrieben wird, das Aufkommen für Maßnahmen des Umweltschutzes, insbesondere des Klimaschutzes, zu verwenden. Dabei ist in jedem Jahr nachzuweisen, daß die Aufwendungen des Bundes für Maßnahmen, die dem Umwelt- bzw. Klimaschutz dienen, mindestens so groß sind wie das Aufkommen der Abgaben. Es sollte so bald wie möglich eine europäische Konzeption für eine Klimaschutzsteuer/-abgabe angestrebt werden, in die die vorgenannten Maßnahmen einzubinden sind."

Aber schon im Februar hat die Koalition milliardenschwere Steuererhöhungen für CO_2-trächtige Energieträger wie Benzin, Heizöl und Erdgas beschlossen. Töpfer will dennoch den Einwand maßgeblicher Finanzpolitiker der Koalition nicht gelten lassen, daß dies den Fortfall der Geschäftsgrundlage für den Koalitionsbeschluß bedeutet und „der Spielraum für eine CO_2-Abgabe verbraucht" sei (Kurt Faltlhauser).

Auch wenn man anerkennt, daß Faltlhausers Einwand mit wachsendem zeitlichen Abstand an Bedeutung verliert, so bleibt immer noch die Frage nach den diskriminierenden Belastungswirkungen der CO_2-Abgabe für Kohlekraftwerke mit einem Anteil von 57 Prozent an der deutschen Verstromung. Hierum geht es im wesentlichen bei Töpfers Gesetzentwurf (Erdöl- und Erdgasverstromung mit sechs Prozent und niedrigem spezifischen CO_2-Anteil sind zu vernachlässigen, während Autos künftig über eine emissionsbezogene Kfz-Steuer und Häuser über eine verschärfte Wärmedämmverordnung erfaßt werden sollen).

Wie kann sich das Elektrizitätsversorgungsunternehmen (EVU), das Stein- oder Braunkohle verstromt, der CO_2-Abgabe entziehen? Durch Minderung des Kohleeinsatzes oder die Flucht in CO_2-freie Energieträger. Der Weg in die Kernenergie ist politisch versperrt, die Regenerativen sind Hoffnungs-, aber keine Energieträger.

Hinzu kommt: Bis einschließlich 1995 unterliegen die EVU durch den Jahrhundertvertrag, in den sie Helmut Schmidt und Otto Graf Lambsdorff 1980 gezwungen haben, sehr hohen Abnahmeverpflichtungen für deutsche Steinkohle. So hoch, daß sie ihre vertraglich verbrieften Importkontingente für spottbillige ausländische

Steinkohle nicht realisieren können. Angenommen, sie würden mit gewaltigen Investitionen den Wirkungsgrad ihrer Kraftwerke steigern und den spezifischen Kohleeinsatz drosseln. Müssen sie trotzdem ihre Vertragsmengen abnehmen?

Auch wird die Mehrbelastung aus deutscher Steinkohle durch die mit dem „Kohlepfennig“ finanzierten Kompensationszahlungen bei weitem nicht ausgeglichen – das ist unbestritten. Umstritten, zumindest merkwürdig ist, ausgerechnet jene EVU, die nach offizieller Sprachregelung mit dem Kohleeinsatz so etwas wie eine nationale Pflicht erfüllen, gleich mehrfach zu bestrafen; genauer gesagt: ihre Stromverbraucher, die die Zeche über den Strompreis zu zahlen haben.

Ein Ausweg könnte sein, die CO_2-Abgabe 1996 einzuführen, nachdem der Jahrhundertvertrag ausgelaufen ist. So dürfte sich aber der Wirtschaftsminister die künftige Kohlepolitik kaum vorstellen. Auch muß der Gesetzgeber den Ausweg in die CO_2-freie Kernenergie wieder sicherstellen. Andernfalls hätte vermutlich jedes EVU beim Bundesverfassungsgericht in Karlsruhe gute Chancen gegen die CO_2-Abgabe – und die Bundesregierung vielleicht im Wahljahr 1994 das Nachsehen.

In den neuen Ländern wird der CO_2-Ausstoß von gut 300 Millionen Tonnen allein durch den drastisch verminderten Braunkohleeinsatz nach Töpfers Schätzung um 120 Millionen Tonnen CO_2 vermindert. Wenn aber die Kfz-Dichte westdeutsche Standards erreicht, sind vier Millionen Pkw mehr auf den Straßen – und mehr CO_2.

Kurzer Atem

Von Hans Baumann

Die heimische Steinkohle wird nach den Vorstellungen der IG Bergbau und Energie der Politik einen heißen Herbst bescheren, falls der Bundeswirtschaftsminister an seinen Plänen festhält, über den Anpassungsplan hinaus Hand an die bestehenden Verträge zum Schutz der Kohle zu legen.

Das ist die Krux: Die Alltagshektik hat auch die Energiepolitik dieses Landes ergriffen. Was vor vier Jahren noch als der Weisheit letzter Schluß galt, ist heute der Schnee von gestern. Der Anpassungsplan, der die Belegschaft des deutschen Steinkohlebergbaus bis 1995 um 45 000 Bergleute und die Förderung um 15 auf 65 Millionen Tonnen schrumpfen lassen sollte, ist längst Makulatur, und von der sauberen Arbeit des sogenannten Mikat-Ausschusses, der eine besondere Reduzierung der heimischen Förderung auf die Gegebenheiten des Marktes detailliert erarbeitet hatte, will anscheinend niemand mehr etwas wissen. Kohle ist in vielen Bonner Köpfen kein Energieträger mehr, sondern ein lästiger Moloch, der Milliarden verschlingt.

Dabei spielt sich am Markt der Energien alles in größeren Zeiträumen ab als in allen übrigen Branchen. Die Niederbringung eines Schachtes dauert mindestens zehn Jahre, die Exploration von Gas- und Ölquellen meist noch länger. Für den Bau eines Kraftwerkes muß einschließlich der Genehmigungsphase auch mit einem Dezennium gerechnet werden, ehe die erste Kilowattstunde der Leitung entnommen werden kann. So lang die Vorlaufzeiten bei Energievorhaben sind, so hoch sind die Kosten.

Hier bleibt keine Investition unter einer Viertelmilliarde Mark, die auch mindestens zehn Jahre warten muß, ehe sie sich amortisiert. Energiepolitik sollte auch den Weltmarkt von morgen im Auge haben. Es unterliegt keinem Zweifel, daß die Internationale Energieagentur in Paris noch vorsichtig schätzt, wenn sie prognostiziert, daß die Steinkohlenförderung der OECD-Länder bis 2005 Jahr für Jahr um 2,2 Prozent zurückgehen wird, daß daher die Steinkohlenimporte sich verdreifachen müssen, um den Energiehaushalt zu decken. Die Ölpreisschocks von 1973 und 1979 haben gelehrt, was Abhängigkeit von Energieimporten bedeutet. Heute schon sind die OECD-Länder zu 59 Prozent von Öleinfuhren abhängig. Im Jahr 2005 werden es 70 Prozent sein. Wollen sich die Industrienationen auch bei der Kohle abhängig machen?

Der Einwand, daß die Lagerstätten der Kohle in der Welt breit gestreut seien und so die Gefahr eines Embargos gegen Null tendiere, ist zwar zutreffend. Er läßt aber die Welt-Energiesituation von morgen außer acht. Die Welt-Energiekonferenz hat ermittelt, daß der Primärenergiebedarf der Erde bis 2005 um 43 Prozent auf insgesamt rund 18 Milliarden Tonnen steigen wird und daß dieser Mehrbedarf, der vornehmlich in den Entwicklungsländern entstehen wird, fast ausschließlich von der Kohle gedeckt werden muß. Das Jahr 2005 ist in nur 14 Jahren erreicht. Wird die Zeit reichen, um den Steinkohlenbergbau so schnell auszubauen?

Der Kohle wird also weltweit in nur gut einem Jahrzehnt eine heute noch nicht definierbare Rolle zufallen. Immerhin sollen in 14 Jahren 1,44 Milliarden Tonnen mehr gefördert werden als heute. Diese Aufgabe will nicht nur technisch bewältigt werden, die Menschheit muß sie auch finanzieren. Die Bergtechniker haben größte Zeifel, ob diese Mammutaufgabe gelöst werden kann. Sicher ist aber, daß diese zusätzlichen Mengen nicht mehr zu Südafrikapreisen von heute, also um 100 Mark für die Tonne Kesselkohle, gefördert, geschweige denn angeboten werden können.

Auch ein Blick auf die Kohleförderländer, die für den Export in Frage kommen, zeigt, daß Vorsicht geboten scheint. Der größte Anbieter am Weltmarkt, Australien, wird vollauf damit beschäftigt sein, den Bedarf im asiatisch-pazifischen Raum zu decken, wenn der Run auf Kohle einsetzt. Der zweitgrößte Kohleexporteur, die USA, haben gerade strenge Umweltschutzgesetze erlassen, die die Kraftwirtschaft zwingen werden, verstärkt die „saubere“ Kohle von der Ostküste einzusetzen, jene Kohle also, die Westeuropa zur Zeit noch importiert.

Die Sowjetunion und auch Polen beklagen sinkende Förderung. Wahrscheinlich muß sich der Westen erst einmal mit Kapital engagieren, um längerfristig von dort bedient werden zu können. Südafrika, der bedeutendste Lieferant von Kesselkohle für Europa, kämpft zur Zeit mit Produktions- und Transportkosten. Für eine höhere Förderung müßte die Infrastruktur kräftig ausgebaut werden. Der Hinweis auf China bringt noch keine Kohlen. Das Land ist ein High-absorber, wie es im Fachjargon heißt, es hat zwar gigantische Vorräte, doch der Eigenbedarf wächst schneller als die Förderung. Zudem ist der Fachwelt bekannt, daß China und Indonesien bisher Probleme hatten, wenn sie mengenmäßig und qualitativ ihren vertraglichen Verpflichtungen nachkommen sollten.

Energiepolitik braucht einen langen Atem. Das müssen auch die dafür zuständigen Politiker beherzigen, bevor sie Beschlüsse fassen, die gerade eine Industrienation morgen hart treffen können. Dann werden die dafür verantwortlichen Politiker wahrscheinlich längst nicht mehr im Amt sein.

Aufklärungstexte der Stromversorgungsunternehmen

Durch umweltverträgliche Stromerzeugung und den sparsamen Umgang mit Rohstoffen leisten wir heute einen wichtigen Beitrag zur Begrenzung der Umweltbelastung.
Das Staubproblem haben wir bereits in den „Sechzigern" bereinigt. Die Stickoxide wurden auf ca. 20% der ursprünglichen Menge reduziert. Und die Schwefeldioxid-Freisetzung beträgt heute nur noch 15% der Menge des Jahres 1982.
Was bleibt, ist das Kohlendioxid, dessen Ausstoß wir aber durch sparsamen Rohstoffverbrauch mindern. Zum Beispiel erzeugen wir heute doppelt soviel Strom aus der gleichen Menge Kohle wie in den „Fünfzigern".
Darüber hinaus schonen wir Umwelt und Rohstoffe, indem wir rund ein Drittel des deutschen Stroms aus Uran herstellen. In Kernkraftwerken mit hohem technischem Standard. So sicher, daß sich ihr Betrieb verantworten läßt. Ohne die bei der Verbrennung von Kohle, Öl und Gas entstehenden Schadstoffemissionen. Allein dadurch wird jährlich die Freisetzung von rund 150 Millionen Tonnen CO_2 vermieden.
Mit Wasserkraft, Sonne und Wind setzen wir schließlich auch erneuerbare Energien ein. Sie decken bereits 5% des Strombedarfs.
Strom aus vielen Quellen. Wer seine Erde schont, nutzt auch die Kernkraft.

Ihre Stromversorger

Die einen fordern den Ausstieg aus der Kernenergie. Die anderen sehen im Strom aus Uran die einzige reale Möglichkeit, mit den sich verschärfenden Energie- und Klimaproblemen der Welt langfristig fertig zu werden.
Bleiben wir realistisch. Je mehr Menschen auf der Erde leben, desto größer wird der Energie- und Strombedarf. Natürliche Kraftquellen wie Wasser, Sonne und Wind können ihn allein nicht decken. In Deutschland zum Beispiel beträgt ihr Anteil an der Stromversorgung heute trotz großer Anstrengungen nur 5 Prozent. Daher sind wir auf Strom aus Kohle und Kernkraft angewiesen. Auf Kernkraft schon deshalb, weil wir auch den Ausstoß von Kohlendioxid in die Erdatmosphäre reduzieren müssen. Mit Energiesparen allein ist das nicht zu schaffen.
Es ist wichtig, daß wir zu einem energiepolitischen Miteinander zurückfinden: Die Stromerzeugung muß so sicher, preiswert, umweltverträglich und effizient wie nur möglich erfolgen – unter Nutzung aller verfügbaren Energiequellen.

Wenn wir die Energieprobleme der Zukunft meistern wollen, dürfen wir beim Thema Kernkraft nicht abschalten.

Ihre Stromversorger

Badenwerk Karlsruhe · Bayernwerk München · Elektromark Hagen · EVS Stuttgart · HEW Hamburg · Isar-Amperwerke München · Neckarwerke Esslingen · PreussenElektra Hannover · RWE Energie Essen · TWS Stuttgart · VEW Dortmund

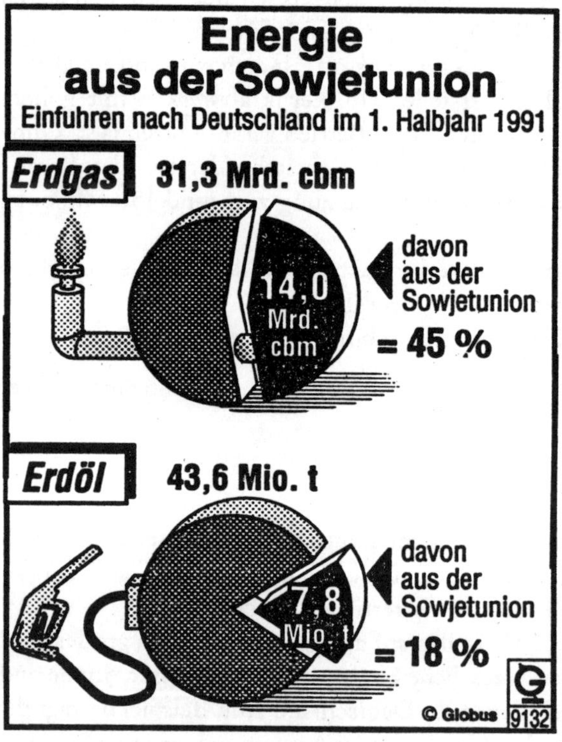

Mit der Vereinigung der beiden deutschen Staaten ist die Sowjetunion der wichtigste Energielieferant Deutschlands geworden. Beim Erdgas ist der Anteil der UdSSR an den Einfuhren von 41 auf 54 Prozent gewachsen, und beim Erdöl hat er sich auf 18 Prozent verdoppelt. Moskau hat sich bisher stets als zuverlässiger Lieferant erwiesen, zumal es die dabei erlösten Devisen dringend braucht. Nach dem Zerfall des Sowjetimperiums wird man in dieser Hinsicht jedoch kritische Fragen stellen müssen.

Wolter

Erneuerbare Energiequellen

Mitte August 1981 fand in Nairobi die erste UN-Konferenz über „Erneuerungsfähige Energiequellen“ statt.

Als „neue und erneuerungsfähige Energie“ (so das Thema der UN-Konferenz in Nairobi) werden 14 Energiequellen betrachtet:

1. Öl aus Schiefergestein
2. Öl aus Teersand,
3. Torf,
4. Erdwärme,
5. Wind,

Demgegenüber scheint der „Welt-Energie-Ausblick“ des Esso-Konzerns recht bescheiden:
Diese Studie sieht im Jahr 2000 lediglich eine Deckung von 8% des **Weltenergie-Bedarfs** durch erneuerbare Energiequellen:
6% durch Wasserkraft,
1,3% durch Biomasse,

6. Wasser
7. Biomassen samt Forst- und Landwirtschaftsabfällen,
8. Feldfrüchte mit hohem Energie- oder Zuckergehalt,
9. Dung und menschliche Fäkalien,
10. Brennholz,
11. Holzkohle,
12. Energie von Temperaturunterschieden im Meerwasser,
13. Wellen und Gezeiten der Meere,
14. Zugtiere.

Diese „neuen und erneuerungsfähigen“ Energiequellen decken nach Angaben des Generalsekretärs der Konferenz, Enrique Iglesias (Uruguay), bislang etwa 15–17% des Weltenergiebedarfs. Bei den **Entwicklungsländern** machen sie allerdings 50% des Energiebedarfs aus.

Ganz anders in den **USA.** Aus einer 110seitigen Studie zur UN-Konferenz in Nairobi geht hervor, daß die USA derzeit ihren Energiebedarf allenfalls mit 5% aus erneuerbaren Energiequellen decken. Diese 5% setzen sich zusammen aus

- Nutzung der Wasserkraft (3%)
- Nutzung von Holz zur Raumheizung und aus der Verwertung von Holzabfällen (2%)

Im Jahre 2000 wollen die USA immerhin 20% ihres Energiebedarfs aus erneuerungsfähigen Energiequellen decken.

0,7% durch Sonnenenergie,
0,03% durch Windenergie.

Für **Europa** rechnet diese Studie bei dem Ausbau der erneuerbaren Energie im wesentlichen mit einer Steigerung der Sonnenenergie, die allerdings hauptsächlich aus der Nutzung erwärmter Umgebungsluft und weniger aus unmittelbarer Sonneneinstrahlung (wegen zu geringer Sonnenscheindauer) genutzt wird. Ein höherer Nutzungsgrad der Wasserkraft ist in Europa wegen der vielen bereits vorhandenen Wasserkraftwerke kaum zu erwarten.

Wie gering der Stellenwert erneuerbarer Energie in der internationalen Energiediskussion noch bis vor kurzem war, zeigt auch die Tatsache, daß sich die 11. **Weltenergiekonferenz** vergangenes Jahr in München erstmals (!) ausführlich mit den erneuerbaren Energiequellen befaßte.

Immerhin haben aber die 7 Regierungschefs während des **Weltwirtschaftsgipfels** in Ottawa den erneuerbaren Energie-Arten Raum in ihrer Schlußerklärung eingeräumt: „Wir beabsichtigen, auch dafür zu sorgen, daß wir in größtmöglichem Umfang Quellen regenerierbarer Energie entwickeln, wie beispielsweise Solarenergie, geothermische und Bioenergie.“

Bernd Scholz

Umwelt-Risiken verschiedener Energieträger

Energieträger	Umweltbelastungen bzw. Umweltauswirkungen
Fossile Brennstoffe: Steinkohle, Braunkohle, Erdöl, Erdgas	Schadstoffemission (Kohlendioxid, Kohlenmonoxid, Stickstoffoxide, Schwefeloxide, Organische Gase und Dämpfe, Feststoffpartikel, Schwefel- und Halogen-Wasserstoffe und sogar auch natürliche radioaktive Stoffe)
	Abwärme
	Lärm
	Bergschäden (beim Bergbau)
	Zerstörung der Landschaft (durch Halden, Verlust von hochwertigen Landschaftsflächen, Veränderung des Grundwasserspiegels)
	Schädigung der Meereslebewesen durch Ölunfälle
Kernenergie: Uranerzgewinnung, Urananreicherung, Brennstoffherstellung, Betrieb, Entsorgung	Emission von radioaktiven Stoffen in Luft und Wasser
	Radioaktive Verseuchung im Falles eines Unfalles
	Abwärme
Erneuerbare Energiequellen:	
Biomasse (Holzabfälle, Stroh, Biogas)	Kohlendioxid, Stickstoffoxide, organische Dämpfe, Geruchstoffe, Staub, Ruß, Teer (im Vergleich zu fossilen Energieträgern keine grundsätzlichen Umweltprobleme)
Windenergie	Vor allem Geräusche, Infraschall, Beeinträchtigung des Landschaftsbildes, Verletzung von Vögeln

Wasserkraft	Zerstörung der natürlichen Flußlandschaften, Wandel im Stoffhaushalt und in der Organismenbesiedlung der Gewässer (aufs Ganze gesehen nur ökologische Schäden)
Solarkraftwerke	Veränderung der örtlichen Ökosysteme, da große Flächen z. B. mit Spiegeln bedeckt werden müssen. Indirekte Umweltbelastungen durch den großen Materialaufwand wie Stahl, Beton, Glas, Kupfer. Klimatische Veränderungen durch die Bedeckung großer Wüstenflächen (noch wenig über alle möglichen Zusammenhänge bekannt) mit Spiegeln.

Das Energie-Problem aus der Sicht einer Auto-Firma

Es ist noch gar nicht so lange her, daß die Menschen jede Energiequelle nutzten, die es gab.

Da gab es Windmühlen und Wassermühlen, Dampfmaschinen in Schiffen und Zügen und Maschinen aller Art, auch jene, die mit Holz oder Kohle oder Koks oder Wasser angetrieben wurden und Elektrizität herstellten. Da gab es Heizungen, die mit Holz, Torf, Braunkohle oder Steinkohle funktionierten.

Erdöl spielte fast keine Rolle in diesen Bereichen. Selbst vor 30 Jahren noch nicht.

Heute ist das natürlich anders. Der Fortschritt hat Erdöl zur Primärenergie Nr. 1 gemacht.

Und das funktionierte ein paar Jahrzehnte lang auch ganz gut. Denn Erdöl war attraktiv. Es war sauber und billig und für alles zu gebrauchen.

Dann aber kam es zur Erdöl- und damit zur Energiekrise. Sie ist deshalb so gravierend, weil Erdöl immer schneller verbraucht wurde.

Endlich setzte sich die Einsicht durch, daß die Erdölbestände endlich sind. Daß wir uns auf Erdöl allein nicht mehr verlassen dürfen.

Deshalb wird Erdöl überall eingespart. Auch beim Auto, obwohl in anderen Bereichen viel mehr viel leichter eingespart werden kann.

Der ganzen Automobilindustrie ist die Notwendigkeit klar, so viel zu sparen wie möglich.
So bauen wir zum Beispiel jetzt die neue S-Klasse und die Motoren der neuen Vierzylindergeneration, die bei mehr Leistung mit bis zu 13 Prozent weniger Kraftstoff auskommen. Das ist immerhin ein guter Anfang.
Außer diesen modernen Motoren und der Tatsache, daß Benzin gegenüber Elektrobatterien oder Wasserstoff oder Alkoholen die weitaus beste Energiedichte aller bekannten Kraftstoffe hat und so für Automobile nach wie vor der wirtschaftlichste Treibstoff bleibt, haben wir trotzdem jetzt schon Motoren für alternative Kraftstoffe, die nicht aus Erdöl hergestellt werden.
In manchen Ländern zum Beispiel kommt besonders viel Steinkohle oder Braunkohle vor. In anderen wiederum besonders viel Erdgas oder Biomasse, wie Zuckerrohr.
Aus all jenen Energiequellen lassen sich Kraftstoffe herstellen, wie synthetisches Benzin oder Alkohole wie Methanol oder Äthanol. Und mit all diesen Kraftstoffen, teils rein, teils gemischt, laufen unsere Motoren schon seit Jahren. Und wenn jedes Land den für seine Verhältnisse günstigsten Kraftstoff herstellen kann, können wir auch die Motoren dafür liefern.
So wird manches Land, auch Deutschland, zunehmend unabhängiger vom Erdöl.
Wir müssen wieder lernen, jede Energiequelle zu gebrauchen und einzusetzen. Auch wenn das zunächst hohe Investitionskosten verursacht, weil die Entwicklung und die Herstellung alternativer Kraftstoffe, wegen des nun mal so billig gewesenen Erdöls, seit Jahrzehnten in allen Ländern der Welt vernachlässigt wurde.
Wir sind auf jede Energiequelle angewiesen wie in alten Zeiten.
Aber mit modernen Methoden können wir für jeden Zweck mehr aus jeder machen.
Jeder, der Energie braucht und gebraucht, kann, muß und wird dazu beitragen. Denn wir alle haben keine Alternative, als jede Alternative zu nutzen. Die von gestern, die von heute und die von morgen.

Alles spricht für die Kernenergie – 97 Meiler sind im Bau

Von ADOLF HÜTTL

Energiestrategien müssen langfristig angelegt werden. Kraftwerke, die heute geplant und Ende des Jahrzehnts fertiggestellt werden, müssen bis zum Jahr 2040 arbeiten. Dieser Zeitpunkt ist gar nicht so weit entfernt, wie es scheint: Wer heute geboren wird, ist dann nicht einmal 50 Jahre alt. Vor diesem Hintergrund ist zu fragen: Brauchen wir die Kernenergie? Tatsache ist:

- Die Erdbevölkerung wächst explosionsartig. Aus den 5,3 Milliarden heute können bis zur Mitte des nächsten Jahrhunderts zehn Milliarden Menschen werden. Der Weltenergiebedarf steigt damit zwangsläufig gewaltig.
- Drei Viertel der Weltbevölkerung sind heute unterversorgt. Das kann und wird nicht so bleiben. Ihre Chancen auf bessere Lebensverhältnisse hängen auch vom „Grundnahrungsmittel" Energie ab. Wenn wir diese Situation nicht verbessern, droht uns ein Nord-Süd-Konflikt auf der Welt, und dies nicht irgendwann, sondern bald.
- Die fossilen Energierohstoffe Kohle, Erdöl und Erdgas sind erschöpfbar – wann auch immer – und wachsen nicht nach. Wir verbrauchen heute pro Jahr weltweit fossile Brennstoffe in einer Menge, für die die Natur durch Photosynthese über 500 000 Jahre lang Sonnenenergie speichern mußte.
- Die Gefahr nicht rückgängig zu machender Klimaveränderungen durch den Treibhauseffekt läßt es geboten erscheinen, den Einsatz fossiler Energieträger und den damit unweigerlich verbundenen CO_2-Ausstoß weltweit möglichst nicht zu sehr wachsen zu lassen, sondern auf lange Sicht wieder zu begrenzen.

Nur wenn wir alle verfügbaren und noch entwickelbaren, aber auch bezahlbaren Energiequellen nutzen, kann es gelingen, eine wachsende Weltbevölkerung ausreichend mit Energie zu versorgen und das Nord-Süd-Gefälle auf der Welt zu entschärfen. Und nur wenn wir auch alle nichtfossilen Energiequellen, nämlich Kernenergie, Wasserkraft, Sonnenenergie und Windenergie, entsprechend ihren Einsatzmöglichkeiten nutzen und zugleich noch viel sparsamer und viel effizienter mit Energie umgehen, kann es gelingen, im Zielkonflikt zwischen ausreichender Energieversorgung und tragbarer Umweltbelastung akzeptable Lösungen zu finden. In diesem Sinne gibt es für alle Energiequellen nur ein Sowohl-Als-auch und nicht ein Entweder-Oder. Es gibt keine „alternativen" Energiequellen, wie eine unglückliche Sprachbildung es bisweilen glauben machen will.

Die Kernenergie nimmt hier keine Sonderstellung ein. Sie ist nicht die Lösung des Klimaproblems, denn die eine, große Lösung gibt es nicht. Sie kann aber sehr wohl einen größeren Beitrag leisten als heute, auch wenn ihr Einsatzschwerpunkt in den Industrieländern gesehen werden muß. Bei einem Verzicht auf Kernenergie in diesen Ländern wäre die Lösung der weltweiten Energie- und Umweltprobleme jedenfalls noch wesentlich schwieriger.

Unrealistisch wäre es auch zu glauben, für die künftige Energieversorgung könne auf fossile Energieträger, insbesondere auf Kohle und Erdgas, weitgehend oder gar vollständig verzichtet werden. Durch Erhöhung des Wirkungsgrades und durch Einsatz neuer Technologien wie kombinierte Gas- und Dampfturbinen-Prozesse (GUD) können aber der Brennstoffverbrauch und damit CO_2-Emissionen pro erzeugte Kilowattstunde bei fossilen Kraftwerken weiter reduziert werden. Die gekoppelte Erzeugung von Strom und Wärme in Heizkraftwerken mit Dampfturbinen oder in Blockheizkraftwerken mit öl- oder gasbefeuerten Kolbenmotoren führt auch zu einer Steigerung des Nutzungsgrades der eingesetzten Brennstoffe. Gegenüber der getrennten Erzeugung von Strom und Wärme liegt der energetische Nutzungsgrad der Kraft-Wärme-Kopplung beim 1,5fachen. Dieser Vorteil gilt aber nur, wenn der Strom- und Wärmebedarf das ganze Jahr über nahezu synchron verlaufen, was leider häufig nicht der Fall ist.

Mit einem beträchtlichen Forschungs- und Entwicklungsaufwand hat Siemens/KWU die Emissionen von Gasturbinen und von Dampfkraftwerken vermindert und die Wirkungsgrade gesteigert. Bei GUD-Kraftwerken konnte der Wirkungsgrad bis auf 54 Prozent erhöht werden. An der Verwirklichung eines GUD-Kraftwerkes mit vorgeschalteter Kohlevergasung wird intensiv gearbeitet, nun auch Kohle (statt bisher nur Öl oder Gas) für Gasturbinenprozesse umweltfreundlich einsetzen zu können. Die Ausschöpfung dieses Potentials an Primärenergie-Einsparung sowie Umwelt- und Klimaentlastung ist um so wichtiger, als die fossilen Brennstoffe noch auf lange Sicht in der Weltenergieversorgung dominieren werden.

Mit über 400 Kernkraftwerken leistet die Kernenergie schon heute einen wichtigen Versorgungsbeitrag: Weltweit werden 17 Prozent der elektrischen Energie aus Kernkraft erzeugt, also nicht viel weniger als aus Wasserkraft (22 Prozent). In der EG liegt der Versorgungsbeitrag der Kernenergie sogar bei 34 Prozent. Gegenüber fossilen Energiequellen bringt die Nutzung der Kernenergie weltweit eine CO_2-Entlastung von rund 1,8 Milliarden Tonnen jährlich.

In den alten Bundesländern Deutschlands sind 20 Kernkraftwerke in Betrieb, die einen Anteil von fast 40 Prozent an der öffentlichen Stromversorgung haben. In den neuen Bundesländern waren fünf Kernkraftwerke in Betrieb, die einen Versorgungsbeitrag von knapp zehn Prozent erbrachten. Diese fünf Kernkraftwerke sind 1990 aus Sicherheitsgründen abgeschaltet worden und werden auch nicht wieder in Betrieb genommen, da eine Nachrüstung auf westliches Sicherheitsniveau wirtschaftlich nicht möglich ist.

Derzeit sind 97 Kernkraftwerke weltweit im Bau, und für 16 Kernkraftwerke liegen Bestellungen vor. Viele Länder setzen in Zukunft weiter oder wieder verstärkt auf einen Ausbau der Kernenergie. Ein Umdenkprozeß in Sachen Kernenergie hat eingesetzt; Neubaupläne werden aufgelegt und die „Ausstiegsbeschlüsse“ wie etwa in Schweden revidiert.

Eine dauernde Grundsatzaufgabe der Kernenergie ist der sichere Betrieb bestehender Anlagen und bei erkennbarem Bedarf auch ihre Nachrüstung im Rahmen der Weiterentwicklung der Sicherheitstechnik. Beides haben wir in Deutschland – im internationalen Vergleich – zu einer hohen Perfektion entwickelt. Wir müssen nun darauf dringen, daß international vergleichbare Standards zur Anwendung kommen und insbesondere die Kernkraftwerke sowjetischen Ursprungs in Osteuropa so ertüchtigt werden, daß schwerwiegende Störfälle mit Sicherheit vermieden werden. Bei den wirtschaftlichen Gegebenheiten in Osteuropa werden substantielle Sicherheitsnachrüstungen aber kurzfristig nur zustande kommen, wenn aus dem Westen entsprechende Mittel zweckgebunden zur Verfügung gestellt werden. Bei der von der EG angestrebten Energie-Charta muß deshalb sichergestellt werden, daß ein Teil der Devisen, die den osteuropäischen Ländern für Erdöl-, Erdgas- und

Stromlieferungen zufließen sollen, dann auch gezielt für die Nachrüstung des dortigen Kernkraftwerksparks eingesetzt wird.
Mit den zuletzt in Deutschland in Betrieb genommenen, von Siemens/KWU gebauten sogenannten Konvoi-Kernkraftwerken Isar 2, Emsland und Neckarwestheim 2 ist der derzeit höchste Sicherheitsstandard erreicht worden, abgesichert durch vielfältige Bau- und Betriebserfahrung sowie durch das besonders strenge Begutachtungs- und Genehmigungsverfahren in Deutschland.
Bei diesem hohen Stand der Sicherheitstechnik lassen sich die Auswirkungen auch der schwersten Störfälle, die realerweise möglich sind, auf die Anlage selbst beschränken. Dennoch bleibt die technische Entwicklung nicht stehen. Neben verbessertem Bedienungskomfort und erhöhter Wirtschaftlichkeit stehen auch noch Weiterentwicklungen der Sicherheitstechnik auf dem Programm, sowohl hinsichtlich der noch perfekteren Störfallvermeidung als auch der weiteren Absenkung des sogenannten Restrisikos. Seit 1989 arbeiten Siemens/KWU und Framatome in der Druckwasserreaktortechnik zusammen und konzipieren gegenwärtig einen gemeinsamen Reaktor, der in Deutschland und Frankreich gleichermaßen genehmigungsfähig sein wird und zugleich weltweit als „europäischer Reaktor“ zum Einsatz kommen soll.
Reaktorsicherheit, Endlagerung radioaktiver Abfälle und Sicherung gegen militärischen Mißbrauch (Non-Proliferation) sind aus meiner Sicht die „Knackpunkte“ in der politischen Diskussion um die Kernenergie. Hinsichtlich der Reaktorsicherheit hat die Industrie – in Zusammenarbeit mit staatlichen Forschungsstellen – ihre Hausaufgaben gemacht. Tragfähige Einwände lassen sich auf diesem Gebiet gegen die Kernenergie kaum finden.

Was die Endlagerung von nuklearen Abfällen betrifft, die übrigens auch für Abfälle aus der Nuklearmedizin nötig ist, liegt die Hauptverantwortung für das künftige Vorankommen der Genehmigungsverfahren zu den überaus sinnvollen Endlagerprojekten Konrad und Gorleben bei den politischen Parteien. Die Opposition verhindert die Realisierung dieser Endlagerstätten, um damit die Unlösbarkeit der Entsorgung zu beweisen. Sofern in diesem Lager die Bereitschaft zu einem energiepolitischen Grundkonsens genügend Boden gewinnt, dürfte sich auch die gegenwärtige Blockade der Entsorgungsprojekte überwinden lassen. Es steht für mich jedenfalls außer Zweifel, daß sich das Endlagerproblem aus technischer Sicht lösen läßt, alle erforderlichen Techniken bereits verfügbar sind und damit keine besonderen Risiken verbunden sind.
Das Ziel der Non-Proliferation ist in Deutschland, wie in der westlichen Welt überhaupt, unumstritten. Sogenannte Safeguards-Systeme überwachen alle einschlägigen kerntechnischen Aktivitäten in Deutschland. Ein Verzicht auf Nutzung der Kernenergie in Deutschland brächte keinerlei Nutzen für das Ziel der Non-Proliferation von Atomwaffen im internationalen Rahmen, solange andere Staaten weiter Nukleartechniken betreiben. Ich hoffe im übrigen, daß die gegenwärtigen geopolitischen Veränderungen die Bedeutung des Atomwaffenproblems relativieren.
Hier muß ich es mit diesen wenigen Stichworten bewenden lassen. Ich meine, daß in der nächsten Zeit ein Versuch lohnt, in Deutschland zu einem rationalen energiepolitischen Konsens zu kommen, der einen adäquaten Beitrag der Kernenergie zur Lösung der globalen Energie- und Umweltprobleme gestattet.
Der Philosoph Hans Jonas hat in seinem Buch „Das Prinzip Verantwortung“ die

Maxime aufgestellt, daß in der heutigen Welt eine Handlung zu unterlasen sei, wenn begründete Zweifel bezüglich möglicher Auswirkungen bestehen. Dem ist entgegenzuhalten, daß auch das Unterlassen von Handlungen Konsequenzen hat. Man muß mit aller Sorgfalt die Frage diskutieren, welche Risiken wir eingehen, wenn wir den trotz des im Westen erreichten hohen Sicherheitsniveaus nicht völlig auszuschließenden Risiken der Kernenergie dadurch aus dem Weg gehen wollen, daß wir auf Kernenergie als Beitrag zur Lösung der globalen Energie- und Umweltprobleme verzichten.

Kann man nur für oder gegen Kernenergie sein?

In unserer technischen Welt gibt es hier und da Entwicklungen, für die man sich begeistern und bedingungslos im Sinne eines „Pro" einsetzen kann. Es gibt ebenso technische Maßnahmen, die nicht zu tolerieren sind und ein hartes „Contra" herausfordern. Zu der ersten Gruppe würde ich rechnen: Rekultivierungsmaßnahmen verödeter Landstriche, Wassergewinnung in ariden Gebieten, bessere Anpassung unserer Nutzpflanzen an ihre Umgebung, Humanisierung des industriellen Betriebes, Nutzbarmachung des Luftstickstoffes für das Pflanzenwachstum anstelle immer weiter gesteigerter künstlicher Düngung und auch die Weiterentwicklung der Sonnenenergietechnik. Klar zu verneinen ist auf der anderen Seite die ständige Weiterentwicklung von Zerstörungswaffen (an der Spitze die Nuklearwaffen), die fortschreitende Zersiedlung noch halbwegs natürlicher Landschaften, die unbegrenzte Erweiterung des Individualverkehrs, der künstliche Eingriff in die biologische Grundkonstitution des Menschen durch Genmanipulation – um nur einige Beispiele zu nennen.

Wie die meisten Technologien gehört die Kernenergie in keine der beiden Gruppen. Ihre Grenzen und Gefahren liegen vor allem in der Überschreitung eines vernünftigen Maßes, räumlich und zeitlich gesehen. Sie wegen des Zusammenhanges mit der Herstellung von Nuklearwaffen zu verbieten, wäre dasselbe wie ein Verbot der Erzeugung von Impfstoffen oder von Pestiziden, weil diese Technologien enge Verwandtschaft mit der Herstellung biologischer und chemischer Waffen besitzen.

Wenn die Kernenergie in den nächsten Jahrzehnten weiter genutzt und in kontrollierter Weise ausgebaut wird, kommt alles darauf an, wie man es macht. Gewaltsame Einschnitte – wie ein prinzipieller Verzicht auf Wiederaufbereitung oder auf die bessere Nutzung des Kernbrennstoffes durch Brutreaktoren – sind sicher keine Lösung. Wiederaufbereitungsanlagen gibt es fast ebensolange wie Kernreaktoren. Es handelt sich hier also nicht um eine noch unerprobte Technologie. Die Erfahrungen mit Brütern sind sehr viel weniger umfangreich, und die Gefahr von Störungen und Unfällen ist hier sicher höher als bei den jetzt in Betrieb befindlichen Kernkraftwerken. Aber auch der Brüter stellt keine prinzipiell neue Technologie dar, die völlig aus dem Rahmen unserer modernen Technik herausfiele. Beschränkung im Umfang, auch über lange Zeiten hin, ist auch hier das wichtigste Gebot.

Die größte Gefahr besteht darin, den Charakter der Kernenergie als einer Übergangslösung aus dem Auge zu verlieren. Nachdem gerade auf dem Energiesektor vielversprechende Ansätze für Langzeitlösungen unter Nutzung unerschöpflicher oder erneuerbarer Primärquellen bestehen, muß vermieden werden, daß sich ein riesiges Kernenergiesystem so etabliert, daß am Ende eine irreversible Situation geschaffen ist. (In gewisser Weise ist dies z. B. heute auf dem Verkehrssektor der Fall.) Der Weg zu den genannten Lösungen würde aber durch Energiekrisen und daraus erwachsende Wirtschaftskrisen vermutlich für immer blockiert.

Es ist in der deutschen Öffentlichkeit vielleicht nicht hinreichend bekannt, daß eine Anzahl von Entwicklungsländern, die keine oder zu wenig eigene Primärenergiereserven besitzen, entschlossen ist, Kernenergie zu nutzen, z. T. sogar schon nutzen. Der dadurch bestehende Exportmarkt wird von unseren Nachbarländern ebenso wie von den USA und Kanada sehr wohl wahrgenommen. 1976 lag die Bundesrepublik im nuklearen Exportgeschäft noch an zweiter Stelle. Inzwischen haben andere Länder aufgeholt; und wesentliche Einschränkungen unserer eigenen Kernenergietechnik würden in Kürze zum völligen Verlust dieser Exportchancen führen. Wiederaufarbeitung wird im nennenswerten Maßstab zur Zeit in den USA, der UdSSR, in Großbritannien und in Frankreich betrieben. An Frankreich wird die Bundesrepublik in den nächsten zehn Jahren zwei Milliarden DM für die Wiederaufarbeitung unserer ausgebrannten Reaktorbrennelemente zahlen. Sieben weitere Länder (einschließlich Deutschland) betreiben kleinere bzw. Pilot-Anlagen für die Wiederaufarbeitung.

Diese pragmatischen und nicht aus der Welt zu schaffenden Überlegungen haben nichts mit einer Überschätzung der Kernenergie zu tun. Zugrunde liegt die realistische Erkenntnis, daß die wirtschaftliche – ebenso wie die politische – Lage unserer jetzt schon überbevölkerten Welt viel zu labil ist, um sprunghaft langfristige Planungen über Bord zu werden, ohne daß ein anderer sicherer Weg besteht.

Es ist festzuhalten, daß man aus rationalen Gründen nicht einfach *für* oder *gegen* die Kernenergie sein kann. Wenn in der heutigen öffentlichen Debatte gefühlsmäßige oder weltanschauliche Momente mitsprechen, so sollte man diese auf beiden Seiten klar als solche bezeichnen.

Die Kernenergie hat Probleme wie jede andere Technologie; und bei keiner Technologie kann man diese Probleme vollständig lösen – daher bleiben bei jeder Technik Risiken. Eine sinnvolle Diskussion kann sich nur bei guter Sachkenntnis darauf konzentrieren, wie weit die noch bestehenden Probleme der Kerntechnik zu lösen sind. Dabei haben natürlich entsprechend gründlich vorgebildete und in der Sache erfahrene Physiker, Chemiker, Biologen, Medizinier, Ingenieure und besonders auch Ökologen mitzuwirken.

Das wichtigste aber ist, daß diese Diskussion sich nicht isoliert und begrenzt nur mit der Kernenergie beschäftigt, sondern daß sie die Risiken dieser Technologie mit anderen Risiken unserer technischen Welt vergleicht. Wir leben nun einmal nicht in einer ausgeglichenen, sauberen, einwandfrei funktionierenden Welt, in die als einziger drohender Störenfried die Kernenergie eingedrungen ist. Kernenergie ist ein Teil unserer technischen Welt, von der der Pionier der „sanften" Technologien, E. F. Schumacher, sagt: „In der Industriegesellschaft sind die Dinge zu groß, zu kompliziert, zu kapitalintensiv und zu gewaltsam geworden – es gilt, sie wieder auf ein menschliches Maß zurückzuführen." Gleich wie man den Gedanken der „soft technologies" beurteilt – die Aufgabe besteht, unsere Welt mit all ihren technischen Einrichtungen zu verbessern und den natürlichen Bedingungen eines ausgeglichenen Ökosystems mehr und mehr anzunähern. Daß der Weg dahin *ohne* einen begrenzten Ausbau der Kernenergie gegangen werden kann, erscheint sehr unwahrscheinlich. Daß am Ende die Kernspaltung – ebenso wie die Verbrennung von Kohle und Öl und viele andere unserer heutigen „Errungenschaften" – in einer solchen verbesserten technischen Welt kaum noch einen Platz hat, möchte ich als gewiß ansehen.

Hellmut Glubrecht

Vorschlag: Erstellen Sie zu dieser Problemerörterung eine Gliederung!

Für und gegen das Auto

Pro:

Das Auto erweitert den Aktionsradius des einzelnen.
Es steigert das Freiheitsgefühl.
Es bringt Freiheit in der Freizeit.
Es bringt Freiheit innerhalb der Stadt.
Es steigert unser Lebensgefühl.
Es macht uns zum Herrn über Raum und Zeit.
Es erleichtert die Erholung.
Es befreit uns von Bindungen.
Es macht uns unabhängiger.
Es trägt auch unser Gepäck.
Es ist jederzeit fahrbereit.
Es bedeutet Komfort.
Es bedeutet Freude.

Contra:

Blutzoll auf den Straßen.
Siechtum und Leid als Folge der Unfälle.
Abgase vergiften die Atemluft.
Straßenlärm nicht mehr zumutbar.
Auto verursacht Streß.
Streßreaktionen des Autofahrers
Gesundheitliche Schäden
Zeitverluste im Stadtverkehr
Verschleiß an Nervenkraft
Hoher Kostenaufwand für Kraftstoff
Steuer und Versicherung
Reparaturen
Neuanschaffung
Kosten für den Straßenbau
Sozialkosten

Für und wider die öffentlichen Verkehrsmittel

Pro:

Streß der täglichen Fahrt fällt weg.
Kein Ärger mehr bei Verkehrsstauungen.
Weniger Unfallgefahr
Sicherheit

Contra:

Anmarschwege zur Haltestelle
Wartezeiten (unökonomisch und unbequem)
Fehlender Wetterschutz an den Stationen
Zu wenig Sitzplätze
Überfüllung
verbrauchte Atemluft
Ärger mit Mitreisenden

Kompromiß zwischen öffentlichem Nahverkehr und Individualverkehr

Forderungen an die Massenverkehrsmittel:

leistungsfähig
sicher
attraktiv
sauber
pünktlich
preiswert
bequem

Forderungen an die Autofahrer:

Rücksicht nehmen
Nachsicht üben
Partner sein –
nicht Gegner
vorsichtig sein
kein Alkohol
keine Übermüdung
keine Tabletten

Vorschläge zu eigener Arbeit: 1. Erörtern Sie das Thema „Das Auto ist ein Stück Freiheit"! (Welche Gedanken der Stoffsammlung können Sie dafür verwenden?) 2. Schreiben Sie eine Gliederung zu dem Thema „Das Auto hat die Grenzen seiner Entwicklung erreicht." 3. Nehmen Sie Stellung zu dem extrem formulierten Thema „Hat das Auto eine Zukunft?"

Öffentlicher Nahverkehr oder Individualverkehr?

Hinaus aus dem Haus, ein paar Schritte Fußweg, hin zur S-Bahn, zur Straßenbahn, zum Omnibus, dann ins Büro, in die Werkstatt oder in die Werkshalle. Das gibt es, aber das gibt es längst nicht für alle. Noch immer sind viele Arbeitnehmer darauf angewiesen, morgens den Motor ihres Autos anzulassen, sich in langen Kolonnen, von Stockungen immer wieder unterbrochen, ihrem Arbeitsplatz entgegenzuarbeiten. Das kostet Zeit, Nervenkraft und vor allem auch kostbare Energie. Das trägt dazu bei, die Umwelt zu belasten: Lärm und Luftverschmutzung. Diejenigen, die Tag für Tag in die städtischen Zentren ein- und auspendeln, tragen dazu bei, die Lebensqualität zu mindern, und verschwenden volkswirtschaftliche Substanz. Was tun?

Fest steht, wenn man den Statistikern und Propheten glauben darf, daß die Motorisierung noch längst nicht abgeschlossen ist. Der Bestand an Personenwagen und Kombis, der Anfang dieses Jahres auf 23,3 Millionen gewachsen war, wird 1985 26,6 Millionen und 1990 28,9 Millionen erreichen. In Europa liegt die Bundesrepublik mit 405 Autos je 1000 Einwohner bereits an der Spitze. Amerikanische oder kanadische Verhältnisse sind nicht mehr weit. In Kanada liegt die Fahrzeugdichte bereits bei 428, in den Vereinigten Staaten sogar bei 533 Autos. Mit zunehmender Autodichte werden die Probleme wachsen. Die immer wieder beschworene „Autofeindlichkeit“ hilft da kaum weiter. Auch Umweltschützer und solche Menschen, die an besonders belasteten Straßen wohnen müssen, fahren gern Auto und wollen darauf nicht verzichten. Emotionalisierung ist da ein schlechter Ratgeber. Das Verhältnis des Bundesbürgers zum Auto ist erfreulicherweise nüchterner geworden, auch wenn es noch immer sein liebstes Konsumkind ist. Beim Kauf steht aber nicht mehr so sehr das Verlangen nach Chrom und Zierat im Mittelpunkt der Entscheidung, sondern der Benzinverbrauch. Der Besitzer eines Großwagens muß sich zunehmend die Frage vorlegen lassen, ob hier nicht Verschwendungssucht vorliege.

Dieses schon nicht mehr ganz neue Verhältnis nüchterner Betrachtungsweise birgt die Chance, das Auto sinnvoller und ökonomischer einzusetzen als bisher. Man muß einmal darauf achten: Noch immer ist im morgendlichen und abendlichen Berufsverkehr in den meisten Autos gerade der Sitz des Fahrers besetzt. Alle anderen sind leer. Würde es noch mehr Fahrgemeinschaften geben und würden diese entschlossener gefördert, wäre schon viel gewonnen. Insgesamt wird zwar schon jetzt weniger und sparsamer als in früheren Jahren des unbefangenen Verbrauchs von Treibstoff gefahren.

Dennoch muß sich der Autofahrer noch gründlicher fragen, ob er sein Ziel nicht auch auf anderem Wege erreichen kann. Statistiker haben herausgefunden, daß 20 Prozent aller Fahrten mit Personenwagen in den Städten in Bereichen unter fünf Kilometer liegen. Der öffentliche Nahverkehr muß also weiter ausgebaut werden. Der Ansturm auf die neue S-Bahn zwischen Stuttgart und Backnang zeigt zum Beispiel, daß Autofahrer bereit sind, umzusteigen, wenn ihnen die Möglichkeit geboten wird.

Verbessert werden muß die Verzahnung von öffentlichem Nahverkehr und sogenanntem Individualverkehr. Investitionen in Parkplätze sind also nötig. Wenn zum Beispiel die Parkplatzkapazitäten am Stuttgarter Hauptbahnhof nicht ausreichen, nützt es dem, der bereit wäre, umzusteigen und von dort nach Backnang zu fahren, herzlich wenig. Es gibt also noch viel Arbeit. Viel Arbeit auch im Straßenbau. Die Stadtzentren und Dörfer müssen vom Durchgangsverkehr entlastet werden, der sogenannte „stop and go“-Verkehr kostet viel Benzin. Zügigeres Fahren auf Umgehungsstraßen muß ermöglicht werden. So gibt es ein ganzes Bündel von Maßnahmen, die angesiedelt sind in den Bereichen zwischen öffentlicher und vor allem persönlicher Initiative. Und wenn die Autoindustrie dann noch weitermacht an benzinsparenden, umweltfreundlicheren und sichereren Autos und die Kunden auch bereit wären, den Preis, den das kostet, zu zahlen, könnten wir nach und nach die Probleme des Massenverkehrs verringern. Eines ist sicher: Jede Mark, die in die Verringerung der Abhängigkeit vom Erdöl investiert wird, trägt dazu bei, die Wirtschaft des Landes zu sichern. Es waren die Ölpreiserhöhungen, die die Volkswirtschaft erschütterten. Mögen jetzt auch vorübergehend die Benzinpreise fallen; der Wille zum Sparen darf nicht erlahmen.

Dr. Jens Eichmeier

Beispiele für Sicherheit im Auto:

a) die Sicherheitszelle
b) die Sicherheitslenksäule
c) die Scheibenbremse
d) das Anti-Blockiersystem
e) der Luftsack
f) der automatische Gurtstrammer

Wie können die Probleme der Motorisierung bewältigt werden?

A. Die Probleme der Motorisierung werden immer schwieriger und ernster.
B. Sie können bewältigt werden durch drei Faktoren:

I. Das Sicherheitsproblem muß gelöst werden:
   1. beim Auto:
      a) soweit nicht physikalische Gesetze
      b) technische Möglichkeiten
      c) und die Kosten eine Grenze setzen.
   2. auf den Straßen, was
      a) die Dichte des Straßennetzes
      b) die Breite der Straßen
      c) die Straßenführung und
      d) sichere Kreuzungen betrifft.

3. bei den Menschen:
   a) was die Fahrfähigkeit und
   b) das Fahrverhalten betrifft.

II. Das Umweltproblem kann gemeistert werden
   1. durch Verbesserung des Kraftstoffs
   2. durch Verbesserung des Motors
   3. durch andere Antriebskräfte
      a) Elektrizität
      b) Gasturbine
      c) Alkohol und Wasserstoff.

III. Das Nahverkehrsproblem muß gelöst werden
   1. durch sinnvollen Ausbau der vorhandenen Stadt- und Nahverkehrsnetze,
   2. durch sinnvolle Kombination verschiedener Verkehrsmittel,
   3. durch neue Nahverkehrsmittel.

C. Wir wollen auch in Zukunft die Wahl haben, das für uns vorteilhafteste Verkehrsmittel nehmen zu können. Wir selbst sollen alle Vorteile und Nachteile der verschiedenen Verkehrsmittel überlegen können, kalkulieren können. Wählen heißt frei sein.

Die Argumente der Erörterung müssen durch Beispiele belegt werden.

Beispiele für Fahrverhalten:

a) aggressives Verhalten am Steuer – lebensbedrohende Risiken
b) Imponiergehabe – macht unsympathisch
c) Geschwindigkeitskult – Krankheit, die viele Tote fordert
d) Verführung durch sog. Sportlichkeit
e) Besonnenheit oder Leichtsinn
f) Selbstachtung – wenn der besonnene Fahrer belächelt oder gereizt wird.
g) Geschwindigkeit wird höher geschätzt als das Leben.

SPORT UND FREIZEIT

Glück

Freizeit – Assoziationen

„Probleme im Umgang mit der Freizeit“ – so heißt Band I einer Schriftenreihe des BAT Freizeit-Forschungsinstituts, Hamburg. Daraus diese interessanten Grafiken über Assoziationen:

POSITIVE ASSOZIATIONEN ZUR FREIZEIT
Demonstration nach außen

Familie
Wohnung/Drinnen
Behaglichkeit
Geborgenheit

NEGATIVE ASSOZIATIONEN ZUR FREIZEIT
Verdrängung nach innen

Familie
Forderungen
Vorwürfe
Unverständnis

Gemütlichkeit Zweisamkeit Harmonie Feierabend	Kompromisse Rücksichtnahme Koordinationsprobleme Disharmonie Sich-auf-die-Nerven-Gehen Gespanntes Verhältnis Ehekrach
Freisein Ohne Zwang/Druck Keine Verpflichtungen Ungebundenheit Zeit für sich selbst Eigenen Neigungen und Interessen nachgehen Freizügigkeit	**Verpflichtetsein** Verantwortung Bindung Verpflichtung Pflichten Druck Zwang Enge Einschränkung Unfreiwilligkeit
Spaß Feiern Freude Spiel Lebenslust Sex	**Unlust** Spannungen Störungen Ärger Streit Finanzielle Sorgen Zukunftssorgen Enttäuschungen Angst vor Versagen
Erholung Natur/Draußen Garten Ruhe Stille Nicht arbeiten müssen Ausschlafen, Mittagsschlaf Faulenzen Nichtstun	**Erschöpfung** Abgespannt, müde, kaputt Überbeanspruchung Anstrengung Hektik Zuwenig Ruhe Alltagsstreß Gereiztheit Nervosität Aggressivität

Zusammensein
Freunde besuchen
Bekannte treffen
Neue Leute
kennenlernen
Interessante
Gespräche
Unterhaltung/
Geselligkeit
Gemeinsame
Unternehmung

Alleinsein
Verlassenheit
Einsamkeit
Angst
Furcht
Selbstmitleid
Resignation
Apathie
Depression
Verzweiflung

Erlebnis
Zeit für Hobbys
Sport
Weiterbildung, Lernen
Kreativ sein
Abwechslung
Impulse
Anregung
Entdeckung
Abenteuer

Langeweile
Gefühl der Leere
Eintönigkeit
Routine
Mangel an
Eigeninitiative
Fehlende Anregungen
Unzufriedenheit
mit sich selbst
Schlechtes Wetter
Schlechtes
Fernsehprogramm
Schlechte Laune
Schlechtes Gewissen
Schuldgefühl

Klischee und Tabu

Horst W. Opaschowski sieht trotz oder gerade wegen unterschiedlicher Freizeitvorstellungen und Spannungen Chancen für die Entwicklung einer Muße-Qualität, einer Lebenswert-Erweiterung (Auszüge):

Im subjektiven Erleben und Empfinden der Bevölkerung schwankt das Freizeit-Bild zwischen

- Klischee und
- Tabu,

zwischen einem

- hochgradig positiven verführerischen Traum und einem
- hochgradig negativen Alptraum.

Das Klischee: Freizeit soll Freude machen

In der Klischeevorstellung gilt Freizeit als eine Art Idealzustand, der den grauen Berufsalltag unterbricht oder ihn zumindest eine Weile vergessen läßt. Freizeit wird mit Freisein und Freude assoziiert und als etwas Befreiendes, Zwangloses und Genußvolles empfunden. Ohne oder mit wenig Freizeit auskommen zu müssen, erscheint in dieser Vorstellung als Verarmung des Lebens und verringerter Lebensgenuß.

Das subjektive Gefühl von Freude, Freisein und Freizügigkeit wird noch verstärkt vor dem Hintergrund der Arbeit, der etwas Zwanghaftes anhaftet. Je mehr die Arbeit mit Belastung, Ärger und Streß verbunden ist, um so höhere Erwartungen werden an die Traumwelt Freizeit geknüpft. Dies gilt in besonderer Weise für das verlängerte Wochenende sowie für die Jahresfreizeit, den Urlaub, der für entgangene Freuden im Arbeitsjahr entschädigen soll.

An das verlängerte Wochenende und den Jahresurlaub werden oft so hohe Wunschvorstellungen von Freiheit, Glück und Abenteuer gestellt, daß die Wirklichkeit notwendig dahinter zurückbleiben muß. Damit sind Verstimmungen und Enttäuschungen fast vorprogrammiert. Mit den Enttäuschungen über versäumte Freizeitfreuden wächst auch die Kluft zwischen erträumtem Klischee und erlebter Wirklichkeit.

Das Tabu: Freizeitprobleme gibt es nicht

Weil Freizeit im öffentlichen Bewußtsein als hochgradig positiv eingestuft wird, werden negative Erfahrungen kaum damit assoziiert:

Persönliche Probleme und Konflikte in der Freizeit widersprechen dem öffentlichen Freizeitklischee, sie werden verdrängt und tabuisiert. Darüber darf nicht gesprochen werden. Zur Einhaltung des Tabu-Gebots wird die Freizeit zur unantastbaren und unverletzlichen Privatsphäre erklärt. Wer dennoch gegen das Tabu verstößt (z. B. durch das Eingeständnis empfundener Langeweile am Wochenende), stellt sich öffentlich ein „Armutszeugnis“ aus.

Ein Zusammenhang

Stellt man die positiven und negativen Assoziationen zur Freizeit einander gegenüber (siehe vorige Seite), so wird deutlich, daß es sich um 2 Seiten eines Erlebniszusammenhangs handelt, bei dem im tatsächlichen Freizeitverhalten
- das Positive nach außen demonstriert und
- das Negative nach innen verdrängt wird.

Setzt man den Erlebnisbereich Freizeit in Beziehung zu den unmittelbar damit verbundenen Erlebnisbereichen Familie und Arbeit, so wird nicht nur der Zusammenhang, sondern auch die Notwendigkeit des Spannungsverhältnisses zwischen positiven und negativen Aspekten der Freizeit verständlich. Erst vor dem Hintergrund von Arbeit und Alltagsleben, von beruflichen Belastungen und Alltagspflichten erhält Freizeit ihren Reiz als Chance zum Freisein und Zusammensein.

Problematisch daran allerdings ist, daß der Berufsalltag so einengend und belastend wirkt, daß der Freizeit schon die Bedeutung einer Art Idealzustand zukommt oder zugeschrieben wird. Die Wirklichkeit muß zwangsläufig hinter dem Ideal zurückbleiben, so daß Enttäuschungen und Verstimmungen vorprogrammiert sind, die in Leere- und Langeweilegefühlen zum Ausdruck kommen.

Entwicklung einer Muße-Qualität

Wir stehen vor einer Lebenswert-Erweiterung. Zum Lebenswert Arbeit gesellt sich der Lebenswert Freizeit. Das ökonomische Leistungsprinzip wird erweitert durch neue immaterielle Leistungsqualitäten im
- persönlichen,
- sozialen und
- kulturellen Bereich.

Als Arbeit wird in Zukunft jede Tätigkeit zu bezeichnen sein, die neue gesellschaftliche Werte schafft, die dem Menschen und der Gemeinschaft dienen.
- Unbezahlte Haushaltsarbeit,
- Hobby-Arbeit,
- freiwillige gesellschaftliche Arbeit im Verein,
- in der Nachbarschaft und Gemeinde und
- im sozialen Bereich

werden solche neuen Arbeitsformen sein. Mit dem Abbau ökonomischer Barrieren werden auch die Grenzen von Arbeit und Freizeit fließender werden, ihre Trennung wird weniger starr sein.
Die abhängige (Erwerbs-)Arbeit im Beruf wird weiterhin der existenzerhaltenden industriellen Produktion dienen müssen; die freiwillige (gesellschaftliche) Arbeit in der Freizeit aber kann zu einem neuen produktiven Tätigsein führen.

Neubewertung der Arbeit

Arbeit kann in Zukunft mehr als Erwerbsarbeit, Lohnarbeit, Berufsarbeit und Fließbandarbeit bedeuten. Mit der Entwicklung und Ausdifferenzierung des Lebenswertes Freizeit (zu dem auch produktive Formen freiwilliger gesellschaftlicher Arbeit gehören werden) wachsen die Chancen für eine Aufwertung der Arbeit über die ursprüngliche „arebeit"-Bedeutung als „Mühsal und Plag" hinaus. Das freiwillige produktive Tätigsein in der Freizeit setzt Zeichen und Maßstäbe für die Notwendigkeit und Möglichkeit einer mehr freien Tätigkeit in der Arbeit, für die Entwicklung einer neuen Muße-Qualität in Arbeit und Freizeit.

Prof. Horst W. Opaschowski

Mit der Verkürzung der Arbeitszeit erhält der Mensch mehr Freizeit. Wie kann diese sinnvoll genutzt werden?

A) ____________________

____

B) ____________________

I. Erholung und Entspannung

1. körperlich

a) ____________________

b) ____________________

c) ____________________

2. ____________________

a) durch Lektüre

b) durch Musik

c) durch Kino und Fernsehen

d) durch Hobbys

3. durch zwischenmenschliche Begegnung

a) ____________________

b) ____________________

c) ____________________

II. Möglichkeit zur Fort- und Weiterbildung

1. fachliche Weiterbildung

a) durch Lektüre von Fachliteratur

b) durch den Besuch von Fachausstellungen und -messen

c) ____________________

2. allgemeine Weiterbildung

a) ____________________

b) ____________________

c) ____________________

d) ____________________

e) ____________________

f) ____________________

C) ____________________

____

____

Themenbegriff: Freizeit

Klärung des Begriffs:

„F. – die arbeitsfreie Zeit der Berufstätigen. Jeder Beruf hat ein Freizeitminimum, das ohne Schaden nicht unterschritten werden kann. Die Freizeit hat ihre Bedeutung für Erholung, Familie, allgemeine und berufliche Fortbildung, Teilnahme am gesellschaftlichen und staatspolitischen Leben, Ausüben von Liebhabereien (Hobby) und Gewinnung neuer Spannkraft. Vereine, Jugendverbände, Kirchen, Betriebs- und Werksgemeinschaften suchen Anregungen für sinnvolle Erholung zu geben (Freizeitgestaltung) und die Möglichkeiten dafür zu schaffen (Sportanlagen, Büchereien, Ferienheime u. a.)."

Der Neue Brockhaus

Welchen Gewinn bringt das Spielen eines Musikinstruments?

Erschließung des Themas

1. **Themabegriff:** Musikinstrument
Dieser Themabegriff ist eindeutig und ohne Schwierigkeiten zu erfassen.

2. **Themabegriff:** Gewinn
Der Begriff kann verschiedene Bedeutung haben: 1. materieller Nutzen, das ist der Ertrag eines Unternehmens. „Etwas mit Gewinn verkaufen." 2. Losgewinn, Gewinn aus einem Spiel, einer Lotterie. „Einen Gewinn im Lotto haben!" 3. praktischer Nutzen oder innere Bereicherung, die aus einer Tätigkeit oder dem Gebrauch von etwas kommt. „Ein Buch mit großem Gewinn lesen."

nach Duden

Wenn jemand nicht Berufsmusiker ist, wird der „Gewinn" beim Spielen eines Musikinstruments der dritten Bedeutung nahekommen.

Themafrage: Welchen Gewinn bringt das Spielen eines Musikinstruments? Nicht gefragt wird nach den verschiedenen Arten von Musikinstrumenten, nicht gefragt ist nach dem Ort, wo man spielen kann, nicht nach der Zeit, wann man spielen kann, nicht gefragt ist die Art und Weise des Spielens. Die Themafrage ist nicht an Sie gerichtet. Es ist nicht gefragt, was für einen Gewinn Sie aus dem Spielen eines Musikinstruments ziehen. Sie sollen vielmehr eine allgemeine Wertung vornehmen, Sie sollen sich besinnen auf die Werte, die das Spielen eines Instruments vermitteln kann. Die gefundenen Gedanken werden Sie sinnvoll ordnen und nach dem Prinzip der Steigerung gliedern.

Spielen – ein vieldeutiger Begriff

Zwei Zeitungsanzeigen nebeneinander zeigen zwei grundsätzlich verschiedene Bedeutungen des Begriffs „spielen“:
Versuchen Sie, diese zwei Bedeutungen in einer Begriffsbestimmung schriftlich zu erfassen.

Sport

Begriffsbestimmung: „Sammelbezeichnung für alle durch Tradition und personale Sinngebung als Bewegungs-, Spiel- oder Wettkampfformen geprägten körperlichen Aktivitäten des Menschen.“

Meyers Enz. Lexikon

Sportarten:	Oberbegriffe:
Fußball	Ballspiele, Mannschaftssport
Schwimmen	Wassersport, Einzelsportart
Skifahren	Wintersport, Einzelsportart
Eislaufen	Wintersport, Einzelsportart
Boxen	Schwerathletik, Einzelsportart
Gewichtheben	Schwerathletik, Einzelsportart
Laufen	Leichtathletik, Einzelsportart
Rodeln	Wintersport, Einzelsportart
Hochspringen	Leichtathletik, Einzelsportart
Federball	Ballspiele, Einzelsportart
Tennis	Ballspiele, Einzelsportart
Eishockey	Wintersport, Mannschaftssport
Fechten	Kampfsport, Einzelsportart
Reiten	Breitensport oder Leistungssport
Bobfahren	Wintersport, Einzel- und Mannschaftssport
Tischtennis	Ballspiele (Netzspiel), Einzelsportart
Handball	Ballspiele, Mannschaftssport
Bergsteigen	Breitensport oder Leistungssport
Billard	Ballspiele, Einzelsportart
Eisschießen	Wintersport, Mannschaftssport
Springen	Leichtathletik, Einzelsportart
Handball	Ballspiele, Mannschaftssport
Stabhochspringen	Leichtathletik, Einzelsportart

Möglichkeiten, den Begriff „Sport“ aufzugliedern:

1. Mannschaftssport
2. Einzelsportarten

Oder:
1. Breitensport
2. Leistungssport

Oder:
1. Freizeitsport (Amateursportler)
2. Berufssport (Profisportler)

Begriff „Wintersport“:

Sammelbezeichnung für alle im Winter auf Schnee und Eis betriebenen Sportarten

1. Skisport:	Langlauf
	Springen
	Abfahrtslauf
2. Eislaufen:	Eiskunstlauf
	Eisschnellauf
	Eistanzen
	Eishockey
3. Schlittensport:	Rodel
	Bob

Begriff „Ballspiele“: „Ein Ball steht im Mittelpunkt des Geschehens.“

Mannschaftsspiele: Fußball, Handball, Baseball . . .
Einzelspiele: Tennis, Tischtennis, Golf . . .

Oder:
Tor- und Zielspiele: Fußball, Wasserball . . .
Netz- und Rückschlagspiele: Tennis, Faustball . . .
Schlagballspiele: Kricket, Schlagball . . .
Vollball- und Kugelspiele: Golf, Kegeln, Boccia . . .

Es gibt Campingfreunde und Campinggegner. Welche Gründe führen die beiden Gruppen für ihre Haltung an?

Streitgespräch:

Ich schätze am Camping die Naturverbundenheit und die Unabhängigkeit.	Man kann die angebliche Naturverbundenheit auch Primitivität nennen und die Unabhängigkeit – Abhängigkeit vom Wetter und den Platzverhältnissen.
Man kann als Camper sparsam leben und sich selbst versorgen. Denken Sie an die Abhärtung und die Romantik!	Und die Arbeit auch im Urlaub der Hausfrau überlassen. Ich denke an den Mangel an Hygiene, die überfüllten Plätze und den Campingklatsch.
Ich bin frei in der Gestaltung von Wochenende und Freizeit.	Und vom Auto abhängig und mit den Schwierigkeiten beim Fahren mit dem Anhänger belastet.
Beim Camping finde ich die echte Erholung.	Vor allem, wenn Sie mühsam den Wagen mit Vorzelt usw. aufgestellt haben und dann eine laute Nachbarschaft haben.
Wenn es mir nicht gefällt, fahre ich zum nächsten Campingplatz.	Wenn Sie dort nicht angemeldet sind, bekommen Sie keinen Platz.

Wer hat recht in diesem Streitgespräch? – Beide! Der eine sieht nur die positiven Seiten und mißachtet die negativen Aspekte. Der andere sieht nur die negativen Seiten und will die positiven nicht gelten lassen.
Aber in der Erörterung sollen beide zu Wort kommen, sollen beide Seiten ihre Argumente vortragen.

Wenn die Sachfrage „*Welche Gründe führen beide Gruppen für ihre Haltung an?*“ zur Entscheidungsfrage wird: „*Warum ich mich für Camping entschieden habe?*“, müssen Sie den Argumenten für Camping und den Gegenargumenten Ihre persönliche Entscheidung anfügen.

Viele Jugendliche sind vom „Disco-Fieber" erfaßt.
Erörtern Sie, warum die Diskotheken so beliebt sind, und zeigen Sie mögliche Gefahren auf!

Gliederung:

A) In unserem Land nimmt die Zahl der Diskotheken immer noch zu.

B) Es gibt viele Gründe, warum Diskotheken so beliebt sind, doch darf man die Gefahren, die von diesen Vergnügungsstätten ausgehen, nicht verharmlosen.

I. Gründe für den häufigen Besuch von Diskotheken durch Jugendliche:
1. Man schätzt die besondere „Atmosphäre":
a) die Lichteffekte
b) das Tanzvergnügen
c) die laute, rhythmische Musik
2. Man fühlt sich in der Gruppe Gleichaltriger geborgen, weil man
a) leicht Freunde oder Partner findet
b) dieselben Interessen hat
3. Man empfindet die Diskothek als Gegenwelt zu Schule, Arbeitsplatz und Elternhaus.

II. Gefahren, die vom Besuch von Diskotheken ausgehen:
1. Physische Gefahren:
a) Schädigung von Trommelfell, Netzhaut und Nerven
b) Nikotin- und Alkoholkonsum
c) Umschlagplatz für Drogen
d) gefährlicher Heimweg per Auto oder Motorrad
2. Psychische Gefahren:
a) Einschränkung von echter Kommunikationsfähigkeit
b) Zunahme von Labilität
c) Realitätsverlust

C) Es gibt sicher bessere Freizeitalternativen als die Diskothek.

Durchführung

Einleitung:
Vom Persönlichen zum Allgemeinen

Vor zwei Jahren stand über dem Eingang einer unserer Dorfgaststätten noch „Zur Sonne". Heute heißt das Lokal „Dreamlight" und ist eine der etwa 1000 Diskotheken, die es derzeit in Bayern gibt. Die

Jugend zwischen vierzehn und vierundzwanzig Jahren wird von diesen Unterhaltungsstätten magisch angezogen. Die Motorisierung der jungen Leute führt dazu, daß auch in den entlegensten Winkeln stillgelegte Kinos, Dorfgaststätten oder Lagerhallen zu Diskoschuppen umgebaut werden. Das Discofieber grassiert somit nicht nur in der Großstadt, sondern zunehmend auch auf dem Land. Was bieten die „Discos" zwischen Flensburg und Freilassing?

Wichtiger Themabegriff

Überleitung zum Hauptteil I

Gegenüber den herkömmlichen Tanzsälen finden die Besucher hier eine Umgebung, die ihrem Lebensstil entspricht. Schummrige Dunkelheit, rauchige Luft umfangen sie. Das Auge braucht Zeit, bis es Konturen erkennt. Immer wieder zucken Spotlights oder „Laserstrahlen" über die Tanzfläche. Dort wogt, aufgepeitscht von Beat- oder Rockmusik, in wilden Verrenkungen die tanzende Menge. Ununterbrochen legt der Discjockey neue Platten auf. Er ist der wichtigste Mann der Szene. Vom Mischpult aus steuert er das Licht- und Lärminferno und treibt die Menge zu immer neuen Rhythmusekstasen. Sein Ansehen ist so groß, daß sein Job von vielen als Traumberuf angesehen wird. Die heißen Rhythmen der Musik treiben die Tanzenden in tranceartige Zustände. Während Erwachsene nach bestimmten Regeln und Schrittfolgen tanzen, lassen sich die Bewegungen hier in kein Schema einordnen. Dies empfinden viele als Ausdruck von Freiheit.

Stil der Reportage ist hier angebracht.

„Fachjargon"!

Zusammenfassende Feststellung

Der Besucher der Diskothek schätzt auch die Möglichkeit, hier leicht Anschluß oder Partner zu finden. Man kann durch bestimmtes Auftreten anderen imponieren; wichtig ist aber, daß sich hier problemlos sexuelle Beziehungen anbahnen lassen. Daneben finden viele junge Leute die Diskothek auch deshalb anziehend, weil dort die soziale

Gedrängte Analyse von Verhaltensweisen

Kontrolle fehlt. Autoritätspersonen wie Eltern oder Lehrer sind weit entfernt. Darum kann sich jeder in der „Disco“ gehenlassen. Diejenigen, die sich von der Gesellschaft enttäuscht sehen, finden hier ihre eigentliche Welt. Man fühlt sich geborgen, dazugehörig und versteht die anderen. Mir erklärte neulich ein Achtzehnjähriger, der selbst in einer Band spielt: „Am liebsten möchte ich gar nicht mehr heim. Wenn ich könnte, würde ich hier bleiben und in der Diskothek übernachten.“ Viele sehen in dieser Umgebung einen Bereich, wo Eltern und Pauker nicht mitreden können und wo sie nicht hingehen können, weil sie zu alt sind. Hier habe man auch am besten Gelegenheit, schulische Mißerfolge vorübergehend zu vergessen. Wie sehr in den Augen mancher Jugendlicher die „Disco“ von Problemen ablenken kann, äußert sich in den Worten eines Mädchens, das sagte: „Und wenn ich von der Disco nach Hause komme, dann rutscht alles Lamento meiner Alten von mir ab. Ich bin high und happy, da kommt nichts an mich ran.“

Persönliches Erlebnis als Beleg

Beispiel

Viele Eltern sind beunruhigt, wenn ihre Kinder ins „Disco“-Alter kommen. Wegen der vielen Gefahren, die von der Diskothek ausgehen, haben sie allen Grund dazu.

Überleitung zum Hauptteil II

Zu häufige Anwesenheit in einem derartigen „Musikschuppen“ kann zu gesundheitlichen Schäden führen. Pausenlos strömen die Licht- und Lärmreize auf Auge bzw. Ohr ein. Die Lautstärke erreicht häufig die Phonzahl eines Düsenflugzeugs beim Start. Auch wenn es die Jugendlichen nicht glauben wollen, Trommelfell und Netzhaut leiden unter diesen Einwirkungen. Die Bewegung in der rauchigen, stickigen Luft ist für den gesamten Organismus sehr schädlich. Da alkoholische Getränke meist billiger sind als Cola oder

Feststellungen werden nicht nur aufgezählt, sondern begründet.

Orangensaft, werden junge Leute zu früh dazu animiert. Wer möchte denn auch „Nein, danke!“ sagen, wenn einer der netten Partner an der Theke eine Zigarette anbietet? Man will ja akzeptiert werden und macht so vieles mit, was man eigentlich gar nicht möchte. Das geht von der Kleidung bis zum Drogenmißbrauch. Manche Jugendämter sprechen von einem direkten Zusammenhang zwischen Diskothek und Drogenszene. So wird ja auch in dem Buch „Wir Kinder vom Bahnhof Zoo“ erzählt, wie Christiane F. zum ersten Mal in einer „Disco“ mit Rauschgift in Berührung kam. Oft kann man in der Zeitung lesen, daß junge Menschen bei der Heimfahrt tödlich verunglückten. Licht, Lärm und Alkohol im Lokal wirken berauschend, setzen die Hemmschwelle herab. Im Auto oder auf dem Motorrad will man dann imponieren. Die riskanten Überholmanöver und Verfolgungsfahrten auf nächtlichen Landstraßen enden leider nicht nur mit Blechschäden. Zur traurigen Bilanz gehören auch Querschnittslähmungen, Schädelbrüche und Todesfälle junger Menschen. Wenn Eltern also beunruhigt sind, wissen sie schon warum.

Zu sachliche Darstellung wird aufgelockert durch schildernde Elemente.

Beispiel

Ausführliche Darstellung wichtiger Punkte

Auch die psychische Entwicklung von Jugendlichen kann durch zu häufigen Diskothekenbesuch negativ beeinflußt werden. Ich bin der Meinung, daß man dort zu einer passiven Konsumhaltung gezwungen wird. Unterhaltung wird einem serviert, Mitdenken ist unnötig. Die überlaute Musik verhindert im Lokal jede sinnvolle Unterhaltung. Zum Gespräch taugt bestenfalls der Vorraum zur Toilette. Letztlich bleibt in der Diskothek jeder mit sich allein, tiefere menschliche Kontakte, vor allem auch mit anderen Altersgruppen, können sich nicht entwickeln. Statt wirklicher Begegnung findet nur eine Karikatur von Kommunikation statt. Vor allem wird die Szene als Börsenplatz für erotische Beziehungen genutzt. Liebe wird zum Tauschgeschäft degradiert. Uner-

Überleitung

Sinnvolle Verknüpfung der Argumente verhindert die bloße Aufzählung von Feststellungen.

fahrene Mädchen können leicht zur Beute von raffinierten Abenteurern werden.
Die besondere Atmosphäre, der Lärm, die Lichteffekte und der Alkohol enthemmen; hier ist ein Nährboden für labile Menschen. Viele lassen sich in eine Art Trancezustand versetzen, von dem aus sie nur schwer in die Realität der Arbeitswelt, der Schule oder auch zum Zusammenleben in der Familie zurückfinden.

Schluß:
die Alternative

Wer es noch fertigbringt, Diskotheken kritisch zu erleben, der muß zum Schluß kommen, daß eine derartige Freizeitgestaltung eigentlich vergeudete Zeit ist. Noch nie hatte eine Generation so viele Alternativen. In Jugendgruppen und Vereinen arbeitet man gemeinsam an sinnvollen Aufgaben, steckt sich Ziele, die gesellschaftlich wertvoll sind. Vereine haben das ganze Jahr über ein buntes Veranstaltungsprogramm; auf ihren Bällen tanzt man auch zu heißen Rhythmen. Aber hier bieten sich echte Gelegenheiten, Anschluß zu finden, Freundschaften zu schließen. Wer da immer noch behauptet, wir Jugendlichen hätten keine Freizeitalternativen, der ist entweder blind oder will sich nicht überzeugen lassen.

Die jugendliche Superszene

Hintergründe und Zusammenhänge der Discokultur / Zu einem Buch von Werner Mezger

„Disco, das ist 'ne Welt für sich, da ist alles ganz anders. Nicht so hausbacken wie daheim, nicht so spießig wie halt sonstwo; schon die ganze Ausstattung ist da anders, halt eben, wie schon gesagt, 'ne Welt für sich!" So äußert sich der 17jährige Jörg über die Welt der Discokultur.
Und ein 16jähriges Mädchen meint: „Ich war übers Wochenende im

‚Evergreen'. Es war wundervoll. Am Freitag fahre ich wieder hin. Das ist für mich fast der Himmel auf Erden ..."

Eine 18jährige Verkäuferin schwärmt: „Die Disco ist einfach das Wahre. Da sind Leute, die einen verstehen; nicht so Typen wie der blöde Verkaufsleiter vom ..., wo ich arbeiten tu. Erstens kommt er gar nicht rein in die Disco, und zweitens, wenn er reinkommen tut und wenn er was von mir wollen tät, dann tät ich ihn aber abblitzen lassen. Da könnt er mal sehen, was für ein langweiliger Heini er in Wirklichkeit ist. Dann tät er merken, wer ich eigentlich bin und wie die Typen sich alle um mich reißen ..."

Diese aufschlußreichen Äußerungen Jugendlicher über die Discokultur finden sich in einem vor kurzem von Werner Mezger im Quelle & Meyer-Verlag, Heidelberg, herausgegebenen Buch, das unter dem Titel „Discokultur – Die jugendliche Superszene" Einsicht in Hintergründe, Ausmaß und Zusammenhänge der gegenwärtig so aktuellen Discoszene vermitteln will. Das beachtenswerte Buch entstand aufgrund eines Seminars, das Werner Mezger am Ludwig-Uhland-Institut der Universität Tübingen hielt. Es begnügt sich nicht mit theoretischen Erörterungen, sondern gibt die Erfahrungen junger Leute über ihre Discoerlebnisse und über ihre Einstellungen gegenüber diesem Phänomen im Wortlaut wieder. In vielen Gesprächen konnte sich der Autor über die Erscheinungsformen der weitgehend für Erwachsene verschlossenen Welt informieren und so einen Blick hinter die Kulissen der auch als Wirtschaftsfaktor bedeutenden Subkultur werfen.

Schon die Bemühungen Werner Mezgers, bei den Jugendlichen selbst dem Begriff „Disco" auf die Spur zu kommen, stieß bereits auf Schwierigkeiten: „Mit so blöden Fragen", entgegnete ein 17jähriger Lehrling dem Autor bei einem entsprechenden Versuch, „laß ich mich nicht verarschen. Außerdem ist es mir auch scheißegal, was ‚Disco' bedeutet. Hauptsache, ich weiß, was es ist und mir gefällt."

Es zeigte sich immer wieder, daß viele junge Menschen geradezu irrational an die Discoszene gebunden sind und es ablehnen, sich über ihre Einstellung zu dieser seit etwa 1975 aufbrandenden Modewelle ausfragen zu lassen, die zur „Etikette eines spezifischen Lebensgefühls" wurde. So negieren sie auch die damit verbundene Vermarktung durch die Schlager- und Phonoindustrie bis hin zu Disco-Eis, Disco-Power, Disco-T-Shirt im Umfeld der Discokultur.
In den Discotheken finden viele junge Menschen aus ihrer Sicht Selbstbestätigung, hier sind sie „wer", können sie sich von der Welt der Erwachsenen absetzen und in den rhythmischen, meist monotonen und immer

extrem lautstarken Klängen der Discomusik gleichsam „verstecken". Um den Gästen zudem das Gefühl der Exklusivität zu geben, werden viele Discotheken als „Clubs" mit merkwürdigen Eintrittsritualien deklariert: „Reinkommen", so sagt ein Türsteher zu diesem Thema, „tut nur derjenige, der nach Geld aussieht, von den Jungs, mein ich. Bei den Frauen kommt's eher auf was anderes an."

Auch die Disco-Mode samt Schmuck und Kosmetik entwickelt ihren eigenen Stil, der von den Jugendlichen kritiklos übernommen wird: „Wenn du in der Disco kein Mauerblümchen sein willst, sondern echt 'ne Nummer, dann mußt du mit der Mode gehen. Das kann zwar auf die Dauer 'ne ganz schöne Stange Geld kosten, aber so ist das nun eben mal. Du gehörst nur zur Szene, wenn du bekleidungsmäßig auf dem laufenden bist. Sonst bist du ‚out'", meint die 19jährige Manuela zu diesem Discozwang, der in jeder Hinsicht vom Kommerz bestimmt ist, aber als selbstverständlich akzeptiert wird.

Die Spielregeln und Kommunikationsformen in der Disco erweisen sich, wie Mezger im einzelnen belegte, als höchst massive Zwänge, ja sie werden zu Normen, die hinter der „krampfhaften Ungezwungenheit" sichtbar werden und denen sich die Disco-Fans anpassen müssen: „In jeder Disco", sagt dazu der 19jährige Schriftsetzer Uli, „gibt's 'n ganzen Haufen ungeschriebener Kleinigkeiten. Wer da keine Ahnung davon hat, der kann sich ganz schön lächerlich machen, oder er eckt an, oder er kriegt im schlimmsten Fall sogar die Hucke voll, je nachdem, was er geleistet hat und wo es gerade ist." Eine besondere Rolle spielt in der jugendlichen Superszene die Disco-Sprache, die sich mit floskelhaften Ausdrücken und Leerformeln begnügt und sich als „verbaler Rest" gegen die Musik-Dampfwalze durchsetzen muß. Nur einige gängige Begriffe: „wahnsinnig gut", „brutal nett", „locker", „total spitze", „voll sauer", „das bringt's", „das läuft", „abschnallen", „abfahren", „anmachen", „den totalen Durchblick haben", „Panik machen", „einen Frust im Bauch haben", „einen Bock haben", „cool sein", „unheimlich" ...

Nach Mezger erweist sich die Disco-Szene vor allem als Fluchthilfe aus einer als langweilig, enttäuschend oder frustrierend empfundenen Umwelt. Bei den Gesprächen mit jugendlichen Discobesuchern konnte Mezger den Wunsch nach Überwindung der Einsamkeit, die Suche nach Freiräumen in einem von Vorschriften und Gesetzmäßigkeiten eingeengten, als spießig abgelehnten Alltag und schließlich den Ausbruch aus der Realität in eine Zauber- und Illusionsatmosphäre als Gründe für den massenhaften Zulauf in die Discotheken herausfinden. „Was das Discopublikum letztlich erreichen möchte, ist ein Zustand, der sich mit den Begriffen Ekstase, Rausch und Trance charakterisieren läßt. Insofern stellen die Discotheken für ihre Besucher im Grunde nichts anderes dar als Stätten des Vergessens." Daraus ergibt sich naturgemäß die Folgerung, daß auch der Griff zur Droge und der Alkoholmißbrauch oft mit der Disco-Kultur verbunden sind.

Die Frage nach den Ursachen für das Disco-Fieber der jungen Generation ist auch für Mezger nur schwer zu beantworten. Er hält die hochgradig komplizierte, ganz und gar vom Intellekt beherrschte, gefühlsarme technische Zeit als ausschlaggebend für das Phänomen Disco, das durch die bis zum Irrwitz perfektionierte Musik- und Beleuchtungstechnik die Vernunft völlig ausschalte und unterdrückte Emotionen freisetze. So werde einerseits ein gefühlsmäßiges Defizit überwunden, andererseits aber eine neue innere Leere durch materielle und ideelle Ausbeutung junger Menschen geschaffen.

G. B.

LITERATUR

Hanel

Erläutern Sie am Beispiel eines oder mehrerer Werke eines ausländischen Dichters seine Aufnahme in Deutschland in einer Epoche Ihrer Wahl. Berücksichtigen Sie dabei
– die besonderen Merkmale des Werks (der Werke)
– die Vermittlung durch die Literaturkritik
– weitere Faktoren des literarischen Lebens und der literarischen Tradition in Deutschland!

Leistungskurs

Aufgabenanalyse:

Die Aufgabe ist auf den bayer. Lehrplan des 4. Kurshalbjahres, 1.2, bezogen. Das Thema erfordert:

- die gründliche Kenntnis eines Werkes eines ausländischen Dichters,
- die Kenntnis der Wirkung dieses Werkes auf eine Epoche der deutschen Literatur.

Es geht also in erster Linie um erläuternde Darstellung, nicht um Abwägen oder Beurteilen.
Schwierigkeiten: Aus den betreffenden literarischen Werken und Äußerungen von Autoren kann natürlich bei der Abiturprüfung nicht wörtlich zitiert werden; der Prüfling muß also entsprechende Stellen dem Sinn gemäß in seine Arbeit einbauen.
Das Thema kann in ausgreifender Form für eine Facharbeit gestellt werden.

Gliederung:

A) Die Wirkung eines großen Dichters ist mit der eines Heiligen zu vergleichen.

B) Die Aufnahme von Shakespeares „Hamlet" in der Epoche der deutschen Klassik:
   I. Der Einfluß Shakespeares auf Sturm und Drang:
      1. Die Begründung des Shakespeare-Mythus durch Herder
      2. Die Wirkung Shakespeares auf den jungen Goethe
   II. Der Einfluß von Shakespeares „Hamlet" auf die deutsche Klassik:
      1. Die Wirkung der Hamburger Aufführung des „Hamlet" von 1776
      2. Die Bedeutung des „Hamlet" für Goethes Schaffen (Schwerpunkt: die Hamlet-Deutung im „Wilhelm Meister")

C) Kurzer Ausblick auf die Wirkung des „Hamlet" in Deutschland nach der Klassik

Ausführung:

Die Geschichte der Dichtung gleicht in vielem der Geschichte der Religion. Außerordentliche Menschen wecken durch ihre Person, ihre Werke ein Bedürfnis der Verehrung, das sich bis zur Anbetung steigern kann. Man stiftet ihnen Kirchen und Kapellen, ihr Leben wird zur Legende, auf dem Schauplatz ihres Daseins erheben sich Tempel, hinter denen die armselige Wirklichkeit verschwindet. Der tote Heilige oder Dichter gehört nicht mehr sich selbst, sondern der Nachwelt. Seine Kanonisierung ist mit Täuschungen verbunden, die die historische Wahrheit oft lange verdunkeln. Die Literaturgeschichte ist ein Labyrinth voller Irrgänge und Verliese, in denen immer wieder Großes vergessen oder zertreten wird, aber aus Ungerechtigkeit und Verkennung oft wieder Großes entsteht.

Das Eindringen Shakespeares in die deutsche Literatur ist ein Beispiel dafür. Hundertfünfzig Jahre nach seinem Tod erlebte er in Deutschland eine Entdeckung, die erst seinen Weltruhm begründete und von der sein Übersetzer August Wilhelm Schlegel sagte, Shakespeare sei von den Deutschen wie ein in der Fremde geborener Landsmann aufgenommen worden, weshalb man ihn noch heute gern den „dritten deutschen Klassiker" nennt.

Es war aber nicht der wirkliche Shakespeare, den man damals entdeckte, sondern ein Mythus, dem man seinen Namen gab.

Lessing lenkte in seinem siebzehnten Literaturbrief 1759 die Blicke der deutschen Dichter auf Shakespeare, drei Jahre danach legte Wieland die erste umfassende Shakespeare-Übersetzung vor. Sie war unzulänglich und doch verdienstvoll. Das Interesse am Werk des Engländers wuchs.

1773 stellte Herder in der Essaysammlung „Von deutscher Art und Kunst" seinen „Shakespeare" als Leitbild auf. Er legte den Grund zu einer neuen Auffassung des dichterischen Schaffens. Aus Shakespeare wurde ein Mythus. Herder kannte Shakespeare nur aus der Lektüre und sah in ihm eine nur mit Ossian und den Liedern der Edda zu vergleichende Offenbarung des nordischen Geistes, einen Naturdämon, von dem er als ein zur Nachfolge aufrufender Apostel in dichterischen Bildern sprach. Vor allem „King Lear", „Othello", „Macbeth" und „Hamlet" fanden seine Bewunderung, und er sah in diesen Werken eine Äußerung der Natur, die Hinterlassenschaft eines Genius, der eine zweite Welt hervorgebracht, sein Gesetz in sich selbst getragen habe. Diese Naturschwärmerei und der Geniekult waren ganz im Sinne der Stürmer und Dränger. So bekannte sich auch der junge Goethe zu diesem Naturdämon

namens Shakespeare. In seiner feurigen „Rede zum Shakespeare-Tag" 1771 stellte er den Engländer als zeitlosen Koloß der jämmerlichen Gegenwart gegenüber und pries die Naturhaftigkeit der Menschen Shakespeares. Mit dieser Auffassung umschrieb Goethe auch sein eigenes Wollen. Er redete Shakespeare als seinen Freund an und betonte, daß schon die erste Seite, die er von ihm gelesen habe, ihn überwältigt habe, und nach der Lektüre des ersten Stücks sei er wie ein Blindgeborener dagestanden, dem das Augenlicht geschenkt wurde. Als Grundthema hörte er aus diesen Dramen den Konflikt des Individuums mit dem Schicksal heraus.
Bald nach dieser Rede entstand die Urfassung des „Götz von Berlichingen", die von Anklängen an Shakespeare wimmelt.

1776 wurde in Hamburg der „Hamlet" aufgeführt; das deutsche Publikum war fasziniert. Das Stück war aber so inszeniert, daß Hamlet nicht unterging, sondern triumphierte und König wurde. Was das Drama in Deutschland populär machte, war der in ihm steckende Konflikt zwischen Geist und Tat. Der „Hamlet" eroberte rasch die deutschen Bühnen, vor allem die Jugend vergötterte den schwarzen Prinzen als Idol ihres empfindsamen Weltschmerzes. Seit der Hamburger Premiere begann ein Hamlet-Fieber zu grassieren, das durch Shakespeare im Grunde nur ausgelöst, nicht verursacht wurde, wovon auch Goethe in „Dichtung und Wahrheit" erzählt. Herder nahm den Monolog „Sein oder Nichtsein" und das Lied der wahnsinnigen Ophelia in seine Volksliedersammlung auf, und mancher Held in den Dramen der Zeit hatte Ähnlichkeit mit Hamlet. Auch Schiller bekannte von seinem „Don Carlos", mit dem er die ganze Menschheit in der Darstellung der Inquisition anklagen wollte, Carlos habe die Seele eines Hamlet.

Das Hamlet-Fieber konnte nur deshalb solche Formen annehmen, weil es bereits ein Werther-Fieber gab. Die beiden „Krankheiten" steigerten sich gegenseitig und waren im Grunde dieselbe. Das Publikum sah im zerrütteten Hamlet einen Bruder des Selbstmörders Werther, und Goethe selbst erlag dem Mißverständnis.

Für Goethe war der „Hamlet" schon früh Shakespeares bedeutendstes Werk. Neben dem „Götz" findet man sprachliche Anklänge auch im „Urfaust": Gretchens Lied im Kerker erinnert an Ophelias Lied, und Mephistos Ständchen nimmt dieses wörtlich auf.

Im Jahr nach der Hamburger Aufführung begann Goethe die Niederschrift von „Wilhelm Meisters theatralischer Sendung", in der er seine Berufung zum deutschen Shakespeare darzustellen und die Auseinandersetzung mit dem

„Hamlet" zum Wendepunkt von Wilhelms Laufbahn zu machen gedachte. Die endlosen Vorträge, die dieser den Schauspielern über den Sinn des rätselhaften Werkes hält, waren die erste tiefere Deutung eines Shakespearschen Dramas. Daß Wilhelm selbst die Hauptrolle spielt und daß die Inszenierung des „Hamlet" über sein Leben entscheidet, weil tatsächlich eine höhere Welt in die Geisterszenen eingreift, weist auf die schicksalhafte Bedeutung hin, die Goethe diesem Drama für seine eigene Entwicklung zuschrieb. Der Roman läßt den Weg erkennen, auf dem er sich der Gestalt Hamlets bemächtigte. Auch Wilhelm Meister sieht in Shakespeares Stücken mehr als Menschenwerk, er sieht sie als Bücher des Schicksals. Er identifiziert sich mit Hamlet. Es interessiert ihn aber ausschließlich der Charakter Hamlets und das traurige Los seiner Geliebten Ophelia. Wilhelm löst diese Gestalten von der Handlung ab und versenkt sich so sehr in Hamlets Schwermut, daß er eine Person mit ihm wird. Um sich aus seiner Hamlet-Schwermut zu retten, versucht er sich klarzumachen, wie dieser unglückliche Prinz vor seiner Verdüsterung beschaffen war, und konstruiert sich von ihm ein Bild, das durchaus nicht auf das Original, aber ganz und gar auf ihn selbst zutrifft. Er deutet den harten, zynischen, grausamen, unberechenbaren Hamlet Shakespeares, der Polonius wie eine Ratte ersticht, in einen liebenswerten wertherischen Schwächling ohne Leidenschaften um. Wilhelm sieht nicht die kalte Brutalität, mit der Hamlet Ophelia quält und den Wanst des toten Polonius hinausschleift. Seinen Wahnsinn erwähnt er nicht. Er redet sich ein, dieser Jüngling sei erst dadurch schwermütig geworden, daß das Schicksal etwas von ihm verlange, was seine Kraft übersteige. Hamlet wird als ein zum Handeln, zur Tötung des Königs unfähiger Schwärmer charakterisiert. Er sei unschuldig, sei der Gefangene seiner Natur, die nicht zum Handeln tauge. Die von ihm geforderte Tat sei nur für ihn unmöglich, ein anderer vollbringe sie ja ohne Besinnen, aber ohne die erschütternden Einsichten in den Gang des Geschehens, die den Zuschauer lähmten. Hamlet fällt als wehrloses Opfer in einen für ihn unlösbaren Konflikt, als Held einer Schicksalstragödie.

Das Schicksal, diese anonyme höhere Macht, erzwingt die Katastrophe und hat das letzte Wort. Schicksal ist auch das Leitmotiv, das die „Theatralische Sendung" durchzieht. Mit ihm wird das Tragische als etwas Sekundäres von Hamlet abgestreift und seine Gestalt ins Romantische umgebogen.

Dieser Hamlet, der ratlos zwischen Freiheit und Unfreiheit schwankt und die Schuld an seinem Zaudern dem Schicksal zuschiebt, ist ein Selbstporträt des frühweimarischen Goethe. Er sah in ihm das Spiegelbild seines eigenen Wesens,

des gebrochenen und verinnerlichten Titanismus, der seine bedeutsamsten Gestalten kennzeichnet.
Seit dem Weislingen im „Götz“ blickt aus seinen Selbstdarstellungen – Faust, Clavigo, Egmont, Werther, Tasso – das Gesicht Hamlets hervor, wie er es sah. Schon Friedrich Hebbel stellte fest, der „Faust“ müsse nicht aus Marlowe, sondern aus dem „Hamlet“ abgeleitet werden. Es ist ein Anklang an die „Hamlet“-Deutung im „Wilhelm Meister“, wenn Faust den Eingang des Johannes-Evangeliums mit „Im Anfang war die Tat“ verdeutscht und damit seine ausweglose Verzweiflung verrät. In Faust sind die nihilistischen Stimmungen des „Hamlet“ verdichtet, seine rasenden Ausbrüche wirken wie ein Echo von Hamlets Monologen.
Neben dem von Gier nach Leben und Handeln verzehrten, zum Meditieren verfluchten Faust steht die Gegenfigur Egmonts, der zweite dramatische Niederschlag von Goethes „Hamlet“-Lektüre. In diesem Genie des Nichthandelns schlägt der Schicksalsglaube vollends ins Untragische um. Egmont, der passive Götterliebling, weiß sich im Schutz einer höheren Macht geborgen und besteigt in diesem Vertrauen noch das Schafott. Dieses Stück wurde als Anti-Hamlet konzipiert, es gestaltet das Ideal der unheroischen Existenz, das Wilhelm Meister in den „Hamlet“ hineinliest.
Das Rätsel der Hamlet-Tragödie beunruhigt Goethe zeitlebens, weil er fühlte, daß er es nicht gelöst hatte. Noch 1812 plante er eine Bearbeitung des Dramas, dessen Tragik er so beseitigen wollte, daß Hamlet statt des Polonius den lauschenden Claudius erstach und die letzten zwei Akte dadurch überflüssig wurden. Für Goethe blieb Hamlet eine mythische Gestalt, in der er seine eigene Stellung zur Welt urbildlich verkörpert sah. Er war der Auffassung, daß der Handelnde immer gewissenlos ist, nur der Betrachtende habe Gewissen. Noch die späten Terzinen „Bei Betrachtung von Schillers Schädel“ sind wahrscheinlich von Hamlets Meditationen über den Schädel seines Jugendfreundes Yorick beeinflußt. Sie sind ein Versuch, das Grauen jener Friedhofsszene in einen Lobpreis des Lebens umzudichten.
Die Autorität Goethes verschaffte den Hamlet-Gesprächen im „Wilhelm Meister“ eine Wirkung, die den Sinn des Dramas für ein ganzes Jahrhundert verdunkelte. Für die romantische Generation war Shakespeare bereits das größte Leitbild der modernen Literatur. Immer wieder haben sich Schriftsteller und Philosophen mit der Figur des Hamlet befaßt, Literaturwissenschaftler haben sie stets neu interpretiert.

Eine große Dichtung wie der „Hamlet“ ist etwas anderes als unser Gerede über sie, das sie in Begriffe preßt, verfälscht und vergiftet, für ihre fremde Zwecke mißbraucht. Es gibt Werke, die – wie Schillers „Wilhelm Tell“ – auf solche Art zu Tode interpretiert werden. Andere, wie Goethes „Faust“, behaupten sich gegen allen Sinn und Unsinn, den man ihnen unterschiebt, und bewahren ihr Geheimnis. So strahlt auch der „Hamlet“ als schwarzer Diamant wie zu Shakespeares Zeit, und aller Streit über ihn hat nur dazu gedient, seinen Glanz in den Augen der Nachwelt zu erhalten.

(Diese Darstellung folgt in Inhalt und Form dem Aufsatz von Walter Muschg, Deutschland ist Hamlet, der zum 400. Geburtstag Shakespeares in „Die Zeit“ [24. 4. 1964] erschienen ist.)

Ist es richtig, zu behaupten, die eigentliche Tragik in Schillers „Don Carlos" vollziehe sich nicht an Carlos, auch nicht an Posa, sondern an König Philipp? Wägen Sie das Schicksal der drei Hauptgestalten gegeneinander ab!

(Literarische Erörterung, 11. Kl.)

Gliederung:

A) Im Laufe der Ausarbeitung des „Don Carlos" ändert sich Schillers Auffassung vom tragischen Gehalt des Stoffes.

B) Die Tragik läßt sich nur erfassen, wenn man das Schicksal der drei Hauptgestalten gegeneinander abwägt:

- I. Die Tragik des Philipp:
  1. Zwiespalt seiner Persönlichkeit
  2. Zweifel an der Königin
  3. Mißtrauen gegenüber dem Sohn
  4. Enttäuschung durch Posa
  5. Zwang zur Ermordung des Sohnes
  6. Die Funktion des Königs in der Tragödie
- II. Die Tragik des Don Carlos:
  1. Sehnsucht nach Liebe und Kluft zum Vater
  2. Unglückliche Liebe zu Elisabeth
  3. Scheitern der Mission in einem Augenblick der Reife
- III. Die Tragik des Marquis Posa:
  1. Hindernisse auf dem Weg zur Menschlichkeit
  2. Verlust der Kontrolle und Heldentod
  3. Tragik des Todes durch Sinnlosigkeit

C) Zusammenfassung und Wertung

Ausführung:

In seiner endgültigen Fassung des am 29. August 1787 uraufgeführten Dramas „Don Carlos" gibt uns Schiller seine Version eines Konflikts am spanischen Hofe, die von der „Historischen Novelle" des Abbé de St Réal inspiriert ist. Die ursprünglich als Familiendrama konzipierte Tragödie, in der sich Schiller uneingeschränkt mit dem Titelhelden identifiziert, verwandelt sich im Laufe der Ausarbeitung jedoch in ein von der politischen Komponente stark geprägtes Drama, in dem die Person des Carlos und die damit verbundene Liebestragödie hinter der Figur des Posa und der politischen Bedeutung zurücktreten. Beiden Fassungen gemeinsam ist aber der tragische Gehalt, der sich, wie aus dem Folgenden ersichtlich ist, nicht nur auf Carlos, sondern auch auf die beiden anderen Hauptpersonen erstreckt.

Eine der tragischsten Figuren des Dramas ist zweifellos der König. Seine Tragik liegt im Zwiespalt seiner Persönlichkeit begründet, denn Schiller stellt ihn als tiefen und wahren Charakter dar. So tritt trotz Philipps Tyrannei seine eigentliche Unsicherheit deutlich hervor: Obwohl er selbst kaum fähig ist zu lieben (III, 1: „Nie konnt' ich ihr Liebe geben"), verlangt und braucht er die aufrichtige Zuneigung und Treue derer, die eine Rolle in seinem Leben spielen. Er bezweifelt aber die Aufrichtigkeit und schenkt niemandem außer Posa sein Vertrauen.

Philipp fühlt sich von der Königin verraten, als Gerüchte ihrer angeblichen Untreue, gefördert von den Mißtrauen und Eifersucht schürenden Bösewichtern Alba und Domingo, an sein Ohr dringen. Einerseits möchte er nicht glauben, daß Elisabeth ihn betrügt (III, 2: „Nein, nein! Es ist Verleumdung."), andererseits wirkt das eingeflößte Mißtrauen wie Gift, so daß er sogar daran zweifelt, daß die Tochter sein eigenes Kind ist (IV, 7). Mit seiner Verdächtigung der Königin eng verknüpft ist aber auch das Mißtrauen gegenüber Carlos, seinem Sohn, auf den er allerdings nicht nur eifersüchtig ist, sondern vor dem er irgendwie Angst hat. Dies äußert er bereits zu Beginn des Dramas, noch bevor er ein Verhältnis seines Sohnes mit Elisabeth befürchtet (I, 6: „Der Knabe Don Karl fängt an, mir fürchterlich zu werden . . . seid wachsam. Ich empfehl es euch."). Durch sein Mißtrauen fühlt er sich einsam, von allen hintergangen, zumal er durch eine Intrige der Prinzessin Eboli einen Beweis der Untreue Elisabeths in Händen hat (IV, 12).

Was der König dringend braucht, ist ein Freund. Diesen glaubt er in Marquis Posa zu finden, dem er als einzigem vertraut (IV, 12: „Ihr wart mein guter Engel. Wieviel Dank bin ich . . . Euch schuldig!"). Daß aber gerade dieser eine undurchsichtige Rolle spielt und ihn am meisten hintergeht, ist ihm nicht klar, besonders, weil er glaubt, daß Posa ihm und ihm allein vertraut (III, 10: „Bin ich der erste, der Euch von dieser Seite kennt?" – „Von dieser – Ja!"). Um so schlimmer trifft es ihn, als ihm Carlos die wahren Motive des Marquis enthüllt. Zutiefst enttäuscht und betrogen von dem Menschen, der ihm „teuer wie ein Sohn" (V, 9) war, sinnt er auf Rache an der ganzen Menschheit, die Posa

wichtiger war als er selbst (V, 9: „Die Menschheit büße mir für ihn"); doch auch hier zeigt sich seine Unsicherheit. Einerseits haßt er nun Posa, als ihm dessen gefälschter Brief zugespielt wird, so sehr, daß er ihn erschießen läßt, andererseits bereut er den Mord an Posa so, daß er völlig gebrochen ist, aus Angst vor dem Untergang (V, 5) und aus Trauer über den Verlust.
Weil er sich vor seinem eigenen Sohn fürchtet, beschließt er dessen Tod, eine mehr oder weniger durch Unsicherheit, Angst vor Umsturz und Pflichtbewußtsein gegenüber der Kirche erzwungene Verzweiflungstat. Eine gewisse Bestätigung des Gefühls, er sei verraten worden, erfährt er auch noch vom Großinquisitor, der ihn trotz genauer Kenntnis der Vorgänge nicht eingeweiht hat (V, 10: „Man wußte, in wessen Hand ich war, warum versäumte man, mich zu erinnern?").

Der endgültige Zusammenbruch wird zwar durch den Mordbefehl des Philipp an Carlos ausgelöst, die eigentliche Tragik des Geschehens steckt jedoch schon im bisherigen Handlungsablauf, der den König nicht als Ursache, sondern als Opfer des unglücklichen Geschehens erscheinen läßt.

Die Problematik des Carlos liegt großteils in seiner unerfüllten Sehnsucht nach Liebe begründet. Durch die starre Etikette am spanischen Hof sieht sich der Infant von klein auf isoliert (I, 2), und bereits im Kindesalter zeichnet sich eine tiefe Kluft zwischen ihm und seinem Vater ab (I, 2: „Ich weiß ja nicht, was Vater heißt – ich bin ein Königssohn"). Im Alter von sechs Jahren erblickt er ihn zum ersten Mal an einem Morgen, an dem Philipp vier Bluturteile unterschrieben hat (I, 2); auch sein späteres Verhältnis zu seinem Vater dient nicht dazu, das gegenseitige Verständnis zu fördern: Er sieht seinen Vater nur als Strafenden (I, 2).

Die Distanz zwischen den beiden vergrößert sich, als Carlos heranwächst und Philipp, der seinem Sohn mißtraut, Carlos und dessen Liebe abweist (II, 2). Von Vertrauten seines Vaters bespitzelt (I, 2: „Zugut weiß ich, daß ich an diesem Hof verraten bin – ich weiß, daß hundert Augen gedungen sind, mich zu bewachen . . ."), sieht sich Carlos zusätzlich isoliert, da er dadurch Scheu vor jeder persönlichen Aussprache hat (I, 1).

In Marquis von Posa, dem er seine Freundschaft aufzwingt (I, 2: „. . . da fing ich an, mit tausend Zärtlichkeiten und treuer Bruderliebe dich zu quälen"), und in Elisabeth von Valois findet er ein Ventil für seine Liebe. Doch wie die Liebe zu seinem Vater scheitert auch die zu Elisabeth; sie heiratet den König, Carlos steht wieder allein da, gebrochenen Herzens. Er ist sich der Sinnlosigkeit seiner Leidenschaft voll bewußt, gibt sie aber trotzdem nicht auf und leidet weiter

darunter (I, 2: „Mein Anspruch stößt fürchterlich auf meines Vaters Rechte. Ich fühl's, und dennoch lieb ich. Dieser Weg führt nur zu Wahnsinn oder Blutgerüste.").
In dieser Phase gelingt es Posa, die Leidenschaft des Infanten auf das Projekt Flandern hinzuwenden. Doch während fast des ganzen Dramas beherrscht die Liebe zu Elisabeth mehr oder weniger stark das Denken des Carlos. So ruft z. B. der mißverstandene Brief der Prinzessin von Eboli einen erneuten Durchbruch der Leidenschaft hervor (II, 4).

Die wirkliche Tragik des Carlos liegt aber nicht in der Einsamkeit und Isolierung, einem Schicksal, das an Fürstenhöfen doch nicht so einmalig ist, sondern in seinem allzu frühen Tod, der einen Tag früher noch keine Katastrophe gewesen wäre. So wird er aber in einem Augenblick der Reife hingemordet, zu einem Zeitpunkt, in dem er über sich selbst und seine sinnlose Liebe weit hinauswächst. Im letzten Auftritt geht er zum ersten Mal wirklich in die Ideenwelt Posas ein (V, 11: „Ein reines Feuer hat mein Wesen geläutert." V, 11: „Ich eile, mein bedrängtes Volk zu retten von Tyrannenhand."). In dieser Verfassung könnte er das Lebenswerk des Marquis besser als jeder andere fortführen. Sein Tod ist daher als äußerst tragisch zu betrachten, denn mit ihm stirbt die Gedankenwelt des Marquis und damit die Hoffnung auf Menschlichkeit.

Im Gegensatz zur Tragik des Königs und des Infanten ist die des Marquis Posa eine rein politische. Im Grunde scheitert er wohl daran, daß das Jahrhundert seinem „Ideal nicht reif" (III, 10) ist; dennoch setzt er sein Leben im Kampf für die Menschlichkeit ein. Dabei stößt er auf wenig Verständnis und einen harten König, der mit Posas Ideen absolut nichts anzufangen weiß (III, 10: „Sonderbarer Schwärmer").

Unglücklicherweise gleiten ihm im Laufe der Zeit die Fäden aus der Hand; er verliert die Kontrolle und begeht folgenschwere Fehler, wie den, daß er Carlos nicht rechtzeitig informiert, oder den wohl schwerwiegendsten, die Verhaftung des Carlos, weil er der Prinzessin von Eboli nicht traut. Dies führt aber zu einer entscheidenden Situation, die als Ausweg den Tod von Posa oder Carlos fordert. Dieser Tod ist jedoch nicht unbedingt tragisch, denn Posa faßt ihn als Erfüllung seiner Aufgabe auf: „Das Königreich ist dein Beruf. Für dich zu sterben, war der meinige." (V, 3)

Zu einer tragischen Person wird der Marquis eigentlich erst im nachhinein, als seine Mission mit dem Tode des Carlos fehlschlägt und sein Lebenswerk im Nichts aufgeht.

Will man die Tragik dieses Dramas ermessen, so muß man differenzieren zwischen der persönlichen Tragik des Königs, der persönlichen und politischen des Carlos und der politischen des Posa, wobei aber die Tragik Posas nicht zu überschätzen ist: Er genießt als einziger Handlungsfreiheit und ist damit für den Gang des Geschehens sehr bestimmend. Da seine politische Tragik am Schluß jedoch zu der des Carlos wird, ist das Schicksal Philipps und des Carlos als wesentlich tragischer zu bezeichnen. Dies wird sowohl von der Königin, die Philipp für beklagenswert hält (IV, 9: „Wie sehr beklag ich Eure Majestät"), als auch von Carlos erkannt, der die Tragik der beiden eigentlich am besten in Worte faßt: „Beweinenswerter Philipp, wie dein Sohn beweinenswert!" (I, 1)

Antonie Bauer

Welche Rolle spielt der Heilungsprozeß des Orest in Goethes Schauspiel „Iphigenie auf Tauris“?

Erschließungsfragen:

1. Wer ist Orest?
   Er ist der Bruder der Iphigenie, stammt aus dem Geschlecht der Tantaliden, auf dem ein unseliger Fluch lastet.
   Er ermordet seine Mutter Klytaimnestra und wird seitdem von den Rachegöttinnen verfolgt.
2. Wie wird sein weiteres Schicksal in dem Schauspiel dargestellt? Nach einem Orakelspruch gelangen Orest und sein Freund Pylades nach Tauris, wo der Fluch sich lösen soll.
   Erkennungsszene zwischen Orest und Iphigenie.
   Orest kann an eine Wende des Schicksals nicht glauben. Er verfällt dem Wahnsinn.
3. Wie verläuft der Heilungsprozeß?
   Erwachen aus dem Heilschlaf; Vision der Unterwelt, die zum Ort der Erlösung wird. Orest überwindet seine Todessehnsucht.
4. Welche Bedeutung hat die Oresthandlung für das gesamte Schauspiel?
   Die Überwindung der Todessehnsucht des Orest ist die Schlüsselszene der „Iphigenie“.

Gliederung:

A) Kurzer Bericht über eine Aufführung der „Iphigenie“, bei der die Bedeutung der Oresthandlung besonders deutlich wurde.

B) Welche Rolle spielt der Heilungsprozeß des Orest in Goethes Schauspiel „Iphigenie auf Tauris“?

   I. Das Schicksal des Orest:
      1. Der Muttermord und die Verzweiflung nach der Tat
      2. Die Begegnung zwischen Iphigenie und Orest auf Tauris
      3. Orests Wahnsinn und Heilung

   II. Die Bedeutung der Oresthandlung für Goethes Schauspiel:
      1. Schuld als Gegenbegriff zur Reinheit
      2. Der Konflikt zwischen Bewußtsein des Fluches und Vertrauen auf Rettung
      3. Humanität als Gegenbegriff zur Todessehnsucht

C) Die Umdeutung des griechischen Schicksalsbegriffes durch Goethe.

Durchführung

Unsere Klasse besuchte vor einiger Zeit eine eindrucksvolle Aufführung von Goethes „Iphigenie“ in den Münchner Kammerspielen. Wir waren alle begeistert von den Schauspielern, denen es gelang, die Schönheit der Sprache eines klassischen Dramas uns nahezubringen. Ich wurde besonders gefesselt von der Figur des Orest und kann die Bedeutung seines Schicksals für das Drama nun besser verstehen.
Welche Rolle spielt sein Geschick, besonders sein Heilungsprozeß in Goethes Schauspiel?

Orest, der jüngste Bruder der Iphigenie, tötete seine Mutter Klytaimnestra, nachdem diese seinen Vater Agamemnon umgebracht hatte. Damit erfüllte sich das Schicksal des Tantalidenhauses, dem Orest angehört. Seitdem wird er von den Rachegöttinnen gejagt. Apollo weissagt ihm, daß sich der Fluch lösen werde, wenn er die „Schwester, die an Tauris' Ufer im Heiligtume wider Willen“ lebe, nach Griechenland zurückbringe. Orest deutet die „Schwester“ als das Götterbild der Diana, Apolls Schwester. So gelangt er mit seinem Freund Pylades nach Tauris, um die Statue zu entführen. Dort ist Iphigenie Priesterin im Heiligtum. Es kommt zur erschütternden Erkennungsszene zwischen den Geschwistern, wobei Iphigenie zum ersten Mal die Wahrheit über das Schicksal ihrer Eltern erfährt.

Während Iphigenie sich im Schutz der Göttin weiß, der sie dient, verfällt Orest erneut den Schreckbildern, und er kann sich keine andere Erlösung denken als durch den Tod: „Es ist der Weg des Todes, durch den wir treten.“ Er bittet Iphigenie, ihn zu töten. Sie aber fleht die Götter um Errettung an („O nehmt den Wahn ihm von dem starren Auge . . .“), und Orest sinkt in tiefen Schlaf. Als er erwacht, glaubt er sich am Eingang der Unterwelt, wo er Erlösung finden werde. Vor seinem inneren Auge entfaltet sich nun die große Unterweltsvision. Alle Greuel scheinen hier vergessen, jede Untat gesühnt, jeder Rachegedanke getilgt. Nur einer fehlt in der Sippe der Verstorbenen: der Ahnherr Tantalus – seine Qualen sind ewig. Diese Vision ist die Schlüsselszene der „Iphigenie“. Die Unterwelt ist nicht nur Schattenreich, sie ist zugleich Ort der Erlösung. Nur der Ahnherr läßt sich nicht einbeziehen, er ist das Erzübel.

Iphigenie bittet die Götter, sie möchten Orest nicht im Wahnsinn, der aber nur äußerlich ist, belassen. Orest findet sich plötzlich zurecht und dankt den Göttern für die neue Sonne; es erwacht in ihm neue Lebensfreude, die Todessehnsucht ist geschwunden. Dieser Umschwung hat sich wortlos vollzogen. Der Glaube an die mögliche Erlösung wird schweigend in das

neugewonnene Leben übertragen. Orest mußte von den Schuldgefühlen gereinigt werden. Dies bewirkte die Gegenwart Iphigeniens. Iphigenie ist reines Menschsein, bei ihr findet sich nicht der geringste Rest vom Glauben an das Verhängnis. Reinheit bedeutet für Goethe Gefaßtheit, ungestörte Teilnahme am Leben der Welt. Derjenige ist rein, der auf sein Geschick vertraut. Orest ist unrein, solange er die Erlösung in der Selbstvernichtung sucht.
Der Konflikt zwischen Bewußtsein des Fluchs und dem Vertrauen ist der dramatische Kern der „Iphigenie“. Die Überwindung des Verhängnisses durch das Vertrauen ist Goethes Anliegen. Mit der Wiedergewinnung des Lebensmutes vollzieht sich die Humanisierung des Orest. Seine Krankheit war die Todessehnsucht, die für Goethe der Gegenbegriff zur Humanität ist. Iphigeniens Humanität äußert sich in der Sehnsucht nach dem entsühnten Leben. Sie ist die Priesterin des Glaubens an das Leben.
So ist das Schicksal des Orest für die Gestaltung des Humanitätsideals in der „Iphigenie“ von zentraler Bedeutung. Goethe hat sich mit der Bearbeitung dieses Stoffes vom griechischen Schicksalsglauben gelöst, Schicksal wird nicht als Verhängnis verstanden, sondern es wird in die Hände des Menschen selbst gelegt. Goethe hat also den griechischen Schicksalsbegriff entschärft und ins Persönliche aufgehoben. Übrig bleibt das Vertrauen, daß die Götter es mit den Menschen nicht böse meinen.

Vorschlag: Suchen Sie in Ihrer „Iphigenie“-Ausgabe nach Belegstellen für die Feststellungen dieser Erörterung und fügen Sie sie sinnvoll in den Text ein!

Wie beurteilen Sie das Weltverständnis des modernen Menschen, das Max Frisch in seinem Roman „Homo faber“ dargestellt hat?

Analyse der Themenstellung:

1. Das Thema verlangt die Herausarbeitung des Weltverständnisses des Romanhelden (= **Darstellung**)
   Dabei kann auf die Wiedergabe des Handlungsablaufs nicht ganz verzichtet werden. Sie muß allerdings auf das Nötigste beschränkt bleiben und mit der Problematik verbunden werden.
2. Das Thema verlangt die Beurteilung des dargestellten Weltverständnisses (= **Wertung**)

Daraus ergibt sich eine Zweiteilung des Hauptteils!

Gliederung:

A) Die Romane Max Frischs sind ein Spiegel unserer Zeit.

B) Fabers Weltverständnis und seine Beurteilung:

- I. Fabers Rationalität:
  1. Die Bedeutung der Mathematik
  2. Die Präzision des Denkens
  3. Die Erfassung der Naturerscheinungen
  4. Die Bedeutung der Technik
- II. Die Einseitigkeit des streng rationalen Denkens:
  1. trügerische Sicherheits- und Überlegenheitsgefühle
  2. Mangel an Einsicht in den Wert der Kultur
  3. Kontaktarmut gegenüber seinen Mitmenschen
  4. Verständnislosigkeit gegenüber menschlichen Sorgen und Schicksalsschlägen

C) Fabers Wandlung: Erkenntnis, daß menschliche Existenz nicht auf Berechenbarkeit aufgebaut werden kann.
Die Bedeutung des Anliegens für unsere Zeit.

Ausführung:

Immer wieder haben Dichter versucht, das Menschenbild ihrer Epoche zu gestalten. Für unsere Zeit ist es besonders der Schweizer Max Frisch, dem es in seinen Werken hauptsächlich um die Suche nach der Identität des Menschen geht. In den großen Romanen „Stiller", „Homo faber" und „Mein Name sei Gantenbein" wird dieses Thema mit unterschiedlicher Perspektive durchgeführt. Sein Roman „Homo faber" ist deswegen besonders wichtig, weil er zur Einsicht in die Schwierigkeiten des modernen Menschen führen kann.

Welches Weltverständnis hat nun der Held, Walter Faber, und wie ist es zu beurteilen?

Walter Faber ist Ingenieur, der im Dienst der UNESCO bei „unterentwickelten Völkern" Maschinenstationen einrichtet. Einige Wochen vor seinem Tod berichtet er in seinem Tagebuch selbstkritisch und genau über die für sein Leben entscheidenden Ereignisse. Als Techniker denkt er in erster Linie in mathematischen Gesetzen. Alles Mögliche läßt sich mathematisch erfassen, selbst das Unwahrscheinliche ist mit Hilfe der Wahrscheinlichkeitsrechnung zu umgrenzen und zu fixieren. Damit verliert es aber seine Bedrohlichkeit; wenn man es berechnen kann, kann man mit ihm rechnen, d. h. über es verfügen. Auch der Mond wird zu einer errechenbaren Masse, die um unseren Planeten kreist, zu einer Sache der Gravitation. Mit Hilfe der mathematischen Gesetze wird für Faber die Welt kalkulierbar.

So unterwirft er sein ganzes Denken und sein Leben der Präzision, die er als Voraussetzung für den technischen Fortschritt hält. Deshalb muß alles Ungenaue und Stimmungshafte zugunsten einer Genauigkeit der Beobachtung und Erinnerung verbannt werden. Faber fasziniert das Meßbare, was vor allem in seinem Verhältnis zu Raum und Zeit deutlich wird. Der Zeit schenkt er größte Aufmerksamkeit. Der Terminkalender regelt sein Leben; aber auch persönliche Probleme sucht er mit präziser Rechnerei zu lösen. Die Zeitangaben im Roman sind äußerst genau; auch auf die exakte Datierung bei den Tagebuchnotizen legt Faber Wert. Daneben treten präzise Ortsangaben. Nicht nur die großen Stationen der Reisen werden aufgeführt, auch abgelegene Gebiete werden detailliert angegeben. Genauere Angaben erfolgen beispielsweise über die Streckenführung des Zuges (Campeche–Palenque–Coatzocoalcos), der mit air-condition ausgestattet ist und 30 Stundenkilometer fährt, und über den Bahnhof von Palenque, der noch nicht einmal eine Gleisverdopplung aufweist. Auf Flugplätzen interessieren Faber die Flugzeugtypen und die Anzahl der Passagiere, von Menschen notiert er genau Alter, Konfession, Stand, Beruf, Telefonnummern.

Besonders bedeutsam ist, wie er die Natur sieht, der er täglich vom Flugzeug, vom Auto aus oder in der Wüste begegnet. Den Naturerscheinungen steht er gleichgültig gegenüber, er läßt sich nicht in den Bann der Natur ziehen. Er sagt von sich, daß er sich nichts aus Landschaften mache, geschweige denn aus der Wüste, die ihm nicht einmal filmenswerte Sensationen bietet. Die Dinge sieht er so wie sie sind und läßt Gefühle nicht an sich herankommen. Der undurchdringliche Dschungel ist ihm, der nur in Regeln denkt, zuwider; er drückt seinen Abscheu in ekligen Beschreibungen aus. Das krabbelnde, kriechende Leben des Urwalds ist für Faber die reine Hölle. Für den Ingenieur Faber existiert nur ein Wunsch: die Natur mit Hilfe der Technik zu überwinden. So ist er in seinem Element, als er im Dschungel Herberts Auto, dessen Motor von Regengüssen völlig verschlammt ist, wieder in Gang setzen kann. Mit seinen Instandsetzungsarbeiten kämpft er gegen die Verwitterungsarbeit der Natur. Eine echte Beruhigung bedeutet es für ihn, daß es für das Versagen der Maschine immer einen konkreten, logisch erklärbaren Grund geben muß. Faber zieht die Logik und Schlüssigkeit der Technik in jedem Fall der Unberechenbarkeit der Natur und der Gefühle vor. Natur wird für ihn erst dann erträglich, wenn sie technisch erschlossen ist, wenn es Wege, Strom und Stecker gibt.

So fühlt sich Faber nur in der Welt der Technik richtig wohl. Er wohnt in der hochtechnisierten Stadt New York in einem Hochhaus-Appartement, weit weg von der mißachteten Erde. Im Auto ist er abgeschirmt von Menschen, Stimmungen und Gefühlen, im Flugzeug genießt er bewußt den Abstand zur Erde; von hier kann er die Gegebenheiten, die für ihn wichtig sind, filmen. Dabei interessiert ihn nicht so sehr, was er aufgenommen hat, sondern wie sein Apparat eingestellt war und ob kameratechnisch alles richtig funktioniert hat. Sogar der Elektrorasierer ist ihm ein Mittel, über die Natur zu siegen, weshalb er sich möglichst oft rasiert. So fasziniert ihn auch die Unfehlbarkeit des Roboters, dessen Fähigkeit, ohne Gefühle, Erlebnisse, Hoffnungen zu einem allein der Logik gehorchenden Ergebnis zu kommen.

Weil Faber sein Leben auf Berechenbarkeit aufbaute und gefühlskalt war, trennte sich seine Jugendfreundin Hanna von ihm. Er wußte nicht, daß sie ein Kind von ihm erwartete. In Hanna war er einem Menschen begegnet, der ihm vorführte, daß streng rationales Denken einseitig ist, daß Leben nicht als bloße Addition zu sehen ist. Doch von ihr ließ sich Faber nicht überzeugen. Er erfährt lange keine Veränderung durch das Leben, da er es nicht bis zu sich durchdringen läßt.

Der „Homo faber“ läßt seine Tage unbeeindruckt vorbeiziehen, ohne sie zu „erleben“. Im Fortschreiten der Zeit sieht er nur den Verfall der menschlichen

Natur, ohne die positive Seite, das Reiferwerden und Sammeln von Erfahrungen zu erkennen. Mit Hilfe der Technik fühlt er sich sicher und auch Krankheiten überlegen. Als seine Magenbeschwerden zunehmen, führt er die Statistik an, nach der eine Operation in 94,6 von 100 Fällen gelingt.

Fabers Denken ist von der Frage „Wozu?" beherrscht. So paßt der Bereich der Kunst nicht in sein Nützlichkeitsdenken. Ihn interessieren weder der Louvre noch Tolstoi. Statt Romane liest er Fachzeitschriften. Daß man sich mit beidem zu gegebener Zeit beschäftigen kann, daran denkt er nicht. Antike Ruinenfelder sind für ihn nur Sammlungen von steinernen Trümmern. In Rom interessieren ihn nur der neue Bahnhof, Straßen, Brücken oder Fabriken. Er bringt Kultur und Technik auf einen Nenner, bewundert z. B. die technischen Fertigkeiten der Mayas, die es schafften, riesige Tempel ohne die Hilfe von Rädern zu bauen, den kulturellen Wert der Bauwerke negiert er aber.

Was ein Mensch wie Faber aber vor allem versäumt, ist menschliche Zuneigung, Freundschaft und Liebe. Menschen sind ihm im Grunde gleichgültig, eigentlich sogar lästig. Aber hier ist er nicht immer ehrlich. So bezeichnet er Joachim Hencke als seinen einzigen wirklichen Freund.

Den Gewinn eines Gesprächs kann Faber nicht ermessen; er empfindet Gespräche als anstrengend und ist froh, beim Schachspiel nicht reden zu müssen. Insgesamt bezeichnet Faber die Menschen als komisch. So kann er keine echten Bindungen eingehen; die Vorstellung des ehelichen Zusammenlebens ist ihm ein Greuel. Länger als drei Wochen hielte er eine gemeinsame Wohnung nicht aus, spätestens dann würde er sich nach seinen Turbinen zurücksehnen. So halten ihn Frauen zu Recht für unmenschlich, zynisch und werfen ihm vor, er habe keine Gefühle.

Auch gegenüber menschlichen Sorgen oder Schicksalsschlägen reagiert er verständnislos. Sein übertriebenes Bekenntnis zum Prinzip der Technik macht ihn unfähig, eine irrationale Komponente anzuerkennen. An Fügung und Schicksal glaubt er nicht. Aber sein Wille, alles erklären zu können, reicht nicht aus. Auf einer Schiffsreise lernt er das junge Mädchen Sabeth kennen, in das er sich verliebt. In Italien erfährt er, daß Sabeth Hannas und damit seine eigene Tochter ist, aber er verdrängt den Gedanken. Derartige Geschehnisse schreibt er dem Zufall zu. Als seine Geliebte und Tochter Sabeth von einer Schlange gebissen im Krankenhaus liegt, verleugnet er seine Angst und erklärt berechnend, daß „Mortalität bei Schlangenbiß . . . 3–10% beträgt". Aber am Ende muß er doch an Sabeth die bittere Erfahrung machen, daß sich der Tod nicht ignorieren läßt.

Sabeths Tod hat aus Faber einen anderen Menschen gemacht; auf Cuba lernt er anders zu leben, gewinnt er echte Lebensfreude. Er erkennt, daß sich die menschliche Existenz nicht auf Berechenbarkeit aufbauen läßt. Statt zu filmen entdeckt er, wie schön es ist, einfach zu schauen. Er will sich nach und nach aus der Technik in Manhattan lösen – aber es ist zu spät; er fühlt sein nahes Ende.

Gerade für unsere Zeit, wo Technik und Fortschritt an Grenzen, welche die Natur setzt, stoßen, hat das Anliegen Max Frischs seine Bedeutung.

„Seid unbequem, seid Sand, nicht das Öl im Getriebe der Welt". – Mit diesem Satz hat Günter Eich 1953 die Aufgabe des Schriftstellers für unsere Zeit umschrieben.

a) Stellen Sie an mindestens zwei deutschsprachigen Werken verschiedener Epochen (darunter einem aus der Nachkriegszeit) Aussage, Form und Wirkung von gesellschaftskritischer Literatur dar!

b) Erörtern Sie die Berechtigung des Eichschen Appells als allgemeine Forderung an Literatur!

(Bayer. Abiturprüfung 1980, Leistungskurs, Thema 3)

Gliederung:

A. Kurzer historischer Rückblick auf die engagierte Dichtung in Deutschland

B. I. Aussage, Form und Wirkung von gesellschaftskritischer Literatur:
   1. am Beispiel von Gerhart Hauptmanns „Die Weber"
   2. am Beispiel von Martin Walsers „Eiche und Angora"
   II. Der Eichsche Appell als allgemeine Forderung an die Literatur:
   1. Gegenüberstellung von engagierter Literatur und Dichtung als Selbstzweck
   2. Sartres Begriff der „litterature engageé"

C. Ziel der engagierten Dichtung ist die Verwirklichung von Humanität

Ausführung:

„Friede den Hütten! Krieg den Palästen" forderte Georg Büchner in seinem Hessischen Landboten. Dieser Dichter des 19. Jahrhunderts wurde zu einem der Wegbereiter der modernen Dichtung. Aber er steht als engagierter Schriftsteller in Deutschland nicht am Anfang. Schon im Mittelalter hat Walther von der Vogelweide politische Lyrik geschrieben. Auch im Barock und besonders in der Aufklärung haben sich Dichter mit der gesellschaftlichen Wirklichkeit auseinandergesetzt. Besonders seit Lessing wollen unbequeme Dichter protestieren, reformieren, bessern und kämpfen. Wenn wir in der Geschichte der Literatur wichtige Vertreter dieser Richtung suchen, finden wir sie meist während der großen Zeitwenden, z. B. im Sturm und Drang des 18. Jahrhunderts, als man sich gegen die Willkür der absolutistischen Herrschaft wandte, in der politischen Dichtung des „Jungen Deutschland", die sich mit den Maßnahmen der Restauration auseinandersetzte, oder in den frühen Dramen Gerhart Hauptmanns.

Im 19. Jahrhundert war die Umschichtung der Gesellschaft besonders stark. Gerhart Hauptmann, dessen Vorfahren schlesische Weber waren, hat in seinem Drama „Die Weber" die Proteststimmung des Industrieproletariats am eindrucksvollsten festgehalten. Obschon der Dichter selbst die Problematik des Stücks nicht als „sozialistisch", sondern als „sozial" verstanden wissen wollte, muß man es wohl als eine der deutlichsten Anklagen gegen gesellschaftliches Unrecht interpretieren.

Der profithungrige Fabrikant Dreißiger liefert die von ihm abhängigen Weber skrupellos einer völligen Verelendung aus. Kranke, halbverhungerte Menschen stehen in seinem Kontor, um Leinwandballen gegen einen Hungerlohn abzuliefern. Mit billigen Phrasen über die Verantwortung des Unternehmers sucht Dreißiger die murrenden Leute zu beschwichtigen und teilt ihnen mit, daß er zweihundert neue Arbeiter einstellen werde. In Wahrheit ist diese „soziale Maßnahme" nur der Vorwand, um die Meterlöhne um ein Fünftel herabzusetzen.

So treiben schließlich Hunger, Krankheit und Arbeitslosigkeit, hervorgerufen durch die Einführung neuer Maschinen, die schlesischen Weber zum Aufstand gegen die Fabrikanten. Deren Villen werden durch die Menge zerstört. Schließlich wird die Revolte durch das königliche Militär unterdrückt, wobei der unbeteiligte Hilse von einer Kugel tödlich getroffen wird. Der Schluß des Stückes ist pessimistisch und ungelöst. Der Wille, die Verhältnisse gerecht zu regeln, scheitert.

Die Handlung dieses sozialen Dramas, von der sich Hauptmann erwartete, daß sie seiner eigenen Zeit gemäß wirken würde, beruhte auf Berichten über eine Revolte, die wirklich in Schlesien stattgefunden hatte. Das Stück war in schlesischer Mundart geschrieben. Damit war Lebensnähe erreicht. Der Dialekt gab den Dialogen und auch dem „Lied vom Blutgericht" die Authentizität, die als Grund- und Vorbedingung naturalistischer Dramatik gefordert wurde. Die so echt wiedergegebene Mundart trug dazu bei, die zeitlose Gültigkeit des dramatischen Aufstandes, den menschenunwürdige Behandlung durch skrupellose Unternehmer veranlaßt hatte, zu unterstreichen.

Durch naturalistisch genaue Szenenanweisungen erreichte der Dichter, daß Gestik, Pantomime und Mimik zusammen mit der Sprache eine besondere Bühnenwirksamkeit und damit Eindringlichkeit erzielten. Milieu und Atmosphäre wirkten mit.

Der eigentliche „Held" des Dramas ist die Not, und die Betroffenen sind die Masse, eine ganze Volksschicht. Die Gesichter der Weber werden ein Gesicht, ihre Stimmen eine Stimme, während die bürgerliche kirchlich-beamtete und industrielle Gegenwelt deutlich individualisiert bleibt.

Die Polizei verbot die Aufführung des Dramas mit der Begründung, es sei ein gefährliches sozialistisches Propagandastück. Als „Die Weber" schließlich doch das Publikum erreichten, wurde das Werk von manchen zeitgenössischen Kritikern als „sozialrevolutionäre Proklamation" gepriesen. Der größte Teil der Zuschauer war ergriffen. Gerhart Hauptmann war es gelungen, die Not der wirtschaftlich und politisch unterdrückten Arbeiter der vierziger Jahre glaubwürdig zu gestalten. Sein Stück war ein Appell an das soziale Gewissen. Vor allem die Reaktion Kaiser Wilhelms II. und vieler seiner Hofschranzen zeigte, daß solche Beispiele engagierter Dichtung nicht ohne politische Wirkung bleiben.

In unserer Zeit sind nicht mehr Klassengegensätze Themen der engagierten Literatur. Es dominiert Gesellschaftskritik, wobei es entweder um Versuche der Vergangenheitsbewältigung oder um die Analyse von häufig undurchsichtigen gesellschaftlichen Zwängen geht.

Martin Walser hat dementsprechend den Schriftsteller als „Verhaltensforscher" definiert. Sein Stück „Eiche und Angora. Eine deutsche Chronik" wurde 1962 in Berlin aufgeführt. Die Handlung spielt von April 1945 bis 1955 und zeichnet in vier Phasen ein Stück deutscher Geschichte an Randfiguren des Geschehens nach. Dargestellt wird die Entwicklung des Alois Grübel zum Mitläufer im „Dritten Reich". Von den Nazis wurde er zunächst als Kommunist ins KZ gesteckt, umerzogen und entmannt, weshalb er eine herrliche Tenorstimme

bekam. Im KZ hatte er Angorakaninchen gezüchtet, mit deren weißen Fellen ihm 1945 die Rettung der Stadt Brezgenburg gelingt. 1950 wird eine pazifistische Gedenktafel in der Stadt enthüllt. Grübel setzt das Züchten von Angorakaninchen fort; doch ihr Gestank hält die Gäste von dem Höhenrestaurant Eichkopf fern, und Grübel muß die Tiere erschlagen, wobei ihn ein Grauen überfällt und er feststellt: „Es ist ein Unglück, wenn man immer alles einsieht." Weil er nun die Kaninchenfelle an die Traditionsfahne des Liederkreises annagelt, wird er in eine Nervenanstalt eingeliefert. Alois Grübel will stets mitmachen, ohne aufzufallen, kommt aber doch immer zu spät, weil er das Vergangene nicht ganz vergessen kann. Dabei hebt Walser satirisch die Anpassungsfähigkeit der anderen hervor. Grübel ist nicht nur beklagenswertes Opfer, sondern auch Mahnung, daß Kurzsichtigkeit manipulierbar macht. Nicht nur politisch, sondern auch menschlich wird man durch Begrenztheit „schuldig". An den übrigen Figuren zeigt Walser, wie es viele verstehen, ihr Mäntelchen stets nach dem Wind zu drehen.
Walser nähert sich mit „Eiche und Angora" der Brechtschen Parabelform. Realistisch ist das Stück in dem Sinn, daß Zuspitzungen allein durch die pointierte Behandlung möglicher Konstellationen erreicht werden. Der Versuch des Autors, am Durchschnittsbürger das Ausmaß des Versagens zu zeigen, ist der Hauptgrund für den geringen Erfolg des Stücks. Es kam aber Walser darauf an, zu zeigen, daß gerade der gewöhnliche Bürger in seiner Bedeutungslosigkeit viel verhindern oder verursachen kann.
Für die zeitkritische Tendenz des Stückes wurde Walser 1962 der Gerhart-Hauptmann-Preis zuerkannt.
Verfolgt man die weitere Entwicklung des Werks von Martin Walser, so muß man sagen, daß er einer der wichtigsten gesellschaftskritischen Autoren in den sechziger und siebziger Jahren unseres Jahrhunderts ist.
Die beiden vorgestellten Dramen machen die wichtigste Problematik der engagierten Dichtung deutlich: Viele derartige Werke veralten aufgrund ihrer Zeitbezogenheit sehr rasch, werden nur zu Dokumenten ihrer Zeit. Deshalb gibt es die entgegengesetzte Richtung, die das Kunstwerk der Zeitbezogenheit entziehen möchte.

Es wird immer eine ungelöste Streitfrage bleiben, ob der Dichter als Zeitkritiker, als protestierender Reformer für seine Ideen kämpfen oder es ablehnen soll, in die Niederungen zeitgebundener menschlicher Konflikte hinabzusteigen. Friedrich Hölderlin fühlt seine Dichtung als erhaben-göttlichen Auftrag, und auch Schiller, der auch zeitkritische Dramen geschrieben hat, betont, daß der Dichter nach seiner Würde und dem Gesetz aufblicken müsse und nicht

niederwärts nach dem Bedürfnis. Stefan George hat sich entschieden für das Prinzip der „l'art pour l'art" ausgesprochen. Er beurteilt den Wert von Dichtung nicht nach ihrem Sinn, sondern nach ihrer Form. Auch Gottfried Benn wendet sich, zumindest in seinen späteren Werken, von der Geschichte ab und betont das rein Artifizielle des Kunstwerks.
Der engagierte Dichter dagegen stellt sein Schaffen in den Dienst einer Sache oder einer Idee, für ihn ist Dichtung nicht Selbstzweck, sondern Mittel, um die gesellschaftliche Entwicklung zu analysieren oder sogar zu beeinflussen.
Jean Paul Sartre hat in seinem Essay „Was ist Literatur?" sich mit dem Begriff der „litterature engagée" beschäftigt. Für ihn hat Dichtung die Aufgabe, menschliche Freiheiten zu manifestieren, da das Schicksal des Menschen nun einmal in der Politik verankert ist. Daher darf sich nach Sartres Meinung die Literatur nicht allein mit den Beschreibungen von Seelenzuständen und Charakteren abgeben. Der Schriftsteller soll die Welt so sehen, wie sie ist: „roh und alltäglich, um sie offen für die Freiheiten darzustellen". Damit gehört die Dichtung zu den gesellschaftlichen Aufgaben, denen der Mensch verpflichtet ist, sie wird moralisch – nicht moralisierend – und gesellschaftskritisch.
Welche Bedeutung der engagierten Dichtung zukommt, zeigt das Schicksal vieler Autoren aus dem Ostblock (z. B. Alexander Solschenizyns), die entweder ihr Land verlassen müssen oder mundtot gemacht werden. Engagierte Dichtung hat aber auch in unserer pluralistischen Gesellschaft ihren Wert; sie bietet sich nicht als billige Lebenshilfe an. Es geht ihr letzten Endes immer um die Verwirklichung von Humanität, und ohne Humanität ist keine Kunst möglich.

Heinrich Böll: Es kann keine Ruhe geben, solang nicht wirklich wird, was selbstverständlich ist.

Die Gliederung und ihre Satzzeichen

Die äußere Form der Gliederung ist an sich eine Sache der Vereinbarung zwischen Lehrer und Schülern, wobei die Argumente des Lehrers wegen der größeren Erfahrung und seinem Fachstudium wohl meist ausschlaggebend sein dürften. Es gibt jedoch eigenwillige Schüler, die ihre Gliederung nach der eigenen Vorstellung erstellen. Wenn diese Gliederungen in sich logisch aufgebaut sind, läßt sich dagegen einwenden, daß sie die „Norm" nicht einhalten. Eine offene Frage ist, wie das Abweichen von der Norm gewertet wird. Bei Niederschriften z. B. wird die Norm der äußeren Form, wie sie festgelegt oder vereinbart wird, sehr stark bewertet.

Da es für die Zeichensetzung in der Gliederung mehrere sinnvolle Möglichkeiten gibt, soll zuerst aus DUDEN, Die Rechtschreibung, Auflage 1980, S. 16, zitiert werden:

> **R 5** Bei der Abschnittsgliederung **mit Ziffern** steht zwischen den Zahlen ein Punkt.

Nach der jeweils letzten Zahl wird kein Punkt gesetzt.

1 Punkt
2 Komma
2.1 Komma zwischen Satzteilen
2.1.1 Komma bei Aufzählungen
2.1.2 Komma bei Einschüben
2.2 Komma zwischen Sätzen

In dieser Form werden die Abschnittsnummern auch im fortlaufenden Text angeführt.

Es gilt das unter 1.1.4.3 Gesagte.

> **R 6** Bei der Abschnittsgliederung **mit Ziffern und Buchstaben** steht der Punkt nach römischen und arabischen Zahlen und nach Großbuchstaben.

Kleinbuchstaben dagegen erhalten gewöhnlich eine Klammer.

I. Groß- und Kleinschreibung
  A. Großschreibung
    1. Satzanfänge
    2. Nach Doppelpunkt
      a) Groß schreibt man . . .
      b) Groß schreibt man . . .

Werden solche Abschnittskennzeichen im fortlaufenden Text angeführt, dann erhalten sie weder Punkt noch Klammer.

(Man liest zwar: erstens, zweitens, drittens, aber man liest nicht: A-tens, B-tens, C-tens)
Viele Lehrer vereinfachen diese Regelung, indem sie verlangen:
Nach Ordnungszahlen steht ein Punkt: 1. .... 2. .... 3. ....
Nach Buchstaben steht eine Klammer: A) .... a) .... b) ....

Im allgemeinen wird jedoch die folgende Regelung nach DUDEN S. 54 angewendet:

R 163 Der Punkt steht nicht nach **Überschriften, Buch- und Zeitungstiteln,** die durch ihre Stellung vom übrigen Text deutlich abgehoben sind.

Der Friede ist gesichert
Nach den schwierigen Verhandlungen zwischen den Vertragspartnern ...

R 164 Der Punkt steht nicht am Schluß der einzelnen Zeilen in **Tabellen, Listen** u. dgl.

Religion:	*gut*
Deutsch:	*mangelhaft*
Mathematik:	*sehr gut*

Um jede Fehlinterpretation auszuschließen, wird hier noch aus DUDEN Band 9, Auflage 1972, S. 536/637 zitiert:

f) **In Tabellen, zeilenweise abgesetzten Aufzählungen, Gliederungen, Inhaltsverzeichnissen u. dgl.** erhalten die Zeilen ebenfalls keinen Schlußpunkt. Beispiel:

Unser Geschäft führt in großer Auswahl:
Papier- und Schreibwaren
Büroartikel
Mal- und Zeichengerät
Künstlerpostkarten
Zeitschriften

Man kann eine solche Aufzählung auch wie einen zusammenhängenden Satz behandeln. Dann steht nach jedem Aufzählungsglied ein Komma und nach dem letzten Wort ein Punkt. Diese Schreibweise ist aber im allgemeinen nicht zu empfehlen, sie hat nur Sinn, wenn die einzelnen Glieder umfänglicher sind oder aus Gliedsätzen bestehen:

Ein Zuschuß zu den Kosten kann gewährt werden,
wenn der Lehrgangsteilnehmer einen Verdienstausfall nachweist,
wenn der Teilnehmer seine Mahlzeiten nicht zu Hause einnehmen kann,
bei Teilnehmern, die noch in der Berufsausbildung stehen.

Wenn die Abschnitte einer Gliederung aus längeren Sätzen bestehen, sollte man ebenfalls keine Schlußpunkte setzen, wie es das folgende Beispiel eines Planes für einen Schulaufsatz zeigt. Doch kann man in solchen Sonderfällen auch den Punkt zulassen.

Das Fernsehen – seine Vorzüge und Gefahren

A. *Einleitung: Fast jede Familie besitzt heutzutage einen Fernseher.*

B. *Hauptteil: Folgende Gefahren und Vorzüge des Fernsehens sind zu beachten:*
   1. *Die Gefahren*
      a) *Das Fernsehen nimmt viel Zeit in Anspruch und hindert uns an anderen Beschäftigungen*
      b) *Das vielseitige Programm verleitet zu wahllosem Sehen*
      c) *Man verdirbt sich leicht die Augen durch zu vieles Fernsehen*
   2. *Die Vorzüge*
      a) *Das Fernsehprogramm ist sehr reichhaltig (Spielfilm und Theater, Lehrfilm, Sport, Nachrichten usw.)*
      b) *Viele Sendungen regen zu eigenem Nachdenken an (Diskussionen, Kommentare)*
      c) *Kranke und alte Leute können durch das Fernsehen am allgemeinen Leben teilnehmen*

C. *Schluß: Wenn man beim Fernsehen vernünftig auswählt, sind die Vorzüge größer als die Nachteile*

In der Gliederung für den Aufsatzunterricht wird häufig an den Satzzeichen festgehalten. Der Sinnzusammenhang wird durch die Satzzeichen wohl besser aufgezeigt, die Zusammenhänge werden deutlicher. Für den, der den Gedankengang des Schreibers nachvollziehen muß und „bewerten" soll, sind die Satzzeichen in der Gliederung eine Hilfe. Für das Verständnis solcher Zusammenhänge und Abhängigkeiten sind die Satzzeichen auch geschaffen.

In diesem Aufsatzbuch werden Gliederungen nach der DUDEN-Regelung und nach anderer Gewohnheit vorgeführt. Man sollte hier nicht zu sehr reglementieren. Nur eine Regel soll bestehen: Wenn Satzzeichen gesetzt werden, müssen sie sinnvoll sein.

Quellenverzeichnis

Seite	
23 ff.	Amtsblätter des Bayer. Staatsministeriums für Unterricht und Kultus, Sondernummer, Nr. 13/79 – 17/1980 – 12/1981
26 ff.	Staatsinstitut für Schulpädagogik, München 1976, S. 8 ff.
29	Karikatur – Aus: Massenmedien, TR-Verlagsunion
32	Meyers Enzyklopädisches Lexikon I, S. 449
32	Der Neue Brockhaus (5 Bände), S. 27
33	Duden, Das Große Wörterbuch der deutschen Sprache in 6 Bänden, S. 91
33 f.	Süddeutsche Zeitung vom 16. 12. 74
36 ff.	Nach Meyers Handbuch über die Musik, Hrsg. Heinrich Lindlar, Bibliogr. Institut Mannheim, 1971, S. 116 ff.
54 ff.	Nach MANZ Aufsatz Bibliothek Band 6, S. 55
	Wir verweisen auch auf MANZ Große Analysenbände I, II, III
49 ff.	Schüleraufsatz aus: Aufsatzformen 2 der Mittelstufe, MANZ Verlag, München 1973
57	Zs. Die Bayerische Realschule 5/82
59	Staatsinstitut für Schulpädagogik s. o.
60	Karikatur aus: Die Schulfamilie 1/83 von Peter Baymann
66 f.	Welt am Sonntag vom 18. 8. 91
67 ff.	Bayerische Staatszeitung Nr. 21 vom 21. 5. 76
72	Die Welt vom 23. 8. 91
75 f.	Allgemeine Schulordnung, Bayer. Staatsministerium f. U. u. K. 1977, S. 40
76 f.	Zs. NEUE STAFETTE 12/81 – 10/81, Johann Michael Sailer Verlag, Nürnberg
78 ff.	Jahresbericht der Landeselternvereinigung der Gymnasien in Bayern vom 15. 4. 72
	Umfassende Darstellung des Problems „Leistung im Jugendalter" in: Ernst Höhne, Jugend und Leistung, Versuch einer Klärung, Klett Verlag 1978
89 f.	Süddeutsche Zeitung vom 4. 2. 82
92 ff.	Schülermitverantwortung und Schülervertretung, Hrsg. Bayer. Staatsministerium f. U. u. K., München 1977
105	Die Welt vom 26. 9. 91
107	Karikatur von Hicks „Aggressions-Abbau", Die Welt Nr. 241 vom 16. 10. 82
107 ff.	Zs. Leben und Erziehen 7/78, Einhard Verlag Aachen
112 f.	Süddeutsche Zeitung vom 19. 12. 81
118 ff.	Münchner Stadtanzeiger vom 5. 1. 82
122 ff.	Deutsche Zeitung vom 16. 3. 79
127 ff.	Dokument + Analyse, Monats-Archiv zum Zeitgespräch, März 1980
131 ff.	Das Parlament Nr. 33 aus: Dokument + Analyse Okt. 81
133 f.	Schulreport 1990/3

134 ff. Die Welt vom 19. 10. 90
Aus: Oberkriminalrat Ernst Ludwig „Die Neue Polizei“ Nr. 2/1980 –
Aus: dpa vom 6. 3. 80
Aus: Philipp Hoelzmann und Karl Friedrich Lenz in Antworten zu „Zeitlupe 20“
140 Elmar Eggerer, Meine Schulaufsätze 7./8. Kl., MANZ Verlag München
141 tz – München vom 14./15. 8. 73
143 Süddeutsche Zeitung vom 13. 9. 74
141 f. Münchner Merkur vom 5. 2. 82
142 f. Süddeutsche Zeitung vom 25. 1. 82 und 24. 2. 79
146 ff. Süddeutsche Zeitung vom 3. 11. 78
150 ff. Dokument + Analyse Nov. 81
153 ff. Politische Studien, Jugend in Deutschland 1981, Olzog Verlag München
157 Die Welt vom 24. 11. 90
159 Karikatur von Peter Leger, Monatszeitschrift EG Magazin, Bonn
159 f. Über Friedenssicherung, Arbeitsgemeinschaft zur Förderung der Sicherheit der Jugend, Universum Verlagsanstalt, Wiesbaden
167 f. Bayer. Sonntagsblatt vom 6. 4. 80
168 ff. Süddeutsche Zeitung vom 28./29. 8. 71
179 f. Süddeutsche Zeitung vom 17. 8. 90
180 Münchner Merkur vom 30. 8. 90
181 Welt am Sonntag vom 13. 10. 91
182 Index Funk 5190 (MM 11. 10. 91)
183 Karikatur von Haitzinger aus: tz München (Dokument + Analyse 1/82)
190 f. Zs. Anregung 20/1974, Bayer. Schulbuch Verlag München
193 f. Rudolf Walter Leonhardt, Argumente pro und contra, R. Piper Verlag München, S. 31 ff.
197 Die Welt vom 9. 1. 82
198 f. Süddeutsche Zeitung vom 2. 7. 75
200 f. Münchner Merkur vom 18. 12. 81
201 Die Welt vom 19. 12. 81
206 ff. Rudolf Walter Leonhardt, s. o. S. 74 ff.
211 Karikaturen von Stauber „Kind und Fernsehen“ aus:
Süddeutsche Zeitung vom 3./4. 5. 80 und
Rheinischer Merkur vom 18. 12. 81
215 f. Deutsche Zeitung vom 11. 10. 74
222 ff. Süddeutsche Zeitung vom 20. 2. 70
227 Karikatur von H. aus: Das Parlament v. 23. 1. 82
228 ff. Der Staatsbürger, März 82
230 f. G. Beaugrand, Wenn das Fernsehen über Tatsachen berichtet, in: Lernziel Wahrheit, Hoheneck Verlag Hamm 1981
232 f. Süddeutsche Zeitung vom 18. 10. 82, Nr. 240, S. 25

234 f.	Süddeutsche Zeitung vom 11. 10. 82, Nr. 234, S. 17
237 f.	Friedrich Hermann, freier Journalist, Manuskript
240	Nach Reinhard von Normann, Treffend argumentieren S. 108, Ott Verlag Thun 1977
241 f.	Süddeutsche Zeitung vom 12. 2. 75
243	Zitate aus „Treffend argumentieren“ S. 93, s. o.
245 f.	Dokument + Analyse 1/82
246 f.	Süddeutsche Zeitung vom 12. 1. 82
249 ff.	Die Zeit vom 28. 2. 77
256	Süddeutsche Zeitung vom 4. 10. 81 (Beilage)
257	Karikatur von Kochan aus: Süddeutsche Zeitung vom 10. 10. 81
261	Meyers Enzyklopädisches Lexikon, Band 24, Seite 133
265 f.	Alexander Mitscherlich, Die Unwirtlichkeit unserer Städte, 1965
266 f.	P. C. Mayer-Tasch, Kulturlandschaft in Gefahr, Landeszentrale für politische Bildungsarbeit –
267 f.	Süddeutsche Zeitung vom 16./17. 1. 82
271 f.	W. Scharnagl, Der Dreck, in dem wir leben –
272	Hubert Weinzierl in „Blätter für Naturschutz“. Zitiert aus: Bayer. Staatsanzeiger; Beilage „Der Staatsbürger“ Nr. 9/1973
274	© Globus 9171 (MM vom 8. 10. 91)
275	Karikatur „Homunculus verkehrt“ von Alf Trenk, Die Welt, Nr. 6 S. V. vom 8. 1. 77
276	Süddeutsche Zeitung vom 7. 1. 83, Nr. 4, S. 23
280	Die Welt vom 29. 8. 91
281 f.	Die Welt vom 30. 8. 91
283	Badenwerk Karlsruhe . . .
284	© Globus 9132 (MM vom 30. 9. 91)
285	Karikatur „Energievorrat“ von Wolter, Dt. Allg. Sonntagsblatt
285 ff.	Dokument + Analyse Sept. 81
288 f.	Werbeanzeige der Mercedes-Benz AG
290 ff.	Die Welt vom 18. 9. 91
293 ff.	Hellmuth Glubrecht in „Politik und Zeitgeschichte“, Beilage zur Wochenzeitung „Das Parlament“ vom 28. 6. 80
297 f.	Originaltitel „Weiter mit dem Spareifer“, Deutscher Sparkassenverlag, Stuttgart
301	Karikatur von Glück aus: Süddeutsche Zeitung Nr. 239, S. 128, vom 16./17. 10. 82
301 ff.	Probleme im Umgang mit der Freizeit, Bd. I, BAT Freizeit Forschungsinstitut, Hamburg, Text entnommen aus: Dokument + Analyse März 81
317 ff.	Bayer. Sonntagsblatt vom 31. 5. 81
321	Karikatur von Hanel aus: Das Parlament Nr. 36, S. 7, vom 11. 9. 82